Christoph Schröder
Der multimodale Frachtvertrag
nach chinesischem Recht

Schriften zum chinesischen Recht

SZCHR - Band 2

Schriften zum chinesischen Recht

Herausgegeben von

Professor Dr. Uwe Blaurock, Freiburg
Professor Dr. Ulrich Manthe, Passau
Dr. Knut Benjamin Pißler, Hamburg
Professor Dr. Christiane Wendehorst, Wien

im Auftrag der

Deutsch-Chinesischen Juristenvereinigung e.V.
(DCJV)

SZCHR – Band 2

De Gruyter Recht · Berlin

Der multimodale Frachtvertrag nach chinesischem Recht

Von

Christoph Schröder

De Gruyter Recht · Berlin

Dr. iur. *Christoph Schröder*, Rechtsanwalt, CMS Hasche Sigle, Hamburg

♾ Gedruckt auf säurefreiem Papier,
das die US-ANSI-Norm über Haltbarkeit erfüllt.

ISBN 978-3-89949-522-5

Bibliografische Information der Deutschen Nationalbibliothek

Die Deutsche Nationalbibliothek verzeichnet diese Publikation in der Deutschen Nationalbibliografie; detaillierte bibliografische Daten sind im Internet über http://dnb.d-nb.de abrufbar.

Printed in Germany
Umschlaggestaltung: Christopher Schneider, Berlin
Datenkonvertierung/Satz: jürgen ullrich typosatz, Nördlingen
Druck und Bindung: Hubert & Co., Göttingen

Vorwort

Meinem Doktorvater, Herrn Prof. Dr. Abbo Junker, danke ich für seine umsichtige Betreuung und wertvollen Anregungen. Für ihr ausführliches Zweitgutachten bin ich Frau Prof. Dr. Christiane Wendehorst zu Dank verpflichtet. Den Herausgebern dieser Schriftenreihe danke ich für die freundliche Aufnahme meiner Arbeit.

Dank gebührt auch Herrn Prof. Shen Qiuming (沈秋明) und Herrn Prof. Yang Zhigang (杨志刚), die mir den Forschungsaufenthalt an der Seeuniversität Shanghai (上海海事大学) in administrativer Hinsicht ermöglicht und zahlreiche Literaturempfehlungen gegeben haben. Für die finanzielle Unterstützung des Aufenthalts danke ich dem DAAD.

Frau Prof. Dr. Bu Yuanshi (卜元石) schulde ich Dank für die Auswahl und Übersendung chinesischer Literatur zum Transportrecht. Besonderer Dank gilt Herrn Dr. Knut Benjamin Pißler für vielfältige Unterstützung bei meinen Recherchen, für kurzfristige und gehaltvolle Stellungnahmen zu einzelnen Aspekten des chinesischen Rechts sowie für seine maßgebliche Mitwirkung bei der Veröffentlichung der Arbeit in dieser Schriftenreihe.

Auch bei meinen Eltern bedanke ich mich. Sie haben das Promotionsstudium finanziell ermöglicht und damit das Fundament für diese Arbeit gelegt. Meinem Vater und Herrn Florian Schwartz danke ich für die Durchsicht jeweils mehrerer Kapitel.

Ganz besonders danke ich meiner Frau und unseren Kindern sowie meinen Schwiegereltern, die alle viel Rücksicht genommen und mir wertvolle Zeit geschenkt haben.

Hamburg, im September 2008 *Christoph Schröder*

Inhaltsverzeichnis

Abkürzungsverzeichnis

a.A.	andere(r) Ansicht
Abs.	Absatz (bei Zitaten von Vorschriften)
Abschn.	Abschnitt (bei Zitaten von Vorschriften)
AGB	Allgemeine Geschäftsbedingungen
AGZR	Allgemeine Grundsätze des Zivilrechts der Volksrepublik China
Am. J. Comp. L.	American Journal of Comparative Law
Anm.	Anmerkung
arg.	Argument
Art.	Artikel (bei Zitaten von Vorschriften)
AT	Allgemeiner Teil
AWVG	Außenwirtschaftsvertragsgesetz der Volksrepublik China
Basic Law	Basic Law of the Hong Kong Special Administrative Region of the People's Republic of China – Grundgesetz der Sonderverwaltungsregion Hongkong der Volksrepublik China
Bd.	Band
Begr.	Begründer
BGB	Bürgerliches Gesetzbuch
BGBl.	Bundesgesetzblatt
BGH	Bundesgerichtshof
BinWasGütTranspReg	Regeln über Gütertransporte auf Binnenwasserstraßen
BT-Drs.	Bundestags-Drucksache
Bull. transp. int.	Bulletin des transports internationaux ferroviaires
bzw.	beziehungsweise
C.a.	China aktuell (Zeitschrift)
CGIPR	Chinesische Gesellschaft für Internationales Privatrecht (中国国际私法学会)
CIF	COST, INSURANCE AND FREIGHT (Handelsklausel nach den Incoterms 2000)
CIM	Convention internationale concernant le transport des marchandises par chemins de fer – Vertrag über die internationale Eisenbahnbeförderung von Gütern
CIP	CARRIAGE AND INSURANCE PAID TO (Handelsklausel nach den Incoterms 2000)
CMR	Convention relative au Contrat de transport international de marchandises par route – Übereinkommen über den Beförderungsvertrag im internationalen Straßengüterverkehr
COSCO	China Ocean Shipping (Group) Company (中国远洋运输 [集团] 总公司)
COSCON B/L	COSCO Container Lines Port-to-Port or Combined Transport Bill of Lading (COSCON Standard Form 9803)
COTIF	Convention relative aux transports internationaux ferroviaires – Übereinkommen über den internationalen Eisenbahnverkehr
CSCL B/L	China Shipping Container Lines Bill of Lading
CWWYH GB	Changwu Weiyuanhui Gongbao (常务委员会公报) – Amtsblatt des Ständigen Ausschusses (des Nationalen Volkskongresses)

d.h.	das heißt
DLHSDXXB	Dalian Haishi Daxue Xuebao (大连海事大学学报) – Universitätszeitschrift der Seeuniversität Dalian
Dr.	Doktor
EBG	Eisenbahngesetz der Volksrepublik China
EGBGB	Einführungsgesetz zum Bürgerlichen Gesetzbuch
Einf. v.	Einführung vor
EisenbGütTranspV-DurchfBest	Durchführungsbestimmungen über Eisenbahngütertransportverträge
EisenbGütTransp-Vorschr	Vorschriften über Eisenbahngütertransporte
engl.	englisch
EPIL	Encyclopedia of Public International Law
ER/CIM	Einheitliche Rechtsvorschriften für den Vertrag über die internationale Eisenbahnbeförderung von Gütern
et al.	et alii – und andere
ETL	European Transport Law (Zeitschrift)
f.	folgende/r (Seite, § usw.)
FBL	FIATA Multimodal Transport Bill of Lading
FCA	FREE CARRIER (Handelsklausel nach den Incoterms 2000)
FCL	Full Container Load
ff.	folgende (Seiten, §§ usw.)
FIATA	Fédération Internationale des Associations de Transitaires et Assimilés – Internationale Föderation der Spediteurorganisationen
Fn.	Fußnote
FOB	FREE ON BOARD (Handelsklausel nach den Incoterms 2000)
FS	Festschrift
FZRB	Fazhi Ribao (法制日报) – Rechtsordnungszeitung
ggf.	gegebenenfalls
GGG	Gesetzgebungsgesetz der Volksrepublik China
GJJJFLC	Guoji Jingjifa Luncong (国际经济法论丛) – Essaysammlung zum internationalen Wirtschaftsrecht
GWY GB	Guowuyuan Gongbao (国务院公报) – Amtsblatt des Staatsrats
h.M.	herrschende Meinung
Haager Protokoll	Protokoll zur Änderung des am 12. Oktober 1929 in Warschau unterzeichneten Abkommens zur Vereinheitlichung von Regeln über die Beförderung im internationalen Luftverkehr
HambR	Hamburg-Regeln; Übereinkommen der Vereinten Nationen über die Beförderung von Gütern auf See
HGB	Handelsgesetzbuch
HOLG	Hanseatisches Oberlandesgericht
HR	Haager Regeln; Internationales Übereinkommen zur Vereinheitlichung von Regeln über Konnossemente
Hrsg.	Herausgeber
Hs.	Halbsatz (bei Zitaten von Vorschriften)
HSFYJ	Haishangfa Yanjiu (海商法研究) – Zeitschrift für Seehandelsrecht
HVR	Haag/Visby-Regeln; HR in der Fassung der VR

i.e.S.	im engeren Sinne
i.S.	im Sinne
i.V.	in Verbindung
i.w.S.	im weiteren Sinne
ICAO	International Civil Aviation Organization – Internationale Zivilluftfahrt-Organisation
ICC	International Chamber of Commerce – Internationale Handelskammer
ICML	International Conference on Maritime Law
InnerstaatlLuftGüt-TranspReg	Regeln über innerstaatliche Gütertransporte der zivilen Luftfahrt Chinas
IntLuftGütTransp-Reg	Regeln über internationale Gütertransporte der zivilen Luftfahrt Chinas
IntMultimodCont-TranspReg	Administrativregeln über internationale multimodale Containertransporte
IPR	Internationales Privatrecht
IPRax	Praxis des Internationalen Privat- und Verfahrensrechts (Zeitschrift)
IPR-MusterG VI	Mustergesetz zum Internationalen Privatrecht der Volksrepublik China (6. Entwurf) (中华人民共和国国际私法示范法 [第六稿])
IWF	Internationaler Währungsfonds
KfzGütTransp-Reg 1988	Regeln über den Gütertransport mit Kraftfahrzeugen aus dem Jahre 1988
KfzGütTransp-Reg 1999	Regeln über den Gütertransport mit Kraftfahrzeugen aus dem Jahre 1999
Lei Básica	Lei Básica da Região Administrativa Especial de Macau da República Popular da China (portug.) – Grundgesetz der Sonderverwaltungsregion Macao der Volksrepublik China
LG	Landgericht
lit.	litera – Buchstabe (bei Zitaten von Vorschriften)
Lkw	Lastkraftwagen
LuftTranspReg Festland-Hongkong	Regelung des Lufttransports zwischen dem Festland und der Sonderverwaltungsregion Hongkong
LuftTranspReg Hongkong-Macao	Regelung des Lufttransports zwischen der Sonderverwaltungsregion Hongkong und der Sonderverwaltungsregion Macao
Montrealer Protokoll Nr. 4	Montrealer Protokoll Nr. 4 zur Änderung des am 12. Oktober 1929 in Warschau unterzeichneten Abkommens zur Vereinheitlichung von Regeln über die Beförderung im internationalen Luftverkehr in der Fassung des Protokolls von Den Haag vom 28. September 1955
MSFLC	Minshangfa Luncong (民商法论丛) – Essaysammlung zum Zivil- und Handelsrecht
MT-Konvention	Konvention der Vereinten Nationen über die internationale multimodale Güterbeförderung
MÜ	Montrealer Übereinkommen; Übereinkommen zur Vereinheitlichung bestimmter Vorschriften über die Beförderung im internationalen Luftverkehr
MünchKomm	Münchener Kommentar
NDCJV	Newsletter der Deutsch-Chinesischen Juristenvereinigung e.V. (seit 2004: Zeitschrift für Chinesisches Recht [ZChinR])

No.	number
Nr.	Nummer
NVK	Nationaler Volkskongress (全国人民代表大会)
NVK-StAu	Ständiger Ausschuss des Nationalen Volkskongresses (全国人民代表大会常务委员会)
OLG	Oberlandesgericht
OVG	Oberstes Volksgericht (最高人民法院)
OVG-AGZR-Ansichten	Ansichten des Obersten Volksgerichts zu Problemen bei der Durchsetzung und Anwendung der „Allgemeinen Grundsätze des Zivilrechts der Volksrepublik China" (versuchsweise durchgeführt)
OVG-AWVG-Erläut	Erläuterungen des Obersten Volksgerichts zu einigen Fragen der Anwendung des „Außenwirtschaftsvertragsgesetzes"
OVG-EisenbTransp-SE-Erläut	Erläuterungen des Obersten Volksgerichts zu einigen Fragen bei der Verhandlung von Schadensersatzfällen bei Eisenbahntransporten
OVG-Handels-/SeeR-Prot	Mitteilung des Obersten Volksgerichts zum Druck und zur Verteilung des „Protokolls der zweiten nationalen Arbeitssitzung zur Rechtsprechung in Handels- und Seesachen mit Außenberührung"
OVG-IntVertrR-Best	Bestimmungen des Obersten Volksgerichts zu einigen Fragen der Rechtsanwendung bei der Behandlung von zivil- und handelsrechtlichen Vertragsstreitigkeiten mit Außenberührung
OVG-Justizausleg-Best 1997	Einige Bestimmungen des Obersten Volksgerichts über die Justizauslegung aus dem Jahre 1997
OVG-Justizausleg-Best 2007	Bestimmungen des Obersten Volksgerichts über die Justizauslegung aus dem Jahre 2007
OVG-VG-Erläut	Erläuterungen des Obersten Volksgerichts zu einigen Fragen der Anwendung des „Vertragsgesetzes der Volksrepublik China" (1)
OVG-WK	Wirtschaftskammer des Obersten Volksgerichts (最高人民法院经济审判庭)
OVG-ZivProz-Beweis-Best	Einige Bestimmungen des Obersten Volksgerichts über den Beweis im Zivilprozess
Pkt.	Punkt (bei Zitaten von Vorschriften)
portug.	portugiesisch
PostG	Postgesetz der Volksrepublik China
RAA	Rechtsordnungsarbeitsausschuss (法律工作委员会)
Rev. dr. unif.	Revue de droit uniforme
RIW	Recht der Internationalen Wirtschaft (Zeitschrift)
RMB	Renminbi (人民币) – Volkswährung (Währung der Volksrepublik China)
Rn.	Randnummer
russ.	russisch
s.	siehe
S.	Satz (bei Zitaten von Vorschriften), Seite
ShanghaiAGB-VO	Verordnung der Stadt Shanghai zur Überwachung von Formularklauseln in Verträgen
ShenzhenAGB-VO	Verordnung der Wirtschaftssonderregion Shenzhen über Formularverträge
SHG	Seehandelsgesetz der Volksrepublik China
SJHY	Shijie Haiyun (世界海运) – Welt des Seetransports (Zeitschrift)
SMGS	Soglaschenije Meshdunarodnoje Grusowoje Ssobschtschenije (russ.) – Abkommen über internationalen Eisenbahngüterverkehr
sog.	so genannt

SZR	Sonderziehungsrecht (des IWF)
TranspR	Transportrecht (Zeitschrift)
u.a.	und andere(s), unter anderem
u.Ä.	und Ähnliche(s)
UNCTAD	United Nations Conference on Trade and Development – Konferenz der Vereinten Nationen für Handel und Entwicklung
US	United States (of America)
US COGSA	Carriage of Goods by Sea Act (USA)
USA	United States of America
Var.	Variante (bei Zitaten von Vorschriften)
VerbrSchutzG	Verbraucherschutzgesetz der Volksrepublik China
Verfassung	Verfassung der Volksrepublik China
VersR	Versicherungsrecht (Zeitschrift)
VG	Vertragsgesetz der Volksrepublik China
vgl.	vergleiche
Vol.	Volume
VR	Visby-Regeln; Protokoll zur Änderung des Internationalen Übereinkommens zur Vereinheitlichung von Regeln über Konnossemente
WA	Warschauer Abkommen; Abkommen zur Vereinheitlichung von Regeln über die Beförderung im internationalen Luftverkehr
WA 1929	WA in seiner ursprünglichen Fassung
WA 1955	WA in der Fassung des Haager Protokolls
WTO	World Trade Organization – Welthandelsorganisation
WVG	Wirtschaftsvertragsgesetz der Volksrepublik China
z.B.	zum Beispiel
ZAG	Zusatzabkommen von Guadalajara; Zusatzabkommen zum Warschauer Abkommen zur Vereinheitlichung von Regeln über die von einem anderen als dem vertraglichen Luftfrachtführer ausgeführte Beförderung im internationalen Luftverkehr
ZChinR	Zeitschrift für Chinesisches Recht (vor 2004: Newsletter der Deutsch-Chinesischen Juristenvereinigung e. V. [NDCJV])
ZGGJSFYBJFNK	Zhongguo Guoji Sifa yu Bijiaofa Niankan (中国国际私法与比较法年刊) – Chinesisches Jahrbuch für Internationales Privatrecht und Rechtsvergleichung
ZGHSFNK	Zhongguo Haishangfa Niankan (中国海商法年刊) – Jahrbuch des chinesischen Seehandelsrechts
ZGHSSPNK	Zhongguo Haishi Shenpan Niankan (中国海事审判年刊) – Jahrbuch der chinesischen Rechtsprechung in Seesachen
ZGRMFY GB	Zuigao Renmin Fayuan Gongbao (最高人民法院公报) – Amtsblatt des Obersten Volksgerichts
ZLG	Zivilluftfahrtgesetz der Volksrepublik China
ZLW	Zeitschrift für Luft- und Weltraumrecht
ZVglRWiss	Zeitschrift für Vergleichende Rechtswissenschaft

Literaturverzeichnis

Ahl, Björn: Die Justizauslegung durch das Oberste Volksgericht der VR China – Eine Analyse der neuen Bestimmungen des Jahres 2007, ZChinR 2007, S. 251–258

Basedow, Jürgen: Internationale multimodale Gütertransporte. Rechtsvergleichung, Einheitsrecht, Kollisionsrecht, in: Lagoni, Rainer/Paschke, Marian (Hrsg.), Seehandelsrecht und Seerecht, Festschrift für Rolf Herber, Hamburg 1999, S. 15–44 (zitiert: *Basedow*, FS Herber)

Cai, Zhenshun (蔡镇顺)/*Tang, Bing* (唐兵)/*Chen, Xin* (陈歆)/*Wang, Jinsha* (王金沙): Untersuchung des Seehandelsrechts (海商法研究), Chengdu 2002 (zitiert: *Cai Zhenshun et al.*)

Chen, Jianfu: Unanswered Questions and Unresolved Issues: Comments on the Law on Law-making, in: Otto, Jan Michiel et al. (Hrsg.), Law-making in the People's Republic of China, Den Haag 2000, S. 235–256 (zitiert: *Chen Jianfu*, in: Otto et al.)

Chinesische Gesellschaft für Internationales Privatrecht (中国国际私法学会): Mustergesetz zum Internationalen Privatrecht der Volksrepublik China (中华人民共和国国际私法示范法), Beijing 2000 (zitiert: *CGIPR*, IPR-MusterG VI)

Chiu, Hungdah: The International Legal Status of Taiwan, in: Henckaerts, Jean-Marie (Hrsg.), The International Status of Taiwan in the New World Order. Legal and Political Considerations, London et al. 1996, S. 3–8 (zitiert: *Chiu Hungdah*, in: Henckaerts)

Daentzer, Anne: Das Recht der Stellvertretung in der Volksrepublik China, Regensburg 2000 (zitiert: *Daentzer*)

Damas, Philip: China restricts foreign intermodal operators, American Shipper 1997, Nr. 9, S. 12–16

Deng, Lijuan (邓丽娟)/*Wang, Darong* (王大荣): Die Übernahme der Beweislast in Fällen von Ersatzansprüchen wegen Güterschäden bei internationalen Seetransporten (论国际海运货损索赔案中当事人举证责任的承担), in: Jin, Zhengjia (金正佳) (Hrsg.), ZGHSSPNK 2002, Beijing 2003, S. 21–36 (zitiert: *Deng Lijuan/Wang Darong*, ZGHSSPNK 2002)

Dong, Likun (董立坤): Internationales Privatrecht (国际私法论), 2. Auflage, Beijing 2000 (zitiert: *Dong Likun*)

Drews, Kai Holger: Zum anwendbaren Recht beim multimodalen Transport, TranspR 2003, S. 12–19

Fang, Shaokun (房绍坤)/*Guo, Mingrui* (郭明瑞) (Hrsg.): Vertragsgesetz – der wesentliche Sinn sowie Analyse und Erläuterung von Fällen (Besonderer Teil) (合同法要义与案例析解 [分则]), Beijing 2001 (zitiert: *Fang Shaokun/Guo Mingrui*)

Fang, Xinjun (方新军): Untersuchung der Befördererhaftung bei verbundenen Gütertransporten (货物联合运输之承运人责任研究), in: Liang, Huixing (梁慧星) (Hrsg.), MSFLC, Bd. 13, Beijing 1999, S. 119–164 (zitiert: *Fang Xinjun*, MSFLC, Bd. 13)

Fante, Jens-Peter: Die Haftung des Verfrachters im Seehandelsgesetz der Volksrepublik China, TranspR 1995, S. 99–104

Feuerstein, Mario: Grundlagen und Besonderheiten des außervertraglichen Haftungsrechts der VR China, Osnabrück 2001 (zitiert: *Feuerstein*)

Forschungsbüro des Obersten Volksgerichts (最高人民法院研究室): Erläuterungen der Bestimmungen über Klagegründe in Zivilsachen (versuchsweise durchgeführt) (民事案件案由规定 [试行] 释解), Beijing 2000 (zitiert: *OVG-Forschungsbüro*)

Forschungsbüro des Rechtsordnungsarbeitsausschusses des Nationalen Volkskongresses (人大法工委研究室): Erklärungen der Vorschriften des Gesetzgebungsgesetzes (立法法条文释义), Beijing 2000 (zitiert: *NVK-RAA-Forschungsbüro*)

Frowein, Jochen Abr.: De facto Régime, in: Bernhardt, Rudolf (Hrsg.), Encyclopedia of Public International Law, Volume I, North-Holland et al. 1992, S. 966–968 (zitiert: *Frowein*, De facto Régime, in: EPIL, Vol. I)

Fu, Jingkun (傅静坤): Vertragskollisionsrecht (契约冲突法论), Beijing 1999 (zitiert: *Fu Jingkun*)

Fu, Junyang (付俊洋): Zur Rückgriffsverjährung im Seehandelsgesetz (论海商法的追偿时效), in: Si, Yuzhuo (司玉琢) (Hrsg.), ZGHSFNK 1999, Dalian 2000, S. 321–331 (zitiert: *Fu Junyang*, ZGHSFNK 1999)

Fu, Tingzhong (傅廷中): Unwirksame Klauseln in Seefrachtkonnossementen (海运提单中的无效条款), SJHY 1999, Nr. 1, S. 54–55

Gargulla, Tanja: Transport und Logistik in der VR China, TranspR 2000, S. 451–454

Guo, Chunfeng: On the Amendments to the Definition of Shipper and Other Related Articles in the Chinese Maritime Code, in: China Maritime Law Association (Hrsg.), The 3rd International Conference on Maritime Law, Beijing 1998, S. 349–358 (zitiert: *Guo Chunfeng*, ICML III)

Guo, Feng: Actual Carrier and Carrier, in: China Maritime Law Association (Hrsg.), A Selection of Papers for the ICML-V, Shanghai 2002, S. 403–407 (zitiert: *Guo Feng*, ICML V)

Guo, Yu: China's Law on Transportation Contracts, in: Gebhardt, Immanuel et al. (Hrsg), Comparative Analysis on the Chinese Contract Law, Berlin 2003, S. 361–372 (zitiert: *Guo Yu*, in: Gebhardt et al.)

Guo, Yu: On The Identity and Liability of the Actual Carrier in China, in: China Maritime Law Association (Hrsg.), The Fourth International Conference on Maritime Law, Shenzhen 2000, S. 319–329 (zitiert: *Guo Yu*, ICML IV)

Han, Lixin: On Identification of Actual Carrier and His Liability in International Maritime Transport of Goods, in: China Maritime Law Association (Hrsg.), The 3rd International Conference on Maritime Law, Beijing 1998, S. 91–100 (zitiert: *Han Lixin*, ICML III)

Han, Lixin/Liu, Chuyang: The Application of Law of the Contract for Carriage of Goods by Sea between Hong Kong and the Mainland Ports, in: China Maritime Law Association (Hrsg.), The 3rd International Conference on Maritime Law, Beijing 1998, S. 831–839 (zitiert: *Han Lixin/Liu Chuyang*, ICML III)

He, Wanzhong (贺万忠): Untersuchung der Rechtsfragen des internationalen multimodalen Gütertransports (国际货物多式运输法律问题研究), Beijing 2001 (zitiert: *He Wanzhong*)

He, Wanzhong (贺万忠): Kommentar und Analyse zum Haftungssystem des Unternehmers des internationalen multimodalen Gütertransports (国际货物多式联运经营人责任体制评析), in: Chen, An (陈安) (Hrsg.), GJJJFLC, Bd. 6, Beijing 2002, S. 488–525 (zitiert: *He Wanzhong*, GJJJFLC, Bd. 6)

Herber, Rolf: Probleme des Multimodaltransports mit Seestreckeneinschluss nach neuem deutschem Recht, TranspR 2001, S. 101–107

Herber, Rolf: Seehandelsrecht, Berlin/New York 1999 (zitiert: *Herber*)

Heuser, Robert: Taiwan, in: Bernhardt, Rudolf (Hrsg.), Encyclopedia of Public International Law, Volume IV, North-Holland et al. 2000, S. 753–760 (zitiert: *Heuser*, Taiwan, in: EPIL, Vol. IV)

Heuser, Robert: Einführung in die chinesische Rechtskultur, Hamburg 1999 (zitiert: *Heuser*, Einführung)

Heuser, Robert: An den Grenzen des Wandels: Zum chinesischen „Gesetzgebungsgesetz", in: Hofmann, Mahulena/Küpper, Herbert (Hrsg.), Kontinuität und Neubeginn. Staat und Recht in Europa zu Beginn des 21. Jahrhunderts, Festschrift für Georg Brunner, Baden-Baden 2001, S. 62–67 (zitiert: *Heuser*, FS Brunner)

Heuser, Robert: „Sozialistischer Rechtsstaat" und Verwaltungsrecht in der VR China (1982–2002), Hamburg 2003 (zitiert: *Heuser*, Verwaltungsrecht)

Hilf, Meinhard/Göttsche, Götz J.: Chinas Beitritt zur WTO, RIW 2003, S. 161–165

Hoffmann, Michael: FIATA Multimodal Transport Bill of Lading und deutsches Recht, Hamburg 2002 (zitiert: *Hoffmann*)

Hopp, Klaus-Peter: Die Haftungsverteilung im Seetransportrecht der Volksrepublik China im Spannungsfeld internationaler Seerechtsübereinkommen, RIW 1996, Beilage 2 zu Heft 6, S. 26–31 (zitiert: *Hopp*, RIW 6/1996, Beilage 2)

Hopp, Klaus-Peter: Schlichtung im Außenwirtschaftsrecht der Volksrepublik China und Gewährleistung materieller Rechte, Hamburg 1996 (zitiert: *Hopp*)

Hou, Zuoqian (侯作前)/*Qiao, Baojie* (乔宝杰): Praxisleitfaden für Transportverträge (运输合同实务指南), Beijing 2003 (zitiert: *Hou Zuoqian/Qiao Baojie*)

Hou, Zuoqian (侯作前)/*Qiao, Baojie* (乔宝杰)/*Liu, Shengli* (刘胜利): Analyse von Transportvertragsfällen (运输合同案例评析), Beijing 2003 (zitiert: *Hou Zuoqian et al.*)

Hu, Kangsheng (胡康生) (Hrsg.): Erläuterung des Vertragsgesetzes der Volksrepublik China (中华人民共和国合同法释义), Beijing 1999 (zitiert: *Hu Kangsheng*)

Hu, Zhengliang (胡正良)/*Zhao, Yang* (赵阳): Untersuchung über das Institut der Haftung des Unternehmers des internationalen multimodalen Gütertransports (国际货物多式联运经营人责任制度研究), DLHSDXXB 2002, Nr. 1–2, S. 6–11

Hu, Zhengliang/Huybrechts, Marc A.: The Underlying Principles & Highlights of the Maritime Code of P.R. China, ETL 1995, S. 287–296

Hu, Zhengliang/Shan, Hongjun: Shipper's Rights to Suspend Carriage, Return Goods, Change Destination or Consignee: A Sound Mechanism in China Contract Law?, in: China Maritime Law Association (Hrsg.), The Fourth International Conference on Maritime Law, Shenzhen 2000, S. 298–310 (zitiert: *Hu Zhengliang/Shan Hongjun*, ICML IV)

Huang, Jin (黄进): Das Internationale Privatrecht Chinas (中国国际私法), Beijing 1988 (zitiert: *Huang Jin*, IPR)

Huang, Jin (黄进) (Hrsg.): Untersuchung der Fragen des chinesischen interlokalen Rechts (中国的区际法律问题研究), Beijing 2001 (zitiert: *Huang Jin*, Interlokales Recht)

Huang, Qingnan (黄青男)/*Huang, Xiangning* (黄湘宁): Gesetzgeberische Überlegungen zum zeitlichen Maßstab der Definition der verspäteten Ablieferung (对确定迟延交付的时间标准的立法思考), in: Si, Yuzhuo (司玉琢) (Hrsg.), ZGHSFNK 2002, Dalian 2003, S. 141–149 (zitiert: *Huang Qingnan/Huang Xiangning*, ZGHSFNK 2002)

Jiang, Chaoyang: Departmental Rule-Making in the People's Republic of China, in: Otto, Jan Michiel et al. (Hrsg.), Law-Making in the People's Republic of China, Den Haag 2000, S. 105–116 (zitiert: *Jiang Chaoyang*, in: Otto et al.)

Jiang, Ping (江平) (Hrsg.): Essentielles Verständnis des Vertragsgesetzes der Volksrepublik China (中华人民共和国合同法精解), Beijing 1999 (zitiert: *Jiang Ping*)

Jiang, Yifeng (蒋溢峰)/*Zhang, Dajun* (张达军): Zur Ersatzfähigkeit von Vermögensschäden bei Streitigkeiten über internationale Seegütertransporte (论国际海上货运纠纷中经济损失的可赔性), in: Si, Yuzhuo (司玉琢) (Hrsg.), ZGHSFNK 2001, Dalian 2002, S. 393–403 (zitiert: *Jiang Yifeng/Zhang Dajun*, ZGHSFNK 2001)

Jiang, Zhengxiong: Delay in Delivery under Chinese Law, in: China Maritime Law Association (Hrsg.), International Conference on Maritime Law, Shanghai 1994, S. 33-1–33-5 (zitiert: *Jiang Zhengxiong*, ICML I)

Junker, Abbo: Internationales Privatrecht, München 1998 (zitiert: *Junker*)

Kadletz, Andreas: Das neue Montrealer Übereinkommen vom 28. 5. 1999 über den internationalen Luftbeförderungsvertrag („Neues Warschauer Abkommen"), VersR 2000, S. 927–935

Keller, Perry: Sources of Order in Chinese Law, 42 Am. J. Comp. L. (1994), S. 711–759

Kirchner, Christian: German and Chinese Transportation Law, in: Gebhardt, Immanuel et al. (Hrsg.), Comparative Analysis on the Chinese Contract Law, Berlin 2003, S. 373–383 (zitiert: *Kirchner*, in: Gebhardt et al.)

Koller, Ingo: Transportrecht, 6. Auflage, München 2007 (zitiert: *Koller*)

Kolloch, Viktor: Abkommen über den Internationalen Eisenbahn-Güterverkehr (SMGS), Berlin 1959 (zitiert: *Kolloch*)

Kuijper, Hans: Is Taiwan a Part of China?, in: Henckaerts, Jean-Marie (Hrsg.), The International Status of Taiwan in the New World Order. Legal and Political Considerations, London et al. 1996, S. 9–19 (zitiert: *Kuijper,* in: Henckaerts)

Li, Dong (李东)/*Zhai, Li* (翟丽): Das Recht des Absenders auf Vertragsänderung während des Gütertransports (试论托运人在货物运输途中变更合同的权力), in: Si, Yuzhuo (司玉琢) (Hrsg.), ZGHSFNK 2000, Dalian 2001, S. 325–334 (zitiert: *Li Dong/Zhai Li,* ZGHSFNK 2000)

Li, Shuangyuan (李双元): Internationales Privatrecht (Kollisionsrecht) (国际私法 [冲突法篇]), 2. Auflage, Wuhan 2001 (zitiert: *Li Shuangyuan*)

Li, Yongjun (李永军) (Hrsg.): Falllehrgang zum Vertragsrecht (合同法案例教程), Beijing 2001 (zitiert: *Li Yongjun*)

Li, Zhiwen/Wang, Darong: On the impact of Art. 308 of Contract Law of PRC on the International Carriage of Goods by sea, in: China Maritime Law Association (Hrsg.), The Fourth International Conference on Maritime Law, Shenzhen 2000, S. 578–593 (zitiert: *Li Zhiwen/Wang Darong,* ICML IV)

Lin, Wei (林威): Auswirkungen der unberechtigten Deviation auf das Recht des Beförderers auf vertraglichen Haftungsausschluss (论不合理绕航对承运人合同免责权利的影响), SJHY 2000, Nr. 2, S. 34–35

Ling, Bing: Contract Law in China, Hong Kong 2002 (zitiert: *Ling Bing*)

Liu, Jianwen (刘建文)/*Wang, Zhenhua* (王振华) (Hrsg.): Leitfaden zur Erläuterung und Anwendung des neuen Vertragsgesetzes der Volksrepublik China (中华人民共和国新合同法释义与适用指南), Beijing 1999 (zitiert: *Liu Jianwen/Wang Zhenhua*)

Liu, Shoujie (刘寿杰): Untersuchung der Beweislast bei Ersatzansprüchen wegen Güterschäden bei Seetransporten (海运货损索赔举证责任研究), in: Seehandelsrechtsforschungszentrum der Juristischen Fakultät der Universität Beijing (北京大学法学院海商法研究中心) (Hrsg.), HSFYJ 2000, Nr. 2, Beijing 2000, S. 165–200 (zitiert: *Liu Shoujie,* HSFYJ 2/2000)

Liu, Wenhua (刘文华) (Hrsg.): Das neue Vertragsgesetz – essentielles Verständnis des Textes und Beispielsfälle (新合同法条文精解与典型案例), Beijing 1999 (zitiert: *Liu Wenhua*)

Long, Yifei (龙翼飞) (Hrsg.): Vertragsgesetz – neu herausgegeben (新编合同法), Beijing 1999 (zitiert: *Long Yifei*)

Looks, Volker: Der multimodale Transportvertrag nach dem TRG, VersR 1999, S. 31–36

Lü, Guomin (吕国民)/*Dai, Xia* (戴霞)/*Zheng, Yuanmin* (郑远民): Internationales Privatrecht (国际私法), Beijing 2002 (zitiert: *Lü Guomin* et al.)

Lu, Yongzhen (卢永真) (Hrsg.): Transportvertrag (运输合同), Beijing 2003 (zitiert: *Lu Yongzhen*)

Mast, Sabine: Der multimodale Frachtvertrag nach deutschem Recht, Münster 2002 (zitiert: *Mast*)

Max-Planck-Institut für ausländisches und internationales Privatrecht, Hamburg: Gutachten des Max-Planck-Instituts für ausländisches und internationales Privatrecht, Hamburg, G 48/2003 vom 10.02.2004 (unveröffentlicht)

Men, Jing: Air Carrier's Liability in China. Law and Practice in Mainland China and in the Hong Kong Special Administrative Region (SAR), ZLW 2003, S. 206–220

Meyer-Rehfueß, Maximiliane: Zwischen Hamburg und Haag/Visby – Aktuelle Entwicklungen im internationalen Seefrachtrecht, TranspR 1998, S. 236–241

Mo, John Shijian: Shipping Law in China, Hong Kong et al. 1999 (zitiert: *Mo*)

Münchener Kommentar zum Bürgerlichen Gesetzbuch: Band 10. Einführungsgesetz zum Bürgerlichen Gesetzbuche (Art. 1–46). Internationales Privatrecht, 4. Auflage, München 2006 (zitiert: *Münch-Komm-Bearbeiter*)

Münzel, Frank: Invalidity of Contracts: A Tour d'horizon of Chinese Practice, Rev. dr. unif. 2000-3, S. 451–468

Münzel, Frank (Hrsg.): Chinas Recht. Kommentierte Übersetzungen aus dem Recht der Volksrepublik China, Hamburg (http://lehrstuhl.jura.uni-goettingen.de/chinarecht/) (zitiert: *Übersetzer*, Chinas Recht, Datum der Norm/Ordnungszahl)

Münzel, Frank/Zheng, Xiaoqing: Chinas neues Vertragsrecht – ein Überblick, RIW 1999, S. 641–646

Nan, Zhimin (南治民): Rechtsanwendungsfragen bei Verträgen über internationale Lufttransporte (试论国际航空运输合同的法律适用问题), in: Chinesische Gesellschaft für Internationales Privatrecht (中国国际私法学会) (Hrsg.), ZGGJSFYBJFNK 1999, Beijing 1999, S. 166–176 (zitiert: *Nan Zhimin*, ZGGJSFYBJFNK 1999)

Neukirchen, Mathias: Die Vertretung Chinas und der Status Taiwans im Völkerrecht, Baden-Baden 2004 (zitiert: *Neukirchen*)

Palandt, Otto (Begr.): Bürgerliches Gesetzbuch, 67. Auflage, München 2008 (zitiert: Palandt-*Bearbeiter*)

Pattloch, Thomas: Das IPR des Geistigen Eigentums in der VR China, Tübingen 2003 (zitiert: *Pattloch*)

Pißler, Knut Benjam: in: [Buchbesprechung: LING Bing, Contract Law in China. Hong Kong: Sweet & Maxwell Asia, 2002, 552 S.], NDCJV 2003, S. 182–194

Pißler, Knut Benjam: in: Neue Chancen und Risiken für ausländische Investoren auf dem chinesischen Kapitalmarkt, C. a. 2003, S. 193–204

Pißler, Knut Benjam: in: Einführung in das Beweisrecht der VR China: Die neue justizielle Interpretation des Obersten Volksgerichts, NDCJV 2003, S. 137–146

Pißler, Knut Benjam: in: Das Prinzip der relativen Wirkung von Parteivereinbarungen und dessen Durchbrechung, ZVglRWiss 2007, S. 67–91

Pißler, Knut Benjam: in: [Übersetzung: Bestimmungen des Obersten Volksgerichts zu einigen Fragen der Rechtsanwendung bei der Behandlung von zivil- und handelsrechtlichen Vertragsstreitigkeiten mit Außenberührung], ZChinR 2007, S. 359–362

Rabe, Dieter: Seehandelsrecht, 4. Auflage, München 2000 (zitiert: *Rabe*)

Ruhwedel, Edgar: Das Montrealer Übereinkommen zur Vereinheitlichung bestimmter Vorschriften über die Beförderung im internationalen Luftverkehr vom 28. 5. 1999, TranspR 2001, S. 189–202

Scheil, Jörg-Michael/Gargulla, Tanja/Schröder, Christoph/Riemenschneider, Jakob: Vertragsgesetz der Volksrepublik China. Übersetzung und Einführung, Hamburg 1999 (zitiert: *Scheil et al.*)

Schütte, Hans-Wilm: Taiwans Opposition auf Chinareise – Entspannung in Sicht?, C. a. 3/2005, S. 17–24

Seitz, Katrin: Grundprinzipien der Rechtsanwendung im Außenwirtschaftsvertragsrecht der Volksrepublik China, Hamburg 1994 (zitiert: *Seitz*)

Senger, Harro von: Einführung in das chinesische Recht, München 1994 (zitiert: *von Senger*)

Shao, Shaping: The Theory and Practice of the Implementation of International Law in China, in: Chen, Jianfu et al. (Hrsg.), Implementation of Law in the People's Republic of China, Den Haag 2002, S. 197–212 (zitiert: *Shao Shaping*, in: Chen Jianfu et al.)

Shen, Juan (沈涓): Untersuchung des chinesischen interlokalen Kollisionsrechts (中国区际冲突法研究), Beijing 1999 (zitiert: *Shen Juan*)

Shi, Lantai (石兰太): Werkvertrag (承揽合同), Beijing 2002 (zitiert: *Shi Lantai*)

Si, Yuzhuo (司玉琢)/*Hu, Zhengliang* (胡正良)/*Fu, Tingzhong* (傅廷中)/*Li, Hai* (李海)/*Zhu, Qing* (朱清)/*Wang, Pengnan* (汪鹏南): Seehandelsrecht – neu herausgegeben (新编海商法学), Dalian 1999 (zitiert: *Si Yuzhuo et al.*)

Si, Yuzhuo/Li, Zhiwen: On the Liability of the „Actual Carrier", in: China Maritime Law Association (Hrsg.), The Fourth International Conference on Maritime Law, Shenzhen 2000, S. 403–422 (zitiert: *Si Yuzhuo/Li Zhiwen*, ICML IV)

Sun, Lin (孙林): Transportvertrag (运输合同), Beijing 1999 (zitiert: *Sun Lin*)

Tai, Bing (台冰): Einige rechtliche Fragen des internationalen multimodalen Gütertransports (国际货物多式联运中的若干法律问题), in: Seehandelsrechtsforschungszentrum der Juristischen Fakultät der Universität Beijing (北京大学法学院海商法研究中心) (Hrsg.), HSFYJ 2001, Nr. 3, Beijing 2002, S. 141–204 (zitiert: *Tai Bing*, HSFYJ 3/2001)

Tang, Dehua (唐德华) (Hrsg.): Verständnis und Anwendung des Vertragsgesetzes (合同法理解适用), Beijing 2000 (zitiert: *Tang Dehua*)

Teich, Ulrich/Jakubowski, Klaus: Die Verjährung im Wirtschaftsrecht der Volksrepublik China, RIW 1990, S. 992–999

Tetz, Stefanie: Neues Vertragsgesetz in China: Was ändert sich für ausländische Vertragspartner?, RIW 1999, S. 647–649

Tetz, Stefanie: Abschluss und Wirksamkeit von Verträgen in der Volksrepublik China, Hamburg 1994 (zitiert: *Tetz*)

Trappe, Johannes: Chinesisches Seerecht und chinesische Seeschiedsgerichtsbarkeit, TranspR 1998, S. 336–343

UNCTAD secretariat: Implementation of Multimodal Transport Rules, UNCTAD/SDTE/TLB/2 vom 25. Juni 2001 (http://www.unctad.org/en/docs/posdtetlbd2.en.pdf) (zitiert: UNCTAD secretariat)

Verlag der Seeuniversität Dalian (大连海事大学出版社) (Hrsg.): Seehandelsgesetz der Volksrepublik China (bilingualer chinesisch-englischer Text) (中华人民共和国海商法 [中英文对照]), 2. Auflage, Dalian 1993 (zitiert: *Seeuniversität Dalian*)

Wang, Baofa (王宝发): Erläuterungen zu den Bestimmungen des Obersten Volksgerichts über den Beweis im Zivilprozess (最高人民法院关于民事诉讼证据的若干规定释义), Beijing 2002 (zitiert: *Wang Baofa*)

Wang, Baoshi: Neue Entwicklungen im IPR der VR China, IPRax 2007, S. 363–369

Wang, Jinqing (王晋卿)/*Wang, Wei* (王伟): Einschätzungen zur Verjährung der Ansprüche des Beförderers (评承运人的请求权时效), in: Si, Yuzhuo (司玉琢) (Hrsg.), ZGHSFNK 1999, Dalian 2000, S. 272–281 (zitiert: *Wang Jinqing/Wang Wei*, ZGHSFNK 1999)

Wang, Liming (王利明): Untersuchung neuer Fragen des Vertragsrechts (合同法新问题研究), Beijing 2003 (zitiert: *Wang Liming*, Untersuchung neuer Fragen des Vertragsrechts)

Wang, Liming (王利明) (Hrsg.): Vertragsgesetz – der wesentliche Sinn sowie Analyse und Erläuterung von Fällen (Allgemeiner Teil) (合同法要义与案例析解 [总则]), Beijing 2001 (zitiert: *Wang Liming*, Vertragsgesetz AT)

Wang, Shengming (王胜明)/*Liang, Huixing* (梁慧星)/*Yang, Minglun* (杨明仑)/*Du, Tao* (杜涛): Vorstellung des Vertragsgesetzes der Volksrepublik China und seiner bedeutenden Entwürfe (中华人民共和国合同法及其重要草稿介绍), Beijing 1999 (zitiert: *Wang Shengming et al.*)

Wang, Xiaochun: Claim for Delay in Maritime Code of P.R.C., in: China Maritime Law Association (Hrsg.), International Conference on Maritime Law, Shanghai 1994, S. 34-1–34-4 (zitiert: *Wang Xiaochun*, ICML I)

Wei, Yaorong (魏耀荣)/*Zhang, Guilong* (张桂龙)/*Zheng, Shuna* (郑淑娜)/*Liu, Shuqiang* (刘淑强)/*Duan, Jinglian* (段京连)/*Hao, Zuocheng* (郝作成): Kommentar zum Vertragsgesetz der Volksrepublik China (Besonderer Teil) (中华人民共和国合同法释论 [分则]), Beijing 2000 (zitiert: *Wei Yaorong et al.*)

Weng, Ziming (翁子明): Die Legalität des tatsächlichen Beförderers und des tatsächlichen Absenders (实际承运人和实际托运人的法定性), in: Jin, Zhengjia (金正佳) (Hrsg.), ZGHSSPNK 1999, Beijing 1999, S. 44–54 (zitiert: *Weng Ziming*, ZGHSSPNK 1999)

Widmer, Ralf: Die Haftung für Vertragsverletzung im Außenwirtschaftsrecht der Volksrepublik China, Hamburg 2000 (zitiert: *Widmer*)

Widmer, Ralf/Ye, Feng: Die Haftung für Vertragsverletzung nach dem Vertragsgesetz der Volksrepublik China, RIW 2001, S. 844–849

Wirtschaftskammer des Obersten Volksgerichts (最高人民法院经济审判庭): Erläuterung und Anwendung des Vertragsgesetzes (合同法释解与适用), Beijing 1999 (zitiert: *OVG-WK*)

Wu, Huanning (吴焕宁) (Hrsg.): Seehandelsrecht (海商法学), 2. Auflage, Beijing 2002 (zitiert: *Wu Huanning*)

Wu, Lijing (吴莉婧): Rechtslogische Fragen im Seehandelsgesetz (试论海商法中的法律逻辑问题), in: Seehandelsrechtsforschungszentrum der Juristischen Fakultät der Universität Beijing (北京大学法学院海商法研究中心) (Hrsg.), HSFYJ 2001, Nr. 4, Beijing 2002, S. 18–29 (zitiert: *Wu Lijing*, HSFYJ 4/2001)

Wu, Xianjiang/Chen, Haibo: Right of Control of Goods by Sea, in: China Maritime Law Association (Hrsg.), A Selection of Papers for the ICML-V, Shanghai 2002, S. 283–289 (zitiert: *Wu Xianjiang/Chen Haibo*, ICML V)

Wu, Zaiyang (伍载阳)/*Ni, Xuewei* (倪学伟): Vergleichende Untersuchung des multimodalen Transportvertrags (多式联运合同比较研究), in: Jin, Zhengjia (金正佳) (Hrsg.), ZGHSSPNK 2001, Beijing 2001, S. 341–352 (zitiert: *Wu Zaiyang/Ni Xuewei*, ZGHSSPNK 2001)

Xiao, Xun (肖峋)/*Wei, Yaorong* (魏耀荣)/*Zheng, Shuna* (郑淑娜): Kommentar zum Vertragsgesetz der Volksrepublik China (Allgemeiner Teil) (中华人民共和国合同法释论 [总则]), Beijing 1999 (zitiert: *Xiao Xun et al.*)

Xu, Junqiang (许俊强): Regelungen des Vertragsgesetzes in Bezug auf Seefrachtverträge (合同法对海上货物运输合同的规范), in: Seehandelsrechtsforschungszentrum der Juristischen Fakultät der Universität Beijing (北京大学法学院海商法研究中心) (Hrsg.), HSFYJ 2001, Nr. 2, Beijing 2001, S. 104–159 (zitiert: *Xu Junqiang*, HSFYJ 2/2001)

Xu, Junqiang (许俊强): Neue Auslegung der verspäteten Ablieferung (迟延交付新解), in: Jin, Zhengjia (金正佳) (Hrsg.), ZGHSSPNK 2000, Beijing 2000, S. 46–50 (zitiert: *Xu Junqiang*, ZGHSSPNK 2000)

Xu, Vincent: On Shipper's Definition Under Hamburg Rules and Maritime Code of P.R. China, in: China Maritime Law Association (Hrsg.), The Fourth International Conference on Maritime Law, Shenzhen 2000, S. 343–350 (zitiert: *Xu*, ICML IV)

Yan, Junxing (严军兴)/*Guan, Yide* (官以德) (Hrsg.): Essentielle Analysen von Beispielsfällen zum Vertragsgesetz der Volksrepublik China (中华人民共和国合同法典型案例精析), Beijing 2000 (zitiert: *Yan Junxing/Guan Yide*)

Yang, Lixin (杨立新) (Hrsg.): Erläuterung und Anwendung des Vertragsgesetzes der Volksrepublik China (中华人民共和国合同法释解与适用), Bd. 3, Changchun 1999 (zitiert: *Yang Lixin*, Bd. 3)

Yang, Yuntao (杨运涛)/*Ding, Ding* (丁丁): Leitfaden zum internationalen Frachtagenturrecht (国际货运代理法律指南), Beijing 2002 (zitiert: *Yang Yuntao/Ding Ding*)

Yao, Hongxiu/Wang, Xiaofang: On Certain Issues regarding Carrier and Actual Carrier in China Maritime Code, in: China Maritime Law Association (Hrsg.), The Fourth International Conference on Maritime Law, Shenzhen 2000, S. 466–475 (zitiert: *Yao Hongxiu/Wang Xiaofang*, ICML IV)

Yu, Shicheng (於世成)/*Yang, Zhaonan* (杨召南)/*Wang, Huaijiang* (汪淮江): Seehandelsrecht (海商法), Beijing 1997 (zitiert: *Yu Shicheng et al.*)

Zhang, Chunsheng (张春生) (Hrsg.): Erläuterung des Gesetzgebungsgesetzes der Volksrepublik China (中华人民共和国立法法释义), Beijing 2000 (zitiert: *Zhang Chunsheng*)

Zhang, Dai'en (张代恩): Transportvertrag – Verwahrungsvertrag – Lagervertrag (运输合同 · 保管合同 · 仓储合同), Beijing 1999 (zitiert: *Zhang Dai'en*)

Zhang, Hongwu (张鸿午): Analyse der Ersatzhaftung des Beförderers für verspätete Ablieferung (承运人迟延交付赔偿责任辨析), in: Si, Yuzhuo (司玉琢) (Hrsg.), ZGHSFNK 1999, Dalian 2000, S. 182–195 (zitiert: *Zhang Hongwu*, ZGHSFNK 1999)

Zhang, Xianglan (张湘兰)/*Deng, Ruiping* (邓瑞平)/*Yao, Tianchong* (姚天冲) (Hrsg.): Seehandelsrecht (海商法论), Wuhan 2001 (zitiert: *Zhang Xianglan et al.*)

Zhao, Guoling (赵国玲): Einführung in das Seehandelsrecht (海商法概论), Beijing 2000 (zitiert: *Zhao Guoling*)

Zhao, Hong (赵红): Über die verspätete Ablieferung beim Seegütertransport (论海上货物运输中的迟延交付), in: Seehandelsrechtsforschungszentrum der Juristischen Fakultät der Universität Beijing (北京大学法学院海商法研究中心) (Hrsg.), HSFYJ 2001, Nr. 4, Beijing 2002, S. 141–197 (zitiert: *Zhao Hong*, HSFYJ 4/2001)

Zheng, Tianwei (郑田卫): Über den Grundsatz der strengen Haftung des Absenders beim Seetransport von Gefahrgut (论海运危货托运人的严格责任原则), in: Seehandelsrechtsforschungszentrum der Juristischen Fakultät der Universität Beijing (北京大学法学院海商法研究中心) (Hrsg.), HSFYJ 2000, Nr. 2, Beijing 2000, S. 104–113 (zitiert: *Zheng Tianwei*, HSFYJ 2/2000)

Zhou, Qi (周琦)/*Lin, Yuanmin* (林源民): Die Mängel der Bestimmungen des Seehandelsgesetzes unseres Landes aus der Sicht einiger häufiger Fälle der verspäteten Ablieferung des Beförderers (从承运人迟延交付的几种常见情况看我国海商法相关规定的缺陷), in: Seehandelsrechtsforschungszentrum der Juristischen Fakultät der Universität Beijing (北京大学法学院海商法研究中心) (Hrsg.), HSFYJ 2000, Nr. 2, Beijing 2000, S. 142–148 (zitiert: *Zhou Qi/Lin Yuanmin*, HSFYJ 2/2000)

Zhu, Yan: Rechtsvergleich der Inhaltskontrolle von AGB in Deutschland und Formularklauseln in China, Bremen 2003 (zitiert: *Zhu Yan*)

Zhu, Zengjie (朱曾杰): Haftungssystem des Unternehmers des multimodalen Transports (多式联运经营人的责任制度), in: Seehandelsrechtsforschungszentrum der Juristischen Fakultät der Universität Beijing (北京大学法学院海商法研究中心) (Hrsg.), HSFYJ 2001, Nr. 1, Beijing 2001, S. 210–221 (zitiert: *Zhu Zengjie*, HSFYJ 1/2001)

Ziegler, Alexander von: Schadenersatz im internationalen Seefrachtrecht, Baden-Baden 1989 (zitiert: *von Ziegler*, Schadenersatz)

Ziegler, Alexander von: Haftungsgrundlage im internationalen Seefrachtrecht, Zürich et al. 2002 (zitiert: *von Ziegler*, Haftungsgrundlage)

Zolcinski, Zygmunt: Zusammenwirken der Frachtrechtssysteme CIM und SMGS im internationalen Eisenbahnverkehr, Bull. transp. int. 4/1998, S. 176–193

Rechtsquellenverzeichnis

Dieses Verzeichnis enthält die in der vorliegenden Arbeit erwähnten internationalen und innerstaatlichen Übereinkommen, Gesetze und untergesetzlichen Rechtsakte der Volksrepublik China sowie justiziellen Auslegungen des OVG.[1]

I. Internationale Übereinkommen

1. Lufttransport

Übereinkommen zur Vereinheitlichung bestimmter Vorschriften über die Beförderung im internationalen Luftverkehr (Montrealer Übereinkommen; MÜ)
统一国际航空运输某些规则的公约 (蒙特利尔公约)
ICAO Document No. 9740
vom 28. 5. 1999 (Montreal)
in Kraft seit 4. 11. 2003
in Kraft für die Volksrepublik China seit 31. 7. 2005[2]

Abkommen zur Vereinheitlichung von Regeln über die Beförderung im internationalen Luftverkehr (Warschauer Abkommen; WA)
统一国际航空运输某些规则的公约 (华沙公约)
CWWYH GB 1958, 600
vom 12. 10. 1929 (Warschau)
in Kraft seit 13. 2. 1933
in Kraft für die Volksrepublik China seit 18. 10. 1958[3]

Protokoll zur Änderung des am 12. Oktober 1929 in Warschau unterzeichneten Abkommens zur Vereinheitlichung von Regeln über die Beförderung im internationalen Luftverkehr (Haager Protokoll)
修订1929年10月12日在华沙签订的统一国际航空运输某些规则的公约的议定书 (海牙议定书)
ICAO Document No. 7632
vom 28. 9. 1955 (Den Haag)
in Kraft seit 1. 8. 1963
in Kraft für die Volksrepublik China seit 18. 11. 1975[4]

Zusatzabkommen zum Warschauer Abkommen zur Vereinheitlichung von Regeln über die von einem anderen als dem vertraglichen Luftfrachtführer ausgeführte Beförderung im internationalen Luftverkehr (Zusatzabkommen von Guadalajara; ZAG)
统一非立约承运人所作国际航空运输的某些规则以补充华沙公约的公约 (瓜达拉哈拉公约)

---

1 Soweit keine andere Quelle angegeben ist, beruhen die Informationen über Rechtsakte des autonomen chinesischen Rechts in der Regel auf der Datenbank http://law.chinalawinfo.com.
2 http://www.icao.int/icao/en/leb/mtl99.pdf; *Koller*, Art. 1 MÜ, Rn. 4.
3 http://www.icao.int/icao/en/leb/wc-hp.pdf; *Koller*, Art. 1 WA 1929, Rn. 3 i.V. mit Art. 1 WA 1955, Rn. 11.
4 http://www.icao.int/icao/en/leb/wc-hp.pdf; vgl. *Koller*, Art. 1 WA 1955, Rn. 11.

ICAO Document No. 8181
vom 18. 9. 1961 (Guadalajara)
in Kraft seit 1. 5. 1964
nicht in Kraft für die Volksrepublik China[5]

Montrealer Protokoll Nr. 4 zur Änderung des am 12. Oktober 1929 in Warschau unterzeichneten Abkommens zur Vereinheitlichung von Regeln über die Beförderung im internationalen Luftverkehr in der Fassung des Protokolls von Den Haag vom 28. September 1955 (Montrealer Protokoll Nr. 4)
修订经1955年9月28日在海牙签订的议定书修订的1929年10月12日在华沙签订的统一国际航空运输某些规则的公约的第4号蒙特利尔议定书(第4号蒙特利尔议定书)
ICAO Document No. 9148
vom 25. 9. 1975 (Montreal)
in Kraft seit 14. 6. 1998
nicht in Kraft für die Volksrepublik China[6]

2. Eisenbahntransport

Abkommen über internationalen Eisenbahngüterverkehr (SMGS)
国际铁路货物联运协定(国际货协)
vom 6. 12. 1950 (Warschau)
in Kraft seit 1. 11. 1951
in Kraft für die Volksrepublik China seit 1. 1. 1954[7]

Übereinkommen über den internationalen Eisenbahnverkehr (COTIF) und Einheitliche Rechtsvorschriften für den Vertrag über die internationale Eisenbahnbeförderung von Gütern (ER/CIM)
vom 3. 6. 1999 (jüngste Fassung)
in Kraft seit 1. 7. 2006 (jüngste Fassung)
nicht in Kraft für die Volksrepublik China[8]

3. Seetransport

Internationales Übereinkommen zur Vereinheitlichung von Regeln über Konnossemente (Haager Regeln; HR)
关于统一提单若干法律规定的国际公约(海牙规则)
vom 25. 8. 1924 (Brüssel)
in Kraft seit 2. 6. 1931
nicht in Kraft für die Volksrepublik China[9]

Protokoll zur Änderung des Internationalen Übereinkommens zur Vereinheitlichung von Regeln über Konnossemente (Visby-Regeln; VR)
修订统一提单若干法律规定的国际公约的议定书(维斯比规则)
vom 23. 2. 1968 (Brüssel)
in Kraft seit 23. 6. 1977
nicht in Kraft für die Volksrepublik China[10]

---

5 http://www.icao.int/icao/en/leb/guadalajara.pdf; *Men Jing*, ZLW 2003, 206 (209, Fn. 14); *Koller*, vor Art. I ZAG, Rn. 5; a. A. *Seitz*, S. 25.
6 http://www.icao.int/icao/en/leb/mp4.pdf; *Koller*, Protokoll Nr. 4.
7 *Kolloch*, S. 20 f.; vgl. auch *Koller*, vor Art. 1 CIM, Rn. 4.
8 *Koller*, Art. 1 CIM, Rn. 5.
9 *Rabe*, Anhang I § 663 b, Rn. 1.
10 *Rabe*, Anhang II § 663 b, Rn. 6 i. V. mit Anhang III § 663 b, Rn. 9.

Übereinkommen der Vereinten Nationen über die Beförderung von Gütern auf See (Hamburg-Regeln; HambR)
联合国海上货物运输公约 (汉堡规则)
vom 31. 3. 1978 (Hamburg)
in Kraft seit 1. 11. 1992
nicht in Kraft für die Volksrepublik China[11]

4. Straßengütertransport

Übereinkommen über den Beförderungsvertrag im internationalen Straßengüterverkehr (CMR)
vom 19. 5. 1956 (Genf)
in Kraft seit 2. 7. 1961
nicht in Kraft für die Volksrepublik China[12]

5. Multimodaler Transport

Konvention der Vereinten Nationen über die internationale multimodale Güterbeförderung (MT-Konvention)
联合国国际货物多式联运公约
vom 24. 5. 1980 (Genf)
bislang nicht in Kraft getreten

II. Abkommen zwischen Landesteilen über Lufttransport

Regelung des Lufttransports zwischen dem Festland und der Sonderverwaltungsregion Hongkong (LuftTranspReg Festland-Hongkong)
内地和香港特别行政区间航空运输安排
http://www.legislation.gov.hk/intracountry/chi/pdf/mainland/airservices.pdf
vom 2. 2. 2000
in Kraft seit 2. 2. 2000

Regelung des Lufttransports zwischen der Sonderverwaltungsregion Hongkong und der Sonderverwaltungsregion Macao (LuftTranspReg Hongkong-Macao)
香港特别行政区和澳门特别行政区间航空运输安排
http://www.legislation.gov.hk/intracountry/chi/pdf/macao/airservices.pdf
vom 13. 10. 2003
in Kraft seit 13. 10. 2003

Regelung des Lufttransports zwischen dem Festland und der Sonderverwaltungsregion Macao
内地和澳门特别行政区间航空运输安排
http://www.china.com.cn/chinese/TCC/67199.htm[13]
vom 16. 10. 2001
in Kraft seit 16. 10. 2001

---

11 *Rabe*, Anhang IV § 663 b, Rn. 12.
12 *Koller*, Art. 1 CMR, Rn. 6.
13 Eine den Wortlaut des Rechtsakts wiedergebende Quelle ist dem Verfasser nicht bekannt. Die angegebene Internetseite enthält einen Bericht über die Unterzeichnung des Abkommens zwischen dem Festland und Macao. Darin wird der stellvertretende Amtsleiter des Chinesischen Zivilluftfahrthauptamts, Bao Peide (鲍培德), mit einer Formulierung zitiert, die dem § 1 LuftTranspReg Festland-Hongkong und dem § 2 LuftTranspReg Hongkong-Macao nahezu wörtlich entspricht.

III. Gesetze

1. Öffentliches Recht

Verfassung der Volksrepublik China (Verfassung)
中华人民共和国宪法
FZRB, 16. 3. 2004, S. 6 (Fassung vom 14. 3. 2004)
verabschiedet am 4. 12. 1982 durch den Nationalen Volkskongress[14] (NVK)
in Kraft seit 4. 12. 1982
zuletzt geändert am und mit Wirkung vom 14. 3. 2004

Grundgesetz der Sonderverwaltungsregion Hongkong der Volksrepublik China (Basic Law)
中华人民共和国香港特别行政区基本法
CWWYH GB 1990, 98
verabschiedet am 4. 4. 1990 durch den Ständigen Ausschuss des NVK[15] (NVK-StAu)
in Kraft seit 1. 7. 1997

Grundgesetz der Sonderverwaltungsregion Macao der Volksrepublik China (Lei Básica)
中华人民共和国澳门特别行政区基本法
CWWYH GB 1993, 198
verabschiedet am 31. 3. 1993 durch den NVK-StAu
in Kraft seit 20. 12. 1999

Gesetzgebungsgesetz der Volksrepublik China (GGG)
中华人民共和国立法法
CWWYH GB 2000, 112
verabschiedet am 15. 3. 2000 durch den NVK
in Kraft seit 1. 7. 2000

Verwaltungsprozessgesetz der Volksrepublik China
中华人民共和国行政诉讼法
GWY GB 1989, 296
verabschiedet am 4. 4. 1989 durch den NVK
in Kraft seit 1. 10. 1990

Verwaltungswiderspruchsgesetz der Volksrepublik China
中华人民共和国行政复议法
GWY GB 1999, 725
verabschiedet am 29. 4. 1999 durch den NVK-StAu
in Kraft seit 1. 10. 1999

2. Allgemeines Zivilrecht

Allgemeine Grundsätze des Zivilrechts der Volksrepublik China (AGZR)
中华人民共和国民法通则
CWWYH GB 1986, 185
verabschiedet am 12. 4. 1986 durch den NVK
in Kraft seit 1. 1. 1987

---

14 全国人民代表大会.
15 全国人民代表大会常务委员会.

Vertragsgesetz der Volksrepublik China (VG)
中华人民共和国合同法
CWWYH GB 1999, 104
verabschiedet am 15. 3. 1999 durch den NVK
in Kraft seit 1. 10. 1999

Wirtschaftsvertragsgesetz der Volksrepublik China (WVG)
中华人民共和国经济合同法
GWY GB 1993, 966 (Fassung von 1993)
verabschiedet am 13. 12. 1981 durch den NVK-StAu
Inkrafttreten am 1. 7. 1982
geändert am 2. 9. 1993 mit Wirkung vom 2. 9. 1993
außer Kraft seit 1. 10. 1999[16]

Außenwirtschaftsvertragsgesetz der Volksrepublik China (AWVG)
中华人民共和国涉外经济合同法
GWY GB 1985, 217
verabschiedet am 21. 3. 1985 durch den NVK-StAu
Inkrafttreten am 1. 7. 1985
außer Kraft seit 1. 10. 1999[17]

Verbraucherschutzgesetz der Volksrepublik China (VerbrSchutzG)
中华人民共和国消费者权益保护法
GWY GB 1993, 11160
verabschiedet am 31. 10. 1993 durch den NVK-StAu
in Kraft seit 1. 1. 1994

3. Frachtrecht

Zivilluftfahrtgesetz der Volksrepublik China (ZLG)
中华人民共和国民用航空法
GWY GB 1995, 1078
verabschiedet am 30. 10. 1995 durch den NVK-StAu
in Kraft seit 1. 3. 1996

Eisenbahngesetz der Volksrepublik China (EBG)
中华人民共和国铁路法
CWWYH GB 1990, 355
verabschiedet am 7. 9. 1990 durch den NVK-StAu
in Kraft seit 1. 5. 1991

Seehandelsgesetz der Volksrepublik China (SHG)
中华人民共和国海商法
GWY GB 1992, 1141
verabschiedet am 7. 11. 1992 durch den NVK-StAu
in Kraft seit 1. 7. 1993

Postgesetz der Volksrepublik China (PostG)
中华人民共和国邮政法
verabschiedet am 2. 12. 1986 durch den NVK-StAu
in Kraft seit 1. 1. 1987

16 § 428 VG.
17 § 428 VG.

IV. Untergesetzliche Rechtsakte

1. Öffentliches Recht

Verordnung über das Verfahren beim Erlass von Verwaltungsrechtsnormen
行政法规制定程序条例
GWY GB 2002, Nr. 1, S. 5
amtliches Zeichen (发文字号): 国务院令第321号
erlassen am 16. 11. 2001 durch den Staatsrat
in Kraft seit 1. 1. 2002

Verordnung über das Verfahren beim Erlass von Regeln
规章制定程序条例
GWY GB 2002, Nr. 1, S. 7
amtliches Zeichen (发文字号): 国务院令第322号
erlassen am 16. 11. 2001 durch den Staatsrat
in Kraft seit 1. 1. 2002

Verwaltungsbestimmungen der Volksrepublik China über internationale Frachtagentur
中华人民共和国国际货物运输代理业管理规定
amtliches Zeichen (发文字号): 中华人民共和国对外贸易经济合作部令[1995年第5号]
erlassen am 29. 6. 1995 durch das Ministerium für Außenhandel und wirtschaftliche Zusammenarbeit
in Kraft seit 29. 6. 1995

Beschluss des Staatsrats über das Außerkrafttreten eines Teils der vor Ende des Jahres 2000 erlassenen Verwaltungsrechtsnormen
国务院关于废止2000年底以前发布的部分行政法规的决定
GWY GB 2001, Nr. 32, S. 20
amtliches Zeichen (发文字号): 国务院令第319号
erlassen am 6. 10. 2001 durch den Staatsrat
in Kraft seit 6. 10. 2001

Beschluss über das Außerkrafttreten von 219 Verkehrsregeln[18]
关于废止219件交通规章的决定
amtliches Zeichen (发文字号): 交通部令2003年第11号
erlassen am 2. 12. 2003 durch das Verkehrsministerium
in Kraft seit 2. 12. 2003

2. Allgemeines Zivilrecht

Verordnung der Stadt Shanghai zur Überwachung von Formularklauseln in Verträgen (ShanghaiAGB-VO)
上海市合同格式条款监督条例
amtliches Zeichen (发文字号): 上海市人民代表大会常务委员会公告第三十五号
verabschiedet am 13. 7. 2000
in Kraft seit 1. 1. 2001

---

18 Gemeint sind Regeln i.S. der Verfassung und des GGG (dazu unten S. 11 f.). Es handelt sich also um 219 Rechtsakte.

Verordnung der Wirtschaftssonderregion Shenzhen über Formularverträge (ShenzhenAGB-VO)
深圳经济特区格式合同条例
amtliches Zeichen (发文字号): 深圳市人大常委会第64号
verabschiedet am 2. 7. 1998
in Kraft seit 1. 10. 1998

3. Frachtrecht

a) Lufttransport

Regeln über internationale Gütertransporte der zivilen Luftfahrt Chinas (IntLuftGütTranspReg)
中国民用航空货物国际运输规则
erlassen am 21. 4. 2000 durch das Chinesische Zivilluftfahrthauptamt
in Kraft seit 1. 8. 2000

Regeln über innerstaatliche Gütertransporte der zivilen Luftfahrt Chinas (InnerstaatlLuftGütTranspReg)
中国民用航空货物国内运输规则
erlassen am 29. 2. 1996 durch das Chinesische Zivilluftfahrthauptamt
in Kraft seit 1. 3. 1996

b) Eisenbahntransport

Vorschriften über Eisenbahngütertransporte (EisenbGütTranspVorschr)
铁路货物运输规程
http://www.china-mor.gov.cn/khyszx/khyszx_huogui.htm[19]
amtliches Zeichen (发文字号): 铁运[1991]40号
erlassen am 18. 3. 1991 durch das Eisenbahnministerium
in Kraft seit 18. 3. 1991

Durchführungsbestimmungen über Eisenbahngütertransportverträge (EisenbGütTranspVDurchfBest)
铁路货物运输合同实施细则
GWY GB 1987, 202
genehmigt am 8. 11. 1986 durch den Staatsrat
erlassen am 20. 12. 1986 durch das Eisenbahnministerium
in Kraft seit 1. 7. 1987

c) Binnenschiffstransport

Regeln über Gütertransporte auf Binnenwasserstraßen (BinWasGütTranspReg)
国内水路货物运输规则
amtliches Zeichen (发文字号): 交通部令2000年第9号
erlassen am 28. 8. 2000 durch das Verkehrsministerium
in Kraft seit 1. 1. 2001

Durchführungsbestimmungen für Verträge über den Gütertransport auf Wasserstraßen
水路货物运输合同实施细则
GWY GB 1986, 1091

---

19 Die Datenbank http://law.chinalawinfo.com enthält nur die Vorgängerfassung aus dem Jahre 1987.

genehmigt am 8. 11. 1986 durch den Staatsrat
erlassen am 1. 12. 1986 durch das Verkehrsministerium
in Kraft seit 1. 7. 1987

d) Straßengütertransport

Regeln über den Gütertransport mit Kraftfahrzeugen (KfzGütTranspReg 1999)
汽车货物运输规则
amtliches Zeichen (发文字号): 交通部[1999年第5号]
erlassen am 15. 11. 1999 durch das Verkehrsministerium
in Kraft seit 1. 1. 2000

Regeln über den Gütertransport mit Kraftfahrzeugen (KfzGütTranspReg 1988)
汽车货物运输规则
erlassen am 26. 1. 1988 durch das Verkehrsministerium
Inkrafttreten am 1. 8. 1988
außer Kraft seit 1. 1. 2000[20]

e) Multimodaler Transport

Administrativregeln über internationale multimodale Containertransporte (IntMultimodCont-TranspReg)
国际集装箱多式联运管理规则
amtliches Zeichen (发文字号): 交通部, 铁道部令1997年第2号
erlassen am 14. 3. 1997 durch Verkehrsministerium und Eisenbahnministerium
Inkrafttreten am 1. 10. 1997
außer Kraft seit 2. 12. 2003[21]

f) Posttransport

Durchführungsbestimmungen zum Postgesetz der Volksrepublik China
中华人民共和国邮政法实施细则
amtliches Zeichen (发文字号): 国务院令第65号
erlassen am 12. 11. 1990 durch den Staatsrat
in Kraft seit 12. 11. 1990

V. Justizielle Auslegungen des OVG

1. Allgemeines

Bestimmungen des Obersten Volksgerichts über die Justizauslegung (OVG-JustizauslegBest 2007)
最高人民法院关于司法解释工作的规定
ZGRMFY GB 2007, Nr. 5, S. 25
amtliches Zeichen (发文字号): 法发[2007]12号
vom 23. 3. 2007
in Kraft seit 1. 4. 2007

---

20 § 93 KfzGütTranspReg 1999.
21 Durch Beschluss (des Verkehrsministeriums) über das Außerkrafttreten von 219 Verkehrsregeln (dort Nr. 206).

Einige Bestimmungen des Obersten Volksgerichts über die Justizauslegung (OVG-JustizauslegBest 1997)
最高人民法院关于司法解释工作的若干规定
ZGRMFY GB 1997, 96
amtliches Zeichen (发文字号): 法发[1997]15号
vom 23. 6. 1997
Inkrafttreten am 1. 7. 1997
außer Kraft seit 1. 4. 2007[22]

Ansichten des Obersten Volksgerichts zu Problemen bei der Durchsetzung und Anwendung der „Allgemeinen Grundsätze des Zivilrechts der Volksrepublik China" (versuchsweise durchgeführt) (OVG-AGZR-Ansichten)
最高人民法院关于贯彻执行《中华人民共和国民法通则》若干问题的意见（试行）
ZGRMFY GB 1988, Nr. 2, S. 16
vom 26. 1. 1988
in Kraft seit 26. 1. 1988

Erläuterungen des Obersten Volksgerichts zu einigen Fragen der Anwendung des „Vertragsgesetzes der Volksrepublik China" (1) (OVG-VG-Erläut)
最高人民法院关于适用《中华人民共和国合同法》若干问题的解释(一)
ZGRMFY GB 2000, 24
amtliches Zeichen (发文字号): 法释[1999]19号
vom 19. 12. 1999
in Kraft seit 29. 12. 1999

Bestimmungen des Obersten Volksgerichts zu einigen Fragen der Rechtsanwendung bei der Behandlung von zivil- und handelsrechtlichen Vertragsstreitigkeiten mit Außenberührung (OVG-IntVertrR-Best)
最高人民法院关于审理涉外民事或商事合同纠纷案件法律适用若干问题的规定
amtliches Zeichen (发文字号): 法释[2007]14号
vom 11. 6. 2007
in Kraft seit 8. 8. 2007

Mitteilung des Obersten Volksgerichts zum Druck und zur Verteilung des „Protokolls der zweiten nationalen Arbeitssitzung zur Rechtsprechung in Handels- und Seesachen mit Außenberührung" (OVG-Handels-/SeeR-Prot)[23]
最高人民法院关于印发《第二次全国涉外商事海事审判工作会议纪要》的通知
amtliches Zeichen (发文字号): 法发[2005]26号
vom 26. 12. 2005
in Kraft seit 26. 12. 2005

Erläuterungen des Obersten Volksgerichts zu einigen Fragen der Anwendung des „Außenwirtschaftsvertragsgesetzes" (OVG-AWVG-Erläut)
最高人民法院关于适用《涉外经济合同法》若干问题的解答
ZGRMFY GB 1987, Nr. 4, S. 3
amtliches Zeichen (发文字号): 法[经]发[1987]27号
vom 19. 10. 1987
Inkrafttreten am 19. 10. 1987
außer Kraft seit 1. 10. 1999/25. 7. 2000[24]

---

22 § 31 OVG-JustizauslegBest 2007.
23 Zur Einordnung des OVG-Handels-/SeeR-Prot unten Fn. 262.
24 Dafür, dass die OVG-AWVG-Erläut bereits seit 1. 10. 1999 außer Kraft sind, spricht § 12 OVG-JustizauslegBest 1997. Danach sind justizielle Auslegungen nicht mehr rechtswirksam, nachdem

Erläuterungen des Obersten Volksgerichts zu einigen Fragen bei der Verhandlung von Schadensersatzfällen bei Eisenbahntransporten (OVG-EisenbTranspSE-Erläut)
最高人民法院关于审理铁路运输损害赔偿案件若干问题的解释
ZGRMFY GB 1994, 147
amtliches Zeichen (发文字号): 法发[1994]25号
vom 27. 10. 1994
in Kraft seit 27. 10. 1994

Einige Bestimmungen des Obersten Volksgerichts über den Beweis im Zivilprozess (OVG-ZivProz-BeweisBest)
最高人民法院关于民事诉讼证据的若干规定
FZRB, 4. 1. 2002, S. 2
amtliches Zeichen (发文字号): 法释[2001]33号
vom 6. 12. 2001
in Kraft seit 1. 4. 2002

Verzeichnis des Obersten Volksgerichts mit außer Kraft getretenen, vor Ende des Jahres 1999 ergangenen justiziellen Auslegungen (3. Gruppe)
最高人民法院予以废止的1999年底以前发布的有关司法解释目录(第三批)
FZRB, 26. 7. 2000, S. 2
amtliches Zeichen (发文字号): 法释[2000]20号
beschlossen am 16. 6. 2000
bekanntgemacht am 13. 7. 2000
in Kraft seit 25. 7. 2000

2. Antworten

Antwort des Obersten Volksgerichts zu der Frage, wie die Volksgerichte bei der Erstellung von rechtlichen Dokumenten rechtliche normative Dokumente zitieren sollen
最高人民法院关于人民法院制作法律文书如何引用法律规范性文件的批复
amtliches Zeichen (发文字号): 法[研]复[1986]31号
vom 28. 10. 1986

Antwortschreiben der Wirtschaftskammer des Obersten Volksgerichts zu der Frage, ob in dem Fall der Streitigkeit der 4. Geologengruppe von Guangxi und Wu Jinfu gegen die Nahrungsmitteldienstleistungsgesellschaft des Bezirks Yulin von Guangxi und die Handelsbehörde des Bezirks Yulin über den Kaufpreis bei einem Kaufvertrag über Jutesäcke die Klageverjährung überschritten ist
最高人民法院经济审判庭关于广西第四地质队，吴进福诉广西玉林地区饮食服务公司，玉林地区商业局购销麻袋合同货款纠纷-案是否超过诉讼时效问题的复函
amtliches Zeichen (发文字号): 法经[1992]69号
vom 4. 5. 1992

---

ein neues Gesetz verkündet worden ist oder nachdem das ursprüngliche Gesetz geändert worden oder außer Kraft getreten ist oder nachdem neue justizielle Auslegungen erlassen worden sind. Demzufolge wären die OVG-AWVG-Erläut gemäß § 428 VG zusammen mit dem AWVG bereits am 1. 10. 1999 außer Kraft getreten (im Ergebnis *Li Shuangyuan*, S. 571; *Lü Guomin et al.*, S. 288). Ein Außerkrafttreten erst zum 25. 7. 2000 lässt sich hingegen damit begründen, dass das *OVG* die OVG-AWVG-Erläut ausdrücklich erst zu diesem Datum außer Kraft gesetzt hat (Verzeichnis des OVG mit außer Kraft getretenen, vor Ende des Jahres 1999 ergangenen justiziellen Auslegungen [3. Gruppe]; vgl. *Fu Jingkun*, S. 18: Ob die Erläuterungen auch nach Außerkrafttreten des AWVG angewandt werden könnten, hänge von der [damals] noch ausstehenden Entscheidung des *OVG* ab). Inzwischen könnte man darüber hinaus die OVG-JustizauslegBest 2007 anführen, die die OVG-JustizauslegBest 1997 abgelöst haben und denen eine dem § 12 OVG-JustizauslegBest 1997 entsprechende Regelung fehlt (vgl. § 6 V OVG-JustizauslegBest 2007 und dazu *Ahl*, ZChinR 2007, 251 [256]).

Antwortschreiben des Obersten Volksgerichts über Fragen der Rechtsanwendung bezüglich des Ersatzes von Güterschäden im internationalen Eisenbahngüterverkehr
最高人民法院关于国际铁路货物联运货损赔偿适用法律问题的复函
amtliches Zeichen (发文字号): 法函[1994]71号
vom 5. 11. 1994

Antwortschreiben des Obersten Volksgerichts zur Frage der Haftung für fehlerhafte Ablieferung des Transportguts
最高人民法院关于运输货物误交付法律责任问题的复函
amtliches Zeichen (发文字号): 法交[1993]第14号
vom 6. 9. 1993

Antwort des Obersten Volksgerichts bezüglich der Verjährungsfrist von Ersatzansprüchen des Beförderers eines Seegütertransports gegen Absender, Empfänger oder Konnossementsinhaber
最高人民法院关于承运人就海上货物运输向托运人，收货人或提单持有人要求赔偿的请求权时效期间的批复
ZGRMFY GB 1997, 97
amtliches Zeichen (发文字号): 法释[1997]3号
beschlossen am 11. 7. 1997
bekanntgemacht am 5. 8. 1997
in Kraft seit 7. 8. 1997

Antwort des Obersten Volksgerichts auf die Frage, wie die Verjährungsfrist für Ersatzansprüche bei Gütertransporten entlang der Küste und auf Binnenwasserstraßen zu bestimmen ist
最高人民法院关于如何确定沿海,内河货物运输赔偿请求权时效期间问题的批复
FZRB, 31. 5. 2001, S. 2
amtliches Zeichen (发文字号): 法释[2001]18号
beschlossen am 22. 5. 2001
bekanntgemacht am 24. 5. 2001
in Kraft seit 31. 5. 2001

Antwortschreiben des Obersten Volksgerichts zur Frage der Frist für das Ersatzbegehren bei Gütertransporten auf Wasserstraßen
最高人民法院关于水路货物运输中索赔期问题的复函
amtliches Zeichen (发文字号): [88]法交函字第11号
vom 8. 12. 1988

Einführung

Mit der zunehmenden Verflechtung der Weltwirtschaft steigt auch die Nachfrage nach Gütertransporten. Insbesondere bei großen Entfernungen kann es dabei aufgrund der unterschiedlichen Verkehrsinfrastruktur an Abgangs- und Bestimmungsort oder aus Zeit- und Kostengründen erforderlich sein, verschiedenartige Beförderungsmittel zu verwenden.[25] Zugleich hat die verladende Wirtschaft ein besonderes Interesse an Beförderungen, bei denen ein einziger Transportunternehmer für die Organisation und Ausführung des gesamten Transports verantwortlich ist. Treffen diese beiden Bedingungen zusammen, d.h. werden Güter aufgrund eines einheitlichen Frachtvertrags mit verschiedenartigen Beförderungsmitteln transportiert, so handelt es sich um multimodalen Transport. Der einheitliche Vertrag über die Gesamtstrecke hat den Vorteil, dass sich der Verlader von dem Arbeitsaufwand befreien kann, der mit der Organisation des Weitertransports nach jedem Streckenabschnitt verbunden ist. Zudem wird er in der Regel die Leistungs- und Zahlungsfähigkeit seines Vertragspartners einschätzen und ihn im Inland in Anspruch nehmen können.

Begünstigt wurde die Entwicklung des multimodalen Gütertransports durch die Einführung des Containers und der damit einhergehenden Umrüstung der Transportmittel in den 1960er Jahren. Seitdem werden nicht mehr die nach Verpackung, Gewicht und Abmessung variierenden einzelnen Packstücke, sondern die viel größeren, standardisierten Container gestaut und gesichert. Dies hat zu einer wesentlichen Zeit- und Kostenersparnis beim Beladen, Umladen und Löschen geführt. Auf rechtlicher Ebene verursachen multimodale Transporte indessen Probleme. Internationale Übereinkommen und nationale Rechtsordnungen enthalten häufig unterschiedliche Regeln für Beförderungen auf der Straße, in der Luft, auf der Schiene und zu Wasser. Damit stellt sich die Frage, welche Rechtsvorschriften auf die Haftung für Güter- und Verspätungsschäden anzuwenden sind. Es liegt nahe, an das Recht der Teilstrecke anzuknüpfen, auf der im konkreten Fall der Schaden verursacht wurde. Doch ist häufig nicht bekannt, auf welcher Teilstrecke das schadensstiftende Ereignis eingetreten ist. Gerade bei Beförderungen im Container und vor allem im Haus-zu-Haus-Verkehr findet eine Überprüfung des Guts beim Wechsel des Transportmittels regelmäßig nicht statt. Daher lässt sich die Beschädigung des Transportguts häufig nicht einer bestimmten Teilstrecke zuordnen. Davon abgesehen müssen bei grenzüberschreitenden Transporten zusätzlich internationalprivatrechtliche Rechtsanwendungsfragen beantwortet werden.

25 Vgl. *Fang Xinjun*, MSFLC, Bd. 13, 119 (122): „Wegen der Größe Chinas können einige Waren ihren Bestimmungsort ohne kombinierten Transport nicht erreichen."

Um diese mit erheblicher Rechtsunsicherheit verbundenen Schwierigkeiten aus dem Weg zu räumen, sind zahlreiche Versuche unternommen worden, international einheitliche Regeln über multimodale Frachtverträge einzuführen.[26] Das bisherige Ergebnis dieser Bemühungen, die Konvention der Vereinten Nationen über die internationale multimodale Güterbeförderung (MT-Konvention), gilt jedoch als gescheitert.[27] Zwar haben standardisierte Klauselwerke wie insbesondere das FIATA Multimodal Transport Bill of Lading (FBL) und die UNCTAD/ICC Rules for Multimodal Transport Documents durch ihre weite Verbreitung in gewissem Maße zu einer Vereinheitlichung auf tatsächlicher Ebene geführt. Doch gelten diese Beförderungsbedingungen nicht zwingend, sondern bedürfen der Einbeziehung in den Transportvertrag. Auch müssen sie einer Prüfung am Maßstab des jeweils anwendbaren nationalen Rechts standhalten. Die angesprochenen Probleme bleiben damit im Grundsatz weiterhin ungelöst. Seitdem sich das Scheitern der MT-Konvention abzeichnet, haben daher die Gesetzgeber einzelner Staaten Vorschriften über multimodale Frachtverträge in Kraft gesetzt.[28] Dazu gehört neben der Bundesrepublik Deutschland[29] auch die Volksrepublik China: Bereits das Seehandelsgesetz der Volksrepublik China (SHG) aus dem Jahre 1992 enthält mehrere Bestimmungen über Multimodalverträge. Am 1. Oktober 1999 kamen mit Inkrafttreten des Vertragsgesetzes der Volksrepublik China (VG) ergänzende Vorschriften hinzu.

Das chinesische Frachtvertragsrecht rückt zunehmend in das Blickfeld hiesiger Außenhändler, Transportunternehmer und Versicherer. Die Volksrepublik China ist bereits heute einer der wichtigsten asiatischen Handelspartner Deutschlands. Vor allem infolge der Aufnahme Chinas in die WTO werden der deutsch-chinesische Außenhandel und zugleich das Gütertransportvolumen auch künftig weiter wachsen. Chinesische Transportunternehmen wie insbesondere COSCO[30] und China Shipping[31] wählen in ihren Konnossementen meist chinesisches Recht.[32] Darüber hinaus hat sich die Volksrepublik mit ihrem Beitritt zur WTO verpflichtet, die Beschränkungen für ausländische Investitionen auf dem bislang stark reglementierten Dienstleistungs- und Logistiksektor nach und nach aufzuheben.[33] Damit steigt auch die Bedeutung der frachtrechtlichen Bestimmungen der Volksrepublik.

Das chinesische Recht lässt sich im Vergleich zum deutschen Recht mitunter nur schwer erschließen. Dies hängt zunächst mit der großen Zahl untergesetzlicher Rechtsakte zusammen, die von der Verwaltung seit Beginn der Politik der Reform

---

26 Zu den Vereinheitlichungsbestrebungen *Mast*, S. 45 ff.; *UNCTAD secretariat*, S. 9 ff.; *Hoffmann*, S. 3 ff.

27 Dazu unten S. 37 f.

28 Zu einem kursorischen rechtsvergleichenden Überblick über die bislang bestehenden nationalen Bestimmungen *UNCTAD secretariat*, S. 18 ff.; *Basedow*, FS Herber, 15 (20).

29 §§ 452–452 d HGB, in Kraft seit 1. 7. 1998 durch das Gesetz zur Neuregelung des Fracht-, Speditions- und Lagerrechts (Transportrechtsreformgesetz – TRG) vom 25. 6. 1998, BGBl. 1998 I, 1588.

30 China Ocean Shipping (Group) Company (中国远洋运输 [集团] 总公司, kurz: 中远).

31 China Shipping (Group) Company (中国海运 [集团] 总公司, kurz: 中国海运).

32 Klausel 26 I COSCON B/L (liegt dem Verfasser vor) bzw. Klausel 26 I des China Shipping Container Lines Bill of Lading (CSCL B/L – http://www.cscl.com.cn/info/bill.jsp).

33 Dazu *Gargulla*, TranspR 2000, 451 (451 ff.).

und Öffnung[34] in den Jahren 1978/79 erlassen wurden. Häufig überschneiden sich die Anwendungsbereiche dieser Rechtsakte. Oft ist unklar, ob sie noch zum geltenden Recht gehören oder bereits als veraltet anzusehen sind. Dies gilt in besonderem Maße für das chinesische Frachtrecht.[35]

Überdies lassen sich in vielen Bereichen des chinesischen Rechts keine verallgemeinerungsfähigen Aussagen über die Auffassung der Rechtsprechung treffen.[36] Gerichtsurteile werden vergleichsweise selten veröffentlicht. Sie finden sich häufig in inoffiziellen Fallsammlungen, in denen nur manchmal das jeweilige Gericht und das Urteilsdatum angegeben sind. Die abgedruckten Entscheidungen enden nicht selten mit einem Vergleich, so dass unklar bleibt, welche Meinung das Gericht vertritt. Aber auch bei streitigen Urteilen ist der dogmatische Erkenntniswert häufig gering.

Auch die Verwertbarkeit der chinesischen Literatur ist nicht mit deutschen Verhältnissen zu vergleichen. Viele Autoren beschäftigen sich rechtsvergleichend mit ihrem Thema; die Aussagen zum chinesischen Recht erschöpfen sich häufig in einer systematischen Darstellung der gesetzlichen Bestimmungen und enthalten anstelle von Erörterungen dogmatischer Probleme nicht selten den Hinweis, dass die chinesischen Vorschriften insoweit noch nicht vollkommen[37] seien. Der konkrete Gesetzestext spielt bei der Auslegung längst keine so zentrale Rolle wie in Deutschland. Ein Großteil der Aussagen, die über den Wortlaut des Gesetzes hinausgehen, wird nicht belegt. Teilweise werden lange Textpassagen aus anderen Werken ohne entsprechende Kennzeichnung wörtlich übernommen.[38] Ebenso fehlen in der Regel stichhaltige Begründungen für geäußerte Rechtsansichten. Querverweise innerhalb einer Abhandlung und Fußnoten mit genau bezeichneten Fundstellen sind selten, Sachverzeichnisse gänzlich unüblich. Schwierigkeiten bereitet zuweilen auch die teilweise uneinheitliche Terminologie des chinesischen Zivilrechts, etwa bei den Begriffen für das Verschulden[39] und den Schaden[40].

Gegenstand der vorliegenden Arbeit sind die für multimodale Frachtverträge geltenden gesetzlichen Regeln der Volksrepublik China. Im Vordergrund stehen dabei die §§ 102–106 SHG und die §§ 317–321 VG. Jedoch werden auch die allgemeinen Vorschriften über Frachtverträge behandelt, soweit sie auf Multimodalverträge anzuwenden sind.

Die Gliederung der Arbeit orientiert sich im Wesentlichen an dem Prüfungsprogramm eines Gerichts und damit auch eines jeden anderen Rechtsanwenders.

---

34 改革开放.
35 Dazu unten S. 8.
36 Dazu *Widmer*, S. 35.
37 完善.
38 Vgl. *Lu Yongzhen*, S. 1 f. und *Zhang Dai'en*, S. 2; *Sun Lin*, S. 187–189 und *Lu Yongzhen*, S. 179–181; *Wu Huanning*, S. 83 und *Hou Zuoqian/Qiao Baojie*, S. 457 f.
39 Zu den Verschuldensbegriffen und ihren Bedeutungen im chinesischen Zivilrecht z.B. unten S. 80, 126 f. und 181 f.
40 Zum Schadensbegriff unten S. 112 sowie *Scheil et al.*, S. 50, Fn. 76; *Münzel*, Chinas Recht, 15.3.99/1, Anm. 1.

Diese Struktur soll dem Leser einen möglichst übersichtlichen Leitfaden für den verwinkelten Prozess der Rechtsfindung bei multimodalen Frachtverträgen an die Hand geben. Daher werden nach einem Überblick über die Rechtsquellen des chinesischen Frachtvertragsrechts (1. Kapitel) zunächst internationale Übereinkommen und autonomes Kollisionsrecht untersucht (2. Kapitel) und danach die Anwendungsbereiche der Regelungen über multimodale Frachtverträge im autonomen chinesischen Frachtrecht sowie ihr Verhältnis zueinander erörtert (3. Kapitel). Anschließend geht es u. a. um die vertraglichen Pflichten (4. Kapitel) und die Rechtsfolgen ihrer Verletzung (Haftung – 5. und 6. Kapitel). Es folgen Überlegungen zu konkurrierenden Ansprüchen aus allgemeiner Vertragshaftung und außervertraglicher Haftung (7. Kapitel). Am Ende wird die Abdingbarkeit der gesetzlichen Regelungen behandelt (8. Kapitel). Der hier gewählte Aufbau bringt es mit sich, dass kollisionsrechtliche Fragen auch an anderer Stelle als im 2. Kapitel angesprochen werden.[41]

Die Darstellung der staatsvertraglichen und kollisionsrechtlichen Regeln erfolgt stets aus der Sicht eines chinesischen Gerichts, berücksichtigt also nur die von einem chinesischen Richter zu beachtenden Übereinkommen und Kollisionsnormen. Denn zum einen vereinbaren chinesische Transportunternehmen mit ihren Vertragspartnern regelmäßig die Zuständigkeit chinesischer Gerichte;[42] zum anderen ist das hierzulande geltende IPR gut erschlossen und bedarf in dieser Arbeit deshalb keiner Erörterung.

Die Begriffe für die an Frachtverträgen beteiligten Personen weichen in der vorliegenden Untersuchung zu Gunsten einer wortgetreuen und einheitlichen Übersetzung mitunter von der Terminologie des deutschen Rechts[43] ab. Das chinesische Frachtrecht lehnt sich stark an die international gebräuchlichen englischen Begriffe an. Wer den Transport in Auftrag gibt, ist „Absender“[44]. Sein Vertragspartner wird grundsätzlich als „Beförderer“[45] bezeichnet. Das Eisenbahngesetz der Volksrepublik China (EBG) spricht abweichend vom „Eisenbahntransportunternehmen“[46]. Bei multimodalen Beförderungen hat sich im chinesischen Sprachgebrauch der Ausdruck „Unternehmer des multimodalen Transports“[47] durchgesetzt. Die vom Beförderer eingeschalteten Hilfspersonen heißen „Bediensteter“[48], „Vertreter“[49] und „tatsächlicher Beförderer“[50] – Letzterer als Pendant zum vertragschließenden Beförderer[51].

---

41 Etwa bei der Anknüpfung des Teilstreckenrechts (unten S. 147 f.), konkurrierender Ansprüche (unten S. 187 f.) und der Frage der Abdingbarkeit (unten S. 202 f., 204).
42 Klausel 26 I S. 2 COSCON B/L; Klausel 26 I S. 2 CSCL B/L.
43 „Verfrachter“, „Befrachter“, „Frachtführer“, „Luftfrachtführer“ usw.
44 „托运人“ (engl. shipper).
45 „承运人“ (engl. carrier).
46 „铁路运输企业“.
47 „多式联运经营人“ (engl. multimodal transport operator – MTO).
48 „受雇人“ (engl. servant).
49 „代理人“ (engl. agent).
50 „实际承运人“ (engl. actual carrier).
51 缔约承运人 (engl. contracting carrier).

1. Kapitel
Rechtsquellen des chinesischen Frachtvertragsrechts und ihre Anwendungsbereiche

In diesem Kapitel werden die Rechtsquellen des chinesischen Frachtvertragsrechts zusammengestellt und ihre Anwendungsbereiche beschrieben. Dazu bedarf es einer Reihe von Vorüberlegungen. Da Hongkong und Macao wieder unter chinesischer Herrschaft stehen, der Status Taiwans hingegen immer noch umstritten ist, stellt sich zum einen das Problem, ob und inwiefern das festländische Zivilrecht in diesen drei Gebieten gilt (dazu A.). Zum anderen sieht sich der Rechtsanwender häufig mit mehreren, sich überschneidenden Rechtsakten (Gesetzen, Verwaltungsrechtsnormen usw.) konfrontiert, deren Gültigkeit und Rangverhältnis sich nicht eindeutig bestimmen lässt (dazu B.).

In den anschließenden Abschnitten (C. bis J.) werden die für die einzelnen Transportarten geltenden Rechtsakte vorgestellt und ihre Anwendungsbereiche umrissen. Dabei werden nur solche Rechtsakte berücksichtigt, von denen anzunehmen ist, dass sie heute in der Praxis noch eine Rolle spielen.[52] Außer Betracht bleiben daher Rechtsakte, die entweder ausdrücklich außer Kraft gesetzt worden sind oder wegen ihres lange zurückliegenden Erlassdatums und der rasanten Entwicklung des festlandschinesischen Rechts offensichtlich keine Bedeutung mehr haben. Im Einzelnen wird auf das allgemeine Frachtvertragsrecht (dazu C.) sowie auf die speziellen Rechtsquellen zum Lufttransport (dazu D.), zum Eisenbahntransport (dazu E.), zum Seetransport (dazu F.), zum Binnenschiffstransport (dazu G.), zum Straßengütertransport (dazu H.), zum multimodalen Transport (dazu I.) und schließlich zum Posttransport (dazu J.) eingegangen.

A. Räumlicher Geltungsbereich des festlandschinesischen Rechts

I. Geltung des festlandschinesischen Rechts in Hongkong und Macao

Hongkong und Macao stehen seit dem 1. 7. 1997 bzw. 20. 12. 1999 unter der Souveränität der Volksrepublik China und genießen als Sonderverwaltungsregionen[53] in vielen Bereichen Autonomie. Damit stellt sich die Frage, in welchem Umfang das Zivilrecht des Festlands dort gilt.

---

52 Dazu unten S. 8.
53 特别行政区.

Die Geltung autonomen festländischen Rechts in Hongkong und Macao ist in den – insoweit identischen – Verfassungen der beiden Sonderverwaltungsregionen, dem Grundgesetz der Sonderverwaltungsregion Hongkong der Volksrepublik China (Basic Law[54]) bzw. dem Grundgesetz der Sonderverwaltungsregion Macao der Volksrepublik China (Lei Básica[55]), geregelt. Nach Art. 18 II S. 1 Basic Law/Lei Básica werden landesweit geltende Gesetze[56] in Hongkong und Macao grundsätzlich nicht angewandt; davon ausgenommen sind nur die in Annex III des Basic Law/Lei Básica genannten Gesetze. In den Annex III werden nach Art. 18 III Hs. 2 Basic Law bzw. Art. 18 III S. 2 Lei Básica nur solche Gesetze aufgenommen, die die Landesverteidigung, die auswärtigen Beziehungen oder andere nach dem Basic Law/Lei Básica nicht in den Autonomiebereich der Sonderverwaltungsregion fallende Angelegenheiten betreffen. Dementsprechend enthält Annex III Rechtsakte mit Vorschriften z.B. über Hauptstadt, Nationalhymne, Staatsangehörigkeit, Küstenmeer u.Ä. Das Zivilrecht und damit auch das Frachtvertragsrecht des Festlands gelten daher in Hongkong und Macao nicht.

Anders ist die Rechtslage dagegen im Hinblick auf internationale Übereinkommen, die die Volksrepublik China geschlossen hat oder schließen wird. Ob diese Übereinkommen in Hongkong und Macao gelten, kann die Regierung in Beijing nach Konsultation der Regierung der betreffenden Sonderverwaltungsregion aufgrund der Umstände und Bedürfnisse der Sonderverwaltungsregion entscheiden (Art. 153 I Basic Law bzw. Art. 138 I Lei Básica). Die Anwendbarkeit der für die Volksrepublik China geltenden transportrechtlichen Übereinkommen auf Hongkong und Macao wird unten[57] näher erörtert.

II. Geltung des festlandschinesischen Rechts in Taiwan

Taiwan wird in Präambel IX S. 1 der Verfassung der Volksrepublik China (Verfassung) als „Bestandteil des heiligen Territoriums der Volksrepublik China“[58] bezeichnet. Die nahe liegende Schlussfolgerung, das Festland beanspruche die Geltung seiner Rechtsordnung auch in Taiwan, erweist sich jedoch hinsichtlich des autonomen festländischen Rechts als unzutreffend. Denn bereits im nächsten Satz (Präambel IX S. 2) spricht die Verfassung von der „Pflicht zur Vollendung der Vereinigung des Vaterlands“[59]. Folglich ist die Vereinigung auch nach festländischer Meinung noch nicht erfolgt. Daher kann selbst nach der Ansicht Beijings keine einheitliche Rechtsordnung gelten. Auch aus der festlandschinesischen kollisionsrechtlichen Literatur ergibt sich eindeutig, dass man dort den Bestand der taiwa-

54 Basic Law of the Hong Kong Special Administrative Region of the People s Republic of China.
55 Lei Básica da Região Administrativa Especial de Macau da República Popular da China (portug.).
56 全国性法律.
57 S. 19, 21.
58 „中华人民共和国的神圣领土的一部分“.
59 „完成统一祖国的 ... 职责“.

nesischen Zivilrechtsordnung anerkennt und auch bereit ist, sie anzuwenden, falls kollisionsrechtliche Regeln auf sie verweisen.[60]

Etwas anderes gilt allerdings auch hier wieder für internationale Übereinkommen. Wegen des Alleinvertretungsanspruchs Beijings für China einschließlich Taiwans[61], der sich in der Bestandteilsklausel in Präambel IX S. 1 Verfassung niederschlägt, dehnt die Regierung des Festlands den räumlichen Anwendungsbereich von Staatsverträgen auf Taiwan aus. Da jedoch die Volksrepublik die Durchsetzung internationaler Übereinkommen in Taiwan nicht gewährleisten kann, ist eine solche Ausdehnung des Anwendungsbereichs eines Staatsvertrags selbst dann rechtlich unwirksam, wenn die Volksrepublik China bei Unterzeichnung oder Ratifizierung des Staatsvertrags eine Erklärung über die Anwendbarkeit hinsichtlich Taiwans abgegeben hat.[62]

In Taiwan wird selbstredend taiwanesisches Recht angewandt, soweit nicht kollisionsrechtliche Regeln zu einem anderen Ergebnis führen. Es erscheint allerdings durchaus denkbar, dass taiwanesische Gerichte darüber hinaus internationale Übereinkommen anwenden, die von der Volksrepublik China ratifiziert worden sind.

B. Anwendbarkeit von Rechtsakten

Die frachtrechtlichen Vorschriften des chinesischen Rechts befinden sich in zahlreichen Rechtsakten, deren Anwendungsbereiche sich häufig überschneiden.[63] Das Phänomen konkurrierender Rechtsakte besteht auch in vielen anderen Bereichen des chinesischen Rechts und erschwert die Rechtsfindung erheblich. *Zhang Chunsheng* hat diese Erscheinung mit den treffenden Worten gekennzeichnet, das Recht trete aus vielen Türen hervor[64].[65] Besonders viele Bestimmungen werden in den Ministerien und anderen, dem Staatsrat nachgeordneten Organen produziert. *Heuser* spricht von „selbstherrlicher Normsetzung der Verwaltung als typischer Erscheinung der planwirtschaftlichen Bürokratie".[66] Zum Gütertransport haben vor allem das Verkehrs- und das Eisenbahnministerium[67] – insbesondere seit dem Beginn der Politik der Reform und Öffnung[68] in den Jahren 1978/79 – eine kaum überschaubare Anzahl von Rechtsakten erlassen. Hintergrund der vielen Vorschriften sind häufig Machtkämpfe zwischen den beteiligten Organen. Daneben

60 Zum Kollisionsrecht bei Verträgen mit Bezug zu Taiwan unten S. 52ff.
61 *Schütte*, C.a. 3/2005, 17 (22).
62 Gutachten des *Max-Planck-Instituts für ausländisches und internationales Privatrecht*, Hamburg, G 48/2003 vom 10. 2. 2004, S. 3ff. (unveröffentlicht). Zur Anwendbarkeit der für die Volksrepublik China geltenden transportrechtlichen Übereinkommen auf Taiwan unten S. 19f., 21f.
63 Zu den Rechtsquellen des Frachtrechts unten S. 16ff.
64 „法出多门".
65 *Zhang Chunsheng*, zitiert bei *Pißler*, Chinas Recht, 15.3.00/2, Anm. 29.
66 *Heuser*, Verwaltungsrecht, S. 46, s. auch S. 50f.
67 交通部 bzw. 铁道部.
68 改革开放.

spielt aber auch die rasante Entwicklung des Landes und seines nach der Kulturrevolution neu aufgebauten Rechtssystems eine Rolle.

Um festzustellen, ob und inwiefern die ihrem sachlichen Anwendungsbereich nach einschlägigen Rechtsakte auf den konkreten Fall anwendbar sind, empfiehlt es sich zunächst, deren Gültigkeit zu überprüfen (dazu I.). Sind mehrere gültige Rechtsakte einschlägig, so ist deren Verhältnis zueinander zu bestimmen (dazu II. und III.).

I. Gültigkeit von Rechtsakten

Häufig ist zweifelhaft, ob Bestimmungen noch in Kraft sind. Diese Zweifel können sich zum einen daraus ergeben, dass das Erlassdatum schon lange zurückliegt oder ein jüngerer Rechtsakt desselben Erlassorgans mit demselben oder einem ähnlichen Titel vorliegt. Abhilfe schafft hier manchmal ein Blick in die Schlussvorschriften des jüngeren Rechtsakts, die seit einigen Jahren immer häufiger eine Bestimmung über das Außerkrafttreten der Vorgängerregelung enthalten. Auch veröffentlichen die zuständigen Verwaltungsbehörden in Abständen von mehreren Jahren Zusammenstellungen mit außer Kraft getretenen Rechtsakten.[69] Als besonders hilfreich erweisen sich insbesondere Internetdatenbanken[70], die oft einen Hinweis darauf enthalten, ob der betreffende Rechtsakt noch in Kraft ist und aufgrund welcher Vorschrift er außer Kraft getreten ist. Dennoch bleibt am Ende manchmal unklar, ob ein Rechtsakt noch gültig ist und auch tatsächlich noch angewandt wird.

Der von der Lehre vom Gesetzesvorbehalt überzeugte deutsche Jurist darf sich jedoch nicht dazu verleiten lassen, die Gültigkeit eines Rechtsakts der chinesischen Verwaltung wegen fehlender oder unzureichender Rechtsgrundlage in Frage zu stellen. Zwar enthalten Gesetze gelegentlich Vorschriften, nach denen bestimmte nähere Regelungen von den zuständigen Behörden zu treffen sind.[71] Auch findet sich in der ersten Vorschrift eines Rechtsakts häufig ein Hinweis, dass der Rechtsakt aufgrund eines bestimmten Gesetzes erlassen worden ist.[72] Daraus lässt sich jedoch nicht auf die Notwendigkeit einer Rechtsgrundlage schließen. Denn der Staatsrat und seine nachgeordneten Behörden haben ein ursprüngliches, selbständiges Rechtssetzungsrecht; eine Rechtsgrundlage in einem vom Nationalen Volkskongress oder von dessen Ständigem Ausschuss beschlossenen Gesetz ist also nicht erforderlich.[73] Daher sind z.B. Rechtsakte nicht deshalb unwirksam, weil sie aus-

---

69 Z.B. Beschluss des Staatsrats über das Außerkrafttreten eines Teils der vor Ende des Jahres 2000 erlassenen Verwaltungsrechtsnormen; Beschluss (des Verkehrsministeriums) über das Außerkrafttreten von 219 Verkehrsregeln.

70 In erster Linie ist hier http://law.chinalawinfo.com zu nennen.

71 Z.B. § 128 I ZLG, § 73 EBG.

72 Z.B. in § 1 EisenbGütTranspVDurchfBest, § 1 EisenbGütTranspVorschr, § 1 I InnerstaatlLuftGütTranspReg, § 1 IntLuftGütTranspReg.

73 *Heuser*, Einführung, S. 188.

drücklich aufgrund eines Gesetzes erlassen wurden, das mittlerweile außer Kraft getreten ist. So sind etwa die Durchführungsbestimmungen über Eisenbahngütertransportverträge (EisenbGütTranspVDurchfBest) gemäß ihrem § 1 aufgrund des später außer Kraft getretenen Wirtschaftsvertragsgesetzes der Volksrepublik China (WVG) ergangen. Nach chinesischem Rechtsverständnis sind die EisenbGütTranspVDurchfBest trotzdem noch anwendbar, soweit sie nicht im Widerspruch zu Regelungen des VG stehen.[74]

II. Verhältnis zwischen völkerrechtlichen Verträgen und autonomem chinesischem Recht

Das chinesische Recht, insbesondere die Verfassung, enthält keine allgemein gültige Vorschrift über das Rangverhältnis zwischen völkerrechtlichen Verträgen und dem autonomen chinesischen Recht. Zahlreiche – insbesondere zivilrechtliche – Gesetze enthalten jedoch eine Bestimmung mit folgendem Wortlaut:

> „Wenn internationale Übereinkommen, die die Volksrepublik China abgeschlossen hat oder denen sie beigetreten ist, andere Bestimmungen enthalten als das Recht der Volksrepublik China, so sind die Bestimmungen der internationalen Übereinkommen anzuwenden, es sei denn, die Volksrepublik China hat einen Vorbehalt erklärt."[75]

Diesen Vorschriften lässt sich entnehmen, dass internationale Übereinkommen bei abweichendem Inhalt grundsätzlich vorrangig anzuwenden sind.[76] Die genannten Bestimmungen dürften allerdings rein deklaratorischer Natur sein.[77] Denn der Grundsatz des Vorrangs staatsvertraglichen Rechts ergibt sich bereits aus der völkerrechtlichen Verpflichtung zur Beachtung internationaler Übereinkommen.[78] Er gilt für das gesamte Zivilrecht der Volksrepublik China.[79]

Aus dem Wortlaut der erwähnten Bestimmungen wird in der chinesischen Literatur darüber hinaus gefolgert, dass Staatsverträge keiner Transformation durch den Gesetzgeber bedürften; sie würden mit ihrem Wirksamwerden selbstverständlich Bestandteil des innerchinesischen Rechts.[80] Außerdem zieht ein Teil der chinesischen Literatur aus der Formulierung des Gesetzgebers den Schluss, dass völker-

---

74 *Guo Yu*, in: Gebhardt et al., 361 (361): „... the Detailed Rules for Implementation of Railway Freight Contracts ... are still valid if they do not contradict the relevant stipulations in the Contract Law. They play a role of supplementing the relevant stipulations of the Contract Law on transportation contracts."; *Jiang Ping*, S. 225; offenbar auch *Hu Kangsheng*, S. 470.

75 § 142 II AGZR, § 268 I SHG, § 184 I ZLG u.a.

76 *Shao Shaping*, in: Chen Jianfu et al., 197 (201); *Heuser*, Einführung, S. 194; *Hilf/Göttsche*, RIW 2003, 161 (163). Bei gleichem Inhalt bleibt hingegen das autonome chinesische Recht anwendbar (*Seitz*, S. 24, Fn. 95).

77 A.A. offenbar *Seitz*, S. 24, Fn. 95.

78 Vgl. *Mast*, S. 172; wohl auch *Shao Shaping*, in: Chen Jianfu et al., 197 (204).

79 *CGIPR*, IPR-MusterG VI, S. 146; *Lu Yongzhen*, S. 44; *Seitz*, S. 24.

80 *Heuser*, Einführung, S. 194; ebenso, jedoch ohne Bezugnahme auf die genannten Vorschriften: *Widmer*, S. 45, Fn. 85; a.A. offenbar *Hilf/Göttsche*, RIW 2003, 161 (163).

rechtliche Verträge unmittelbar anwendbar seien.[81] Das *Oberste Volksgericht*[82] (OVG) scheint jedenfalls von der unmittelbaren Anwendbarkeit des Abkommens zur Vereinheitlichung von Regeln über die Beförderung im internationalen Luftverkehr (Warschauer Abkommen; WA) auszugehen: In einem Urteil hat es Art. 11 I WA ohne weiteres zur Lösung des Falles herangezogen.[83]

Das Verhältnis zwischen völkerrechtlichen Verträgen und autonomem chinesischem Recht hat bei Frachtverträgen derzeit nur in den Anwendungsbereichen des Übereinkommens zur Vereinheitlichung bestimmter Vorschriften über die Beförderung im internationalen Luftverkehr (Montrealer Übereinkommen; MÜ), des WA und des Abkommens über internationalen Eisenbahngüterverkehr (SMGS[84]) Bedeutung; andere frachtrechtliche Staatsverträge hat die Volksrepublik China nicht ratifiziert.[85]

III. Verhältnis zwischen autonomen chinesischen Rechtsakten untereinander

Nach einem Überblick über die Arten von Rechtsakten des autonomen chinesischen Rechts (dazu 1.) werden die allgemeinen Regeln über die Rangfolge unter den Rechtsakten (dazu 2.) und die besondere Konkurrenzregel des § 123 VG (dazu 3.) erörtert.

1. Arten von Rechtsakten

Für die Zwecke der vorliegenden Arbeit ist zu unterscheiden zwischen Gesetzen[86], Verwaltungsrechtsnormen[87], Regeln[88], normativen Dokumenten[89] sowie justiziellen Auslegungen des OVG[90].

Gesetze werden vom Nationalen Volkskongress oder dessen Ständigem Ausschuss beschlossen.[91] Sie tragen in aller Regel die Bezeichnung „Gesetz“[92].[93]

---

81 *Shao Shaping*, in: Chen Jianfu et al., 197 (199); *Ling Bing*, Rn. 2.013; a. A. *Seitz*, S. 85: „Die Anwendung völkerrechtlicher Abkommen auf internationale Wirtschaftsverträge erfolgt dabei niemals direkt, sondern stets auf dem Weg über die nationale Gesetzgebung, also aufgrund der Bestimmungen des § 6 AWVG oder § 5 I 1 AWVG ...“; wohl auch *Men Jing*, ZLW 2003, 206 (209, 213) im Zusammenhang mit § 184 ZLG: „... China Aviation Law [das ZLG] does not explicitly give the force of law to the ... Warsaw conventions ...“ (Ergänzung des Verfassers).
82 最高人民法院.
83 *OVG*, Urteil vom 9. 4. 1997, ZGRMFY GB 1997, Nr. 3, S. 100.
84 Soglaschenije Meshdunarodnoje Grusowoje Ssobschtschenije (russ.).
85 Dazu unten S. 38.
86 法律.
87 行政法规.
88 规章.
89 规范性文件.
90 最高人民法院的司法解释.
91 Art. 62 Nr. 3 bzw. Art. 67 Nr. 2 Verfassung, § 7 II bzw. III Hs. 1 GGG.
92 „法“.
93 *Pißler*, Chinas Recht, 15.3.00/2, Anm. 3.

Verwaltungsrechtsnormen werden vom Staatsrat erlassen.[94] Sie werden im Allgemeinen als „Verordnung“[95] bezeichnet, können aber auch als Bestimmungen[96] oder Methoden[97] ergehen.[98] Die Verbindlichkeit von Verwaltungsrechtsnormen ist bislang ungeklärt. Zum einen ist umstritten, ob sie Außenwirkung entfalten, d.h. ob sie Rechte und Pflichten der Bürger unmittelbar begründen können.[99] Zum anderen ist das Ausmaß ihrer Bindungswirkung gegenüber Gerichten unklar: *Jiang Chaoyang* und *Ling Bing* meinen offenbar, dass die Gerichte Verwaltungsrechtsnormen stets anwenden müssten.[100] *Keller* und *Daentzer* stimmen dem grundsätzlich zu, sind aber der Ansicht, dass Verwaltungsrechtsnormen ausnahmsweise dann nicht angewandt zu werden bräuchten, wenn die betreffenden Vorschriften nach Meinung des Gerichts höherrangigem Recht widersprechen.[101]

Regeln werden von Ministerien und Ausschüssen des Staatsrats erlassen.[102] Zu den Behörden, die Regeln erlassen können, zählt das Gesetzgebungsgesetz der Volksrepublik China (GGG) darüber hinaus die Chinesische Volksbank, den Rechnungshof sowie direkt dem Staatsrat unterstellte Organe, die Verwaltungsfunktionen haben.[103] In diese letzte Gruppe fällt auch das Chinesische Zivilluftfahrthauptamt[104].[105] Regeln tragen im Allgemeinen die Bezeichnung „Bestimmungen“[106] oder „Methoden“[107].[108] Ob sie Außenwirkung haben, ist streitig.[109] Zu der – anderen – Frage, ob Gerichte an Regeln gebunden sind, haben sich sowohl die Rechtsprechung als auch der Gesetzgeber geäußert: Gemäß einer Antwort des *OVG* können die Volksgerichte bei der Verhandlung von Zivil- und Wirtschaftsstreitigkeiten Regeln berücksichtigen[110], soweit diese nicht gegen Verfassung, Gesetze und Verwal-

---

94 Art. 89 Nr. 1 Var. 2 Verfassung, § 56 I GGG.
95 „条例“.
96 规定.
97 办法.
98 § 4 I der Verordnung über das Verfahren beim Erlass von Verwaltungsrechtsnormen.
99 Dafür *Zhan Zhongle*, zitiert bei *Keller*, 42 Am. J. Comp. L. (1994), 711 (744); offenbar auch *Heuser*, Verwaltungsrecht, S. 53, der Regeln (规章) Außenwirkung zuspricht; das muss dann aber erst recht für die im Verhältnis zu Regeln höherrangigen Verwaltungsrechtsnormen (行政法规) gelten; dagegen *Zhou Xiaohong*, zitiert bei *Keller*, 42 Am. J. Comp. L. (1994), 711 (734, 758); *Daentzer*, S. 20: Verwaltungsrechtsnormen könnten nur den Staatsrat und seine nachgeordneten Behören binden, sie seien als Verwaltungsvorschriften zu qualifizieren.
100 *Jiang Chaoyang*, in: Otto et al., 105 (110); *Ling Bing*, Rn. 2.006, wo er die Bindungswirkung – im Gegensatz zum folgenden Abschnitt über Regeln (Rn. 2.007) – nicht erwähnt.
101 *Keller*, 42 Am. J. Comp. L. (1994), 711 (742); *Daentzer*, S. 20.
102 Art. 90 II Var. 3 Verfassung, § 71 I GGG.
103 § 71 I GGG.
104 中国民用航空总局.
105 *Zhang Chunsheng*, S. 213.
106 „规定“.
107 „办法“.
108 § 6 der Verordnung über das Verfahren beim Erlass von Regeln.
109 Dafür *Heuser*, Verwaltungsrecht, S. 53; wohl auch *Ling Bing*, Rn. 2.043; dagegen *Daentzer*, S. 20; *Xu Junqiang*, HSFYJ 2/2001, 104 (105); *Zhou Xiaohong*, zitiert bei *Keller*, 42 Am. J. Comp. L. (1994), 711 (734, 758).
110 参照.

tungsrechtsnormen verstoßen.[111] Der Gesetzgeber hat in § 53 I des Verwaltungsprozessgesetzes der Volksrepublik China angeordnet:

> „Bei der Behandlung von Verwaltungssachen berücksichtigt[112] das Volksgericht Regeln, die aufgrund von Gesetzen und von Verwaltungsrechtsnormen, Beschlüssen und Befehlen des Staatsrates von den Ministerien und Kommissionen des Staatsrats bestimmt und erlassen worden sind."[113]

Die dehnbaren Formulierungen „können ... berücksichtigen" bzw. „berücksichtigt" sprechen gegen die Annahme eines strengen Rechtsanwendungsbefehls. In der Literatur wird daher eine Bindungswirkung von Regeln gegenüber Gerichten verneint.[114] Die Praxis zeigt indes, dass die Gerichte sich ganz überwiegend an Regeln halten.[115]

Von Verwaltungsbehörden auf zentralstaatlicher Ebene erlassene Rechtsakte, die nicht in die Kategorien der Verwaltungsrechtsnormen oder Regeln fallen, sind normative Dokumente[116]. Ihre Verbindlichkeit wird in der Literatur häufig verneint.[117] Jedoch können sie nicht gänzlich unbeachtet bleiben, denn im Widerspruchsverfahren kann der Widerspruchsführer Bestimmungen der Abteilungen des Staatsrats, die nicht zu den Regeln[118] gehören und auf die die Behörde den Verwaltungsakt stützt, überprüfen lassen.[119] Wenn Verwaltungsbehörden sich auf solche normativen Dokumente stützen können und der Gesetzgeber eine Überprüfung überhaupt in Betracht zieht, kann ihnen daher ein gewisser Rechtsnormcharakter nicht abgesprochen werden.[120] Die Abgrenzung zwischen normativen

---

111 Antwort des *OVG* vom 28. 10. 1986 zu der Frage, wie die Volksgerichte bei der Erstellung von rechtlichen Dokumenten rechtliche normative Dokumente zitieren sollen.

112 参照.

113 Übersetzung nach *Münzel*, Chinas Recht, 4.4.89/1.

114 *Ling Bing*, Rn. 2.007; *Münzel*, Chinas Recht, 4.4.89/1, Anm. 1, 9; widersprüchlich *Jiang Chaoyang*, in: Otto et al., 105 (116): „The term ‚using as reference' means the binding effect of *guizhang* in judicial enforcement."; „... the courts have the power to reject *guizhang* if they find that the *guizhang* concerned is not based on laws and administrative regulations."

115 *Ling Bing*, Rn. 2.007; *Keller*, 42 Am. J. Comp. L. (1994), 711 (748), dort auch zu den Gründen für das Verhalten der Gerichte.

116 规范性文件.

117 *Zhan Zhongle*, zitiert bei *Keller*, 42 Am. J. Comp. L. (1994), 711 (744): „... the State Council cannot rely on its NPC [National People's Congress] delegated powers to issue normative documents which create rights or obligations affecting Chinese citizens ..." (Ergänzung des Verfassers); *Jiang Chaoyang*, in: Otto et al., 105 (111): „Normative instruments other than *guizhang* can neither set up individual rights and obligations nor ..."; „In litigation, normative instruments may only be regarded as documentary evidence; they cannot be applied as ‚law'."

118 规章.

119 § 7 I Nr. 1, II des Verwaltungswiderspruchsgesetzes der Volksrepublik China.

120 Dieses Argument verdankt der Verfasser Herrn Dr. Knut Benjamin *Pißler*; s. auch *Heuser*, Einführung, S. 187: „Zum anderen besteht in China als einem Einparteienstaat die Besonderheit, daß sog. ‚politischen Richtlinien' (*zhengce*) und anderen nicht in einem Gesetzgebungsverfahren zustande gekommenen ‚normativen Dokumenten' die Wirkung von Recht (im Sinne der Rechtsbildung kraft Satzung) zukommt."

Dokumenten und Regeln ist indessen weitgehend ungeklärt.[121] Eine Differenzierung ist für die vorliegende Arbeit jedoch nicht erforderlich.

Justizielle Auslegungen des OVG werden u.a. in Form von Auslegungen[122], Bestimmungen[123] und Antworten[124] erlassen.[125] Das OVG macht von seinem Auslegungsrecht umfangreichen Gebrauch.[126] So hat das Gericht beispielsweise in Teilbereichen des Frachtrechts entgegen dem eindeutigen Gesetzeswortlaut Verjährungsregeln geändert.[127] Die weitreichende Rechtsfortbildung durch das OVG ist deshalb im Einzelnen verfassungsrechtlich zweifelhaft,[128] wird aber vom Gesetzgeber bislang toleriert[129] und in der Praxis, soweit ersichtlich, nicht ernsthaft in Frage gestellt[130]. *Heuser* bezeichnet das Gericht daher als „Ersatzgesetzgeber".[131]

2. Allgemeine Konkurrenzregeln

Das Rangverhältnis zwischen Gesetzen, Verwaltungsrechtsnormen und Regeln ist in § 79 GGG geregelt: Gesetze sind gegenüber Verwaltungsrechtsnormen und Regeln vorrangig (§ 79 S. 1 GGG); Verwaltungsrechtsnormen haben ihrerseits Vorrang gegenüber Regeln (§ 79 S. 2 GGG). Die Bestimmung ist Ausdruck der bereits in der Verfassung im Grundsatz festgelegten Normenhierarchie.[132] Der Grundsatz vom Vorrang des Gesetzes bedarf allerdings einer Einschränkung: Soweit ein Gesetz ausdrücklich den Erlass von untergesetzlichen Rechtsnormen vorsieht[133], gehen diese Rechtsnormen einem subsidiär geltenden anderen Gesetz[134] vor. Denn dadurch hat der Gesetzgeber deutlich gemacht, dass die Regelungsbefugnis in diesem speziellen Bereich bei der Verwaltung liegen soll.

Bei Konflikten zwischen gleichrangigen Rechtsakten, die von demselben Organ erlassen wurden, sind nach § 83 GGG besondere Bestimmungen gegenüber allgemeinen und neue Bestimmungen gegenüber alten vorrangig. Diese Vorschrift des

---

121 *Chen Jianfu*, in: Otto et al., 235 (246); *Keller*, 42 Am. J. Comp. L. (1994), 711 (744 f.).
122 解释.
123 规定.
124 批复.
125 § 6 OVG-JustizauslegBest 2007. Aus der Zeit vor Inkrafttreten der Bestimmungen des Obersten Volksgerichts über die Justizauslegung aus dem Jahre 1997 (OVG-JustizauslegBest 1997) gibt es darüber hinaus Mitteilungen (通知), Erläuterungen (解答) und Ansichten (意见) (*Widmer*, S. 33).
126 *Ahl*, ZChinR 2007, 251 (253, 255).
127 Dabei hat sich das OVG teilweise auf den Rechtsgedanken des § 257 SHG berufen. Zu den Änderungen der Verjährungsregeln durch das OVG unten S. 152, 154, 181.
128 *Ahl*, ZChinR 2007, 251 (253 f., 256 f.); s. auch die deutliche Kritik von *Huang Jin* und *Du Huanfang*, zitiert bei *Wang Baoshi*, IPRax 2007, 363 (364, Fn. 6); zum Auslegungsrecht des OVG s. auch *Pißler*, Chinas Recht, 15.3.00/2, Anm. 29; *Heuser*, Einführung, S. 190, 204 f.; *Widmer*, S. 32 ff.; *Wang Baoshi*, IPRax 2007, 363 (363, Fn. 2).
129 *Pißler*, Chinas Recht, 15.3.00/2, Anm. 29.
130 *Ahl*, ZChinR 2007, 251 (254).
131 *Heuser*, Einführung, S. 190.
132 *Heuser*, Verwaltungsrecht, S. 46.
133 Z.B. § 73 EBG, § 128 I ZLG.
134 Z.B. dem VG.

GGG normiert also die Rechtsgrundsätze *lex specialis derogat legi generali*[135] und *lex posterior derogat legi priori*[136].[137]

Justizielle Auslegungen des OVG haben nach § 5 der Bestimmungen des Obersten Volksgerichts über die Justizauslegung aus dem Jahre 2007 (OVG-JustizauslegBest 2007) Gesetzeskraft. Ob dies zutrifft, mag man bezweifeln.[138] In der Praxis haben die justiziellen Auslegungen indes die gleiche Bedeutung wie Gesetze.[139] Da sie spezieller sind als das in Bezug genommene Gesetz, sind sie diesem gegenüber – zumindest faktisch – vorrangig anzuwenden.[140]

Die meisten frachtrechtlichen Rechtsakte stammen aus der Zeit vor Inkrafttreten des GGG (1. 7. 2000). Die Konkurrenzregeln des GGG sind daher auf diese Rechtsakte nicht anwendbar.[141] Denn nach § 84 GGG haben Gesetze keine Rückwirkung, es sei denn, für den besseren Schutz der Rechte und Interessen von Bürgern, juristischen Personen und sonstigen Organisationen wurden besondere Bestimmungen getroffen. Und derartige besondere Bestimmungen enthält das GGG nicht. Zwar trifft das GGG, wenn es in § 84 von „Gesetzen" spricht, nicht unbedingt auch eine Aussage über sich selbst. Aber ein deutlicherer Hinweis des Gesetzgebers auf seine Haltung zur Frage der Rückwirkung ist nirgends sonst ersichtlich. Im Ergebnis ändert sich dadurch jedoch nichts. Denn die Bestimmungen des GGG enthalten zum großen Teil nichts inhaltlich Neues, sondern geben die bereits zuvor herrschende Praxis wieder.[142] Darüber hinaus enthält die Verfassung insoweit ausreichende Hinweise für die in der Volksrepublik bereits vor Inkrafttreten des GGG geltende Normenhierarchie.[143] Daraus lässt sich schließen, dass Gesetze ranghöher als Verwaltungsrechtsnormen[144] und diese wiederum ranghöher als Regeln

---

135 特别法优于普通法.

136 新法优于旧法.

137 *NVK-RAA-Forschungsbüro*, S. 147 f.; *Zhang Chunsheng*, S. 237 f.

138 Dazu *Ahl*, ZChinR 2007, 251 (254, 256); *Ahl* selbst spricht den abstrakten justiziellen Auslegungen jedenfalls Rechtsverbindlichkeit zu (*Ahl*, ZChinR 2007, 251 [254]).

139 *Ahl*, ZChinR 2007, 251 (254); *Wang Baoshi*, IPRax 2007, 363 (363, Fn. 2); *Münzel*, Chinas Recht, 12.4.86/1, Anm. 2.

140 *Widmer*, S. 32.

141 *Pißler*, C.a. 2003, 193 (195, Fn. 32); a. A. offenbar *Heuser*, FS Brunner, 62 (64); *Heuser*, Verwaltungsrecht, S. 48: Er meint, dass die „Staatsratsbestimmungen von 1979 über ‚Umerziehung durch Arbeit'" wegen „Verstoßes gegen §§ 8, 9 GGG *nun* als rechtswidrig einzuschätzen" seien (Hervorhebung durch den Verfasser).

142 *Chen Jianfu*, in: Otto et al., 235 (236).

143 Danach ist der Nationale Volkskongress das höchste Organ der Staatsgewalt (Art. 57 S. 1 Verfassung). Demgegenüber ist der Staatsrat nur Ausführungsorgan des Nationalen Volkskongresses (Art. 85 Verfassung). Er ist dem Nationalen Volkskongress und dessen Ständigem Ausschuss verantwortlich und rechenschaftspflichtig (Art. 92 Verfassung). Aus Art. 89 Nr. 1 Verfassung ergibt sich, dass der Staatsrat seine Verwaltungsrechtsnormen auf der Grundlage der Verfassung und der Gesetze erlassen muss. Verwaltungsrechtsnormen können durch den Ständigen Ausschuss des Nationalen Volkskongresses aufgehoben werden, soweit sie gegen Verfassung oder Gesetze verstoßen (Art. 67 Nr. 7 Verfassung). Art. 90 II Verfassung lässt sich entnehmen, dass die Regeln der Ministerien auf Gesetzen und Verwaltungsrechtsnormen basieren müssen. Die Regeln der Ministerien können durch den Staatsrat geändert oder aufgehoben werden, soweit sie unangemessen sind (Art. 89 Nr. 13 Verfassung).

144 *Heuser*, Einführung, S. 188 f.

sind.[145] Im Übrigen sind die Rechtsgrundsätze *lex specialis derogat legi generali* und *lex posterior derogat legi priori* in China seit Langem anerkannt.[146] Folglich gelten die oben dargestellten, im GGG zum Ausdruck kommenden Rechtsgrundsätze über das Rangverhältnis zwischen Rechtsakten auch für solche Rechtsakte, die vor Inkrafttreten des GGG (1. 7. 2000) in Kraft getreten sind.

Bei Anwendung der oben beschriebenen Konkurrenzregeln ist allerdings zu berücksichtigen, dass sowohl die Wirtschafts- als auch die Rechtsordnung Chinas derzeit einen tiefgreifenden Wandel erleben. Neuere Rechtsakte sind daher in besonderem Maße als Weiterentwicklung älterer Rechtsakte zu begreifen.[147] Dieser Gedanke geht über den Rechtsgrundsatz *lex posterior derogat legi priori*[148] hinaus. Denn letzterer kommt nur dann zum Tragen, wenn das Verhältnis zwischen den konkurrierenden Rechtsakten nicht schon durch andere Regeln geklärt werden kann. Es sind aber Konstellationen denkbar, in denen der an sich vorrangige Rechtsakt aufgrund der verbesserten Vorschriften eines neueren Rechtsakts zumindest korrigierend ausgelegt werden oder ganz zurücktreten muss. *Widmer* zeigt dies am Beispiel des Verhältnisses zwischen dem – vor seinem Außerkrafttreten – landesweit geltenden Außenwirtschaftsvertragsgesetz der Volksrepublik China (AWVG) und entsprechenden Regelungen in den Wirtschaftssonderregionen[149].[150] Auf dem Gebiet des Frachtrechts könnten etwa die Bestimmungen des EBG, die noch den Geist der Planwirtschaft atmen, im Lichte des auf dem Grundsatz der Vertragsfreiheit basierenden VG[151] auszulegen sein.

3. Die besondere Konkurrenzregel des § 123 VG

Neben den soeben dargestellten allgemeinen Konkurrenzregeln enthält das chinesische Recht auch einige Vorschriften, die das Verhältnis eines bestimmten Rechtsakts gegenüber anderen Rechtsakten festlegen. Für die vorliegende Arbeit ist insbesondere § 123 VG bedeutsam:

> „Enthalten andere Gesetze andere Bestimmungen bezüglich des Vertrags, so gelten deren Bestimmungen."

Der Wortlaut der Norm wirft zum einen die Frage auf, wie der Begriff der Gesetze[152] zu verstehen ist. Der Ausdruck bezieht sich im chinesischen Recht entweder nur auf Gesetze des Nationalen Volkskongresses und seines Ständigen Ausschus-

---

145 Im Ergebnis *Daentzer*, S. 19f.
146 Zum *lex-specialis*-Grundsatz: *Widmer*, S. 66; *Jiang Ping*, S. 101; *Ling Bing*, Rn. 2.005; *Xu Junqiang*, HSFYJ 2/2001, 104 (105); *Zhou Qi/Lin Yuanmin*, HSFYJ 2/2000, 142 (147); vgl. auch *Fang Xinjun*, MSFLC, Bd. 13, 119 (140). Zum *lex-posterior*-Grundsatz: *Liu Jianwen/Wang Zhenhua*, S. 261.
147 *Widmer*, S. 66f.
148 § 83 Hs. 2 GGG.
149 经济特区.
150 *Widmer*, S. 63ff.
151 Zum Grundsatz der Vertragsfreiheit unten S. 199f.
152 法律.

ses[153] oder bezeichnet alle rechtsverbindlichen Rechtsakte, die durch Organe des Staats beschlossen oder anerkannt wurden.[154] Welche Bedeutung dem Begriff der Gesetze im konkreten Fall zukommt, ist Auslegungsfrage.[155] Nach verbreiteter Ansicht sind Gesetze i.S. des § 123 VG nur solche, die der Nationale Volkskongress oder dessen Ständiger Ausschuss beschlossen haben.[156] Dafür spricht, dass das VG einige Vorschriften enthält, nach denen die vertragsgesetzliche Regelung zurücktritt, soweit Gesetze[157] oder Verwaltungsrechtsnormen[158] etwas anderes bestimmen.[159] Die Erwähnung der Verwaltungsrechtsnormen in diesen Vorschriften wäre überflüssig, wenn der Begriff der Gesetze i.S. des § 123 VG auch untergesetzliche Rechtsakte erfasste. Außerdem bliebe sonst angesichts der Vielzahl untergesetzlicher Normen in einigen Teilen des VG kaum noch eine anwendbare Bestimmung übrig. Dies gilt in besonderem Maße für das Frachtrecht.[160]

Zum anderen stellt sich die Frage nach dem Verhältnis des VG zu den Allgemeinen Grundsätzen des Zivilrechts der Volksrepublik China (AGZR). Nach dem Wortlaut des § 123 VG gehen dem VG alle anderen Gesetze mit vertragsrechtlichen Bestimmungen vor. Demnach wären auch die AGZR vorrangig zu beachten. Doch wird § 123 VG in der Literatur allgemein als Ausprägung des Grundsatzes *lex specialis derogat legi generali* verstanden.[161] Dem VG sollen also nur speziellere Gesetze vorgehen. Denn das VG ist in seinem Anwendungsbereich eine Weiterentwicklung der AGZR.[162] Die AGZR gehören daher nicht zu den nach § 123 VG vorrangigen Gesetzen, sondern gelten nur subsidiär.[163] Die Bestimmung hat damit rein deklaratorischen Charakter, da sich ihr Inhalt bereits aus dem Grundsatz *lex specialis derogat legi generali* ergibt.

C. Allgemeines Frachtvertragsrecht

I. Einschlägige Bestimmungen

Das allgemeine – d.h. das ohne Rücksicht auf die Art der Beförderung und des Guts geltende – Frachtvertragsrecht ist in erster Linie im VG geregelt. Ergänzend

---

153 So z.B. nach Art. 62 Nr. 3 bzw. Art. 67 Nr. 2 Verfassung, § 7 II bzw. III Hs. 1 GGG.
154 *Ling Bing*, Rn. 2.003.
155 *Ling Bing*, Rn. 2.003.
156 OVG-WK, S. 512; *Ling Bing*, Rn. 2.003, Fn. 6, Rn. 2.005; *Hu Kangsheng*, S. 192; *Liu Wenhua*, S. 128; wohl auch *Xiao Xun et al.*, S. 389 f.
157 法律.
158 行政法规.
159 Z.B. § 312 S. 2 (dazu unten S. 18) sowie §§ 355, 364 VG.
160 Zu den Rechtsquellen des Frachtrechts unten S. 16 ff.
161 *Jiang Ping*, S. 101; wohl auch *Münzel/Zheng Xiaoqing*, RIW 1999, 641 (642): „... das VG kommt ... neben allen Spezialvorschriften nur subsidiär zur Anwendung ...“; *Xiao Xun et al.*, S. 390; *He Wanzhong*, S. 521 f.; *Xu Junqiang*, HSFYJ 2/2001, 104 (104).
162 *Ling Bing*, Rn. 2.005: „A literal reading of article 123 ... would substantially undercut the practical effect of many of the innovative provisions of the Contract Law.“; zur besonderen Berücksichtigung der Weiterentwicklung des chinesischen Rechts oben S. 15.
163 So ausdrücklich *Xu Junqiang*, HSFYJ 2/2001, 104 (105 f.); *Ling Bing*, Rn. 2.005.

gelten die Erläuterungen des Obersten Volksgerichts zu einigen Fragen der Anwendung des Vertragsgesetzes der Volksrepublik China (OVG-VG-Erläut), die jedoch keine spezifisch transportrechtlichen Regeln enthalten.

Das VG gilt nach § 2 grundsätzlich für alle zivilrechtlichen Verträge. Soweit der Besondere Teil des VG oder andere Gesetze einen Vertrag nicht ausdrücklich regeln, gilt der Allgemeine Teil des VG; zudem können dann die im Besonderen Teil des VG und in anderen Gesetzen enthaltenen Regelungen über ähnliche Verträge berücksichtigt werden (§ 124 VG). Darüber hinaus sind die kaufrechtlichen Bestimmungen des VG auch auf andere entgeltliche Verträge anzuwenden, soweit sonst keine Vorschriften bestehen (§ 174 VG). Das VG enthält im 17. Kapitel („Transportvertrag") allgemeine Bestimmungen über Frachtverträge (§§ 288–292, 304–316 VG). Die Geltung dieser Vorschriften ist nicht auf bestimmte Transportarten beschränkt, ist also unabhängig davon, ob das Gut zu Lande, zu Wasser oder in der Luft befördert wird.[164] Die frachtrechtlichen Bestimmungen des VG scheinen – jedenfalls auch – auf der Grundlage des Übereinkommens über den Beförderungsvertrag im internationalen Straßengüterverkehr (CMR[165]) verfasst worden zu sein.[166] Die Volksrepublik China ist nicht Mitgliedsstaat dieses Übereinkommens.

Parteien eines dem VG unterliegenden Vertrags können natürliche Personen, juristische Personen und andere Organisationen sein (§ 2 I VG). Mit dieser Formulierung wollte der Gesetzgeber klarstellen, dass der persönliche Anwendungsbereich des VG im Gegensatz zu den früheren drei Vertragsgesetzen keinen wesentlichen Beschränkungen unterliegen sollte.[167] Da entgegenstehende Vorschriften im 17. Kapitel fehlen, spielt es daher für die Anwendung der frachtrechtlichen Bestimmungen des VG im Gegensatz zum deutschen Recht[168] keine Rolle, ob der Beförderer Kaufmann ist.[169] Ein eigenständiges Gebiet des Handelsrechts kennt das chinesische Recht ohnehin nicht.[170]

Das VG gilt anders als das frühere WVG[171] nicht nur für rein innerchinesische Sachverhalte, sondern auch für Verträge mit Auslandsbezug (§ 126 VG). Da das 17. Kapitel keine entgegenstehenden Bestimmungen enthält, erfasst das VG also nationale wie grenzüberschreitende Beförderungen.[172]

Subsidiär gelten die AGZR und die dazu versuchsweise durchgeführten Ansichten des Obersten Volksgerichts zu Problemen bei der Durchsetzung und Anwendung

---

164 *Jiang Ping*, S. 260; *Tang Dehua*, S. 874.
165 Convention relative au Contrat de transport international de marchandises par route.
166 *Kirchner*, in: Gebhardt et al., 373 (383).
167 *Ling Bing*, Rn. 1.005; dort und in Rn. 4.025 auch zu den Definitionen für die drei in § 2 I VG genannten Personengruppen.
168 Vgl. § 407 III S. 1 Nr. 2, S. 2 HGB.
169 Vgl. aber zur früher häufig angenommenen Unwirksamkeit von Verträgen wegen Überschreitung des Betriebsbereichs unten S. 71.
170 *Fang Shaokun/Guo Mingrui*, S. 343; *Si Yuzhuo et al.*, S. 32; *Scheil et al.*, S. 16: „Überhaupt kennt das chinesische Zivilrecht die Unterscheidung in verschiedene Sorgfaltsmaßstäbe für Kaufleute und Nichtkaufleute nicht."
171 Nach § 46 WVG war auf Verträge mit Auslandsbezug vielmehr das AWVG anzuwenden.
172 *Tai Bing*, HSFYJ 3/2001, 141 (148); *Xu Junqiang*, HSFYJ 2/2001, 104 (106).

der Allgemeinen Grundsätze des Zivilrechts der Volksrepublik China (OVG-AGZR-Ansichten). Anwendungsbereich der AGZR ist das gesamte chinesische Zivilrecht. Sie gelten auch für Rechtsverhältnisse mit Auslandsbezug (§§ 142–150 AGZR).

II. Begriff der Verwaltungsrechtsnormen in § 312 S. 2 VG

Ein besonderes Rechtsproblem stellt sich im Rahmen des § 312 S. 2 VG. Danach haben Bestimmungen über die Haftungsbegrenzung des Beförderers in anderen Gesetzen oder in Verwaltungsrechtsnormen Vorrang gegenüber der vertragsgesetzlichen Regelung. Die Vorschrift wirft die Frage auf, ob hier Verwaltungsrechtsnormen[173] i.S. des Art. 89 Nr. 1 Verfassung und der §§ 56ff. GGG gemeint sind. Dann kämen nur solche Rechtsakte in Betracht, die der Staatsrat selbst erlassen hat. Der Begriff der Verwaltungsrechtsnormen könnte indes darüber hinaus auch Bestimmungen umfassen, die von nachgeordneten Organen, insbesondere Ministerien stammen. Denn bei Verabschiedung des VG befanden sich Vorschriften über die Haftungsbegrenzung des Beförderers, soweit ersichtlich, ausschließlich in Gesetzen oder ministeriellen Erlassen (Regeln oder normativen Dokumenten), nicht dagegen in Verwaltungsrechtsnormen. Diese Rechtslage besteht im Übrigen auch heute noch.

Gegen eine weite Auslegung des Begriffs der Verwaltungsrechtsnormen spricht, dass der Ausdruck eine feste Bedeutung hat, und zwar nicht erst seit dem GGG, das erst nach dem VG in Kraft trat. Zudem sind Außen- und Bindungswirkung schon bei den Rechtsakten des Staatsrats umstritten. Erst recht muss dann die Verbindlichkeit niederrangiger Normen bezweifelt werden. Dafür, dass der Gesetzgeber auch die tieferrangigen Rechtsakte der Verwaltung einbeziehen wollte, ließe sich hingegen anführen, dass er bereits zuvor im Geltungsbereich transportrechtlicher Spezialgesetze die Bestimmung von Haftungsgrenzen teilweise der jeweils zuständigen Abteilung des Staatsrats – z.B. einem Ministerium – überlassen hatte.[174] Diese Auffassung scheint man in der Volksrepublik zu bevorzugen. Jedenfalls werden in Teilen der chinesischen Literatur[175] und Praxis[176] auch Rechtsakte nachgeordneter Organe berücksichtigt.

---

173 行政法规.
174 § 128 I ZLG, § 17 I Nr. 2 Hs. 1 EBG.
175 So deuten etwa die Ausführungen über die Haftungsbegrenzung des Beförderers bei *Zhang Dai'en*, S. 213 darauf hin, dass er § 76 KfzGütTranspReg 1988 – ohne die Norm ausdrücklich zu nennen – für anwendbar hält. (Die heute geltenden KfzGütTranspReg 1999 sind erst nach Erscheinen seines Werks erlassen worden.)
176 *Xu Junqiang*, HSFYJ 2/2001, 104 (105).

D. Lufttransport

I. Warschauer Abkommen

Die Volksrepublik China ist Vertragsstaat des WA in der Fassung des Haager Protokolls (WA 1955). Das WA wird von festlandschinesischen Gerichten angewandt.[177] Für die Anwendbarkeit des WA müssen grundsätzlich vier Voraussetzungen vorliegen: Frachtvertrag, Entgeltlichkeit, Internationalität und Luftfahrzeug.[178] Im Einzelnen ist das Abkommen anzuwenden auf jede internationale Güterbeförderung durch Luftfahrzeuge, die entweder gegen Entgelt erfolgt oder von einem Luftfahrtunternehmen ausgeführt wird (Art. 1 I WA 1955). International ist die Beförderung, wenn nach den Vereinbarungen der Parteien der Abgangsort und der Bestimmungsort in zwei verschiedenen Vertragsstaaten liegen oder, wenn diese Orte in demselben Vertragsstaat liegen, eine Zwischenlandung in einem anderen Staat, der nicht Vertragsstaat sein muss, vorgesehen ist (Art. 1 II S. 1 WA 1955). Die Beförderung zwischen zwei Orten innerhalb eines Vertragsstaats ohne eine solche Zwischenlandung gilt hingegen nicht als internationale Beförderung (Art. 1 II S. 2 WA 1955).

Fraglich ist zum einen, ob die Gebiete von Hongkong, Macao und Taiwan das Tatbestandsmerkmal des Vertragsstaats erfüllen. Das chinesische Außenministerium hat offiziell erklärt, dass das WA in seiner ursprünglichen Fassung (WA 1929) und das Protokoll zur Änderung des am 12. Oktober 1929 in Warschau unterzeichneten Abkommens zur Vereinheitlichung von Regeln über die Beförderung im internationalen Luftverkehr (Haager Protokoll) auch auf Hongkong und Macao anwendbar seien.[179] Das WA 1955 gilt daher[180] heute – wie übrigens bereits zu Zeiten der Souveränität des Vereinigten Königreichs bzw. Portugals[181] – auch in Hongkong und Macao.

Zweifel ergeben sich indessen im Hinblick auf Taiwan. Die Urkunde der Volksrepublik über die Ratifikation des WA enthält zwar die Erklärung, dass die Regierung der Volksrepublik China die alleinige rechtmäßige Regierung des chinesischen Volkes sei und dass das WA selbstverständlich auf das gesamte chinesische Territorium einschließlich Taiwans anzuwenden sei.[182] Da jedoch die Volksrepublik die Durchsetzung des Abkommens in Taiwan nicht gewährleisten kann, ist der

---

177 *OVG*, Urteil vom 9. 4. 1997, ZGRMFY GB 1997, Nr. 3, S. 100; *Volksgericht des Bezirks Jing'an der Stadt Shanghai*, Urteil vom 26. 11. 2001, http://law.chinalawinfo.com; *Volksgericht des Bezirks Jing'an der Stadt Shanghai*, Urteil vom 18. 9. 1995, http://law.chinalawinfo.com.

178 *Koller*, Art. 1 WA 1955, Rn. 2.

179 http://www.icao.int/icao/en/leb/wc-hp.pdf (dort Fn. 10). Grundlage dafür sind Art. 153 I Basic Law bzw. Art. 138 I Lei Básica (zu diesen beiden Vorschriften oben S. 6).

180 Die Erklärungen bezüglich des Haager Protokolls waren nicht erforderlich, da Hongkong und Macao nicht unter Art. XXV Abs. 3, sondern unter Art. XXV Abs. 1 Haager Protokoll fallen. Die Erklärungen im Hinblick auf das WA 1929 waren hingegen notwendig (Art. 40 II WA).

181 http://www.icao.int/icao/en/leb/wc-hp.pdf (dort „United Kingdom for the following territories“ und Fn. 54 bzw. Fn. 40).

182 http://www.icao.int/icao/en/leb/wc-hp.pdf (dort Fn. 10).

Hinweis auf den Alleinvertretungsanspruch als rein politische, aber rechtlich irrelevante Erklärung zu werten.[183] Nach h.M. in Deutschland gilt das WA daher nicht für das Gebiet Taiwans.[184] US-amerikanische Gerichte vertreten die gegenteilige Auffassung.[185]

Zum anderen stellt sich die Frage, ob Luftfrachtbeförderungen zwischen Festland, Hongkong und Macao ohne Zwischenlandung in einem anderen Staat als internationale Beförderungen i.S. des WA 1955 gelten. *Men Jing* meint, der Luftverkehr zwischen Festland und Hongkong unterliege dem WA 1955.[186] Er stützt sich auf § 1 der Regelung des Lufttransports zwischen dem Festland und der Sonderverwaltungsregion Hongkong (LuftTranspReg Festland-Hongkong):

> „Transporte zwischen dem Festland und Hongkong sind ihrer Natur nach speziell regulierte[187] innerstaatliche Luftbeförderungen und werden unter Bezugnahme auf internationale Luftbeförderungen reguliert[188]; es werden Dokumente für internationale Beförderungen verwendet, und im Hinblick auf deren Haftungsklauseln können die betreffenden internationalen Übereinkommen berücksichtigt werden."

Die LuftTranspReg Festland-Hongkong ist ein Abkommen zwischen dem Festland und Hongkong mit Regelungen über Luftbeförderungen zwischen den beiden Gebieten. Die Vorschriften betreffen u.a. die gegenseitige Zulassung von Fluggesellschaften für Flüge zwischen den beiden Gebieten, das auf die Ein- und Ausreise sowie den Aufenthalt von Flugzeugen, Passagieren und Fracht anwendbare Recht, die Häufigkeit und den Zeitplan von Flügen, die Beförderungsentgelte sowie Steuern und Zölle. Zwischen dem Festland und Macao sowie zwischen Hongkong und Macao sind entsprechende Abkommen geschlossen worden. Sie enthalten die gleiche Bestimmung wie § 1 LuftTranspReg Festland-Hongkong.[189]

Gegenüber der Auffassung von *Men Jing* sind allerdings Zweifel angebracht. Nach dem eindeutigen Wortlaut des Art. 1 II WA 1955, insbesondere aufgrund der Klarstellung in dessen S. 2, liegen hier jedenfalls aus der Perspektive dieses Übereinkommens keine internationalen Beförderungen vor. Auch die in der oben zitierten Vorschrift erwähnte Verwendung von Dokumenten für internationale Beförde-

---

183 Gutachten des *Max-Planck-Instituts für ausländisches und internationales Privatrecht*, Hamburg, G 48/2003 vom 10. 2. 2004, S. 3ff. (unveröffentlicht).
184 Gutachten des *Max-Planck-Instituts für ausländisches und internationales Privatrecht*, Hamburg, G 48/2003 vom 10. 2. 2004, S. 3ff. (unveröffentlicht); im Ergebnis *OLG Düsseldorf*, Urteil vom 17. 1. 2007, VersR 2007, 1147 (1148); *OLG Köln*, Urteil vom 16. 1. 2007, VersR 2007, 1149 (1149); *LG Mönchengladbach*, Urteil vom 24. 2. 1988, TranspR 1988, 283 (284) mit dem Hinweis auf die „rechtliche Selbständigkeit beider Länder"; *Koller*, Art. 1 WA 1955, Rn. 11; kritisch *Kadletz*, VersR 2000, 927 (930).
185 *Kadletz*, VersR 2000, 927 (930); *Koller*, Art. 1 WA 1955, Rn. 11, Fn. 27.
186 *Men Jing*, ZLW 2003, 206 (219).
187 管理.
188 管理.
189 § 2 der Regelung des Lufttransports zwischen der Sonderverwaltungsregion Hongkong und der Sonderverwaltungsregion Macao (LuftTranspReg Hongkong-Macao); zur Regelung des Lufttransports zwischen dem Festland und der Sonderverwaltungsregion Macao oben Fn. 13.

rungen begründet nicht die Anwendung des WA 1955. Für die Anwendbarkeit spielt es nämlich keine Rolle, ob überhaupt ein Transportdokument und ggf. welches Papier für die Luftbeförderung verwendet wird (arg. Art. 1 i.V. mit Art. 5 II WA 1955). Zwar steht es dem Festland, Hongkong und Macao frei, Abkommen zu schließen, nach denen das WA für direkte Luftbeförderungen zwischen diesen Gebieten dennoch gelten soll. Ob man den Eingangsbestimmungen der drei Abkommen eine solche Rechtsfolge entnehmen kann, erscheint jedoch fraglich. Die von *Men Jing* herangezogene Bestimmung ist durchaus zweideutig. In der Formulierung „... werden unter Bezugnahme auf internationale Luftbeförderungen reguliert" fehlt ein Hinweis auf das WA und auf internationale Übereinkommen überhaupt. Überdies wird das Wort „regulieren"[190], das man auch mit „managen" oder „verwalten" übersetzen kann, in der chinesischen Rechtssprache im Zusammenhang mit der Anwendung zivilrechtlicher internationaler Übereinkommen sonst nicht verwendet.[191] Schließlich vermag auch die Regelung, dass Haftungsklauseln in internationalen Übereinkommen *berücksichtigt* werden *können*, keine zwingende Anwendung des WA 1955 herbeizuführen. Dass in dieser Bestimmung von den „betreffenden[192] internationalen Übereinkommen" die Rede ist, lässt nicht den Schluss zu, dass diese Übereinkommen im Luftverkehr zwischen den drei Rechtsgebieten auch tatsächlich anwendbar seien.

II. Montrealer Übereinkommen

Das MÜ ist am 31. 7. 2005 für die Volksrepublik China in Kraft getreten. Das Übereinkommen ist eine Weiterentwicklung des WA 1955; es umfasst inhaltlich das WA 1929, das Haager Protokoll und das Zusatzabkommen zum Warschauer Abkommen zur Vereinheitlichung von Regeln über die von einem anderen als dem vertraglichen Luftfrachtführer ausgeführte Beförderung im internationalen Luftverkehr (Zusatzabkommen von Guadalajara; ZAG).[193] Sein Anwendungsbereich ist unter den gleichen Voraussetzungen wie der des WA 1955 eröffnet.[194] Das Übereinkommen hat Vorrang gegenüber dem WA (Art. 55 MÜ).

Das MÜ gilt auch für Macao und – seit dem 15. 12. 2006 – für Hongkong.[195] Im Gegensatz zum WA hat die Volksrepublik China im Zuge der Ratifikation des MÜ keine Erklärung hinsichtlich Taiwans abgegeben. Ob dies als Anzeichen dafür zu sehen ist, dass die Volksrepublik China das MÜ nicht auf Taiwan angewendet se-

---

190 „管理".

191 Vielmehr liest man in chinesischen Gesetzen, Urteilen und Abhandlungen in diesem Zusammenhang fast durchweg den Begriff „适用" (anwenden).

192 „有关".

193 *Ruhwedel*, TranspR 2001, 189 (190).

194 *Koller*, Art. 1 MÜ, Rn. 1 ff.

195 http://www.icao.int/icao/en/leb/mtl99.pdf (dort Fn. 18). Grundlage dafür sind einerseits die als „Hongkong-Klausel" (*Kadletz*, VersR 2000, 927 [930, 935]) bezeichnete Bestimmung des Art. 56 I, II MÜ und andererseits Art. 138 I Lei Básica bzw. Art. 153 I Basic Law (zu diesen beiden Vorschriften oben S. 6).

hen will,[196] kann dahinstehen. Denn jedenfalls kann sie die Durchsetzung des Übereinkommens in Taiwan nicht gewährleisten; Taiwan fällt daher jedenfalls nach h. M. in Deutschland nicht in den räumlichen Anwendungsbereich des MÜ.[197]

Ob Luftfrachtbeförderungen zwischen Festland, Hongkong und Macao ohne Zwischenlandung in einem anderen Staat dem MÜ unterliegen, ist ungeklärt.[198]

III. Zivilluftfahrtgesetz und sonstiges autonomes chinesisches Recht

Subsidiär gilt, wenn der Vertrag chinesischem festländischem Recht unterliegt, das Zivilluftfahrtgesetz der Volksrepublik China (ZLG). Die Bestimmungen über Luftfrachtverträge finden sich im 9. Kapitel („Öffentlicher Lufttransport"). Die Vorschriften der ersten drei Abschnitte („Allgemeine Bestimmungen", „Transportdokument", „Haftung des Beförderers") beruhen auf dem WA 1955. Damit gilt die Haftungsordnung des Abkommens nach chinesischem Recht praktisch für sämtliche Lufttransportverträge, unabhängig davon, ob es anzuwenden ist und ob es sich um einen internationalen oder nationalen Transport handelt. Vereinzelt hat man auch das Montrealer Protokoll Nr. 4 zur Änderung des am 12. Oktober 1929 in Warschau unterzeichneten Abkommens zur Vereinheitlichung von Regeln über die Beförderung im internationalen Luftverkehr in der Fassung des Protokolls von Den Haag vom 28. September 1955 (Montrealer Protokoll Nr. 4) rezipiert.[199] Die Bestimmungen des 4. Abschnitts („Besondere Bestimmungen bei Ausführung des Lufttransports durch einen tatsächlichen Beförderer") wurden aus dem ZAG übernommen.[200] Beide Übereinkommen hat die Volksrepublik China weder gezeichnet noch ratifiziert.[201] Die frachtrechtlichen Vorschriften des ZLG entsprechen damit im Wesentlichen dem MÜ.

Das 9. Kapitel ist gemäß § 106 I ZLG auf Gütertransporte anzuwenden, die von Unternehmen des öffentlichen Lufttransports unter Verwendung von Zivilluftfahrzeugen unternommen werden; unentgeltliche Transporte sind eingeschlossen, Posttransporte gemäß § 106 II ZLG hingegen nicht. Unternehmen des öffentlichen Lufttransports sind nach § 91 ZLG juristische Unternehmenspersonen[202], die mit dem Zweck der Gewinnerzielung[203] unter Verwendung von Zivilluftfahrzeugen Güter transportieren. Zivilluftfahrzeuge sind gemäß § 5 ZLG alle Luftfahr-

---

196 Dass die Volksrepublik unverändert an ihrem Alleinvertretungsanspruch festhält (*Schütte*, C.a. 3/2005, 17 [22]), spricht aber dafür, dass sie den Anwendungsbereich des MÜ auf Taiwan ausdehnt.
197 Zu der – auf das MÜ übertragbaren – Rechtslage nach dem WA oben S. 19f.
198 Zu der – auf das MÜ übertragbaren – Rechtslage nach dem WA oben S. 20f.
199 §§ 125 IV Hs. 2; 127 II ZLG.
200 *Men Jing*, ZLW 2003, 206 (216).
201 Das ZAG gilt aber in Hongkong, http://www.icao.int/icao/en/leb/guadalajara.pdf (dort Fn. 3).
202 企业法人; zu diesem Begriff §§ 41 ff. AGZR und *Heuser*, Einführung, S. 346, 383 ff.
203 Da das ZLG nach seinem § 106 I auch unentgeltliche Beförderungen erfasst, kommt es vermutlich nicht darauf an, ob im konkreten Fall ein Gewinn erzielt werden soll. Das Unternehmen muss also wohl nur allgemein auf Gewinnerzielung ausgerichtet sein.

zeuge außer solchen, die zur Durchführung von Flugaufträgen des Militärs, des Zolls oder der Polizei genutzt werden.

Das 9. Kapitel des ZLG gilt sowohl für innerstaatliche als auch für internationale Lufttransporte. Ein innerstaatlicher Lufttransport liegt vor, wenn nach dem Luftbeförderungsvertrag der Abgangsort, vereinbarte Orte der Zwischenlandung und der Bestimmungsort sich allesamt innerhalb der Volksrepublik China befinden (§ 107 I ZLG). Um eine internationale Beförderung handelt es sich dagegen, wenn nach dem Luftbeförderungsvertrag, gleichviel ob eine Unterbrechung der Beförderung oder eine Umladung stattfindet, einer der genannten Orte sich nicht innerhalb der Volksrepublik China befindet (§ 107 II ZLG). Die Unterscheidung zwischen innerstaatlichen und internationalen Beförderungen hat Bedeutung für die Haftungsbegrenzung.[204] Nach Meinung von *Men Jing* sind direkte Luftbeförderungen zwischen Festland, Hongkong und Macao entgegen § 107 I ZLG haftungsrechtlich als internationale Luftbeförderungen anzusehen.[205] Liegt eine internationale Luftbeförderung i.S. des ZLG vor, so wird diese häufig gleichzeitig dem MÜ oder dem WA unterliegen. Beide Staatsverträge haben jeweils Vorrang gegenüber dem ZLG. Daraus lassen sich folgende Schlussfolgerungen ziehen: Im Verhältnis zu Staaten, für die weder das MÜ noch das WA gelten, ist das ZLG in vollem Umfang anwendbar. Im Verhältnis zu Staaten, für die nur das WA in Kraft ist, kommen nur die dort nicht geregelten Rechtsfragen im Zusammenhang mit dem tatsächlichen Beförderer zum Tragen. Im Verhältnis zu Vertragsstaaten des MÜ wird das ZLG vollständig verdrängt.

Wo dem ZLG eine Regelung fehlt, ist ergänzend auf das allgemeine Frachtrecht zurückzugreifen. Wenn sich auch dort keine Anhaltspunkte für die rechtliche Lösung finden lassen, gelangen die jeweils vom Chinesischen Zivilluftfahrthauptamt[206] erlassenen Regeln über innerstaatliche Gütertransporte der zivilen Luftfahrt Chinas (InnerstaatlLuftGütTranspReg) bzw. die Regeln über internationale Gütertransporte der zivilen Luftfahrt Chinas (IntLuftGütTranspReg) zur Anwendung. Die InnerstaatlLuftGütTranspReg sind auf Zivilluftfahrtgütertransporte anzuwenden, bei denen der Abgangsort, vereinbarte Orte der Zwischenlandung und der Bestimmungsort sich allesamt innerhalb der Volksrepublik China befinden.[207] Die IntLuftGütTranspReg hingegen gelten für internationale Luftbeförderungen, die durch gemäß dem Recht der Volksrepublik China gegründete Unternehmen des öffentlichen Lufttransports unter Verwendung von Zivilluftfahrzeugen ausgeführt werden.[208]

---

204 §§ 128 f. ZLG; zur Haftungsbegrenzung nach dem ZLG unten S. 108 f.
205 *Men Jing*, ZLW 2003, 206 (214). Er spricht zwar nur über Transporte zwischen Festland und Hongkong. Seine Ausführungen lassen sich jedoch auf Beförderungen zwischen Festland und Macao sowie zwischen Hongkong und Macao übertragen. Dazu und zu den Zweifeln an seiner Auffassung oben S. 20 f.
206 中国民用航空总局.
207 § 1 II InnerstaatlLuftGütTranspReg.
208 § 2 IntLuftGütTranspReg.

In beiden Rechtsakten wird als Rechtsgrundlage das ZLG bezeichnet.[209] Doch enthält das Gesetz keine allgemeine Ermächtigungsgrundlage, sondern lediglich eine – im Ergebnis an das Chinesische Zivilluftfahrthauptamt gerichtete – Ermächtigung zum Erlass von Bestimmungen über den Grenzbetrag der Haftung des Beförderers für Güterschäden bei innerstaatlichen Transporten ohne Wertsicherung (§ 128 I ZLG). Das Fehlen einer generellen Ermächtigung führt nicht zur Ungültigkeit der beiden – umfangreichen – Rechtsakte, denn eine Rechtsgrundlage ist nicht erforderlich.[210] Die im ZLG festgelegte Befugnis zur Regelung der Haftungsbegrenzung bewirkt, dass das VG insoweit hinter die InnerstaatlLuftGütTranspReg zurücktreten muss.[211]

E. Eisenbahntransport

I. Abkommen über internationalen Eisenbahngüterverkehr (SMGS)

Die Eisenbahnen der Volksrepublik China sind Mitglied des SMGS. Es ist das Gegenstück zum Übereinkommen über den internationalen Eisenbahnverkehr (COTIF[212]) und zu den Einheitlichen Rechtsvorschriften für den Vertrag über die internationale Eisenbahnbeförderung von Gütern (ER/CIM[213]).[214] Dem SMGS gehören gegenwärtig die Eisenbahnen von 23 Staaten an. Dabei handelt es sich um die ehemaligen Sowjetrepubliken[215], Polen, Bulgarien, Ungarn, Albanien sowie Iran, Mongolei, China, Nordkorea und Vietnam.[216] Das Abkommen ist gleichermaßen verbindlich in chinesischer und russischer Sprache gefertigt, im Zweifel gilt die russische Fassung.[217] Zuständiges Organ ist das Komitee der Organisation für die Zusammenarbeit der Eisenbahnen (OSShD).[218] Die für den Anwendungsbereich des Abkommens zentrale Vorschrift des Art. 2 § 1 I SMGS lautet:

> „Nach den Bestimmungen des vorliegenden Abkommens wird der Gütertransport im direkten internationalen Eisenbahngüterverkehr zwischen den in Art. 3 § 2 SMGS genannten Bahnhöfen gemäß dem SMGS-Frachtbrief und

---

209 § 1 I InnerstaatlLuftGütTranspReg, § 1 IntLuftGütTranspReg.
210 Oben S. 8f.
211 Zu dieser Ausnahme vom Vorrang des Gesetzes oben S. 13. Die betroffene Vorschrift des VG ist § 312. Zur Haftungsbegrenzung bei innerstaatlichen Luftbeförderungen unten S. 108f.
212 Convention relative aux transports internationaux ferroviaires.
213 Convention internationale concernant le transport des marchandises par chemins de fer.
214 *Zolcinski*, Bull. transp. int. 4/1998, 176 (176ff.).
215 Ausnahme: Armenien.
216 Nach dem Wortlaut der russischen Fassung des Abkommens: Aserbaidschanische Republik, Republik Albanien, Republik Weißrussland, Republik Bulgarien, Sozialistische Republik Vietnam, Georgien, Islamische Republik Iran, Republik Kasachstan, Chinesische Volksrepublik, Koreanische Volksdemokratische Republik, Kirgisische Republik, Lettische Republik, Litauische Republik, Republik Moldawien, Mongolei, Republik Polen, Russische Föderation, Republik Tadschikistan, Turkmenistan, Republik Usbekistan, Ukraine, Estnische Republik, Ungarische Republik (Art. 1 I, 41 IV SMGS).
217 Art. 41 III SMGS.
218 Art. 39 SMGS.

nur im Netz der am vorliegenden Abkommen beteiligten Eisenbahnen ausgeführt.“

Direkt ist der Eisenbahnverkehr bei einer durchgehenden Beförderung, die aufgrund eines einheitlichen Frachtvertrags erfolgt, ohne dass das Gut von Eisenbahn zu Eisenbahn neu aufgegeben werden muss.[219] Internationaler Eisenbahnverkehr liegt vor, wenn der Beförderungsweg das Gebiet von zwei Staaten berührt.[220] Bahnhöfe i.S. des Art. 3 § 2 SMGS sind alle Bahnhöfe, die für die Abfertigung im Binnenverkehr der Länder, deren Eisenbahnen dem Abkommen angehören, zugelassen sind.[221] Die Vorschriften des Abkommens haben zwingenden Charakter.[222] Es enthält zahlreiche Anlagen, in denen überwiegend Vorschriften für den Transport besonderer Arten von Gütern wie etwa gefährliches oder leicht verderbliches Gut festgelegt sind. Das Abkommen wird von chinesischen Gerichten angewandt.[223]

II. Eisenbahngesetz und sonstiges autonomes chinesisches Recht

Soweit das SMGS keine abschließende Regelung trifft[224], sind die kollisionsrechtlichen Vorschriften zu prüfen. Steht danach fest, dass festlandschinesisches Recht Vertragsstatut ist, so gilt in erster Linie das EBG. Nach der Legaldefinition des § 2 I EBG umfasst der Begriff „Eisenbahnen“[225] staatliche Eisenbahnen, regionale Eisenbahnen, Eisenbahnen für besondere Zwecke sowie Eisenbahnsonderstrecken.[226] Die Bestimmungen über Eisenbahnfrachtverträge finden sich im 2. Kapitel („Eisenbahntransportgeschäft“) des Gesetzes. Nach § 11 I EBG ist ein Eisenbahnbeförderungsvertrag eine Vereinbarung, die ein Verhältnis mit Rechten und Pflichten zwischen dem Eisenbahntransportunternehmen und dem Absender festlegt. Staatliche Eisenbahntransportunternehmen sind gemäß § 72 EBG das Eisenbahnamt[227] und die Amtsstellen des Eisenbahnamtes[228].

Zu beachten sind außerdem die Erläuterungen des Obersten Volksgerichts zu einigen Fragen bei der Verhandlung von Schadensersatzfällen bei Eisenbahntransporten (OVG-EisenbTranspSE-Erläut). Dabei handelt es sich um justizielle Auslegun-

219 *Kolloch*, S. 23 f.
220 *Kolloch*, S. 23 f.; zu Einzelheiten s. Art. 2 §§ 3 f. SMGS, der Ausnahmen vom Anwendungsbereich enthält.
221 Übersetzung nach *Kolloch*, S. 33.
222 *Kolloch*, S. 26, der dies nicht aus Art. 2 § 1 II SMGS ableitet, sondern den dortigen Hinweis auf die Verbindlichkeit des Abkommens für überflüssig hält (*Kolloch*, S. 29).
223 Z.B. Antwortschreiben des *OVG* vom 5. 11. 1994 über Fragen der Rechtsanwendung bezüglich des Ersatzes von Güterschäden im internationalen Eisenbahngüterverkehr; *Oberes Volksgericht der Stadt Shanghai*, Urteil vom 30. 4. 1996, http://anli.lawtime.cn/jjfhaishang/2006102644761_3.html; *Eisenbahntransportgericht Tianjin*, Urteil vom 29. 1. 1996, http://www.jsbxsp.com/pindao_view.php?id=704.
224 Vgl. Art. 35 SMGS.
225 „铁路“.
226 Diese vier Begriffe sind wiederum in § 2 II–IV EBG definiert.
227 铁路局.
228 铁路分局.

gen des OVG insbesondere zum EBG. Sie sind gegenüber dem EBG vorrangig anzuwenden.[229] Soweit im EBG und in den OVG-EisenbTranspSE-Erläut eine Regelung fehlt, ist grundsätzlich ergänzend auf das allgemeine Frachtrecht zurückzugreifen.

Darüber hinaus könnten zwei Rechtsakte des Eisenbahnministeriums[230] zu berücksichtigen sein. In Betracht kommen zum einen die EisenbGütTranspVDurchfBest. Sie sind anzuwenden auf Frachtverträge zwischen Eisenbahntransportämtern einerseits und Unternehmen und anderen juristischen Personen andererseits.[231] Sie sind analog anwendbar auf Frachtverträge zwischen Einzelgewerbetreibenden[232] und Einzelpersonen[233] einerseits und den Eisenbahntransportämtern andererseits.[234] Sie gelten jedoch nicht für Militärtransporte, internationale verbundene Transporte[235] und kombinierte Gütertransporte zwischen Eisenbahn, Wasser, Straße, Luft und Rohrleitungen[236].[237] Zum anderen hat das Eisenbahnministerium die Vorschriften über Eisenbahngütertransporte (EisenbGütTranspVorschr) erlassen. Sie sind auf alle Gütertransporte mit nationalen gewerblichen Eisenbahnen anzuwenden, soweit nicht für internationale verbundene Transporte[238], kombinierte Transporte zu Wasser und zu Lande[239] oder Militärtransporte andere Bestimmungen bestehen.[240]

Sowohl in den EisenbGütTranspVDurchfBest als auch in den EisenbGütTranspVorschr wird als Rechtsgrundlage das inzwischen außer Kraft getretene WVG angegeben.[241] Eine Rechtsgrundlage ist allerdings nicht erforderlich.[242] Beide Rechtsakte sind also auch heute noch gültig.

Die EisenbGütTranspVorschr haben als jüngerer Rechtsakt Vorrang gegenüber den EisenbGütTranspVDurchfBest (§ 83 GGG analog[243]). Fraglich ist indessen, in welchem Verhältnis die beiden Rechtsakte jeweils zum VG stehen. § 73 EBG bestimmt nämlich, dass der Staatsrat eine Durchführungsverordnung[244] erlässt. Eine

229 Zum Verhältnis zwischen Gesetzen und justiziellen Auslegungen des OVG oben S. 14.
230 铁道部.
231 § 2 II EisenbGütTranspVDurchfBest.
232 个体经营户.
233 个人.
234 § 2 III EisenbGütTranspVDurchfBest.
235 国际联运. Der Begriff bezieht sich im chinesischen Eisenbahnfrachtrecht regelmäßig auf Beförderungen i. S. des SMGS, also auf unimodale Eisenbahntransporte.
236 管道 (engl. pipeline).
237 § 2 IV EisenbGütTranspVDurchfBest.
238 国际联运. Der Begriff bezieht sich im chinesischen Eisenbahnfrachtrecht regelmäßig auf Beförderungen i. S. des SMGS, also auf unimodale Eisenbahntransporte.
239 水陆联运.
240 § 3 IV EisenbGütTranspVorschr.
241 § 1 EisenbGütTranspVDurchfBest, § 1 EisenbGütTranspVorschr. Die EisenbGütTranspVorschr bezeichnen zusätzlich die Grundprinzipien des EBG und der EisenbGütTranspVDurchfBest als Rechtsgrundlage.
242 Dazu oben S. 8 f.
243 Zur analogen Anwendung der Vorschriften des GGG auf Rechtsakte, die aus der Zeit vor seinem Inkrafttreten stammen, oben S. 14 f.
244 实施条例.

solche Durchführungsverordnung hat dann Vorrang gegenüber dem VG, weil der Gesetzgeber die Regelungsbefugnis insoweit dem Staatsrat übertragen hat.[245] Der Staatsrat hat eine Durchführungsverordnung nach Kenntnis des Verfassers bislang nicht erlassen. Es ist jedoch davon auszugehen, dass die EisenbGütTranspVorschr in der Praxis als Durchführungsverordnung i.S. des § 73 EBG qualifiziert werden. Sie stammen zwar nicht vom Staatsrat, sondern von dem ihm nachgeordneten Eisenbahnministerium. Aber der Staatsrat hat die EisenbGütTranspVorschr bis heute nicht außer Kraft gesetzt, obwohl er dies hätte tun können.[246] Es ist daher anzunehmen, dass der Staatsrat die EisenbGütTranspVorschr stillschweigend billigt. Die EisenbGütTranspVDurchfBest dürften hingegen nicht als Durchführungsverordnung zum EBG anzusehen sein. Denn sie sind mehrere Jahre vor dem EBG in Kraft getreten, können also nicht von der – in die Zukunft gerichteten – Ermächtigung des § 73 EBG erfasst sein. Damit gehen die EisenbGütTranspVorschr dem VG vor. Die EisenbGütTranspVDurchfBest sind hingegen nur insoweit anwendbar, als sie mit den Bestimmungen des VG vereinbar sind.[247]

Kein Zweifel am Vorrang der EisenbGütTranspVorschr gegenüber dem VG besteht insbesondere in einem kleinen Teilbereich der Haftung des Eisenbahntransportunternehmens. Nach § 17 I Nr. 2 Hs. 1 EBG wird für Güterschäden bei Transporten ohne Wertsicherung höchstens der Betrag ersetzt, den die für Eisenbahnen zuständige Behörde des Staatsrats festgelegt hat. Damit hat der Gesetzgeber das Eisenbahnministerium ausdrücklich zum Erlass einer entsprechenden Bestimmung ermächtigt, die das Ministerium dann auch in die EisenbGütTranspVorschr aufgenommen hat.[248]

F. Seetransport

I. Seehandelsgesetz

Die Volksrepublik China ist nicht Mitgliedstaat des Internationalen Übereinkommens zur Vereinheitlichung von Regeln über Konnossemente (Haager Regeln; HR), des Protokolls zur Änderung des Internationalen Übereinkommens zur Vereinheitlichung von Regeln über Konnossemente (Visby-Regeln; VR) und des Übereinkommens der Vereinten Nationen über die Beförderung von Gütern auf See (Hamburg-Regeln; HambR). Die Verfasser des SHG haben jedoch in das 4. Kapitel („Seefrachtvertrag“) viele Regelungen dieser drei Staatsverträge übernommen. Die Vorschriften entsprechen im Kern den HR in der Fassung der VR (Haag/Visby-Regeln; HVR); an vielen Stellen hat man sich indessen für Formulierungen aus den

---

245 Zu dieser Ausnahme vom Vorrang des Gesetzes oben S. 13.
246 Art. 89 Nr. 13 Verfassung.
247 Oben S. 9.
248 Zur Begrenzung der Haftung des Eisenbahntransportunternehmens für Güterschäden bei Transporten ohne Wertsicherung unten S. 152.

HambR entschieden.[249] Die Auslegung des SHG soll sich nach dem Willen seiner Verfasser am internationalen Seehandelsrecht orientieren.[250] Daher wird im Rahmen dieser Arbeit in Zweifelsfällen – insbesondere dort, wo Hinweise in der Literatur fehlen – auf den Wortlaut bzw. die Auslegung der H(V)R bzw. HambR zurückzugreifen sein.

Im Gegensatz zu den HVR[251] setzen die seefrachtrechtlichen Bestimmungen des SHG nicht die Ausstellung eines Konnossements voraus; maßgeblich ist wie nach den HambR[252] allein der Abschluss eines Seefrachtvertrags. Das Konnossement dient zwar zum Beweis des Abschlusses eines solchen Vertrags (§ 71 S. 1 SHG); es wird aber nur dann ausgestellt, wenn der Absender dies verlangt (§ 72 I SHG). Den Seefrachtvertrag definiert das Gesetz als Vertrag, nach dem der Beförderer die Fracht erhält und dafür verantwortlich ist, die vom Absender zum Transport gegebenen Güter auf dem Seeweg von einem Hafen zu einem anderen Hafen zu befördern (§ 41 SHG). Seetransport[253] i. S. des SHG ist eine Beförderung von Gütern auf See einschließlich des direkten Transports zwischen See und Fluss sowie zwischen Fluss und See (§ 2 I SHG). Das 4. Kapitel ist jedoch nicht auf Seetransporte zwischen Häfen der Volksrepublik China anzuwenden (§ 2 II SHG). Folglich muss mindestens einer der Häfen, in denen das Gut geladen, umgeladen oder gelöscht wird, außerhalb der Volksrepublik China belegen sein. Damit fallen alle Transporte, die auf dem Wasserwege zwischen chinesischen Häfen durchgeführt werden, aus dem Anwendungsbereich des SHG heraus. Bei diesen Beförderungen handelt es sich rechtlich gesehen um Binnenschiffstransporte. Sie unterliegen einem anderen Haftungssystem, selbst wenn der Transport ganz oder teilweise auf See stattfindet.[254] In der chinesischen Rechtsliteratur unterscheidet man daher internationale und innerstaatliche Seegütertransporte[255] und spricht insoweit von „Doppelgleisigkeit“[256].[257] Transporte zwischen dem Festland einerseits und Hongkong, Macao und Taiwan andererseits sind angeblich innerstaatliche Seetransporte, die man im jetzigen Stadium aber im Wesentlichen entsprechend den Regeln über internationale Seetransporte behandeln könne.[258] Dieser bezüglich Taiwans aus politischen Gründen gewählten Formulierung lässt sich entnehmen, dass auf die genannten Beförderungen das SHG entsprechend anzuwenden ist.

---

249 *Münzel*, Chinas Recht, 7.11.92/1, Anm. 11; *Han Lixin/Liu Chuyang*, ICML III, 831 (833); *Wu Huanning*, S. 89; ähnlich *Si Yuzhuo et al.*, S. 130 f. mit detaillierten Angaben über die Herkunft der seefrachtrechtlichen Vorschriften des SHG.
250 *Fante*, TranspR 1995, 99 (101).
251 Art. 1 lit. b HVR.
252 Art. 2 HambR.
253 海上运输.
254 Zum Recht der Binnenschiffstransporte unten S. 30.
255 Z. B. *Si Yuzhuo et al.*, S. 126 f.
256 „双轨制“.
257 *Wu Zaiyang/Ni Xuewei*, ZGHSSPNK 2001, 341 (344).
258 *Si Yuzhuo et al.*, S. 127; *Han Lixin/Liu Chuyang*, ICML III, 831 (833, 835); s. auch *Xu Junqiang*, HSFYJ 2/2001, 104 (104), der Beförderungen von oder nach Hongkong, Macao und Taiwan als besondere innerstaatliche Küstengütertransporte bezeichnet.

Das SHG geht dem VG als *lex specialis* vor.[259] Inwieweit das VG die Bestimmungen des SHG ergänzen kann, lässt sich nicht pauschal beantworten. Die Anwendung des VG bezüglich des Abschlusses und der Wirksamkeit des Vertrags ist problemlos zu bejahen. Eindeutig verneinen muss man den Rückgriff auf das VG hingegen etwa im Hinblick auf den abschließenden Tatbestandskatalog der Beförderererhaftung[260]. Schwierig ist die Beurteilung jedoch z.B. beim Weisungsrecht und bei der Beendigung des Vertrags. Die Sperrwirkung einer abschließenden Regelung des spezielleren Gesetzes gegenüber dem allgemeinen Gesetz wird in der seehandelsrechtlichen Literatur, soweit ersichtlich, nicht ausdrücklich angesprochen. Im Zweifel scheint man stets auf das VG zurückzugreifen.[261]

Lediglich hingewiesen sei hier auf die Mitteilung des Obersten Volksgerichts zum Druck und zur Verteilung des Protokolls der zweiten nationalen Arbeitssitzung zur Rechtsprechung in Handels- und Seesachen mit Außenberührung (OVG-Handels-/SeeR-Prot).[262] Es enthält in seinem 9. Abschnitt eine ganze Reihe von Bestimmungen über Streitfälle bei der Auslieferung des Guts ohne Vorlage des Originalkonnossements. Dabei nimmt das *OVG* gelegentlich Bezug auf das SHG. Da es sich im Wesentlichen um Konnossementsrecht handelt, wird auf den Inhalt der Bestimmungen in der vorliegenden Arbeit jedoch nicht näher eingegangen.

II. COSCO Container Lines Bill of Lading

Eine für die Praxis bedeutsame – freilich nicht auf einem staatlichen Rechtssetzungsakt, sondern auf Parteivereinbarung beruhende – Rechtsquelle des Seefrachtrechts sind die auf der Rückseite von Konnossementen abgedruckten Klauseln[263]. Seefrachtvertrag und Konnossement sind an sich zwei verschiedene Rechtsverhältnisse.[264] Konnossementsklauseln werden jedoch regelmäßig in den Seefrachtvertrag einbezogen[265] und regeln meist alle wesentlichen Haftungsfragen. Sie unterliegen

---

259 *Zhou Qi/Lin Yuanmin*, HSFYJ 2/2000, 142 (147).

260 §§ 47–49 SHG.

261 Z.B. *Wu Zaiyang/Ni Xuewei*, ZGHSSPNK 2001, 341 (347), die dem *lex-specialis*-Grundsatz entnehmen, dass alle Lücken des spezielleren Gesetzes durch das allgemeinere Gesetz gefüllt werden können.

262 Das OVG-Handels-/SeeR-Prot ist zwar keine justizielle Auslegung i.S. der OVG-JustizauslegBest 2007, weil es keine der in § 6 OVG-JustizauslegBest 2007 genannten Bezeichnungen trägt. Damit dürfte dem OVG-Handels-/SeeR-Prot selbst nach der weitgehenden Auffassung des *OVG* keine Gesetzeskraft zukommen (dazu oben S. 14). Allerdings hat das *OVG* das OVG-Handels-/SeeR-Prot den Oberen Volksgerichten mit der Bitte um Durchführung („请遵照执行“) zugeleitet. Man kann davon ausgehen, dass die Untergerichte eine solche Anweisung beachten.

263 提单背面条款 (*Si Yuzhuo et al.*, S. 174; *Zhao Guoling*, S. 74).

264 Implizit *Si Yuzhuo et al.*, S. 157 ff.; *Zhao Guoling*, S. 64 ff.; zum deutschen Recht *Herber*, S. 275. Einige Anhaltspunkte enthält bereits das Gesetz: §§ 41, 42 Nr. 1, 3 SHG zeigen, dass der Seefrachtvertrag zwischen Beförderer und Absender besteht; nach § 78 I SHG ist für das Rechtsverhältnis zwischen Beförderer einerseits und Empfänger der Güter sowie Besitzer des Konnossements andererseits hingegen das Konnossement maßgeblich; gemäß § 71 S. 1 SHG ist das Konnossement lediglich *Nachweis* des Seefrachtvertrags und nicht etwa identisch mit dem Seefrachtvertrag.

265 *Herber*, S. 273 ff.

allerdings einer strengen Inhaltskontrolle am Maßstab der zwingenden Bestimmungen des Vertragsstatuts.[266] Zu den im Seeverkehr mit der Volksrepublik China am weitesten verbreiteten Standardkonnossementen gehört das COSCO Container Lines Port-to-Port or Combined Transport Bill of Lading (COSCON B/L). Verwendet wird es gemäß Klausel 4 sowohl für Beförderungen von einem Hafen zu einem anderen Hafen (sog. Port-to-Port Shipment) als auch für Transporte, bei denen das Gut an einem vom Ladehafen abweichenden Ort oder Hafen zu übernehmen oder/ und an einem vom Löschhafen abweichenden Ort oder Hafen abzuliefern ist (sog. Combined Transport). Das COSCON B/L enthält in Klausel 26 I eine Rechtswahl- und eine Gerichtsstandsklausel zu Gunsten des Rechts bzw. der Seegerichte der Volksrepublik China. In der vorliegenden Arbeit werden gelegentlich einzelne Klauseln des COSCON B/L erwähnt, um zu verdeutlichen, welche Regeln in der Praxis vereinbart werden.

G. Binnenschiffstransport

Auf Binnenschiffstransporte ist allgemeines Frachtrecht anzuwenden, also in erster Linie das VG. Binnenschiffstransporte sind alle per Schiff auf chinesischen Gewässern oder zwischen chinesischen Häfen durchgeführten Güterbeförderungen (vgl. § 2 SHG).[267]

Subsidiär gelten die vom Verkehrsministerium[268] erlassenen Regeln über Gütertransporte auf Binnenwasserstraßen (BinWasGütTranspReg). Sie sind anzuwenden auf gewerbliche Gütertransporte auf Wasserstraßen entlang der Küste, auf Flüssen, Seen und anderen befahrbaren Gewässern der Volksrepublik China.[269] Auch das Schleppen[270] auf Binnenwasserstraßen ist als ein solcher Transport anzusehen.[271] Wenn nichts anderes bestimmt ist, gelten die BinWasGütTranspReg auch für den Transportabschnitt auf Wasserstraßen bei kombinierten Gütertransporten[272] sowie für Militärtransporte, Posttransporte und Gefahrguttransporte auf Wasserstraßen.[273]

Die lange vor den BinWasGütTranspReg vom Verkehrsministerium erlassenen Durchführungsbestimmungen für Verträge über den Gütertransport auf Wasserstraßen sind – genauso wie alle anderen vom Verkehrsministerium vor den BinWasGütTranspReg erlassenen Vorschriften – außer Kraft getreten, soweit sie mit den Normen der BinWasGütTranspReg nicht übereinstimmen.[274]

---

266 *Si Yuzhuo et al.*, S. 174; *Zhao Guoling*, S. 65.
267 Zur Abgrenzung zwischen Seetransport und Binnenschiffstransport oben S. 28.
268 交通部.
269 § 2 I BinWasGütTranspReg.
270 拖航.
271 § 2 II BinWasGütTranspReg.
272 货物联运.
273 § 94 BinWasGütTranspReg.
274 § 96 BinWasGütTranspReg.

H. Straßengütertransport

Für den Gütertransport auf der Straße gilt allgemeines Frachtrecht. Soweit VG und AGZR keine abschließende Regelung treffen, sind die vom Verkehrsministerium erlassenen Regeln über den Gütertransport mit Kraftfahrzeugen aus dem Jahre 1999 (KfzGütTranspReg 1999) zu beachten. Sie gelten für Gütertransporte mit Kraftfahrzeugen, den Umschlag sowie das Be- und Entladen von Gütern[275], Dienstleistungen bezüglich des Gütertransports mit Kraftfahrzeugen und andere innerhalb der Volksrepublik China gewerblich betriebene Betätigungen[276] im Zusammenhang mit solchen Gütertransporten.[277] Soweit Gesetze und andere Rechtsnormen nichts anderes bestimmen, sind die Regeln auch auf kombinierte Gütertransporte[278] unter Einschluss eines Kraftfahrzeugtransports anzuwenden.[279] Sie können außerdem im Hinblick auf solche Gütertransporte berücksichtigt werden[280], die mit Traktoren und anderen Motorfahrzeugen sowie nicht-motorisierten Fahrzeugen betrieben werden.[281]

J. Multimodaler Transport

I. Rechtsakte mit Bestimmungen über multimodale Transporte

Die wichtigsten Bestimmungen über multimodale Frachtverträge enthalten §§ 102–106 SHG sowie §§ 317–321 VG.[282] Darin hat der Gesetzgeber Vorschriften der MT-Konvention und der ICC Uniform Rules for a Combined Transport Document 1975 übernommen.[283] Teilbereiche des multimodalen Transports sind außerdem in Art. 38, 18 IV S. 1, 2 MÜ sowie in Art. 31, 18 III WA geregelt.[284] Entsprechende Vorschriften finden sich in §§ 106 III, 125 VI ZLG.[285]

Darüber hinaus enthält § 29 EBG eine Bestimmung über multimodale Beförderungen:

> „Führen Eisenbahntransportunternehmen und Straßen-, Luft- oder Gewässertransportunternehmen miteinander innerstaatliche kombinierte Gütertransporte[286] aus, so müssen diese nach den einschlägigen staatlichen Be-

---

275 货物搬运装卸.
276 活动.
277 § 2 I KfzGütTranspReg 1999.
278 货物联运.
279 § 2 II S. 1 KfzGütTranspReg 1999.
280 可参照本规则执行.
281 § 2 II S. 2 KfzGütTranspReg 1999.
282 Zu den §§ 102–106 SHG, 317–321 VG unten S. 57 f.
283 Vgl. *Hu Kangsheng*, S. 446; *Hu Zhengliang/Huybrechts*, ETL 1995, 287 (292); *Yang Yuntao/Ding Ding*, S. 200.
284 Zu diesen Vorschriften des MÜ und des WA unten S. 38 ff.
285 Zu diesen Bestimmungen des ZLG unten S. 58.
286 国内货物联运.

stimmungen durchgeführt werden; hat der Staat nichts bestimmt, so müssen die Transporte nach den Vereinbarungen der beteiligten Parteien durchgeführt werden."

Diese Vorschrift hat lediglich Hinweischarakter und bleibt daher im Folgenden unberücksichtigt. Die öffentlich-rechtliche Bestimmung des § 30 EBG, nach der die Beteiligung der staatlichen oder lokalen Eisenbahnen an internationalen verbundenen Transporten[287] der Genehmigung durch den Staatsrat bedarf, kann hier ebenfalls außer Betracht bleiben.

Einige untergesetzliche Rechtsakte legen ausdrücklich fest, dass sie – zumindest teilweise – auf multimodale Beförderungen anzuwenden sind (BinWasGütTranspReg und KfzGütTranspReg 1999).[288]

Eine sehr umfangreiche Regelung des multimodalen Frachtvertrags enthielten die gemeinsam von Verkehrs- und Eisenbahnministerium erlassenen, am 2. 12. 2003 außer Kraft getretenen Administrativregeln über internationale multimodale Containertransporte (IntMultimodContTranspReg). Die zivilrechtlichen Bestimmungen[289] behandelten das Multimodaltransportdokument, die Haftung des Absenders, die Haftung des Unternehmers des multimodalen Transports sowie Schadensanzeige und Verjährung. Praktische Bedeutung hatten diese Bestimmungen allenfalls in den zwei Jahren vor Inkrafttreten des VG.[290] Eine größere Rolle dürften die wirtschaftsverwaltungsrechtlichen Vorschriften[291] der IntMultimodContTranspReg gespielt haben. Sie wurden u. a. von der US-amerikanischen Transportwirtschaft kritisiert,[292] weil danach internationale multimodale Containertransporte von rein ausländisch finanzierten Unternehmen[293] überhaupt nicht und von ausländischen Gesellschaften mit Sitz außerhalb der Volksrepublik nur nach Genehmigung durch Verkehrs- und Eisenbahnministerium durchgeführt werden durften.[294]

Eine für die Praxis des multimodalen Transports besonders bedeutsame – freilich nicht auf einem staatlichen Rechtssetzungsakt, sondern auf Parteivereinbarung beruhende – Rechtsquelle ist das COSCON B/L.[295]

---

287 国际联运. Der Begriff bezieht sich im chinesischen Eisenbahnfrachtrecht regelmäßig auf Beförderungen i. S. des SMGS, also auf unimodale Eisenbahntransporte.
288 § 94 BinWasGütTranspReg (oben S. 30) bzw. § 2 II S. 1 KfzGütTranspReg 1999 (oben S. 31).
289 §§ 14–34 IntMultimodContTranspReg.
290 In diesem Zeitraum bestand für multimodale Frachtverträge außerhalb des Anwendungsbereichs der §§ 102–106 SHG, also für Beförderungen ohne einen internationalen Seetransport, keine umfassende gesetzliche Regelung. Das AWVG war auf internationale Transportverträge nicht anwendbar (§ 2 S. 2 AWVG; dazu *Widmer*, S. 84 f.). Das WVG galt nur, wenn ausschließlich chinesische Vertragsparteien beteiligt waren (§ 46 WVG, § 2 S. 1 AWVG; dazu *Widmer*, S. 82, 68 ff.).
291 §§ 5–13 IntMultimodContTranspReg.
292 *Damas*, American Shipper 9/1997, 12 (12 ff.).
293 外商独资企业 (engl. wholly foreign owned enterprises [WFOE]).
294 § 11 II, III IntMultimodContTranspReg.
295 Zum COSCON B/L oben S. 29 f.

II. Anwendung von Rechtsakten auf multimodale Transporte

Ob und inwiefern ein Übereinkommen, ein Gesetz oder ein sonstiger Rechtsakt mit Regelungen über unimodale Beförderungen auch auf einen multimodalen Frachtvertrag anzuwenden ist, lässt sich bisweilen nicht einfach beantworten. Verallgemeinerungsfähige Aussagen der chinesischen Literatur zu diesem Problem sind dem Verfasser nicht bekannt. Eine Anwendung auf Multimodalverträge erscheint grundsätzlich nur geboten, wenn und soweit sich dem betreffenden Rechtsakt über unimodale Transporte ausdrücklich entnehmen lässt, dass er auch für multimodale Beförderungen gelten soll. Schweigen hingegen die einschlägigen Vorschriften, so dürfte der Rechtsakt auf multimodale Transporte (insoweit) nicht anzuwenden sein.[296] Dafür spricht, dass internationale Übereinkommen und autonome chinesische Rechtsakte mittlerweile regelmäßig eine Vorschrift über die Anwendbarkeit auf multimodale Beförderungen enthalten.

Von diesem Grundsatz könnte man jedoch abweichen, soweit ein (auch) für multimodale Frachtverträge geltendes Gesetz die Verwaltung zum Erlass näherer Bestimmungen – etwa über die Haftungsbegrenzung – ermächtigt[297] oder – z.B. hinsichtlich der Haftung bei bekanntem Schadensort – auf das Teilstreckenrecht verweist[298]. In diesen Fällen wäre der in Bezug genommene Rechtsakt auch dann auf multimodale Frachtverträge anzuwenden, wenn er selbst keinen entsprechenden ausdrücklichen Hinweis enthält. Wie die Rechtsanwendung in der Praxis gehandhabt wird, entzieht sich der Kenntnis des Verfassers. Abhandlungen der chinesischen Literatur lassen aber immer wieder erkennen, dass die Anwendbarkeit untergesetzlicher Rechtsakte im Allgemeinen nicht allzu genau geprüft wird.

Aus dem soeben entwickelten Grundsatz ergibt sich, dass InnerstaatlLuftGütTranspReg, IntLuftGütTranspReg, SMGS, EBG, OVG-EisenbTranspSE-Erläut und EisenbGütTranspVorschr an sich nicht auf multimodale Frachtverträge anzuwenden sind. Diese Vorschriften werden – abgesehen vom SMGS – in der vorliegenden Arbeit dennoch angesprochen, weil ihre Anwendbarkeit auf multimodale Frachtverträge in der Volksrepublik vermutlich kaum in Frage gestellt wird.[299] Unberücksichtigt bleiben indessen die EisenbGütTranspVDurchfBest, weil diese hinsichtlich multimodaler Transporte ausdrücklich auf andere Bestimmungen verweisen.

Die übrigen Rechtsakte, die nach ihren eigenen Bestimmungen ausdrücklich auch auf multimodale Transporte anzuwenden sind, lassen sich im Wesentlichen in zwei Gruppen einteilen. Die erste Gruppe besteht aus solchen Regelungen, die im Rahmen von multimodalen Beförderungen nur für den Transport auf einer bestimmten Teilstrecke gelten sollen. Dabei handelt es sich nach gegenwärtiger Rechtslage um MÜ, WA, ZLG und BinWasGütTranspReg. Diese Rechtsakte regeln

---

296 Vgl. *Mast*, S. 175, 193, 247 f.
297 Z.B. § 128 I ZLG.
298 Z.B. §§ 105 SHG, 321 S. 1 VG.
299 Das EBG hält die chinesische Literatur ausdrücklich für anwendbar; dazu unten S. 149 f.

also nur Sachverhalte, die sich ausschließlich auf eine bestimmte Teilstrecke beziehen – insbesondere die Haftung für Schäden, die nachweislich auf dieser Teilstrecke eingetreten sind. Die zweite Gruppe umfasst Rechtsakte ohne Einschränkung der Anwendbarkeit auf eine bestimmte Teilstrecke. Dazu zählen neben SHG und VG auch die KfzGütTranspReg 1999. Diese Rechtsakte können also Regelungen über Rechte und Pflichten sowie über die Haftung der Parteien hinsichtlich des gesamten Transports oder auch nur einer Teilstrecke enthalten.

Untergesetzliche Rechtsakte haben wegen ihrer Nachrangigkeit gegenüber internationalen Übereinkommen und autonomen chinesischen Gesetzen nur geringe Bedeutung für multimodale Frachtverträge. Sie enthalten außerdem eine Fülle von Vorschriften, deren vollständige Darstellung die vorliegende Untersuchung unübersichtlich machen würde. Rechtsakte der chinesischen Verwaltung werden daher im Folgenden nur bei konkretem Anlass erwähnt, etwa wenn ein Gesetz auf sie verweist oder die Ausführungen chinesischer Autoren eine Erörterung sinnvoll erscheinen lassen.

K. Posttransport

Für die Beförderung von Post gelten, soweit keine internationalen Übereinkommen anzuwenden sind, das Postgesetz der Volksrepublik China (PostG) und die vom Staatsrat erlassenen Durchführungsbestimmungen zum PostG[300]. Die Rechte und Pflichten sowie die Haftung der an der Beförderung von Post beteiligten Parteien sind im 4.–6. Kapitel des PostG geregelt. Post i.S. des PostG sind die durch Postunternehmen zuzustellenden Briefe, Drucksachen, Pakete, Überweisungsmitteilungen, Presseerzeugnisse u.Ä. (§ 41 Nr. 1 PostG). Das PostG geht dem übrigen Frachtrecht als *lex specialis* vor.[301]

L. Zusammenfassung

Das autonome Zivilrecht der Volksrepublik China (Festland) gilt nicht in Hongkong, Macao und Taiwan. Anders ist die Rechtslage dagegen im Hinblick auf internationale Übereinkommen. Ob sie auch auf Hongkong und Macao anzuwenden sind, kann die Regierung in Beijing nach Konsultation der Regierung der betreffenden Sonderverwaltungsregion entscheiden. Wegen ihres Alleinvertretungsanspruchs hält die Regierung in Beijing Staatsverträge, die für das Festland in Kraft getreten sind, auch in Taiwan für anwendbar. Da jedoch die Volksrepublik die Durchsetzung internationaler Übereinkommen in Taiwan nicht gewährleisten

---

300 Den Erlass von Durchführungsbestimmungen hatte bereits der Gesetzgeber in § 43 PostG vorgesehen.

301 S. dazu auch Art. 2 II WA 1955, § 106 II ZLG sowie *Münzel/Zheng Xiaoqing*, RIW 1999, 641 (642, Fn. 8).

kann, ist eine solche Ausdehnung des Anwendungsbereichs eines Staatsvertrags rechtlich unwirksam.

Die frachtrechtlichen Vorschriften des chinesischen Rechts befinden sich in zahlreichen Rechtsakten, deren Anwendungsbereiche sich häufig überschneiden. Gelegentlich ist schon zweifelhaft, ob Bestimmungen überhaupt noch in Kraft sind. Ein Rechtsakt der chinesischen Verwaltung ist allerdings nicht etwa wegen fehlender oder unzureichender Rechtsgrundlage ungültig. Ob und inwieweit untergesetzliche Rechtsakte Außen- und Bindungswirkung entfalten, ist weitgehend ungeklärt; tatsächlich halten sich die Gerichte überwiegend an solche Bestimmungen. Justizielle Auslegungen des OVG stehen – jedenfalls in der Praxis – hinsichtlich ihrer Wirkung Gesetzen gleich.

Beschränkt auf die Zwecke der vorliegenden Arbeit ergibt sich folgende Normenhierarchie: Internationale Übereinkommen, justizielle Auslegungen des OVG, Gesetze, Verwaltungsrechtsnormen, Regeln. Soweit allerdings ein Gesetz ausdrücklich den Erlass von untergesetzlichen Rechtsnormen vorsieht, gehen diese Rechtsnormen einem subsidiär geltenden anderen Gesetz vor. Bei Konflikten zwischen gleichrangigen Rechtsakten, die von demselben Organ erlassen wurden, gelten die Rechtsgrundsätze *lex specialis derogat legi generali* und *lex posterior derogat legi priori*. Darüber hinaus sind neuere Rechtsakte in besonderem Maße als Weiterentwicklung älterer Rechtsakte zu begreifen. Es ist daher denkbar, einen an sich vorrangigen Rechtsakt aufgrund der verbesserten Vorschriften eines neueren Rechtsakts zumindest korrigierend auszulegen oder ganz zurücktreten zu lassen.

Die besondere Konkurrenzregel des § 123 VG ist dahin auszulegen, dass nur speziellere Gesetze und nur die vom Nationalen Volkskongress und seinem Ständigen Ausschuss beschlossenen Gesetze Vorrang gegenüber dem VG haben. Die AGZR gelten daher nur ergänzend.

Das allgemeine Frachtvertragsrecht ist in erster Linie im VG geregelt. Subsidiär gelten die AGZR und die dazu ergangenen OVG-AGZR-Ansichten. Zu den Verwaltungsrechtsnormen i. S. des § 312 S. 2 VG gehören in der chinesischen Praxis wohl nicht nur die vom Staatsrat selbst, sondern auch die von nachgeordneten Organen erlassenen Rechtsakte.

Im Luftfrachtrecht sind internationale Übereinkommen zu berücksichtigen. Die Volksrepublik China ist Vertragsstaat des MÜ und des WA 1955. Das MÜ hat Vorrang. Diese Staatsverträge gelten auch für Hongkong und Macao. Ihre Anwendung auf das Gebiet Taiwans entspricht dem Willen der Zentralregierung des Festlands, wird aber zumindest von deutschen Gerichten abgelehnt. Zweifelhaft ist, ob WA und MÜ für Luftbeförderungen zwischen Festland, Hongkong und Macao ohne Zwischenlandung in einem anderen Staat gelten. Unterliegt der Vertrag dem chinesischen Recht, so gilt ergänzend das ZLG. Seine frachtrechtlichen Vorschriften entsprechen im Wesentlichen dem MÜ. Es gilt für innerstaatliche wie internationale Luftbeförderungen. Die Unterscheidung hat Bedeutung für die Haftungsbegrenzung. Ungeklärt ist, ob Luftbeförderungen zwischen Festland, Hongkong und Macao zu den innerstaatlichen oder den internationalen Beförderungen zählen. Wo dem ZLG eine Regelung fehlt, ist ergänzend allgemeines Frachtrecht anzuwenden. Grundsätzlich nachrangig gelten entweder die InnerstaatlLuftGütTranspReg oder die IntLuftGütTranspReg. Vorrang gegenüber dem allgemeinen Frachtrecht hat nur die Regelung des Grenzbetrags der Befördererhaftung für Güterschäden bei innerstaatlichen Transporten ohne Wertsicherung.

Die Eisenbahnen der Volksrepublik China sind Mitglied des SMGS. Soweit dieses Übereinkommen nicht einschlägig ist und der Eisenbahnfrachtvertrag dem chinesischen Recht unterliegt, ist das EBG zu prüfen. Bei seiner Anwendung müssen aber die vorrangigen OVG-EisenbTranspSE-Erläut beachtet werden. Darüber hinaus gelten – in dieser Reihenfolge – EisenbGütTranspVorschr, allgemeines Frachtrecht und EisenbGütTranspVDurchfBest.

Die Volksrepublik hat keine Übereinkommen zur Regelung von Seefrachtverträgen ratifiziert. Die einschlägigen Vorschriften des SHG entsprechen jedoch im Kern den HVR; darüber hinaus hat man Teile der HambR übernommen. Das SHG ist auf alle Seetransporte außer solchen zwischen chinesischen Häfen anzuwenden. Diese sind rechtlich gesehen Binnenschiffstransporte. Beförderungen zwischen Festland einerseits und Hongkong, Macao und Taiwan andererseits unterliegen gleichwohl dem SHG. Ergänzend gilt allgemeines Frachtrecht. Beim Rückgriff auf Bestimmungen des VG ist wegen der großen Unterschiede zwischen den beiden Gesetzen allerdings Vorsicht geboten.

Auf Binnenschiffs- und Straßengütertransporte sind allgemeines Frachtrecht und subsidiär die BinWasGütTranspReg bzw. die KfzGütTranspReg 1999 anzuwenden.

Die wichtigsten Bestimmungen über multimodale Frachtverträge finden sich in §§ 102–106 SHG und §§ 317–321 VG. Sie beruhen auf der MT-Konvention und den ICC Uniform Rules for a Combined Transport Document. Teilbereiche des multimodalen Transports sind außerdem im MÜ, im WA und im ZLG geregelt. Auch einige untergesetzliche Rechtsakte sind ausdrücklich – zumindest teilweise – auf multimodale Beförderungen anzuwenden (BinWasGütTranspReg und KfzGütTranspReg 1999). Ob und inwiefern nach chinesischer Rechtsauffassung ein Übereinkommen, ein Gesetz oder ein sonstiger Rechtsakt mit Regelungen über unimodale Beförderungen auch auf einen multimodalen Frachtvertrag anzuwenden ist, lässt sich nicht mit Sicherheit beantworten. Eine Anwendung auf Multimodalverträge erscheint grundsätzlich nur geboten, wenn und soweit sich dem betreffenden Rechtsakt über unimodale Transporte ausdrücklich entnehmen lässt, dass er auch für multimodale Beförderungen gelten soll. Schweigen hingegen die einschlägigen Vorschriften, so dürfte der Rechtsakt auf multimodale Transporte (insoweit) nicht anzuwenden sein. Abhandlungen der chinesischen Literatur lassen aber immer wieder erkennen, dass insbesondere die Anwendbarkeit untergesetzlicher Rechtsakte im Allgemeinen nicht allzu genau geprüft wird.

2. Kapitel
Internationale Übereinkommen und autonomes Kollisionsrecht

Da multimodale Frachtverträge häufig grenzüberschreitende Beförderungen beinhalten, sind bei der Beurteilung von Ansprüchen aus einem solchen Vertrag internationale Übereinkommen (dazu A.) und autonomes Kollisionsrecht (dazu B.) zu beachten. Die damit zusammenhängenden Rechtsfragen werden hier aus der Perspektive eines chinesischen Gerichts behandelt.[302] Daher geht es im Folgenden nur um Übereinkommen und Kollisionsregeln, die ein chinesisches Gericht zu beachten hat.

A. Internationale Übereinkommen

Wegen des Vorrangs internationaler Übereinkommen gegenüber autonomem chinesischem Recht[303] hat ein chinesisches Gericht zunächst zu prüfen, ob der Sachverhalt den Vorschriften eines für die Volksrepublik geltenden internationalen Übereinkommens unterliegt.

I. Internationale Übereinkommen zur Regelung multimodaler Gütertransporte

In Betracht kommen dabei in erster Linie internationale Übereinkommen zur Regelung multimodaler Gütertransporte. Ein solcher Staatsvertrag ist jedoch trotz langjähriger Regelungsbemühungen unter Beteiligung mehrerer internationaler Organisationen bislang nicht zustande gekommen.[304] Die MT-Konvention ist bis heute nicht in Kraft getreten. Damit ist auch in Zukunft nicht zu rechnen.[305] Einer der Gründe für das Scheitern der MT-Konvention war die weit verbreitete Auffassung, die Haftungsregelung sei zu kompliziert und unübersichtlich.[306] Man befürchtete, dass daraus unkalkulierbare Haftungs- und Prozessrisiken sowie übermäßig hohe Versicherungsprämien entstehen würden.[307] Außerdem beruht die MT-Konvention inhaltlich auf den HambR. Denn man war davon ausgegangen,

302 Dazu oben S. 4.
303 Zum Vorrang internationaler Übereinkommen oben S. 9 f.
304 Zu den Vereinheitlichungsbestrebungen s. die Nachweise in Fn. 26.
305 *Herber*, S. 356; *Hoffmann*, S. 15; *Mast*, S. 63; *Zhu Zengjie*, HSFYJ 1/2001, 210 (218 f.).
306 *Hoffmann*, S. 15; *Mast*, S. 64.
307 *Mast*, S. 64.

dass die HambR weltweite Beteiligung finden würden.[308] Da aber die Schifffahrt kein Interesse an der Einführung der zwingenden Haftung für den gesamten Obhutszeitraum und insbesondere für sog. nautisches Verschulden der Besatzung hat, haben sich nur wenige für den Seeverkehr bedeutende Staaten den HambR angeschlossen.[309] Demzufolge haben die wichtigsten Schifffahrtsstaaten auch die MT-Konvention nicht ratifiziert.

II. Internationale Übereinkommen zur Regelung unimodaler Gütertransporte

Bei der Prüfung eines multimodalen Frachtvertrags kommen daher derzeit lediglich internationale Übereinkommen zur Regelung unimodaler Gütertransporte in Betracht. Soweit Staatsverträge, die für die Volksrepublik China in Kraft getreten sind, Bestimmungen über multimodale Gütertransporte enthalten, haben sie Vorrang gegenüber den Regeln des autonomen chinesischen Rechts über Multimodalverträge. Ob und in welchem Umfang die Übereinkommen auch bei multimodalen Beförderungen gelten, bestimmen die Anwendungsnormen der Übereinkommen selbst.[310] Für die Volksrepublik China (Festland) sind bislang nur das MÜ, das WA 1955 und das SMGS in Kraft getreten.

Das SMGS hat keine Bestimmungen über multimodale Gütertransporte.

Das WA 1955 hingegen enthält in seinen Art. 31, 18 III spezielle Regelungen des multimodalen Transports. Eine multimodale Beförderung i. S. des Art. 31 WA liegt vor, wenn zwischen den Parteien ein einheitlicher Frachtvertrag über eine Beförderung sowohl durch ein Luftfahrzeug als auch durch ein anderes Transportmittel geschlossen wurde und die Teilstrecke der Luftbeförderung in den Anwendungsbereich[311] des Abkommens fällt.[312] Art. 31 WA 1955 enthält demnach eine Vorschrift über multimodale Frachtverträge i. S. der §§ 102 ff. SHG bzw. 317 ff. VG.[313] Liegen die genannten Voraussetzungen vor, so gilt das WA dennoch nur für die Luftbeförderungsstrecke des Gesamttransports (Art. 31 I WA 1955). Welche Regeln auf andere Teilstrecken anzuwenden sind, richtet sich nach der Parteivereinbarung (Art. 31 II WA 1955) sowie nach den zwingenden und dispositiven Vorschriften des anwendbaren nationalen Rechts.[314]

Aus Art. 31 I WA 1955 ergibt sich, dass das WA auf multimodale Transporte nur dann anzuwenden ist, wenn feststeht, dass das schädigende Ereignis während der Luftbeförderung eingetreten ist.[315] Die Vorschrift befiehlt die Anwendung des WA

308 *Herber*, S. 356.
309 *Herber*, S. 310 ff.
310 Dazu oben S. 33; unten S. 146 f.
311 Zum Anwendungsbereich des WA 1955 oben S. 19.
312 *Mast*, S. 181.
313 Zu den Merkmalen des multimodalen Frachtvertrags unten S. 60 ff.
314 *Mast*, S. 181 f.
315 *Mast*, S. 184.

im Verhältnis zwischen Absender oder Empfänger einerseits und dem Beförderer, der die multimodale Beförderung übernimmt, andererseits[316] – nicht hingegen im Verhältnis zwischen diesem und einem von ihm mit der Durchführung des Lufttransports etwa beauftragten tatsächlichen Beförderer. Andernfalls wäre die Bestimmung überflüssig, denn im letzteren Verhältnis gilt das WA ohnehin. Die Kernaussage des Art. 31 WA 1955 lautet damit: Haben die Parteien einen multimodalen Frachtvertrag unter Einschluss einer Beförderung i. S. des Art. 1 WA 1955 geschlossen und steht fest, dass das schädigende Ereignis während einer solchen Beförderung eingetreten ist, so richtet sich die Haftung der Beteiligten dieses Vertrags insoweit nach dem WA. In diesem Fall gilt das gesamte Haftungsregime des WA. Es umfasst auf Seiten des Beförderers Güter- und Verspätungsschäden.

Dem WA sind insbesondere die Regeln über Schadensanzeige und Verjährung zu entnehmen. Schwierigkeiten bereiten dabei die Normen über den Beginn der Schadensanzeigefrist (Art. 26 II WA 1955) und der Ausschlussfrist (Art. 29 I S. 2 WA 1955). Sie lassen unberücksichtigt, dass im Anschluss an eine Luftbeförderung i. S. des WA 1955 noch weitere Teilstrecken folgen können. Der Empfänger des Gesamttransports hat in solchen Fällen regelmäßig keine Kenntnis von den jeweils für den Beginn der Frist maßgeblichen Umständen. Bei Auslegung der beiden Vorschriften ist daher auf den Empfänger des Gesamttransports bzw. auf das Beförderungsmittel der letzten Teilstrecke abzustellen.[317]

Eine weitere Sonderregelung zum multimodalen Transport findet sich in Art. 18 III WA 1955. Der Zeitraum der Luftbeförderung umfasst danach nicht die Beförderung zu Lande, zur See oder auf Binnengewässern außerhalb eines Flughafens (Art. 18 III S. 1 WA 1955). Damit haftet der Beförderer – in Übereinstimmung mit Art. 31 I WA 1955 – nach dem WA grundsätzlich nur für den Zeitraum der Luftbeförderung und nicht für die Land- oder Schiffstransporte, die vor oder nach der Luftbeförderung ausgeführt werden. Von diesem Grundsatz gibt es zwei Ausnahmen. Transporte mit anderen Verkehrsmitteln gehören dann zur Luftbeförderung, wenn sie innerhalb des Flughafengeländes stattfinden (arg. e contrario Art. 18 III S. 1 WA 1955). Wird vor oder nach der Luftbeförderung ein Transport mit einem anderen Verkehrsmittel außerhalb des Flughafengeländes ausgeführt und lässt sich nicht feststellen, auf welchem Transportabschnitt das schadensursächliche Ereignis eingetreten ist, so wird bis zum Beweis des Gegenteils vermutet, dass der Schaden während der Luftbeförderung entstanden ist (Art. 18 III S. 2 WA 1955).

Auch bei Art. 18 III WA 1955 handelt es sich um eine Regelung über multimodale Frachtverträge i. S. der §§ 102 ff. SHG bzw. 317 ff. VG.[318] Die Bestimmung setzt nämlich einen einheitlichen, die Beförderung über das andere Transportmedium

---

316 Implizit *Mast*, S. 182, 184, die im Zusammenhang mit Art. 31 I WA 1955 darauf hinweist, dass §§ 452 ff. HGB zur Anwendung kommen, falls das deutsche Recht das ergänzend anwendbare nationale Recht ist.

317 Vorsichtiger *Mast*, S. 184.

318 Vgl. *Koller*, Art. 31 WA 1955, Rn. 1: „Wenn deutsches Recht ergänzend eingreift ..., beachte §§ 452 ff HGB." Die §§ 452 ff. HGB unterscheiden sich insoweit nicht von den §§ 102 ff. SHG bzw. 317 ff. VG. Zu den Merkmalen des multimodalen Frachtvertrags unten S. 60 ff.

umfassenden Frachtvertrag voraus.[319] Damit ist auch das Merkmal der verschiedenen Transportarten erfüllt. Zwar geht es in Art. 18 III S. 2 WA 1955 nur um Zubringerdienste.[320] Auf die Bedeutung einer Teilstrecke im Rahmen des Gesamttransports kommt es nach den §§ 102ff. SHG bzw. 317ff. VG jedoch nicht an.

Das WA enthält damit für multimodale Frachtverträge eine Vorschrift über die Haftung bei bekanntem Schadensort (Art. 31 I WA 1955) sowie eine Beweislastregel für die Haftung bei unbekanntem Schadensort (Art. 18 III S. 2 WA 1955).

Da das MÜ entsprechende Bestimmungen enthält,[321] lassen sich die obigen Ausführungen zum WA übertragen.

B. Autonomes Kollisionsrecht

Soweit internationale Übereinkommen mit Bestimmungen über multimodale Transporte nicht anwendbar sind oder keine abschließende Regelung enthalten, ist zu ermitteln, welchen Staates Privatrechtsordnung der Vertrag unterliegt. Diese Frage beantwortet aus der Sicht eines festlandschinesischen Gerichts das festlandschinesische IPR (dazu I.).[322] Da die Volksrepublik China mehrere Privatrechtsordnungen hat, kann außerdem eine Prüfung des interlokalen Privatrechts erforderlich sein (dazu II.). Fraglich ist schließlich, wie das Vertragsstatut bei einem Sachverhalt mit Bezug zu Taiwan zu ermitteln ist (dazu III.).

I. Internationales Privatrecht

1. Rechtsquellen

Das festlandschinesische IPR ist über viele Gesetze und justizielle Auslegungen verstreut. Der Gesetzgeber beabsichtigt jedoch, das Kollisionsrecht in einem Teil des zukünftigen Zivilgesetzbuchs umfassend zu regeln.[323] Bis zu einer solchen Kodifikation ist insbesondere der von der *Chinesischen Gesellschaft für Internationales Privatrecht*[324] *(CGIPR)* im Jahre 2000 veröffentlichte 6. Entwurf des Mustergesetzes

---

319 *Koller*, Art. 18 WA 1955, Rn. 13: „Art. 18 III 2 WA 1955 … greift nur ein, wenn mit dem Beförderer ein einheitlicher, die Luft- *und* Hilfsbeförderung umfassender Vertrag geschlossen worden ist …"; wohl auch *Mast*, S. 183: „Die Voraussetzungen des Art. 18 Abs. 3 Satz 2 WA sind nicht erfüllt, wenn die ergänzende Beförderung aufgrund einer besonderen Vereinbarung erfolgt."

320 *Koller*, Art. 18 WA 1955, Rn. 13.

321 Art. 38 MÜ entspricht Art. 31 WA 1955; Art. 18 IV S. 1, 2 MÜ entspricht Art. 18 III WA 1955.

322 *Widmer*, S. 44; *Wu Huanning*, S. 438. Ein Gericht wendet stets das IPR „seines" Staates an (vgl. *Junker*, Rn. 4).

323 *Pißler*, ZChinR 2007, 337 (337).

324 中国国际私法学会.

zum Internationalen Privatrecht der Volksrepublik China[325] (IPR-MusterG VI) zu berücksichtigen. Zu den Verfassern des Entwurfs gehören namhafte Kollisionsrechtler wie *Han Depei*, *Huang Jin* und *Li Shuangyuan*. Die 166 Bestimmungen des IPR-MusterG VI lassen sich daher als Äußerung einer verbreiteten Ansicht der chinesischen Literatur zu offenen Fragen des IPR werten.[326]

Das für Frachtverträge maßgebliche chinesische IPR ist ansatzweise in den §§ 188 ZLG, 269 SHG und 126 VG geregelt. Das EBG enthält keine kollisionsrechtlichen Vorschriften. Ergänzend gelten die Bestimmungen des Obersten Volksgerichts zu einigen Fragen der Rechtsanwendung bei der Behandlung von zivil- und handelsrechtlichen Vertragsstreitigkeiten mit Außenberührung (OVG-IntVertrR-Best), die AGZR und die OVG-AGZR-Ansichten. Da viele Kollisionsnormen Bestandteil sachrechtlicher Gesetze oder – z.B. bei den OVG-AGZR-Ansichten – diesen Gesetzen zugeordnet sind, müsste man an sich zunächst unterstellen, dass der Vertrag dem chinesischen Recht unterliegt, sodann prüfen, welches Gesetz einschlägig ist, und könnte erst im dritten Schritt die so gefundene maßgebliche Kollisionsnorm anwenden.[327] Eine entsprechende Darstellung wäre allerdings unübersichtlich. Sie ist für die hier interessierenden Probleme auch nicht erforderlich, weil die einschlägigen Kollisionsnormen im Hinblick auf ihren Wortlaut und ihren systematischen Zusammenhang keine wesentlichen Unterschiede aufweisen[328] bzw. ohnehin für alle Transportverträge gleichermaßen herangezogen werden können[329].

2. Rechtswahl

Die Vertragsparteien können das auf den Vertrag anwendbare Recht wählen, soweit das Gesetz nichts anderes bestimmt (§§ 269 S. 1 SHG, 188 Hs. 1 ZLG, 126 I S. 1 VG). Die Rechtswahl[330] ist in der Transportpraxis üblich[331] und kommt insbesondere bei Multimodalverträgen häufig vor[332]. Chinesische Gerichte setzen sich allerdings regelmäßig und teilweise mit rechtlich kaum nachvollziehbaren Begründungen über Parteivereinbarungen der Anwendung einer ausländischen Rechtsordnung hinweg.[333]

a) Gegenstand und Abschluss des Rechtswahlvertrags

Das Zustandekommen und die Wirksamkeit der Rechtswahl werden in der chinesischen Rechtsprechung allein nach chinesischem Recht *(lex fori)* geprüft.[334] In der

325 中华人民共和国国际私法示范法 (第六稿).
326 *Wang Baoshi*, IPRax 2007, 363 (365); vgl. *Pattloch*, S. 7; *CGIPR*, IPR-MusterG VI, S. 1.
327 *Widmer*, S. 48.
328 §§ 188 ZLG, 269 SHG, 126 VG.
329 OVG-IntVertrR-Best, § 145 AGZR, OVG-AGZR-Ansichten.
330 法律选择 (*OVG-WK*, S. 528).
331 *Si Yuzhuo et al.*, S. 611; *Dong Likun*, S. 317 f.; *Wu Huanning*, S. 81; Klausel 26 I COSCON B/L.
332 *Herber*, TranspR 2001, 101 (103); Klausel 26 I COSCON B/L.
333 *Wang Baoshi*, IPRax 2007, 363 (366, 368) unter Bezugnahme auf mehrere Entscheidungen chinesischer Seegerichte.
334 *Widmer*, S. 50; *Seitz*, S. 73.

Literatur wird indessen teilweise – wie nach einhelliger Meinung im deutschen Recht[335] – eine Prüfung anhand des gewählten Rechts *(lex causae)* vertreten.[336]

Die Rechtswahl muss grundsätzlich in ausdrücklicher Form[337] erfolgen.[338] Ob sie außerdem der Schriftform bedarf, ist umstritten.[339] Eine stillschweigende[340] Vereinbarung ist ausnahmsweise anerkannt, wenn die Parteien durchgängig auf das Recht eines Staats oder Gebiets Bezug genommen und keinen Einwand gegen die Anwendung dieses Rechts erhoben haben.[341]

Die Parteien können die Rechtswahl bis zur Beendigung der erstinstanzlichen streitigen Verhandlung treffen.[342] Ein Teil der chinesischen Literatur hält die Rechtswahl darüber hinaus bis zur Verkündung des Urteils für zulässig.[343] Die Berücksichtigung einer solchen späteren Rechtswahl ist durch § 4 I OVG-IntVertrR-Best zwar nicht ausgeschlossen. Dieser Vorschrift lässt sich im Umkehrschluss jedoch entnehmen, dass das Gericht jedenfalls nicht mehr verpflichtet ist, eine solche Vereinbarung zu beachten.

Auch eine nachträgliche Änderung der Rechtswahl ist möglich.[344] Sie wirkt auf den Zeitpunkt des Vertragsschlusses zurück,[345] kann jedoch weder die Wirksamkeit des Vertrags noch durch den Vertrag bereits entstandene Rechte Dritter beeinträchtigen.[346] Dies muss für jede nach Vertragsschluss erfolgte Rechtswahl gelten, nicht nur für die nachträgliche Änderung.[347]

Die Parteien können eine beliebige Rechtsordnung wählen; eine Verbindung des Vertrags zu dem gewählten Recht ist nach h.M. in der Literatur nicht erforderlich.[348] Gemäß Abschn. 2 Nr. 2 S. 2 der Erläuterungen des Obersten Volksgerichts

---

335 Palandt-*Heldrich*, Art. 27 EGBGB, Rn. 8; *Junker*, Rn. 349.
336 *Pattloch*, S. 46; *Seitz*, S. 73.
337 以明示的方式.
338 § 3 OVG-IntVertrR-Best; § 100 I IPR-MusterG VI; *CGIPR*, IPR-MusterG VI, S. 138; *OVG-WK*, S. 528; *Jiang Ping*, S. 103; *Liu Wenhua*, S. 130; *Lü Guomin et al.*, S. 285; *Pißler*, ZChinR 2007, 337 (339); *Pattloch*, S. 42 f.; s. auch Abschn. 2 Nr. 2 S. 3 OVG-AWVG-Erläut; a. A. (vor Inkrafttreten der OVG-IntVertrR-Best) *Wang Baoshi*, IPRax 2007, 363 (368) mit Nachweis eines Urteils in einem beförderungsrechtlichen Fall; zur a. A. in der Literatur s. *Seitz*, S. 50 f.; *Widmer*, S. 50, Fn. 108.
339 Bejahend *Pattloch*, S. 42; verneinend *Wang Baoshi*, IPRax 2007, 363 (368); *Pißler*, ZChinR 2007, 337 (339).
340 默示.
341 § 4 II OVG-IntVertrR-Best; näher dazu *Pißler*, ZChinR 2007, 337 (339).
342 § 4 I OVG-IntVertrR-Best. Vor Inkrafttreten der OVG-IntVertrR-Best war die Rechtswahl im Anschluss an Abschn. 2 Nr. 4 S. 1 OVG-AWVG-Erläut nach einhelliger Meinung hingegen nur bis zur Eröffnung der mündlichen Verhandlung möglich (§ 100 II S. 1 Hs. 1 IPR-MusterG VI; *CGIPR*, IPR-MusterG VI, S. 138; *OVG-WK*, S. 528; *Lü Guomin et al.*, S. 285; *Pattloch*, S. 43).
343 *Seitz*, S. 52; *Pattloch*, S. 43; wohl auch *Wang Baoshi*, IPRax 2007, 363 (368).
344 Dies ergibt sich aus §§ 3, 4 I, 9 OVG-IntVertrR-Best; ausdrücklich § 100 II S. 1 Hs. 2 IPR-MusterG VI; *CGIPR*, IPR-MusterG VI, S. 138; *Seitz*, S. 52; *Widmer*, S. 50, Fn. 111.
345 § 100 II S. 2 Hs. 1 IPR-MusterG VI.
346 § 100 II S. 2 Hs. 2 IPR-MusterG VI; *Seitz*, S. 52; dazu auch *Pißler*, ZChinR 2007, 337 (339).
347 *Seitz*, S. 52 f.; *Widmer*, S. 50.
348 *Pattloch*, S. 37 f.; *Widmer*, S. 51 f. (beide mit Nachweisen zur abweichenden Auffassung); *Seitz*, S. 54; *Münzel*, Chinas Recht, 19.10.87/1, Anm. 6; wohl auch *Lü Guomin et al.*, S. 259; *CGIPR*, IPR-MusterG VI, S. 137; a. A. *OVG-WK*, S. 529.

zu einigen Fragen der Anwendung des Außenwirtschaftsvertragsgesetzes (OVG-AWVG-Erläut) war auch die Wahl der Rechtsordnung Hongkongs oder Macaos zulässig. Auch nach dem Übergang der Souveränität auf die Volksrepublik China spricht nichts gegen die Fortgeltung dieser Rechtslage. Einer Rechtswahl zu Gunsten des taiwanesischen Rechts dürfte ebenfalls nichts im Wege stehen. Sie ist insbesondere mit der Ein-China-Politik der Regierung in Beijing vereinbar, solange man sie dogmatisch als Rechtswahl auf interlokaler Ebene qualifiziert.[349]

Ungeklärt ist, ob nach Vornahme der Rechtswahl eintretende Änderungen des gewählten Rechts zu berücksichtigen sind oder nicht (sog. Versteinerung der gewählten Rechtsordnung auf ihren Zustand bei Vertragsschluss).[350]

Die Rechtswahl kann sich nach bestrittener, aber wohl h.M. auch nur auf einen Teil des Vertrags beziehen.[351]

In der chinesischen Literatur wurde aufgrund des Wortlauts des Abschn. 2 Nr. 2 S. 3 OVG-AWVG-Erläut („im beiderseitigen Einvernehmen") teilweise die Auffassung vertreten, dass eine Rechtswahlklausel in Formularverträgen oder eine andere einseitige „Aufoktroyierung" unzulässig sei.[352] Es ist jedoch nicht anzunehmen, dass diese Ansicht in ihrer Absolutheit auf dem Gebiet des Frachtrechts weit verbreitet ist. Andernfalls wäre hier eine Rechtswahl in den meisten Fällen per se unwirksam, da diesbezügliche Klauseln in der Transportpraxis regelmäßig in AGB enthalten sind.[353] Die Zulässigkeit einer Rechtswahlklausel in AGB richtet sich vielmehr – je nach dem, welcher Auffassung man folgt – nach der *lex fori* oder dem in der Rechtswahlklausel gewählten Recht *(lex causae)*.[354]

Ist die Rechtswahl unwirksam, so führt dies nicht zur Nichtigkeit des gesamten Vertrags.[355] Das Vertragsstatut ist dann durch objektive Anknüpfung zu ermitteln.[356]

b) Abgrenzung zu *paramount clauses*

Von der Rechtswahl abzugrenzen sind sog. *paramount clauses*[357]. Dabei handelt es sich um Klauseln, nach denen der Vertrag internationalen Übereinkommen unterliegen soll.[358] Diese Absicht können die Parteien in zweierlei Weise zum Ausdruck

---

349 Zum Kollisionsrecht bei Verträgen mit Bezug zu Taiwan unten S. 52ff.
350 Zum Streit ausführlich *Pattloch*, S. 44f.; ausdrücklich für Berücksichtigung von Rechtsänderungen *Seitz*, S. 53. Das *OVG* verwendete früher in Abschn. 2 Nr. 5 OVG-AWVG-Erläut den Begriff „gegenwärtig geltendes Sachrecht" („现行的实体法"). In § 1 OVG-IntVertrR-Best spricht es nur noch vom „Sachrecht" („实体法") und lässt die Frage damit unbeantwortet.
351 § 100 III IPR-MusterG VI; *CGIPR*, IPR-MusterG VI, S. 138; *Seitz*, S. 50; *Widmer*, S. 51; *Lü Guomin et al.*, S. 258; implizit *Li Shuangyuan*, S. 527; a.A. *Pattloch*, S. 40.
352 *Widmer*, S. 51; *Seitz*, S. 51f.
353 Z.B. in Klausel 26 I COSCON B/L.
354 Zu dem auf das Zustandekommen und die Wirksamkeit einer Rechtswahl anwendbaren Recht oben S. 41f.
355 *Pattloch*, S. 46; Abschn. 5 Nr. 1 OVG-AWVG-Erläut; *Widmer*, S. 56.
356 *OVG-WK*, S. 529; *Liu Wenhua*, S. 130; *Widmer*, S. 56.
357 首要条款.
358 *Yu Shicheng et al.*, S. 122; *Zhang Xianglan et al.*, S. 102.

bringen. Eine Möglichkeit ist, das Übereinkommen direkt für anwendbar zu erklären („The Hague Rules shall apply").[359] Ein ähnliches Ergebnis lässt sich auf indirektem Wege durch die Bezugnahme auf das Frachtrecht eines Staates erreichen, der das fragliche Übereinkommen in das nationale Recht inkorporiert hat („US COGSA shall apply").[360] Abreden über die Anwendbarkeit internationaler Übereinkommen sind nach chinesischem Recht zulässig.[361] Die Volksrepublik China braucht nicht Vertragsstaat des betreffenden Übereinkommens zu sein.[362]

Dass ein Unterschied zwischen *paramount clause* und Rechtswahl besteht, wird in der Literatur zum chinesischen Recht selten deutlich.[363] Die Fragen, wie und warum die Abgrenzung vorzunehmen ist, werden nicht beantwortet. Auch nach chinesischem Verständnis dürfte eine Rechtswahl vorliegen, wenn die Parteien die gesamte Rechtsordnung eines Staates für anwendbar erklären („The laws of the People's Republic of China shall apply"[364]); das ist auch dann der Fall, wenn die betreffende Klausel auf „any legislation incorporating the Hague Rules" Bezug nimmt.[365] Der Unterschied zwischen Rechtswahl und *paramount clause* besteht darin, dass erstere eine kollisionsrechtliche, letztere hingegen eine sachrechtliche Vereinbarung ist. Die Rechtswahl findet demnach ihre Grenze insbesondere in den international zwingenden Bestimmungen der Volksrepublik China.[366] Die Wirksamkeit einer *paramount clause* richtet sich hingegen nach den intern zwingenden Vorschriften des von ihr unabhängig zu ermittelnden Vertragsstatuts.[367] Sofern der Vertrag dem SHG unterliegt, ist eine *paramount clause* zu Gunsten der H(V)R demnach unwirksam, soweit dadurch die Haftung des Beförderers gegenüber den Vorschriften des 4. Kapitels des SHG erleichtert wird (§§ 44 f. SHG).[368]

Darüber, wie Rechtswahl und *paramount clause* in der chinesischen Transportpraxis gehandhabt werden, liegen widersprüchliche Informationen vor. Nach Angaben

---

359 *Yu Shicheng et al.*, S. 122; *Zhang Xianglan et al.*, S. 102; *Si Yuzhuo et al.*, S. 175; *Zhao Guoling*, S. 74; *Wu Huanning*, S. 104; *Herber*, S. 408.

360 *Si Yuzhuo et al.*, S. 175; *Zhao Guoling*, S. 74; *Wu Huanning*, S. 104.

361 § 111 IPR-MusterG VI; *Xiao Xun et al.*, S. 394; *Seitz*, S. 50; *Widmer*, S. 51.

362 *Seitz*, S. 50; implizit CGIPR, IPR-MusterG VI, S. 147.

363 Nicht differenzierend insbesondere *Dong Likun*, S. 318; *Xiao Xun et al.*, S. 394; *Seitz*, S. 50; distanziert hingegen *Widmer*, S. 51; differenzierend *Zhang Xianglan et al.*, S. 101 f.; wohl auch § 111 IPR-MusterG VI, der im deutlichen Abstand zu dem die Rechtswahl normierenden § 100 IPR-MusterG VI und darüber hinaus hinter den Regeln über die objektive Anknüpfung steht.

364 Ähnlich Klausel 26 I COSCON B/L.

365 *Herber*, S. 408.

366 *Seitz*, S. 74, 49, die allerdings auf das „international zwingende Recht des Staates, welcher ansonsten die engste Verbindung zum Vertrag aufweist", abstellt. Maßgeblich dürften vielmehr in erster Linie die international zwingenden Normen der *lex fori* (*Junker*, Rn. 398 ff., insbesondere Rn. 399), hier also des chinesischen Rechts, sein. Zu den Schwierigkeiten der Bestimmung international zwingender Bestimmungen unten S. 45 f.

367 *Herber*, S. 408.

368 *Si Yuzhuo et al.*, S. 178. Die dortigen Ausführungen beziehen sich auf die Haftung für Decksladung bzw. lebende Tiere, lassen sich aber verallgemeinern.

der *CGIPR* und von *Lü Guomin et al.* vereinbaren COSCO und Sinotrans[369], in ihren für unimodale Seebeförderungen verwendeten Konnossementen regelmäßig die HR.[370] Das ist eine *paramount clause*. *Dong Likun* schreibt hingegen, die Konnossementsklauseln der chinesischen Seefrachtverträge seien im Wesentlichen gemäß den HR formuliert.[371] Dabei handelt es sich weder um eine Rechtswahl noch um eine *paramount clause*, sondern um eine „normale" sachrechtliche Vereinbarung. Freilich ergibt sich letztlich kein Unterschied zur *paramount clause*. Wieder anders lesen sich die Bedingungen des COSCON B/L: Es unterliegt grundsätzlich dem Recht der Volksrepublik China (Klausel 26 I COSCON B/L). Das ist eine Rechtswahl. Berührt jedoch die Beförderung einen Hafen oder Ort in den USA, so gelten die Bestimmungen des US COGSA (Klausel 26 II COSCON B/L). Bei dieser Abrede handelt es sich um eine sog. *local clause*[372].[373] Sie wird allen ausländischen Reedereien, die Beförderungen mit Berührung eines US-amerikanischen Hafens oder Orts im Liniendienst anbieten, von den USA auferlegt.[374] Eine solche Klausel ist als geographisch beschränkte *paramount clause* zu werten.

c) Grenzen der Rechtswahlfreiheit

Im Zusammenhang mit der Rechtswahl spricht die Literatur regelmäßig vom „Grundsatz der Parteiwillensautonomie"[375] bzw. vom „Grundsatz der Willensautonomie"[376]. Was damit konkret gemeint ist, lässt sich den Ausführungen der chinesischen Autoren indessen nicht entnehmen. Vergeblich sucht man insbesondere eine ausdrückliche Bestätigung dafür, dass die Parteiautonomie – wie nach deutschem Rechtsverständnis[377] – auch im chinesischen Recht den Ausschluss der zwingenden Sachvorschriften des Rechts ermöglicht, das ohne eine Rechtswahl anzuwenden wäre. Von dieser sog. kollisionsrechtlichen Wirkung der Rechtswahl scheint zumindest *Seitz* auszugehen.[378]

Die Grenzen der Rechtswahlfreiheit lassen sich daher nicht deutlich bestimmen. Dies zeigt sich an den folgenden drei Beispielen. Gelegentlich stößt man auf die Äußerung, eine Grenze werde durch die zwingenden Vorschriften der Volksrepu-

---

369 China National Foreign Trade Transportation (Group) Corporation (中国对外贸易运输 [集团] 总公司, kurz: 中国外运).
370 *Lü Guomin et al.*, S. 303; *CGIPR*, IPR-MusterG VI, S. 147.
371 *Dong Likun*, S. 320.
372 地区条款.
373 *Wu Huanning*, S. 104; *Zhang Xianglan et al.*, S. 106; *Yu Shicheng et al.*, S. 126; *Si Yuzhuo et al.*, S. 180.
374 *Yu Shicheng et al.*, S. 126; *Zhang Xianglan et al.*, S. 106.
375 „当事人意思自治原则" (*OVG-WK*, S. 527 ff.; *Lü Guomin et al.*, S. 251; *CGIPR*, IPR-MusterG VI, S. 137).
376 „意思自治原则" (*OVG-WK*, S. 527; *Dong Likun*, S. 294; *Liu Jianwen/Wang Zhenhua*, S. 263; *Jiang Ping*, S. 103; *Liu Wenhua*, S. 129 f.).
377 Arg. e contrario Art. 27 III EGBGB; MünchKomm-*Martiny*, Art. 27, Rn. 14; *Junker*, Rn. 343, 352.
378 *Seitz*, S. 74: „… bildet ansonsten lediglich ‚IPR-festes', d.h. international zwingendes Recht eine Grenze, an der die Ausübung der Parteiautonomie ihr Ende findet."; sie spricht auch sonst stets von „Parteiautonomie" (z.B. *Seitz*, S. 44).

blik China gezogen; eine Rechtswahl, die ausdrücklich oder konkludent die Anwendung zwingender Vorschriften ausschließe, habe insoweit keinerlei Wirkung.[379] Nach § 6 OVG-IntVertrR-Best führen Handlungen, mit denen die Parteien zwingende Bestimmungen der Volksrepublik China umgehen[380], zur Nichtanwendung des ausländischen Rechts. In § 100 I IPR-MusterG VI heißt es, die Rechtswahl dürfe nicht gegen die zwingenden und Verbotsbestimmungen des Heimatstaats der Parteien verstoßen. Diesen drei Beispielen ist gemein, dass sie nicht zwischen intern zwingenden und international zwingenden Bestimmungen differenzieren.[381]

Immerhin erklärt die *CGIPR*, zwingende Bestimmungen i.S. des § 100 I IPR-MusterG VI seien Vorschriften, die die Parteien unter allen Umständen zu befolgen hätten und gegen die nicht durch Rechtswahl oder Änderung des Handlungsorts verstoßen werden dürfe.[382] Damit deutet sie an, dass der Begriff „zwingende Bestimmungen" durchaus verschiedene Bedeutungen haben kann. Im Übrigen dürfte eine Gesetzesumgehung im Schuldvertragsrecht, wie sie in § 6 OVG-IntVertrR-Best geregelt ist, nur in krassen Ausnahmefällen anzunehmen sein.[383] Eine andere Auffassung ist mit dem Sinn und Zweck der Rechtswahl nicht vereinbar.[384]

Nichtsdestotrotz erscheint es schwer vorhersehbar, welche Vorschriften des chinesischen Sachrechts – in Betracht kommen hier insbesondere §§ 44f. SHG sowie §§ 39f., 53 Nr. 2 VG[385] – sich nach Meinung der chinesischen Gerichte gegenüber einer Rechtswahl zu Gunsten einer ausländischen Rechtsordnung durchzusetzen vermögen. Es ist davon auszugehen, dass die „Abwahl" der zwingenden Vorschriften des chinesischen Sachrechts restriktiv gehandhabt wird,[386] da in der Volksrepublik China großes Misstrauen gegenüber fremden Rechtsordnungen herrscht[387]. Die kollisionsrechtliche Wirkung einer Rechtswahl „zu Lasten" des chinesischen Rechts ist damit zweifelhaft.

Davon abgesehen unterliegt die Rechtswahl dem chinesischen *ordre public*[388].

d) Beschränkung der Rechtswahlfreiheit durch § 130 ZLG?

Eine Beschränkung der Rechtswahlfreiheit könnte sich aus § 130 Hs. 1 ZLG[389] ergeben. Danach ist jede Klausel nichtig, soweit sie die im ZLG festgelegte Haftung

379 *Pattloch*, S. 34.
380 规避.
381 *Pißler*, ZChinR 2007, 337 (343) zu § 6 OVG-IntVertrR-Best.
382 *CGIPR*, IPR-MusterG VI, S. 137.
383 *OVG-WK*, S. 529; *Seitz*, S. 57; *Widmer*, S. 55.
384 *Seitz*, S. 56; *Widmer*, S. 55.
385 Dazu unten S. 199ff.
386 *Seitz*, S. 82: „Während die Gewährung weitreichender Parteiautonomie durchweg bejaht wird, hält man gleichzeitig an der zwingenden Anwendung chinesischen Rechts in wichtigen Fragen fest."
387 *Pattloch*, S. 32f., der auch auf die Gründe für dieses Misstrauen eingeht.
388 公共秩序; zum *ordre public* s. §§ 276 SHG, 190 ZLG, 150 AGZR, 7 OVG-IntVertrR-Best; *OVG-WK*, S. 529; *CGIPR*, IPR-MusterG VI, S. 94f.; *Lü Guomin et al.*, S. 172ff.; *Seitz*, S. 73ff.
389 Zu dieser Vorschrift unten S. 200f.

des Beförderers ganz oder teilweise ausschließt oder den im ZLG bestimmten Haftungsgrenzbetrag herabsetzt. Bei multimodalen Transporten gilt dies nur, soweit der Schaden auf einer Luftstrecke i.S. des ZLG eingetreten ist (§ 106 III ZLG). Nach dem Wortlaut des § 130 Hs. 1 ZLG („jede Klausel") ließe sich die Auffassung vertreten, dass auch eine Rechtswahl von der Bestimmung erfasst sein müsse. Dagegen spricht allerdings, dass der chinesische Gesetzgeber Art. 32 S. 1 WA 1955 nicht übernommen hat. Nach dieser Vorschrift ist eine vor Schadenseintritt getroffene Rechtswahl nichtig, soweit dadurch von den Regeln des Übereinkommens abgewichen werden soll. Dem lässt sich entnehmen, dass Abweichungen durch Rechtswahl in Art. 32 S. 1 WA 1955 geregelt sind, nicht jedoch in Art. 23 I WA 1955. Überträgt man diesen Gedanken auf das ZLG, so wird man zu dem Schluss kommen, dass § 130 ZLG, der auf Art. 23 I WA 1955 beruht, ebenfalls keine Regelung zur Rechtswahl enthält. Die Rechtswahl ist vielmehr Gegenstand des § 188 Hs. 1 ZLG. Danach können die Vertragsparteien das auf den Vertrag anwendbare Recht wählen, soweit das Gesetz nichts anderes bestimmt. Unter die Einschränkung „soweit das Gesetz nichts anderes bestimmt" lässt sich § 130 ZLG nicht ohne weiteres subsumieren, da ja gerade zweifelhaft ist, ob die Vorschrift eine Aussage zur Rechtswahl trifft. Die besagte Einschränkung ist im Übrigen eine in den IPR-Vorschriften der Volksrepublik China übliche Formulierung.[390] Nach alledem sprechen gewichtige Gründe dafür, dass § 130 Hs. 1 ZLG keine Rechtswahl, sondern nur sachrechtliche Abreden der Parteien erfasst.

3. Objektive Anknüpfung

Mangels wirksamer Rechtswahl ist das Recht des Staates anzuwenden, mit dem der Vertrag die engste Verbindung hat (§§ 269 S. 2 SHG, 188 Hs. 2 ZLG, 126 I S. 2 VG). Es gilt also – wie im deutschen Recht[391] – das Prinzip der engsten Verbindung[392].[393] Obwohl bei grenzüberschreitenden Beförderungen regelmäßig eine Rechtswahl getroffen wird,[394] kann die objektive Anknüpfung auch in diesen Fällen Bedeutung erlangen. Sie bestimmt nämlich die Vorschriften, von denen die Parteien auch durch Rechtswahl nicht abweichen können. Führt die objektive Anknüpfung zum chinesischen Sachrecht, so wird ein chinesisches Gericht vermutlich verhältnismäßig viele Vorschriften für international zwingend halten.[395]

Das *OVG* hat in § 5 II Nr. 1–17 OVG-IntVertrR-Best für eine ganze Reihe von Vertragstypen Vermutungen der engsten Verbindung aufgestellt.[396] Transportverträge

390 § 145 I AGZR, § 126 I S. 1 VG, § 269 S. 1 SHG.
391 Art. 28 I S. 1 EGBGB; *Junker*, Rn. 357.
392 最密切关系原则.
393 *OVG-WK*, S. 529; *Jiang Ping*, S. 103; *Xiao Xun et al.*, S. 395.
394 Oben S. 41.
395 Oben S. 46.
396 Eine ähnliche Regelung enthielt Abschn. 2 Nr. 6 OVG-AWVG-Erläut. Beförderungsverträge waren dort nicht berücksichtigt, weil sie nicht in den Anwendungsbereich des AWVG und der OVG-AWVG-Erläut fielen (§ 2 S. 2 AWVG bzw. Abschn. 1 Nr. 1 S. 2 OVG-AWVG-Erläut). Als Grund hier-

gehören jedoch nicht dazu. Dies könnte darauf zurückzuführen sein, dass in der Volksrepublik sowohl viele Außenhändler als auch große Beförderungsunternehmen sitzen und das *OVG* wegen der gegenläufigen Interessen der beiden Branchen eine einheitliche Anknüpfung für Beförderungsverträge nicht festlegen wollte. Eine – aus deutscher Sicht naheliegende – analoge Anwendung der für Werkverträge geltenden Kollisionsnorm (§ 5 II Nr. 2 OVG-IntVertrR-Best) kommt nicht in Betracht. Zum einen ist der Beförderungsvertrag nach chinesischem Rechtsverständnis ein Vertrag *sui generis*, also kein Unterfall des Werkvertrags.[397] Zum anderen ist der Anwendungsbereich der genannten Vorschrift auf solche Werkverträge beschränkt, bei denen Material bearbeitet wird[398].

Soweit eine Anknüpfung anhand der Vermutungstatbestände scheitert, ist die engste Verbindung nach der allgemeinen Regel des § 5 II OVG-IntVertrR-Best zu ermitteln. Der wortreichen und unklaren Bestimmung lässt sich wohl entnehmen, dass dabei insbesondere maßgeblich ist, welche Partei die charakteristische Leistung zu erbringen hat.[399] Das *OVG* hat allerdings offengelassen, ob es hier – wie in den meisten Fällen des Katalogs der Nr. 1–17 – auf den Sitz oder eine andere Eigenschaft der betreffenden Partei ankommt.

Nach einhelliger Meinung in der Literatur besteht beim Transportvertrag grundsätzlich die engste Verbindung mit dem Recht des Staates, in dem sich der Sitz[400] oder die Niederlassung[401] des Beförderers befindet.[402] Niederlassung ist der Ort der Geschäftstätigkeit[403].[404] Im Einzelnen werden in der Literatur jedoch unterschiedliche Positionen vertreten. Hat der Beförderer mehrere Niederlassungen, knüpfen einige nach allgemeinen Regeln an die Niederlassung an, die die engste Verbindung mit der Zivil- und Handelsbeziehung hat, in der die Streitigkeit entstanden ist.[405] Andere halten von vornherein stets die Hauptniederlassung für maßgeblich.[406] Darüber hinaus meinen *Han Lixin/Liu Chuyang*, dass – wie nach deutschem Recht[407] – das Recht am Ort der Hauptniederlassung des Beförderers nur dann Ver-

---

für wurde angeführt, dass diese Verträge meist von internationalen Übereinkommen geregelt würden und sich stark von den üblichen Außenwirtschaftsverträgen unterschieden (*Widmer*, S. 84).

397 Dazu unten S. 60.

398 加工承揽合同.

399 *Pißler*, ZChinR 2007, 337 (340).

400 所在地.

401 营业所. Der Begriff wird teilweise mit „Betriebsort" (*Münzel*, Chinas Recht, 19.10.87/1) oder „Geschäftssitz" (*Seitz*, S. 60; *Widmer*, S. 58) übersetzt; wie hier *von Senger*, S. 111; *Widmer*, S. 58.

402 § 101 I Nr. 2 IPR-MusterG VI; *Hu Kangsheng*, S. 195; *Nan Zhimin*, ZGGJSFYBJFNK 1999, 166 (176) zu § 188 ZLG; *Dong Likun*, S. 320 zu §§ 188 ZLG, 269 SHG; *Han Lixin/Liu Chuyang*, ICML III, 831 (838) zu Seefrachtverträgen über die Beförderung von Gütern zwischen Hongkong und dem Festland.

403 经营活动.

404 § 64 I S. 1 IPR-MusterG VI; ähnlich *Widmer*, S. 58, Fn. 151.

405 §§ 101 I Nr. 2; 64 I S. 2 IPR-MusterG VI; so auch die allgemeine Regel des Pkt. 185 Hs. 1 OVG-AGZR-Ansichten, die z. B. von der *OVG-WK*, S. 531 übernommen wird.

406 *Nan Zhimin*, ZGGJSFYBJFNK 1999, 166 (176) zu § 188 ZLG; *Dong Likun*, S. 320 zu §§ 188 ZLG, 269 SHG; *Han Lixin/Liu Chuyang*, ICML III, 831 (838) zu Seefrachtverträgen über die Beförderung von Gütern zwischen Hongkong und dem Festland.

407 Art. 28 IV S. 1 EGBGB.

tragsstatut sei, wenn sich in demselben Staat auch der Verladeort oder der Entladeort oder die Hauptniederlassung des Absenders befindet.[408]

In der Rechtsprechung ist eine einheitliche Linie bei der Bestimmung der engsten Verbindung in transportrechtlichen Fällen kaum zu erkennen. Deutlich sichtbar ist indessen, dass die Gerichte im Ergebnis – wie bei der Rechtswahl[409] – zur Anwendung des chinesischen Rechts neigen („Heimwärtsstreben").[410]

Anschließend ist die Ausweichklausel zu prüfen: Weist der Vertrag offensichtlich mit einem anderen Staat oder einem anderen Gebiet engere Verbindungen auf, so ist das Recht dieses Staats bzw. dieses Gebiets anzuwenden.[411] Die gleichlautende Vorschrift des § 5 III OVG-IntVertrR-Best ist hier nicht anwendbar, weil sie sich nur auf die in § 5 II Nr. 1–17 OVG-IntVertrR-Best genannten Verträge bezieht und der Frachtvertrag nicht dazu gehört. Das bedeutet indes nicht, dass die Ausweichklausel bei anderen als den vom OVG geregelten Vertragstypen außer Betracht bleibt. Vielmehr ist ihre Prüfung immer dann gerechtfertigt, wenn man bei der Bestimmung der engsten Verbindung pauschal auf bestimmte Anknüpfungspunkte – z.B. die Niederlassung des Beförderers – abstellt. Sonst liefe man Gefahr, einen Vertrag entgegen dem in §§ 269 S. 2 SHG, 188 Hs. 2 ZLG, 126 I S. 2 VG geregelten Prinzip nicht der mit ihm am engsten verbundenen Rechtsordnung zu unterstellen.

4. Rück- und Weiterverweisung (Renvoi)

Sowohl die Rechtswahl als auch die Verweisung aufgrund objektiver Anknüpfung beziehen sich nur auf das Sachrecht[412] des betreffenden Staats oder Gebiets, nicht auf dessen Kollisionsrecht; Rück- und Weiterverweisung (Renvoi[413]) sind damit unbeachtlich.[414]

---

408 *Han Lixin/Liu Chuyang*, ICML III, 831 (838) zu Seefrachtverträgen über die Beförderung von Gütern zwischen Hongkong und dem Festland.

409 Dazu oben S. 41.

410 *Wang Baoshi*, IPRax 2007, 363 (368 f.) unter Bezugnahme auf mehrere beförderungsrechtliche Urteile.

411 *OVG-WK*, S. 531; § 101 II IPR-MusterG VI; *Han Lixin/Liu Chuyang*, ICML III, 831 (838); *Nan Zhimin*, ZGGJSFYBJFNK 1999, 166 (176); vgl. bereits Abschn. 2 Nr. 6 II OVG-AWVG-Erläut (außer Kraft).

412 实体法.

413 反致.

414 § 1 OVG-IntVertrR-Best; dazu *Pißler*, ZChinR 2007, 337 (344). Das *OVG* hat damit die Diskussion über die Auslegung des Pkt. 178 II OVG-AGZR-Ansichten im Hinblick auf das internationale Vertragsrecht beendet. Danach müssen die Gerichte bei der Verhandlung von Fällen mit Auslandsbezug gemäß den Bestimmungen des 8. Kapitels der AGZR das anzuwendende materielle Recht (应适用的实体法) feststellen. Ein Teil der Literatur sieht darin eine Ablehnung des Renvoi durch das *OVG* (*Münzel*, Chinas Recht, 12.4.86/1, Anm. 20; *Huang Jin*, IPR, S. 120; *Pattloch*, S. 38, Fn. 234, S. 39, Fn. 237). Andere meinen, man könne der Bestimmung keine Aussage im Hinblick auf den Renvoi entnehmen (*CGIPR*, IPR-MusterG VI, S. 92; *Lü Guomin et al.*, S. 172; wohl auch *Li Shuangyuan*, S. 257; *Seitz*, S. 84: „Während die volksrepublikanischen Gerichte heute nun mangels ausdrücklicher gesetzlicher Bestimmungen im Prinzip frei über die Befolgung einer Rück- oder Weiterverweisung entscheiden ..."). Demgegenüber waren im Anwendungsbereich des AWVG aufgrund der eindeu-

5. Verweisung auf das Recht eines Mehrrechtsstaats

IPR-Normen verweisen mitunter auf das Recht eines Staates mit mehreren Teilrechtsordnungen. Neben den USA zählt z. B. auch die Volksrepublik China mit den Teilrechtsordnungen Festland[415], Hongkong und Macao zu solchen Mehrrechtsstaaten. In diesen Fällen stellt sich die Frage, welche Teilrechtsordnung anzuwenden ist. Es kann erforderlich sein, interlokales Privatrecht zu prüfen. Dieses Problem dürfte im chinesischen internationalen Vertragsrecht allerdings weitgehend seine Bedeutung verloren haben. Die OVG-IntVertrR-Best verweisen auf „einen Staat oder ein Gebiet"[416]. Daraus folgt, dass direkt die betreffende Teilrechtsordnung unter Ausschluss etwaigen interlokalen Privatrechts anzuwenden ist. Dies gilt unabhängig davon, ob die Verweisung durch Rechtswahl oder objektive Anknüpfung, auf einen ausländischen Mehrrechtsstaat oder die Volksrepublik China erfolgt.

Bereits vor Inkrafttreten der OVG-IntVertrR-Best hatten sich einige Autoren im Zusammenhang mit der internationalprivatrechtlichen Anknüpfung von Transportverträgen – möglicherweise unbewusst – für eine unmittelbare Verweisung auf die betreffende Teilrechtsordnung ausgesprochen. Sie knüpfen nicht an das „Recht *des Staates* des Standorts der Niederlassung"[417], sondern an das „Recht des Standorts der Niederlassung" an.[418] Auch die bereits damals für die Ausweichklausel häufig gewählte Formulierung – „Weist der Vertrag offensichtlich eine engere Verbindung zu einem anderen Staat oder Gebiet auf, so ist das Recht dieses anderen Staats *oder Gebiets* anzuwenden"[419] – konnte in diesem Sinne auszulegen sein.

---

tigen Bestimmung in Abschn. 2 Nr. 5 OVG-AWVG-Erläut nach einhelliger Meinung Rück- und Weiterverweisung ausgeschlossen (*Pattloch*, S. 38, Fn. 234; *Münzel*, Chinas Recht, 19.10.87/1, Anm. 7; *CGIPR*, IPR-MusterG VI, S. 92; *Li Shuangyuan*, S. 257; *Seitz*, S. 62; *Lü Guomin et al.*, S. 172, 285; *Huang Jin*, Interlokales Recht, S. 111). Im Übrigen erkannte bereits vor Inkrafttreten der OVG-IntVertrR-Best eine verbreitete Ansicht in der Literatur die Lehre vom Renvoi im internationalen Vertragsrecht nicht an (§ 8 I IPR-MusterG VI [dabei handelt es sich nach *CGIPR*, IPR-MusterG VI, S. 92 um die Mehrheitsmeinung unter den Verfassern des IPR-MusterG VI]; *Pattloch*, S. 38 f., 47; wohl auch *Li Shuangyuan*, S. 257 f.; *Huang Jin*, Interlokales Recht, S. 111; zur Begründung *Seitz*, S. 84; *von Senger*, S. 259). Dies galt insbesondere für die Rechtswahl (*CGIPR*, IPR-MusterG VI, S. 138 f.; *OVG-WK*, S. 528; *Jiang Ping*, S. 103).

415 大陆 oder 内地.

416 „国家或(者)地区" (§§ 1, 4 II, 5 I–III OVG-IntVertrR-Best).

417 „营业所所在地国家的法律" (*Dong Likun*, S. 320).

418 „营业所所在地法" (§ 101 I Nr. 2 IPR-MusterG VI; *Nan Zhimin*, ZGGJSFYBJFNK 1999, 166 [176]; ähnlich *Han Lixin/Liu Chuyang*, ICML III, 831 [838]: „... it shall be presumed that this place has the closest ... connection with the contract.").

419 „合同明显与另一个国家或者地区有更密切联系的，则适用该另一个国家或者地区的法律." (§ 101 II IPR-MusterG VI; ähnlich Abschn. 2 Nr. 6 II OVG-AWVG-Erläut; *OVG-WK*, S. 531; *Nan Zhimin*, ZGGJSFYBJFNK 1999, 166 [176]: „Wenn ... der Transportvertrag offensichtlich eine engere Verbindung zu einem anderen Recht aufweist, so unterliegt der Vertrag diesem anderen Recht."; *Han Lixin/Liu Chuyang*, ICML III, 831 [838]: „If the contract is more closely related with another place ..., then ... the law of [that] place ... shall apply instead." [Ergänzung des Verfassers]).

Damit dürfte Pkt. 192 OVG-AGZR-Ansichten, der die Unteranknüpfung bei *ausländischen* Mehrrechtsstaaten regelt, im internationalen Vertragsrecht weitgehend verdrängt sein.[420]

6. Umfang des Vertragsstatuts

Das – aufgrund einer Rechtswahl oder durch objektive Anknüpfung – ermittelte Vertragsstatut entscheidet nach § 2 OVG-IntVertrR-Best über Zustandekommen[421], Wirksamkeit, Erfüllung, Änderung, Übertragung, Beendigung, Haftung für Verletzung des Vertrags[422] „und andere Streitigkeiten". Welche „anderen Streitigkeiten" gemeint sind, lässt das *OVG* hier offen. Jedoch ergibt sich aus Pkt. 195 OVG-AGZR-Ansichten, dass auch die Verjährung dem Vertragsstatut unterliegt.[423] In den außer Kraft getretenen OVG-AWVG-Erläut hatte das Gericht außerdem die Auslegung des Vertrags in seine Aufzählung eingeschlossen.[424] Dem war die Literatur auch nach Außerkrafttreten dieser justiziellen Auslegung gefolgt.[425] Nach *Xiao Xun et al.* erfasst das Vertragsstatut ferner das Verfahren zur Streitbeilegung.[426]

Die Geschäftsfähigkeit[427] fällt hingegen nicht unter das Vertragsstatut (§ 143 AGZR i.V. mit Pkt. 179 ff. OVG-AGZR-Ansichten).[428] Die Form des Vertrags dürfte ebenfalls anderen Anknüpfungsregeln folgen.[429] Einzelne Modalitäten der Erfüllung richten sich nach verbreiteter Ansicht in der Literatur nach der *lex loci solutionis*.[430]

---

420 Nach dieser Bestimmung ist, wenn auf einen Staat mit gespaltener Privatrechtsordnung verwiesen wird, das anwendbare Recht nach den dortigen interlokalen Vorschriften zu ermitteln; bestehen solche Vorschriften nicht, ist das Recht des Gebiets maßgeblich, das zu der betreffenden Zivilbeziehung (民事关系) die engste Verbindung hat. Eine ähnliche Bestimmung sieht § 16 IPR-MusterG VI vor, der nach seinem englischen Wortlaut – abweichend von der chinesischen Fassung – für Verweisungen auf das „Recht eines Staates" und damit scheinbar auch auf das Recht der Volksrepublik China gelten soll.
421 订立.
422 违约责任.
423 *Xiao Xun et al.*, S. 394; ähnlich § 73 IPR-MusterG VI; zu Pkt. 195 OVG-AGZR-Ansichten s. *Teich/Jakubowski*, RIW 1990, 992 (998).
424 Abschn. 2 Nr. 1 OVG-AWVG-Erläut.
425 *OVG-WK*, S. 528; *Lü Guomin et al.*, S. 285.
426 *Xiao Xun et al.*, S. 394.
427 民事行为能力 (wörtlich: zivile Handlungsfähigkeit [*Münzel*, Chinas Recht, 12.4.86/1]). *OVG-WK*, S. 528 und *Lü Guomin et al.*, S. 285 sprechen von der „Fähigkeit zum Abschluss von Verträgen" („缔约能力").
428 Ebenso *OVG-WK*, S. 528; *Lü Guomin et al.*, S. 285; *Pattloch*, S. 25; *Seitz*, S. 72; s. auch *Pißler*, ZChinR 2007, 337 (344, Fn. 72).
429 *Lü Guomin et al.*, S. 285; § 70 IPR-MusterG VI; *CGIPR*, IPR-MusterG VI, S. 124; *Pattloch*, S. 25 f.; *Seitz*, S. 72; s. auch *Pißler*, ZChinR 2007, 337 (344, Fn. 72).
430 *Seitz*, S. 72; *Pattloch*, S. 24 f.

II. Interlokales Privatrecht

Weist der Frachtvertrag Bezüge zu mehreren der drei Teilrechtsordnungen der Volksrepublik China – Festland[431], Hongkong und Macao – auf, so ist fraglich, welche Teilrechtsordnung maßgeblich ist. Ein einheitlich für die drei Teilrechtsordnungen geltendes interlokales Vertragsrecht besteht bislang nicht. Ebenso fehlen gesetzliche Bestimmungen des Festlands. Jedoch enthält § 11 OVG-IntVertrR-Best den Hinweis, dass bei Verträgen mit Bezug zu Hongkong und Macao die genannten Bestimmungen „berücksichtigt“[432] werden. Nach Ansicht von *Pißler* ordnet das *OVG* damit eine entsprechende Anwendung an.[433]

Bereits vor Inkrafttreten der OVG-IntVertrR-Best herrschte in der Literatur im Ergebnis Einigkeit darüber, dass auch im interlokalen Vertragsrecht die objektive Anknüpfung[434] nach dem Prinzip der engsten Verbindung erfolgen müsse.[435] Ein Teil der Autoren sprach dabei ausdrücklich von einer analogen Anwendung[436] der IPR-Regeln.[437] Die Ausweichklausel sollte im interlokalen Privatrecht zwar nicht gelten.[438] Diese Auffassung wird aber angesichts der neuen Rechtslage[439] vermutlich nicht mehr lange vertreten. Dem Renvoi stand man auch im interlokalen Vertragsrecht kritisch gegenüber.[440]

Es ist mithin davon auszugehen, dass im festlandschinesischen interlokalen Privatrecht die gleichen Regeln für die Anknüpfung von Beförderungsverträgen wie im IPR gelten.

III. Kollisionsrecht bei Verträgen mit Bezug zu Taiwan

Schließlich stellt sich noch die Frage, wie Frachtverträge mit Bezug zu Taiwan kollisionsrechtlich zu behandeln sind. Streng genommen ist weder das internationale noch das interlokale Privatrecht zur Lösung berufen. Denn das IPR löst Anwendungsprobleme zwischen Rechtsordnungen souveräner Staaten[441]; das interlokale Privatrecht behandelt hingegen Kollisionen zwischen verschiedenen Rechtsgebie-

---

431 大陆 oder 内地.
432 „参照“.
433 *Pißler*, ZChinR 2007, 359 (362). Nach Abschn. 1 Nr. 2 OVG-AWVG-Erläut waren bereits das AWVG und damit seine IPR-Vorschriften – grob gesprochen – auch auf Verträge mit Bezügen zu Hongkong und Macao anzuwenden.
434 Zur Wahl des Rechts von Hongkong und Macao oben S. 43.
435 *Heuser*, Einführung, S. 374; *Lü Guomin et al.*, S. 399; *Huang Jin*, Interlokales Recht, S. 118, 335, 337; *Wu Huanning*, S. 437; *Han Lixin/Liu Chuyang*, ICML III, 831 (838).
436 类推适用.
437 *Heuser*, Einführung, S. 374; *Lü Guomin et al.*, S. 399; *Huang Jin*, Interlokales Recht, S. 61, 63; ähnlich *Wu Huanning*, S. 437 („参照执行“); ausdrücklich gegen eine analoge Anwendung *Huang Jin*, Interlokales Recht, S. 87; *Shen Juan*, S. 64, 223, implizit auch S. 226.
438 *Huang Jin*, Interlokales Recht, S. 118.
439 §§ 11, 5 III OVG-IntVertrR-Best.
440 *Huang Jin*, Interlokales Recht, S. 111.
441 主权国家.

ten innerhalb des Hoheitsgebiets eines souveränen Staats.[442] Taiwan ist nach international h. M. gegenwärtig jedoch weder ein souveräner Staat,[443] noch ein unter der Souveränität der Volksrepublik China stehendes Gebiet,[444] sondern ein De-facto-Regime.[445]

In der festlandschinesischen kollisionsrechtlichen Literatur heißt es, Taiwan sei wie Hongkong und Macao nicht als Ausland anzusehen, sondern ein Rechtsgebiet innerhalb Chinas.[446] Die gegenwärtige Situation bezeichnet *Huang Jin* als „ein Land, zwei Systeme, drei Rechtssysteme, vier Rechtsgebiete".[447] Man spricht – auch außerhalb des Kollisionsrechts – regelmäßig vom „Gebiet Taiwan unseres Landes".[448] *Huang Jin* erwähnt jedoch auch die „zukünftige Vereinigung Taiwans mit dem Vaterland"[449] und impliziert damit, dass Taiwan eben noch nicht unter der Souveränität des Festlands steht. All diese Formulierungen beruhen auf dem Anspruch Beijings, die einzig legitime Regierung ganz Chinas, also einschließlich Taiwans, zu sein[450]. Nach Meinung der festlandschinesischen kollisionsrechtlichen Literatur ist daher bei Verträgen mit Bezug zu Taiwan nicht das IPR, sondern das interlokale Privatrecht zur Anwendung berufen.[451] Praktische Auswirkungen auf Frachtverträge ergeben sich daraus freilich nicht, da die objektive Anknüpfung[452] nach denselben Grundsätzen wie im IPR erfolgt.

In den OVG-IntVertrR-Best wird Taiwan nicht erwähnt. Da das *OVG* nicht etwa alle seine früheren Bestimmungen außer Kraft gesetzt, sondern lediglich den Vorrang

442 *Huang Jin*, Interlokales Recht, S. 28, 87; *Junker*, Rn. 17 f.
443 *Neukirchen*, S. 311. Dies ist die Auffassung der Vereinten Nationen und der h. M. in der Staatenpraxis und Literatur (*Neukirchen*, S. 311). A. A. wohl *Chiu Hungdah*, in: Henckaerts, 3 (7): „... there appears to be strong legal ground to support the view that ... Taiwan has become the *de jure* territory of the ROC [Republic of China]." (Ergänzung des Verfassers).
444 *Kuijper*, in: Henckaerts, 9 (18): „Let the whole world bawl that Taiwan is a part of China, this author whispers in the spirit of Galileo Galilei that it is not."; *Chiu Hungdah*, in: Henckaerts, 3 (8): „... the same reasoning would not support the PRC[People's Republic of China]'s claim to Taiwan for several reasons." (Ergänzung des Verfassers).
445 *Neukirchen*, S. 312; *Heuser*, Taiwan, in: EPIL, Vol. IV, S. 757; *Frowein*, De facto Régime, in: EPIL, Vol. I, S. 966.
446 „... 台湾 ... 是中国境内 ... 的法域" (*Huang Jin*, Interlokales Recht, S. 86).
447 „一国两制三法系四法域" (*Huang Jin*, Interlokales Recht, S. 4). Er erweitert damit das für Hongkong und Macao geltende und hinsichtlich Taiwan angestrebte Prinzip „ein Land, zwei Systeme" („一国两制"). Die beiden Systeme sind nach *Huang Jin* wohl das sozialistische System (社会主义制度) des Festlands einerseits und das kapitalistische System (资本主义制度) Hongkongs, Macaos und Taiwans andererseits. Mit den drei Rechtssystemen meint er offenbar das *Common Law* (普通法系) Hongkongs, das zum kontinental-europäischen Rechtskreis (大陆法系) zählende Recht Macaos und Taiwans sowie das Recht der Volksrepublik China, das in der Literatur entweder in den sozialistischen Rechtskreis eingeordnet oder als Rechtskultur *sui generis* bezeichnet wird (*Heuser*, Einführung, S. 33 ff.).
448 „我国台湾地区". Von der drastischen Formulierung „Provinz Taiwan unseres Landes" („我国台湾省") scheint man sich inzwischen verabschiedet zu haben.
449 „将来台湾同祖国统一" (*Huang Jin*, Interlokales Recht, S. 325).
450 *Schütte*, C. a. 3/2005, 17 (22).
451 *Huang Jin*, Interlokales Recht, passim; *Shen Juan*, passim; *Wu Huanning*, S. 437; *Wang Baoshi*, IPRax 2007, 363 (366).
452 Zur Wahl des taiwanesischen Rechts oben S. 43.

der OVG-IntVertrR-Best gegenüber älteren Normen angeordnet hat,[453] dürfte bezüglich Taiwans ein Rückgriff auf das OVG-Handels-/SeeR-Prot[454] zulässig sein. Nach seinem Pkt. 153 ist dieses Protokoll in Handels- und Seesachen mit Bezügen zu Hongkong, Macao oder zum „Gebiet Taiwan“ [455] entsprechend anzuwenden[456], soweit darin nichts anderes bestimmt ist. Der 5. Abschnitt („Rechtsanwendung bei Handelsverträgen mit Auslandsbezug“) des OVG-Handels-/SeeR-Prot enthält ähnliche Vorschriften wie die OVG-IntVertrR-Best. Damit ergeben sich im Hinblick auf das Kollisionsrecht bei Verträgen mit Bezügen zu Taiwan auch aus der Sicht des *OVG* keine wesentlichen Unterschiede zur internationalprivatrechtlichen Anknüpfung.

C. Zusammenfassung

Bei der Beurteilung von Ansprüchen aus einem multimodalen Frachtvertrag sind vorrangig internationale Übereinkommen zu prüfen. Aus der Sicht eines festlandschinesischen Gerichts kommen nur das MÜ, das WA 1955 und das SMGS in Betracht. Im Gegensatz zum SMGS enthalten MÜ und WA spezielle Regelungen des multimodalen Transports. Dabei handelt es sich zum einen um Art. 38 MÜ bzw. Art. 31 WA. Demzufolge richtet sich die Haftung nach dem MÜ bzw. WA, wenn das schädigende Ereignis nachweislich während einer dem MÜ bzw. WA unterliegenden Luftbeförderung eingetreten ist. Zum anderen sind Art. 18 IV S. 1, 2 MÜ bzw. Art. 18 III WA zu beachten. Danach wird bei unbekanntem Schadensort im Zusammenhang mit Zubringerdiensten vermutet, dass der Schaden während der Luftbeförderung verursacht wurde.

Soweit internationale Übereinkommen mit Bestimmungen über multimodale Transporte nicht anwendbar sind oder keine abschließende Regelung enthalten, ist zu ermitteln, welchen Staates Privatrechtsordnung der Vertrag unterliegt. Dies richtet sich aus der Sicht eines festlandschinesischen Gerichts nach dem festlandschinesischen IPR.

Die Parteien eines Frachtvertrags können das anwendbare Recht wählen. Chinesische Gerichte setzen sich allerdings häufig über Parteivereinbarungen der Anwendung einer ausländischen Rechtsordnung hinweg. Das Zustandekommen und die Wirksamkeit der Rechtswahl wird in der chinesischen Rechtsprechung nicht nach der *lex causae*, sondern allein nach chinesischem Recht *(lex fori)* geprüft. Die Rechtswahl muss grundsätzlich in ausdrücklicher Form erfolgen und kann nach wohl h.M. auf einen Teil des Vertrags beschränkt sein. Die Grenzen der Rechtswahlfreiheit lassen sich nicht deutlich bestimmen. Unklar ist insbesondere, ob der Rechtswahl kollisionsrechtliche Wirkung zukommt. Es ist davon auszugehen, dass die

---

453 § 12 OVG-IntVertrR-Best.
454 Zur rechtlichen Bedeutung des OVG-Handels-/SeeR-Prot oben Fn. 262.
455 „台湾地区“.
456 参照适用.

„Abwahl" der zwingenden Vorschriften des chinesischen Sachrechts eher restriktiv gehandhabt wird.

Von der Rechtswahl abzugrenzen sind sog. *paramount clauses*. Das sind Klauseln, nach denen der Vertrag internationalen Übereinkommen unterliegen soll. Abreden über die Anwendbarkeit internationaler Übereinkommen sind nach chinesischem Recht auch dann zulässig, wenn die Volksrepublik China nicht Vertragsstaat des betreffenden Übereinkommens ist. Erklären die Parteien dagegen die gesamte Rechtsordnung eines Staats für anwendbar, so handelt es sich um eine Rechtswahl. Während eine Rechtswahl ihre Grenze in den international zwingenden Bestimmungen der *lex fori* findet, richtet sich die Wirksamkeit einer *paramount clause* nach den intern zwingenden Vorschriften des von ihr unabhängig zu ermittelnden Vertragsstatuts.

Eine Beschränkung der Rechtswahlfreiheit lässt sich dem § 130 Hs. 1 ZLG nicht entnehmen. Die Vorschrift erfasst nur sachrechtliche Abreden der Parteien.

Mangels wirksamer Rechtswahl ist das Recht des Staates anzuwenden, mit dem der Vertrag die engste Verbindung hat. Nach einhelliger Meinung in der Literatur besteht beim Frachtvertrag grundsätzlich die engste Verbindung mit dem Recht des Staates, in dem sich der Sitz oder die Niederlassung des Beförderers befindet. In der Rechtsprechung ist demgegenüber eine einheitliche Linie nicht erkennbar; die Gerichte neigen zur Anwendung des chinesischen Rechts.

Sowohl bei der Rechtswahl als auch bei objektiver Anknüpfung sind Rück- und Weiterverweisung (Renvoi) ausgeschlossen. Die Unteranknüpfung bei Mehrrechtsstaaten spielt praktisch keine Rolle.

Im festlandschinesischen interlokalen Privatrecht (Festland, Hongkong und Macao) gelten die gleichen Regeln für die Anknüpfung von Beförderungsverträgen wie im IPR. Dies gilt auch bei Verträgen mit Bezug zu Taiwan.

3. Kapitel
Gesetzliche Regelung, Gegenstand und Abschluss des multimodalen Frachtvertrags

Die bisherigen Ausführungen haben gezeigt, dass das festlandschinesische autonome Frachtvertragsrecht in verschiedenen Konstellationen eine Rolle spielen kann. Es kann aufgrund einer Rechtswahl oder durch objektive Anknüpfung anzuwenden sein. Es kann ergänzend zu einem Übereinkommen oder in vollem Umfang zu berücksichtigen sein. Der Rechtsstreit kann von einem festlandschinesischen oder einem anderen (z.B. deutschen) Gericht zu entscheiden sein; maßgeblich ist allein, ob und inwiefern nach den vom Gericht zu beachtenden Übereinkommen und Kollisionsregeln das festlandschinesische Recht zur Anwendung gelangt.

Steht fest, dass der multimodale Frachtvertrag dem festlandschinesischen Recht unterliegt, so stellt sich die Frage, welche Vorschriften einschlägig sind. In diesem Kapitel werden daher zunächst die gesetzlichen Regelungen des Multimodalvertrags und die sich daraus ergebenden Konsequenzen aufgezeigt (dazu A.). Es folgt eine Erörterung der Merkmale des multimodalen Frachtvertrags (dazu B.). Dieser ist sodann von verwandten Vertragstypen abzugrenzen (dazu C.). Abschließend wird auf das Zustandekommen (dazu D.) und die Wirksamkeit (dazu E.) des Vertrags eingegangen.

A. Gesetzliche Regelungen des multimodalen Frachtvertrags und ihre Folgen

I. Einschlägige Vorschriften

Der multimodale Frachtvertrag[457] ist im Wesentlichen in §§ 102–106 SHG und §§ 317–321 VG geregelt. Bei den §§ 102–106 SHG handelt es sich um den 8. Abschnitt („Besondere Bestimmungen über Verträge über multimodale Beförderung") des 4. Kapitels („Vertrag über Güterbeförderung zur See"). Der Gesetzgeber hat damit den multimodalen Frachtvertrag als Sonderform des Seefrachtvertrags eingeordnet.[458] Soweit sich aus §§ 102–106 SHG nichts anderes ergibt, gelten daher subsidiär die allgemeinen Regeln der §§ 41–91 SHG (1.–6. Abschnitt des 4. Kapitels) sowie die auf Seefrachtverträge anwendbaren Bestimmungen des 13. Kapitels („Verjährung"), im Übrigen das VG[459] und die AGZR.

---

457 多式联运合同 (wörtlich: Vertrag über multimodalen verbundenen Transport).
458 *OVG-Forschungsbüro*, S. 271.
459 Zum Verhältnis zwischen SHG und VG im Allgemeinen oben S. 29.

Die Systematik des VG ist ähnlich: Die Sondervorschriften über multimodale Frachtverträge sind in den §§ 317–321 VG geregelt. Sie stellen den 4. Abschnitt („Vertrag über multimodale kombinierte Beförderung") des 17. Kapitels („Beförderungsvertrag") dar. Der multimodale Frachtvertrag ist also ein besonderer Fall des Beförderungsvertrags.[460] Für multimodale Gütertransporte gelten damit hilfsweise die Bestimmungen des 1. Abschnitts („Allgemeine Bestimmungen") und des 3. Abschnitts („Güterbeförderungsvertrag") des 17. Kapitels. Außerdem sind die Vorschriften des Allgemeinen Teils des VG sowie die AGZR zu beachten.

Multimodale Beförderungen sind darüber hinaus in §§ 106 III, 125 VI ZLG geregelt, die den einschlägigen Bestimmungen des MÜ und des WA[461] entsprechen. Nach § 106 III ZLG sind die Bestimmungen des 9. Kapitels („Öffentlicher Lufttransport") bei multimodalen Beförderungen auf deren Luftbeförderungsabschnitt anzuwenden. Das bedeutet: Haben die Parteien einen multimodalen Frachtvertrag unter Einschluss eines Lufttransports i. S. des ZLG geschlossen und steht fest, dass das schädigende Ereignis während eines solchen Lufttransports eingetreten ist, so richtet sich die Haftung der Beteiligten dieses Vertrags nach den Bestimmungen des 9. Kapitels.

§ 125 VI ZLG hat folgenden Wortlaut:

> „Der Zeitraum der Luftbeförderung umfasst keine Transporte zu Lande, zur See oder auf Binnengewässern außerhalb des Flughafens; erfolgen solche Transporte jedoch bei Ausführung des Luftbeförderungsvertrags zum Zwecke der Verladung, Ablieferung oder Umladung, so ist der entstandene Schaden bis zum Beweis des Gegenteils als während der Luftbeförderung entstandener Schaden anzusehen."

Daraus lässt sich folgende Regel gewinnen: Haben die Parteien einen multimodalen Frachtvertrag geschlossen, nach dem ein Lufttransport i. S. des ZLG ausgeführt und damit verbunden eine Beförderung über ein anderes Transportmedium zum Zwecke der Verladung, Ablieferung oder Umladung erfolgen soll, und bleibt offen, wo das schadensursächliche Ereignis eingetreten ist, so richtet sich die Haftung des Unternehmers des multimodalen Transports nach den Bestimmungen des 9. Kapitels.

II. Verhältnis der Regelungen zueinander

Fraglich ist, in welchem Verhältnis die Regelungen über Multimodalverträge im SHG und VG zueinander stehen. Beide Gesetze gehen von einem weitgehend identischen Begriff des multimodalen Frachtvertrags aus.[462] Der einzige Unterschied

---

460 *Wei Yaorong et al.*, S. 405; im Ergebnis *He Wanzhong*, S. 521, Fn. 3: Er zitiert §§ 317, 288 VG zusammen.

461 Dazu oben S. 38 ff.

462 Zu den Merkmalen des multimodalen Frachtvertrags nach dem SHG und dem VG unten S. 60 ff.

besteht darin, dass das SHG nur solche Verträge erfasst, die einen Seetransport i. S. des § 2 SHG beinhalten (§ 102 I SHG). Diese Voraussetzung besteht für die Anwendbarkeit der §§ 317ff. VG hingegen nicht.[463] Im Hinblick auf multimodale Frachtverträge unter Einschluss einer Seestrecke i. S. des § 2 SHG geht folglich das SHG als *lex specialis* dem VG vor.[464] Soweit das SHG keine abschließenden Regelungen trifft, gilt subsidiär das VG.[465] Alle übrigen multimodalen Transportverträge unterliegen allein dem VG. Nach Angaben in der deutschen Literatur umfassen weltweit etwa 90% aller multimodalen Transporte eine Seebeförderung.[466] In der Volksrepublik China sind angeblich multimodale Frachtverträge mit einer Kombination aus Transporten per Eisenbahn und auf Wasserstraßen derzeit am häufigsten.[467]

Die beiden Vorschriften des ZLG betreffen demgegenüber lediglich kleine Teilbereiche des Multimodalvertragsrechts. Daraus ergibt sich auch ihr Verhältnis zu den Regelungen im SHG und VG. Da sie nur für multimodale Frachtverträge unter Einschluss eines Lufttransports i. S. des ZLG gelten, haben sie als *leges speciales* Vorrang gegenüber den entsprechenden Bestimmungen des SHG bzw. VG.[468]

III. Anwendbarkeit der Normen des Seehandelsgesetzes auf multimodale Frachtverträge

Nach der Gesetzessystematik des SHG sind auf multimodale Frachtverträge die allgemeinen Bestimmungen über Seefrachtverträge anzuwenden, soweit in den §§ 102–106 SHG nichts anderes bestimmt ist. Da das allgemeine Seefrachtrecht ausschließlich Schiffsbeförderungen vor Augen hat, können sich bei Transporten, die auch mit anderen Beförderungsmitteln ausgeführt werden, Auslegungsschwierigkeiten ergeben. Das gilt etwa für die Begriffe „Schiff“[469], „Hafen“[470], „Kapitän“[471], „Lotse“[472], „See“[473] und „seetüchtig“[474]. Vorschriften des SHG mit solchen

463 *He Wanzhong*, S. 521.
464 *Tai Bing*, HSFYJ 3/2001, 141 (148); *Xu Junqiang*, HSFYJ 2/2001, 104 (106); *UNCTAD secretariat*, S. 37; *He Wanzhong*, S. 522. Zum *lex-specialis*-Grundsatz oben S. 13f.
465 *Hu Zhengliang/Zhao Yang*, DLHSDXXB 1–2/2002, 6 (10).
466 *Mast*, S. 250; *Looks*, VersR 1999, 31 (34); *Herber*, TranspR 2001, 101 (101) spricht vom „wichtigsten Multimodaltransport – dem mit Seestreckeneinschluss“.
467 *Zhang Dai'en*, S. 205.
468 Der Vorrang des § 106 III ZLG gegenüber den §§ 102ff. SHG bzw. 317ff. VG hat freilich bei der Befördererhaftung für Güterschäden im Ergebnis keine Bedeutung. Denn insoweit ergibt sich aus §§ 105 SHG bzw. 321 S. 1 VG dieselbe Rechtsfolge wie aus § 106 III ZLG. (Zur Haftung des Unternehmers des multimodalen Transports für Güterschäden bei bekanntem Schadensort außerhalb des ZLG unten S. 145ff.) Zum Tragen kommt der Vorrang jedoch bei der Absenderhaftung und der Verspätungshaftung des Beförderers.
469 „船舶“ (§§ 47, 49 II, 51 I Nr. 1, 11; 68 II, 70, 89f., 91 I SHG).
470 „港“ (§§ 49 I, 50 I, 67 I, 78 II, 86, 89f., 91 I SHG).
471 „船长“ (§§ 51 I Nr. 1; 86, 91 II SHG).
472 „引航员“ (§ 51 I Nr. 1 SHG).
473 „海“ (§§ 49 II, 51 I Nr. 3, 7 SHG).
474 „适航“ (§ 47 SHG).

oder ähnlichen, rein seefrachtrechtlichen Begriffen sind grundsätzlich entsprechend auf andere Beförderungsmittel anzuwenden. Andernfalls täten sich große Regelungslücken auf, die insbesondere bei der Haftung in Fällen des unbekannten Schadensorts wegen der großen Unterschiede zwischen SHG und VG nicht durch Rückgriff auf das VG geschlossen werden können. Die Frage der Anwendung seehandelsgesetzlicher Vorschriften auf multimodale Frachtverträge wird im Folgenden in problematischen Fällen erneut aufgegriffen.

IV. Vertragstypologische Einordnung des multimodalen Frachtvertrags

Im Gegensatz zum deutschen Recht[475] ist der (multimodale) Frachtvertrag nach verbreiteter Auffassung in der chinesischen Rechtslehre nicht als Werkvertrag, sondern als Vertrag *sui generis* einzuordnen.[476] Dafür spricht die Gesetzessystematik des VG. Der Transportvertrag ist auf gleicher Stufe, nämlich in einem eigenständigen Kapitel, neben dem Werkvertrag im Besonderen Teil des VG geregelt.[477] Auch fehlt im Kapitel über den Transportvertrag eine dem § 287 VG entsprechende Bestimmung, nach der auf Bauverträge Werkvertragsrecht entsprechend anzuwenden ist, soweit Vorschriften im Kapitel über den Bauvertrag fehlen.

B. Merkmale des multimodalen Frachtvertrags

Die Merkmale des multimodalen Frachtvertrags ergeben sich nur teilweise aus den einschlägigen gesetzlichen Bestimmungen. Ausgangspunkt für die folgenden Überlegungen ist die Legaldefinition des multimodalen Frachtvertrags in § 102 I SHG:

> „Der multimodale Frachtvertrag i. S. dieses Gesetzes ist ein Vertrag, nach dem der Unternehmer des multimodalen Transports dafür verantwortlich ist, die Güter mit mindestens zwei verschiedenen Transportarten, von denen eine der Seetransport ist, vom Übernahmeort zum Bestimmungsort zu befördern und an den Empfänger abzuliefern, und Fracht für die gesamte Strecke erhält."

Eine vergleichbare Definition fehlt im VG.

I. Verschiedene Transportarten

Nach § 102 I SHG setzt ein multimodaler Frachtvertrag zunächst voraus, dass die Güter mit mindestens zwei verschiedenen Transportarten befördert werden sol-

---

475 *Mast*, S. 80f.

476 *Fang Shaokun/Guo Mingrui*, S. 345, 347f.; *Shi Lantai*, S. 12f.; *Zhang Dai'en*, S. 7f.; a. A. *Zhang Xianglan et al.*, S. 74.

477 *Shi Lantai*, S. 12.

len. Auch nach dem VG ist eine Beförderung mit mindestens zwei verschiedenen Transportarten erforderlich.[478] Das SHG enthält darüber hinaus – im Gegensatz zum VG[479] – die zusätzliche Voraussetzung, dass ein Seetransport Bestandteil des Gesamttransports sein muss (§ 102 I SHG).[480]

Die Bestimmung des § 102 I SHG ist im Hinblick auf die erforderliche Anzahl der verschiedenen Transportarten nicht ganz eindeutig formuliert. Wörtlich übersetzt lautet das Tatbestandsmerkmal „mit mehr als zwei verschiedenen Transportarten“[481].[482] Demnach wären mindestens drei verschiedene Transportarten gefordert. Nach § 155 Hs. 1 AGZR ist jedoch im Zivilrecht stets auch die mit dem Wort „mehr als“[483] verbundene Zahl selbst erfasst. Da das chinesische Recht kein spezifisches Handelsrecht kennt, ist das SHG Teil des Zivilrechts.[484] Demnach ist die Zahl „zwei“ hier eingeschlossen. Zudem wäre es auch inhaltlich wenig sinnvoll, nur solche multimodalen Frachtverträge gesetzlich zu regeln, die mindestens drei verschiedene Transportarten umfassen. Denn die spezifischen Rechtsprobleme des Multimodalvertrags stellen sich bereits bei zwei verschiedenen Transportarten. Folglich genügen bereits zwei verschiedene Transportarten.[485] Die in der Literatur zum VG gewählten Formulierungen sind im Gegensatz zu § 102 I SHG sprachlich meist eindeutig.[486]

Eine allgemeine Regel zur Abgrenzung der verschiedenen Transportarten[487] voneinander enthält weder das SHG noch das VG. Auch in der chinesischen Literatur fehlen allgemeine systematische Ansätze zur Unterscheidung der Transportarten bei multimodalen Frachtverträgen.[488] Allerdings beantwortet § 102 I SHG eine wichtige Einzelfrage. Danach muss eine der Transportarten des multimodalen Frachtvertrags diejenige des Seetransports sein.[489] Seetransport ist folglich eine eigenständige Transportart, die sich von anderen Transporten zu Wasser unterscheidet.[490]

---

478 *OVG-WK*, S. 1661; *Yang Lixin*, Bd. 3, S. 931; *Long Yifei*, S. 365 f.; *Sun Lin*, S. 209; *Zhang Dai'en*, S. 204; *Lu Yongzhen*, S. 188.
479 *He Wanzhong*, S. 521.
480 Zum Begriff des Seetransports i. S. des § 2 SHG oben S. 28.
481 „以两种以上的不同运输方式“.
482 So auch die Übersetzung von *Mo*, Rn. 4.80 f., S. 445: „more than two“.
483 „以上“.
484 *Si Yuzhuo et al.*, S. 32.
485 *Si Yuzhuo et al.*, S. 128: „zwei oder mehrere Transportarten“; ähnlich *Münzel*, Chinas Recht, 7.11.92/1: „mehrere Beförderungsarten“; *Seeuniversität Dalian*, S. 28: „two or more different modes of transport“.
486 Z. B. *OVG-WK*, S. 1661: „mit *mindestens zwei* verschiedenen Transportarten“ (Hervorhebung des Verfassers).
487 不同运输方式.
488 Einzige Ausnahme ist, soweit ersichtlich, *Fang Xinjun*, MSFLC, Bd. 13, 119 (129).
489 „其中一种是海上运输方式“.
490 Im Ergebnis *Wu Huanning*, S. 134; *Wu Zaiyang/Ni Xuewei*, ZGHSSPNK 2001, 341 (344); § 38 IntMultimodContTranspReg (außer Kraft): „Innerstaatlicher Transport zu Wasser und internationaler Seetransport sind als zwei verschiedene Transportarten anzusehen.“

Für die Abgrenzung der übrigen Transportarten voneinander bieten sich mehrere Lösungen an. Man könnte die Abgrenzung etwa nach dem Kriterium des Transportmediums vornehmen, also danach, ob das Gut auf der Straße, auf der Schiene, im Luftraum oder auf dem Wasser befördert wird. Hinsichtlich des Wassers ließen sich wiederum Binnengewässer, Küstengewässer und die See unterscheiden. Man könnte aber auch auf die an dem Transport beteiligten Verkehrsträger abstellen.[491] Demnach müsste man zwischen Straßenfahrzeug, Eisenbahn, Luftfahrzeug und Schiff differenzieren und beim Schiff womöglich noch eine Unterteilung in Binnenschiffe, Küstenschiffe und Seeschiffe vornehmen. Schließlich ließe sich die Abgrenzung auch danach vornehmen, ob die Beförderungen auf den fraglichen Teilstrecken unterschiedlichen Rechtsvorschriften unterlägen, wenn jeweils ein separater Frachtvertrag abgeschlossen worden wäre.[492]

Welches Kriterium Priorität haben soll, lässt sich dem Gesetz nicht eindeutig entnehmen: Bei der Abgrenzung zwischen Seetransport und anderen Arten des Transports zu Wasser gemäß §§ 2, 102 I SHG kommt es jedenfalls nicht auf den Verkehrsträger an. Das Transportmedium spielt zwar, wie sich an dem Begriff „Beförderung zur See“[493] zeigt, eine Rolle, ist aber nicht einzig maßgeblich, denn die Beförderung auf Flüssen schadet unter bestimmten Umständen nicht. Das Regelungsregime ist ebenfalls nicht maßgeblich; allerdings führt die Regelung des § 2 SHG letztlich dazu, dass Seetransporte anderen Rechtsvorschriften unterliegen als andere Transporte zu Wasser.[494]

Die drei Kriterien Transportmedium, Verkehrsträger und Regelungsregime führen mitunter zu unterschiedlichen Ergebnissen. Wenn etwa die Beförderung sowohl auf Binnengewässern als auch auf Küstengewässern erfolgt, so liegen unter dem Gesichtspunkt des Transportmediums verschiedene Transportarten vor, und zwar selbst dann, wenn die Beförderung mit ein und demselben Schiff erfolgt. Grenzt man hingegen nach dem Regelungsregime ab, handelt es sich nicht um verschiedene Transportarten. Ein weiteres Problem ergibt sich dadurch, dass aus chinesischer Sicht für Luftbeförderungen insgesamt fünf Regelungsregime[495] und für Eisenbahntransporte zwei Regelungsregime[496] bestehen, obwohl jeweils nur eine Art von Transportmedium und eine Art von Verkehrsträger vorliegen. Schwierig kann schließlich auch die Beurteilung von sog. Huckepacktransporten sein: Wird der mit dem Transportgut beladene Lkw für eine Teilstrecke des Gesamt-

---

491 So wohl *Fang Xinjun*, MSFLC, Bd. 13, 119 (129); vgl. auch *Fang Shaokun/Guo Mingrui*, S. 347 sowie *Jiang Ping*, S. 256, die bei der Definition des multimodalen Frachtvertrags teilweise von „verschiedenen Transportmitteln“ („运输工具“) sprechen.

492 Vgl. § 452 S. 1 HGB. Nach dieser Vorschrift müssen nicht nur die Beförderungsmittel verschiedenartig sein, sondern auch bei mindestens zwei Teilstrecken unterschiedliche Regelungsregime gelten.

493 „海上运输“.

494 *Fang Xinjun*, MSFLC, Bd. 13, 119 (129).

495 MÜ, WA 1955, WA 1929 sowie internationaler und innerstaatlicher Lufttransport nach dem ZLG.

496 SMGS und EBG. Das SMGS ist allerdings auf multimodale Frachtverträge nicht anwendbar, oben S. 24 f., 33.

transports auf die Eisenbahn verladen, so ist unklar, ob der Lkw oder die Eisenbahn als Verkehrsträger maßgeblich ist. Unterschiedliche Transportarten liegen hier nur vor, wenn man auf die Eisenbahn abstellt. Sieht man hingegen das Transportmedium oder das Regelungsregime als maßgeblich an, müsste man das Merkmal der verschiedenen Transportarten in diesem Fall eindeutig bejahen.

Wie chinesische Gerichte die Transportarten voneinander abgrenzen, lässt sich schwerlich abschätzen. Dem Wortlaut sowie dem Sinn und Zweck der Regelungen über den Multimodalvertrag scheint es zu entsprechen, verschiedene Transportarten anzunehmen, wenn das Gut nach dem Vertrag über mindestens zwei der Transportmedien Straße, Schiene, Luft und Wasser befördert werden soll,[497] und darüber hinaus Seetransporte i.S. des § 2 SHG und andere Transporte zu Wasser als verschiedene Transportarten zu behandeln.

II. Einheitlicher Vertrag mit einem einzigen Beförderungsschuldner

Der multimodale Frachtvertrag ist ein einziger, einheitlicher Vertrag über den gesamten Transport; es handelt sich hingegen nicht um mehrere, ggf. verbundene Verträge.[498] Alleiniger Vertragspartner des Absenders und damit einziger vertraglicher[499] Beförderungs- und Haftungsschuldner ist der Unternehmer des multimodalen Transports, nicht auch die möglicherweise beteiligten Teilstreckenbeförderer.[500] Diese beiden Aspekte des Multimodalvertrags werden in der chinesischen Literatur häufig nicht deutlich herausgearbeitet.

III. Mindestens zwei tatsächliche Beförderer (h.M.)

Streitig ist, ob beim Multimodalvertrag mindestens zwei tatsächliche Beförderer[501] beteiligt sein müssen. Tatsächlicher Beförderer ist, wer die Güterbeförderung ausführt[502] – im Gegensatz zu dem, der sich zu ihr vertraglich verpflichtet hat. Vertragliche Übernahme und tatsächliche Ausführung des Transports können in ein und derselben Person vorliegen. Die beiden Tatbestände können aber auch auseinanderfallen, wenn z.B. der Unternehmer des multimodalen Transports im Wege eines Unterfrachtvertrags einen Dritten beauftragt, das Gut auf einer Teilstrecke zu befördern.

---

497 Vgl. *Wei Yaorong et al.*, S. 405, die als Beispiele Eisenbahn, Straße, Luft und Wasserstraße aufführen.
498 *OVG-WK*, S. 1661; *Long Yifei*, S. 366; *Lu Yongzhen*, S. 188; *Fang Shaokun/Guo Mingrui*, S. 417.
499 Zu außervertraglichen Haftungsansprüchen unten S. 189 ff.
500 *Zhang Dai'en*, S. 208; *Wei Yaorong et al.*, S. 406; *Yang Lixin*, Bd. 3, S. 932.
501 实际承运人.
502 Vgl. *Fang Shaokun/Guo Mingrui*, S. 416 zum VG, das den Begriff des tatsächlichen Beförderers nicht kennt; zur Definition des tatsächlichen Beförderers nach dem SHG unten S. 138.

Nach h.M. liegt ein multimodaler Frachtvertrag nur vor, wenn mindestens zwei tatsächliche Beförderer beteiligt sind.[503] *Long Yifei* hingegen verneint ein solches Erfordernis.[504] Der Streit wird nur im Rahmen des VG geführt. Der seehandelsgesetzlichen Literatur lässt sich keine Aussage in die eine oder andere Richtung entnehmen. Stichhaltige Begründungen fehlen auf beiden Seiten. Hintergrund der h.M. ist vermutlich der Wortlaut des § 313 S. 1 VG. Danach sind beim gleichartigen verbundenen Transport[505] mindestens zwei Beförderer erforderlich. Dieses Merkmal überträgt man dann offenbar auf den multimodalen Transport[506], der sprachlich ebenfalls zu den verbundenen Transporten gehört.

Ein Grund oder gar eine Notwendigkeit für eine solche Übertragung ist jedoch nicht ersichtlich. Vielmehr kann man aus dem Fehlen eines Hinweises auf die Anzahl der tatsächlichen Beförderer in den §§ 102ff. SHG bzw. 317ff. VG umgekehrt schließen, dass es bei multimodalen Frachtverträgen auf die Anzahl gerade nicht ankommt. Zu demselben Ergebnis führt die Auslegung nach dem Sinn und Zweck der Regelungen über Multimodalverträge. Der entscheidende Grund für die Existenz dieser Vorschriften ist die – in §§ 105f. SHG bzw. 321 VG normierte – Festlegung, nach welchen Bestimmungen der Unternehmer des multimodalen Transports haftet. Diese Haftungsfrage stellt sich entgegen *Fang Shaokun/Guo Mingrui*[507] auch dann, wenn der Unternehmer des multimodalen Transports oder ein von ihm eingeschalteter tatsächlicher Beförderer den Transport auf der gesamten Strecke allein durchführt. Es ist daher nur schwer nachvollziehbar, warum die h.M. in diesem – praktisch freilich seltenen – Fall die Vorschriften über multimodale Transportverträge nicht anwendet.

C. Abgrenzung zu verwandten Vertragstypen

Im Folgenden sollen die verschiedenen Arten von Verträgen, die den Transport von Gütern zum Gegenstand haben oder damit zusammenhängen, jeweils vom multimodalen Transportvertrag abgegrenzt werden. Im Hinblick auf die unterschiedlichen Vertragsarten herrscht in der chinesischen Literatur eine verwirrende Begriffsvielfalt. Die folgende Darstellung lehnt sich so weit wie möglich an die Terminologie der geltenden Gesetze an.

---

503 *OVG-WK*, S. 1661; *Fang Shaokun/Guo Mingrui*, S. 416f.; *Wei Yaorong et al.*, S. 399; *Zhu Zengjie*, HSFYJ 1/2001, 210 (217); *Wu Zaiyang/Ni Xuewei*, ZGHSSPNK 2001, 341 (343); *Zhang Dai'en*, S. 204; *Lu Yongzhen*, S. 188.

504 *Long Yifei*, S. 366; wohl auch *Wei Yaorong et al.*, S. 406, die lediglich feststellen, dass normalerweise mindestens zwei tatsächliche Beförderer beteiligt seien.

505 同式联运.

506 多式联运 (wörtlich: multimodaler verbundener Transport).

507 *Fang Shaokun/Guo Mingrui*, S. 417: „Wenn bei einem multimodalen Frachtvertrag der Beförderer nur eine Person ist, sind die Haftungsverhältnisse völlig eindeutig und es gibt kein Bedürfnis für eine besondere Regelung."

I. Vertrag über gleichartigen verbundenen Transport

Der multimodale Frachtvertrag[508] (wörtlich: Vertrag über multimodalen verbundenen Transport) ist zu unterscheiden vom Vertrag über gleichartigen verbundenen Transport[509]. Für diesen Vertragstyp verwendet nahezu jeder Autor in der chinesischen Literatur eine andere Bezeichnung. Man nennt ihn z. B. auch „Vertrag über aufeinanderfolgenden Transport"[510]. Er ist nach offenbar einhelliger Meinung in § 313 VG geregelt:[511]

> „Führen mindestens zwei[512] Beförderer mit derselben Transportart einen verbundenen Transport aus, so ist der Beförderer, der mit dem Absender den Vertrag schließt, für den Gesamttransport verantwortlich. Entsteht der Schaden auf einer bestimmten Transportteilstrecke, so haften der Beförderer, der mit dem Absender den Vertrag geschlossen hat, und der Beförderer der betreffenden Teilstrecke als Gesamtschuldner."

Das in § 313 VG geregelte Vertragsverhältnis hat demnach drei Voraussetzungen: Das Gut soll über alle Teilstrecken mit derselben Transportart befördert werden. An der Ausführung des Transports sind mindestens zwei Beförderer beteiligt. Der vertragschließende Beförderer ist allein zum Gesamttransport verpflichtet.

Beim multimodalen Frachtvertrag hingegen soll das Gut mit verschiedenen Transportarten befördert werden. Folgt man der Auffassung von *Long Yifei*, so ergibt sich ein weiterer Unterschied daraus, dass beim Multimodalvertrag nicht notwendig mehrere tatsächliche Beförderer beteiligt sein müssen.[513]

II. Vertrag über aufeinanderfolgenden Transport

Den aufeinanderfolgenden Transport[514] erwähnt der chinesische Gesetzgeber in §§ 108, 136 ZLG[515]. Er wird in der chinesischen Literatur regelmäßig nicht vom gleichartigen verbundenen Transport abgegrenzt.[516] Der Unterschied zur Rechtsfigur nach § 313 VG und auch zum multimodalen Frachtvertrag dürfte darin be-

508 多式联运合同.
509 同式联合运输合同, kurz: 同式联运合同 (*OVG-WK*, S. 1525). *Zhang Dai'en*, S. 204 ff. spricht vom „verbundenen Transport mit derselben Transportart" („同-运输方式的联合运输").
510 „连续运输合同" (*Fang Shaokun/Guo Mingrui*, S. 415 ff.); „相继运送合同" (*Jiang Ping*, S. 252); „相继运输合同" (*OVG-WK*, S. 1661; *Fang Shaokun/Guo Mingrui*, S. 415). *Wei Yaorong et al.*, S. 398 f. sprechen vom „Vertrag über allgemeinen aufeinanderfolgenden Transport" („一般相继运输合同").
511 *OVG-WK*, S. 1525; *Wei Yaorong et al.*, S. 398 f.; *Zhang Dai'en*, S. 205; implizit *Jiang Ping*, S. 252; *Fang Shaokun/Guo Mingrui*, S. 415 f.
512 Zur Übersetzung des Begriffs „mindestens zwei" („两个以上") oben S. 61.
513 Zur Frage, ob beim multimodalen Frachtvertrag mindestens zwei verschiedene tatsächliche Beförderer beteiligt sein müssen, oben S. 63 f.
514 连续运输.
515 Die beiden Vorschriften beruhen auf Art. 1 III, 30 WA 1955; vgl. auch Art. 1 III, 36 MÜ.
516 *Zhang Dai'en*, S. 208; *Fang Shaokun/Guo Mingrui*, S. 416; *Jiang Ping*, S. 256 (alle zu § 108 ZLG); *Wei Yaorong et al.*, S. 400 (zu § 136 ZLG).

stehen, dass dort der Absender einen Frachtvertrag mit einem Beförderer über die Gesamtstrecke schließt, während nach dem ZLG der Absender die Vereinbarung stets mit mehreren Beförderern trifft, und zwar entweder einen einheitlichen Vertrag, in dessen Rahmen diese sich zu Teilleistungen verpflichten, oder ein Bündel von Verträgen.[517] Darüber hinaus ist beim aufeinanderfolgenden Transport im Gegensatz zum Multimodalvertrag nur eine Beförderungsart beteiligt.

III. Vertrag über verbundenen Transport

Der Vertrag über verbundenen Transport[518] ist als solcher gesetzlich nicht geregelt. Es handelt sich um den Oberbegriff für den gleichartigen verbundenen Transport und den multimodalen Transport.[519] Er ist nach der chinesischen Literatur durch die folgenden drei Merkmale gekennzeichnet: Das Gut soll nacheinander durch mehrere Beförderer und damit über mehrere Teilstrecken transportiert werden.[520] Die Beförderung kann mit derselben oder verschiedenen Transportarten erfolgen.[521] Der Absender schließt einen einheitlichen Vertrag über den Gesamttransport mit einem einzigen Beförderer.[522]

Abgesehen von dem Erfordernis mehrerer Beförderer entspricht der beschriebene Vertragstyp dem echten Durchfrachtvertrag in der deutschen Praxis.[523] Warum nach chinesischer Auffassung bei Verträgen über verbundenen Transport stets mehrere Beförderer beteiligt sein müssen, leuchtet nicht unmittelbar ein. Bei multimodalen Frachtverträgen erscheint dies nicht erforderlich, weil sich das spezifische Rechtsproblem, nämlich die Frage nach der anwendbaren Haftungsordnung, auch bei nur einem Beförderer stellt.[524] Allerdings ergeben sich beim Vertrag über gleichartigen verbundenen Transport besondere rechtliche Schwierigkeiten nur dann, wenn mindestens zwei Beförderer den Transport tatsächlich durchführen. In diesem Fall ist nämlich zunächst unklar, wer von den Beförderern wem gegenüber haftet. Das war vermutlich auch der Grund für die Regelung des § 313 VG.[525]

---

517 Vgl. *Koller*, Art. 30 WA 1955, Rn. 5.
518 联合运输合同, kurz: 联运合同. *Wei Yaorong et al.*, S. 398 verwenden die Bezeichnung „Vertrag über aufeinanderfolgenden Transport" („相继运输合同").
519 *Zhang Dai'en*, S. 10, 204 f.; *Wei Yaorong et al.*, S. 398; *Lu Yongzhen*, S. 6; *Long Yifei*, S. 365.
520 *OVG-Forschungsbüro*, S. 157; *OVG-WK*, S. 1661; *Zhang Dai'en*, S. 10, 205; *Lu Yongzhen*, S. 6; *Wei Yaorong et al.*, S. 398.
521 *Zhang Dai'en*, S. 10, 205; *Lu Yongzhen*, S. 6; implizit auch *Wei Yaorong et al.*, S. 398 f.; a. A. *OVG-Forschungsbüro*, S. 157, das unter den Begriff des verbundenen bzw. aufeinanderfolgenden Transports nur Beförderungen mit ein und derselben Transportart subsumiert.
522 *OVG-Forschungsbüro*, S. 157; *Wei Yaorong et al.*, S. 398; a. A. offenbar *Zhang Dai'en*, S. 205, nach dem der Absender den Vertrag mit mehreren Beförderern schließt; *OVG-WK*, S. 1661: „Die Partei des Beförderers bei Verträgen über verbundene Transporte besteht aus mindestens zwei Personen."
523 *Mast*, S. 75 f.
524 Dazu bereits oben S. 63 f.
525 Vgl. *Wei Yaorong et al.*, S. 399.

Der wesentliche Unterschied zum multimodalen Frachtvertrag besteht darin, dass die Beförderung dort mit verschiedenen Transportarten erfolgen muss, nach dem Vertrag über verbundenen Transport hingegen auch mit ein und derselben Transportart durchgeführt werden kann. Außerdem besteht beim multimodalen Frachtvertrag, wenn man der Mindermeinung folgt, das Erfordernis mehrerer Beförderer nicht.

IV. Unimodaler Transportvertrag

Der unimodale Transportvertrag[526] ist ein Vertrag, nach dem die Beförderung mit einer Art von Transportmittel[527] durchgeführt werden soll.[528] Es handelt sich um den Grundtyp des Frachtvertrags, wie er in §§ 41–91 SHG bzw. §§ 288–292, 304–316 VG geregelt ist. Beim multimodalen Frachtvertrag soll das Gut hingegen mit verschiedenen Transportarten befördert werden.[529]

V. Speditionsvertrag

Der Speditionsvertrag[530] ist in der Volksrepublik China gesetzlich nicht geregelt. In der Literatur wird er – teilweise unter ausdrücklicher Bezugnahme auf ausländische Rechtsordnungen – definiert als Vertrag, nach dem der Spediteur[531] im eigenen Namen für fremde Rechnung einen Beförderer zum Transport von Gegenständen einsetzt und Entgelt erhält.[532] Der Spediteur hat ein Selbsteintrittsrecht[533].[534] Übt er es aus, rückt er dadurch in die Rechtsstellung des Beförderers.[535] Der so beschriebene Speditionsvertrag entspricht insoweit der früheren deutschen Rechtslage, wonach der Spediteur im eigenen Namen handeln musste.[536]

Speditionsvertrag und Multimodalvertrag werden häufig nicht voneinander unterschieden. Grund hierfür ist, dass sowohl der Spediteur als auch der Unternehmer des multimodalen Transports die Beförderung in der Regel nicht selbst ausführen, sondern andere mit der Durchführung des Transports beauftragen. So

---

526 单式运输合同 (*Fang Shaokun/Guo Mingrui*, S. 347); 单–运输合同 (*Zhang Dai'en*, S. 10; *Lu Yongzhen*, S. 6).
527 运输工具.
528 *Fang Shaokun/Guo Mingrui*, S. 347. *Zhang Dai'en*, S. 10 und *Lu Yongzhen*, S. 6 fordern zusätzlich, dass nur ein Beförderer beteiligt ist.
529 Zu den Voraussetzungen des Multimodalvertrags, insbesondere zum Tatbestandsmerkmal der verschiedenen Transportarten, oben S. 60 ff.
530 承揽运送合同 (*Fang Shaokun/Guo Mingrui*, S. 349, 351).
531 承揽运送人.
532 *Fang Xinjun*, MSFLC, Bd. 13, 119 (145 f.); *Tang Dehua*, S. 871; *Jiang Ping*, S. 257; *Fang Shaokun/Guo Mingrui*, S. 349, 351.
533 介入权.
534 *Fang Xinjun*, MSFLC, Bd. 13, 119 (147); *Fang Shaokun/Guo Mingrui*, S. 350.
535 *Fang Xinjun*, MSFLC, Bd. 13, 119 (147, 150); *Fang Shaokun/Guo Mingrui*, S. 350.
536 *Herber*, S. 243.

meinen *Fang Shaokun/Guo Mingrui*, die Vorschriften über den multimodalen Transportvertrag beinhalteten auch die Spedition.[537] Es bestehe, soweit der Unternehmer des multimodalen Transports die Beförderung nicht selbst durchführe, ein Speditionsvertrag zwischen ihm und dem Absender.[538] Speditionsvertrag und multimodaler Frachtvertrag sind jedoch zumindest im Ausgangspunkt voneinander zu trennen. Der entscheidende Unterschied besteht darin, dass der Unternehmer des multimodalen Transports zur Beförderung – über alle Teilstrecken – verpflichtet ist.[539] Der Spediteur hat die Beförderung dagegen nur zu besorgen. Obwohl *Fang Shaokun/Guo Mingrui* dies bestätigen,[540] übertragen sie ihre Erkenntnis nicht konsequent auf den multimodalen Frachtvertrag, der sich insoweit nicht vom allgemeinen Frachtvertrag unterscheidet. Die Spedition weicht vom multimodalen Transport außerdem insoweit ab, als die in ihrem Rahmen durchgeführte Beförderung nicht notwendig mehrere Teilstrecken umfassen und – falls dies der Fall ist – nicht mit verschiedenen Transportarten erfolgen muss. Übt der Spediteur jedoch sein Selbsteintrittsrecht aus und liegen die übrigen Voraussetzungen eines multimodalen Frachtvertrags vor, so ist der Spediteur zugleich Unternehmer des multimodalen Transports.

Die Rechtsfigur des Spediteurs hat in der Volksrepublik China allerdings keine große Bedeutung.[541] Wesentlich verbreiteter ist das aus dem angloamerikanischen Recht übernommene[542] Konzept der Frachtagentur.

VI. Frachtagenturvertrag

Auch der Frachtagenturvertrag[543] ist zivilrechtlich nicht ausdrücklich geregelt. Dabei handelt es sich um einen Vertrag, nach dem der Frachtagent[544] im Namen des Auftraggebers[545] oder im eigenen Namen für den Auftraggeber Gütertransport und damit zusammenhängende Geschäfte erledigt und dafür Entgelt erhält.[546] Der Frachtagenturvertrag entspricht insoweit dem Speditionsvertrag gemäß reformiertem deutschem Recht, wonach der Spediteur den Frachtvertrag auch im Namen des Versenders abschließen kann.[547] Handelt der Frachtagent im Namen des Auftraggebers, so ist er rechtlich als Vertreter des Auftraggebers beim Abschluss eines Fracht-

537 *Fang Shaokun/Guo Mingrui*, S. 349.
538 *Fang Shaokun/Guo Mingrui*, S. 418.
539 §§ 102 I, 104 I Hs. 2 SHG bzw. §§ 317 Hs. 2; 288, 290, 291 S. 1 VG.
540 *Fang Shaokun/Guo Mingrui*, S. 349 f.
541 *Fang Xinjun*, MSFLC, Bd. 13, 119 (145 ff. passim).
542 *Fang Xinjun*, MSFLC, Bd. 13, 119 (148 f.).
543 货运代理合同.
544 货运代理(人).
545 委托人.
546 Vgl. *Yang Yuntao/Ding Ding*, S. 202 sowie *OVG-Forschungsbüro*, S. 243, die jeweils unkritisch die Definition der internationalen Frachtagentur aus § 2 der Verwaltungsbestimmungen der Volksrepublik China über internationale Frachtagentur übernehmen; a. A. *Fang Shaokun/Guo Mingrui*, S. 352, nach denen Frachtagentur nur dann vorliegt, wenn der Frachtagent im fremden Namen handelt.
547 §§ 453 I, II, 454 III HGB; *Herber*, S. 243 f.

vertrags zwischen diesem und dem Dritten zu qualifizieren.[548] In diesem Fall besteht zwischen den Parteien nach *Yang Yuntao/Ding Ding* letztlich ein Frachtauftrag[549], auf den die Regeln über den Auftrag[550] und nicht die Bestimmungen über die Kommission[551] anzuwenden seien.[552] Tritt der Frachtagent jedoch gegenüber dem Dritten im eigenen Namen auf, so ist er gegenüber diesem als Absender eines Frachtvertrags und, soweit die Umstände den Schluss auf einen entsprechenden Willen des Frachtagenten zulassen,[553] gegenüber dem Auftraggeber als (vertragschließender) Beförderer anzusehen.[554] Damit bestehen in diesem Fall zwei Frachtverträge: der eine zwischen dem Auftraggeber und dem Frachtagenten (Hauptfrachtvertrag), der andere zwischen dem Frachtagenten und dem Dritten (Unterfrachtvertrag).

Wie die Spedition ist auch die Frachtagentur grundsätzlich streng vom multimodalen Frachtvertrag zu trennen. Der Frachtagent ist im Gegensatz zum Unternehmer des multimodalen Transports nicht zur Beförderung selbst, sondern nur zu deren Veranlassung verpflichtet.[555] Außerdem muss der im Rahmen der Frachtagentur durchgeführte Transport nicht notwendig mehrere Teilstrecken umfassen und – falls er in mehrere Abschnitte unterteilt ist – nicht mit verschiedenen Transportarten erfolgen. Wenn sich jedoch aus den Umständen des Einzelfalls der Wille des Frachtagenten ergibt, für die gesamte Beförderung selbst verantwortlich zu sein, und die übrigen Voraussetzungen eines multimodalen Frachtvertrags vorliegen, so ist er zugleich Unternehmer des multimodalen Transports. Der multimodale Transport ist laut *Yang Yuntao/Ding Ding* tatsächlich die derzeit wichtigste Dienstleistungsform der Frachtagenturbranche.[556] Praktisch relevant wird die Abgrenzung zwischen Frachtagentur und multimodalem Transport insbesondere bei der Passivlegitimation, also bei der Frage, wer Beförderungs- und Haftungsschuldner ist.

---

548 *Yang Yuntao/Ding Ding*, S. 194, 202.
549 货物运输委托合同.
550 §§ 396 ff. VG.
551 §§ 414 ff. VG.
552 *Yang Yuntao/Ding Ding*, S. 203; implizit auch *OVG-Forschungsbüro*, S. 243.
553 Vgl. *Herber*, S. 246 zum Spediteur nach neuem deutschem Frachtrecht; *Yang Yuntao/Ding Ding*, S. 205 zu den Kriterien für die Feststellung, ob der Frachtagent Vertreter oder Partei eines Frachtvertrags ist.
554 *Yang Yuntao/Ding Ding*, S. 194, 202.
555 Vgl. *Wu Zaiyang/Ni Xuewei*, ZGHSSPNK 2001, 341 (343): Der Unternehmer des multimodalen Transports trete stets als Beförderer auf. Bei dem Verhältnis zwischen Unternehmer des multimodalen Transports und Absender handele es sich nicht um eine Beziehung zwischen Auftraggeber und Vertreter (委托代理关系).
556 *Yang Yuntao/Ding Ding*, S. 206; vgl. auch *Hu Zhengliang/Zhao Yang*, DLHSDXXB 1–2/2002, 6 (9): „Frachtagent und Non-Vessel-Owning-Carrier [NVOC; 无船承运人] sind derzeit die wichtigsten Unternehmer des multimodalen Transports." (Ergänzung des Verfassers).

D. Zustandekommen des multimodalen Frachtvertrags

Da weder das SHG noch das ZLG diesbezügliche Vorschriften enthalten, richtet sich der Abschluss des multimodalen Frachtvertrags allein nach §§ 13 ff. VG. Demzufolge kommt der Vertrag durch Angebot[557] und Annahme[558] zustande.[559] Eine Übergabe des Transportguts oder anderer Gegenstände ist nach verbreiteter Auffassung darüber hinaus nicht erforderlich; Frachtverträge gelten folglich nicht als Realverträge[560], sondern als Konsensualverträge[561].[562] Dagegen meint *Yang Lixin*, der multimodale Frachtvertrag komme erst nach Ausstellung des Multimodaltransportdokuments zustande.[563] Dies erscheint zweifelhaft, denn nach §§ 72 I SHG bzw. 319 S. 1 VG muss der Unternehmer des multimodalen Transports das Konnossement bzw. Multimodaltransportdokument ausstellen. Eine solche Pflicht kann nur aufgrund eines bereits wirksam abgeschlossenen Vertrags entstehen. Die Ausstellung des Transportdokuments kann demnach nicht gleichzeitig Voraussetzung für den Vertragsschluss sein. Auch die Übergabe des Transportguts erfolgt aufgrund einer vertraglichen Pflicht.[564] Es ist deshalb davon auszugehen, dass Angebot und Annahme für das Zustandekommen des Vertrags genügen.

Der multimodale Frachtvertrag bedarf keiner bestimmten Form (arg. §§ 43 SHG bzw. 10 VG).[565] Frachtverträge werden in der Praxis regelmäßig mündlich geschlossen.[566] Ob AGB Bestandteil des Vertrags werden, bestimmt sich nach § 39 I VG.

Nach § 289 VG dürfen Beförderer, die öffentlichen Transport betreiben, ein übliches vernünftiges Beförderungsverlangen des Absenders nicht ablehnen. Folglich unterliegt der Unternehmer des multimodalen Transports unter den genannten Voraussetzungen einem Kontrahierungszwang[567], der eine Ausnahme vom Grundsatz der Vertragsfreiheit darstellt.[568] Hintergrund des § 289 VG ist die Monopol-

---

557 要约.
558 承诺.
559 *Zhang Dai'en*, S. 12 (zum Transportvertrag im Allgemeinen).
560 实践性合同.
561 诺成性合同.
562 *Long Yifei*, S. 349; *Fang Shaokun/Guo Mingrui*, S. 344 f.; *Zhang Dai'en*, S. 4 f.; *Zhang Xianglan et al.*, S. 74; wohl auch *Mo*, Rn. 4.21: „In most cases, the carrier and the shipper *make* only an oral *contract* of carriage *before* delivering the goods or supplying a vessel to the other party." (Hervorhebungen durch den Verfasser); mit Einschränkungen *Lu Yongzhen*, S. 3.
563 *Yang Lixin*, Bd. 3, S. 934.
564 Ausdrücklich *Zhang Dai'en*, S. 5; zu dieser Pflicht unten S. 89.
565 *Guo Yu*, in: Gebhardt et al., 361 (362); *Hopp*, RIW 6/1996, Beilage 2, 26 (29, Fn. 27) zum SHG; implizit auch *Mo*, Rn. 4.21: „In most cases, the carrier and the shipper make only an *oral* contract before delivering goods or supplying a vessel to the other party." (Hervorhebung durch den Verfasser); vgl. *Ling Bing*, Rn. 3.063 mit einer Aufstellung der Vertragstypen, die die Schriftform erfordern.
566 *Herber*, S. 274, 295.
567 *Münzel/Zheng Xiaoqing*, RIW 1999, 641 (644) sprechen wie *Jiang Ping*, S. 225 von „Abschlusspflicht" („订约义务"). *OVG-WK*, S. 1398 benutzt den Begriff der zwingenden Annahmepflicht (强制承诺义务). *Fang Shaokun/Guo Mingrui*, S. 346 verwenden den Ausdruck „Abschlusszwang" („缔约强制性").
568 *Xu Junqiang*, HSFYJ 2/2001, 104 (104); *Ling Bing*, Rn. 2.028, Fn. 146; *Fang Shaokun/Guo Mingrui*, S. 353; *Jiang Ping*, S. 225.

stellung der Unternehmen, die im öffentlichen Transport tätig sind.[569] Absender können daher häufig nicht unter mehreren Unternehmern auswählen.[570] Hinzu kommt, dass sie sich in der Regel mit AGB konfrontiert sehen.[571]

E. Wirksamkeit des multimodalen Frachtvertrags

In der Volksrepublik China werden Verträge wesentlich häufiger für nichtig erklärt als etwa in Deutschland.[572] Zu den vielen Unwirksamkeitsgründen gehörte in der Vergangenheit insbesondere die Überschreitung des Geschäftsbereichs[573].[574] Denn nach dem in § 42 AGZR verankerten *ultra-vires*-Grundsatz[575] müssen juristische Unternehmenspersonen ihre Geschäfte innerhalb des erlaubten, registrierten Geschäftsbereichs betreiben.[576] Der Geschäftsbereich eines Unternehmens wird zusammen mit der Registrierung als juristische Person registriert.[577] Dies dient dem Staat zur Kontrolle der wirtschaftlichen Tätigkeit der Unternehmen.[578] Jedoch hat die Rechtsprechung in Fällen der Überschreitung des Geschäftsbereichs schon vor Inkrafttreten des VG immer seltener die Wirksamkeit des Vertrags in Frage gestellt.[579] Inzwischen hat das *OVG* festgelegt, dass die Volksgerichte einen Vertrag nicht wegen Überschreitung des Geschäftsbereichs für unwirksam erklären dürfen, es sei denn, es liegt ein Verstoß gegen Bestimmungen über staatliche Geschäftsbeschränkungen oder besondere Geschäftserlaubnisse oder gegen Bestimmungen über Geschäftsverbote in Gesetzen oder Verwaltungsrechtsnormen vor (§ 10 OVG-VG-Erläut). Die Ausnahmetatbestände sind lediglich als Ausprägungen des Grundsatzes zu werten, dass Verträge unwirksam sind, soweit sie gegen zwingende Bestimmungen in Gesetzen oder Verwaltungsrechtsnormen verstoßen[580] (§ 52 Nr. 5 VG). Der *ultra-vires*-Grundsatz gilt damit als abgeschafft.[581]

---

569 *Fang Shaokun/Guo Mingrui*, S. 346, 353; *OVG-WK*, S. 1399; *Jiang Ping*, S. 225.
570 *Fang Shaokun/Guo Mingrui*, S. 346.
571 *Fang Shaokun/Guo Mingrui*, S. 353; *OVG-WK*, S. 1398.
572 *Münzel*, Rev. dr. unif. 2000-3, 451 (454f.).
573 超越经营范围.
574 *Münzel*, Rev. dr. unif. 2000-3, 451 (467); wohl auch *Seegericht Guangzhou*, zitiert bei *Mo*, Rn. 4.05, 4.72, der dies in Rn. 4.05 jedoch nicht im Zusammenhang mit der Vertragswirksamkeit, sondern mit dem Status als Beförderer diskutiert.
575 *Münzel*, Rev. dr. unif. 2000-3, 451 (457); *Ling Bing*, Rn. 4.023, Fn. 137; *Tetz*, RIW 1999, 647 (648).
576 Zu ähnlichen Normen s. *Ling Bing*, Rn. 4.023, Fn. 137.
577 *Ling Bing*, Rn. 4.023.
578 *Ling Bing*, Rn. 4.023.
579 *Ling Bing*, Rn. 4.023; *Münzel*, Rev. dr. unif. 2000-3, 451 (458).
580 *Ling Bing*, Rn. 4.024.
581 *Münzel*, Rev. dr. unif. 2000-3, 451 (458); *Münzel*, Chinas Recht, 15.3.99/1, Anm. 1: „Besonders erfreulich ist, daß nach E1 § 10 … der in der Praxis außerordentlich häufige Fall der Überschreitung des ‚Betriebsbereichs' eines Unternehmens sich nicht mehr auf die Wirksamkeit von Verträgen auswirkt."; *Ling Bing*, Rn. 4.023; anders noch – vor Bekanntmachung der OVG-VG-Erläut – *Tetz*, RIW 1999, 647 (648).

Weitere Fragen der Vertragswirksamkeit werden im Zusammenhang mit der Abdingbarkeit gesetzlicher Regelungen erörtert.[582]

F. Zusammenfassung

Die wichtigsten Bestimmungen des autonomen chinesischen Rechts über multimodale Frachtverträge sind §§ 102–106 SHG und §§ 317–321 VG. Der Gesetzgeber des SHG hat den multimodalen Frachtvertrag als Sonderform des Seefrachtvertrags eingeordnet. Die auf Schiffstransporte zugeschnittenen Begriffe sind dabei grundsätzlich entsprechend auf andere Beförderungsmittel anzuwenden. Nach der Systematik des VG ist der multimodale Frachtvertrag ein besonderer Fall des Beförderungsvertrags. Den (multimodalen) Frachtvertrag hat der Gesetzgeber nicht als Werkvertrag, sondern als Vertrag *sui generis* eingeordnet.

Multimodale Beförderungen sind darüber hinaus in zwei Vorschriften des ZLG geregelt, die den einschlägigen Bestimmungen des MÜ und des WA entsprechen. Dabei handelt es sich zum einen um § 106 III ZLG. Demzufolge richtet sich die Haftung nach dem 9. Kapitel des ZLG, wenn das schädigende Ereignis nachweislich während einer dem ZLG unterliegenden Luftbeförderung eingetreten ist. Zum anderen ist § 125 VI ZLG zu beachten. Danach wird bei unbekanntem Schadensort im Zusammenhang mit Zubringerdiensten vermutet, dass der Schaden während der Luftbeförderung verursacht wurde.

Bei multimodalen Frachtverträgen unter Einschluss eines Lufttransports i.S. des ZLG ist zunächst das ZLG zu prüfen. Bei Beförderungen unter Einschluss einer Seestrecke i.S. des § 2 SHG gilt das SHG, andernfalls das VG – beide ggf. ergänzend zum ZLG.

Ein multimodaler Frachtvertrag setzt zum einen voraus, dass die Güter mit mindestens zwei verschiedenen Transportarten befördert werden sollen. Wie die einzelnen Transportarten voneinander abzugrenzen sind, lässt sich allenfalls vermuten. Dem Wortlaut sowie dem Sinn und Zweck der Regelungen über den Multimodalvertrag scheint es zu entsprechen, verschiedene Transportarten anzunehmen, wenn das Gut nach dem Vertrag über mindestens zwei der Transportmedien Straße, Schiene, Luft und Wasser befördert werden soll, und darüber hinaus Seetransporte i.S. des § 2 SHG und andere Transporte zu Wasser als verschiedene Transportarten zu behandeln. Zum anderen liegt ein multimodaler Transportvertrag nur dann vor, wenn sich eine einzige Person (der Unternehmer des multimodalen Transports) in einem einzigen, einheitlichen Vertrag zur Ausführung der gesamten Beförderung verpflichtet. Nach ganz h.M. müssen bei einem Multimodalvertrag darüber hinaus mindestens zwei tatsächliche Beförderer beteiligt sein. Eine Begründung für dieses Erfordernis ist indes nicht ersichtlich.

---

582 Dazu unten S. 199ff.

Durch das Merkmal, dass die Güter mit mindestens zwei verschiedenen Transportarten befördert werden sollen, unterscheidet sich der multimodale Frachtvertrag von allen verwandten Vertragstypen. Beim verbundenen Transport, bei Spedition und Frachtagentur ist eine Beförderung mit zwei verschiedenen Transportarten zwar möglich, aber nicht erforderlich. Beim gleichartigen verbundenen Transport (§ 313 VG) und beim aufeinanderfolgenden Transport (§§ 108, 136 ZLG) ist dies wie bei allen anderen unimodalen Beförderungen hingegen nicht vorgesehen. Anders als bei der multimodalen Beförderung handelt es sich beim aufeinanderfolgenden Transport nicht um einen einheitlichen Vertrag mit einer Person über die Gesamtstrecke, sondern um eine Vereinbarung mit mehreren Beförderern, die sich zu Teilleistungen verpflichten, oder um ein Bündel von Verträgen. Spedition und Frachtagentur sind keine Frachtverträge, da nicht die Beförderung, sondern nur deren Besorgung geschuldet ist. Allerdings haben sowohl der Spediteur als auch der Frachtagent ein Selbsteintrittsrecht, durch dessen Ausübung sie zum Beförderungs- und entsprechenden Haftungsschuldner werden. Liegen in solchen Fällen auch die übrigen Voraussetzungen eines multimodalen Frachtvertrags vor, so sind Spediteur und Frachtagent zugleich Unternehmer des multimodalen Transports.

Der multimodale Frachtvertrag kommt durch Angebot und Annahme zustande (Konsensualvertrag). Eine Übergabe des Transportguts oder anderer Gegenstände ist ebenso wenig erforderlich wie die Ausstellung eines Transportdokuments. Der Multimodalvertrag kann schriftlich oder mündlich geschlossen werden. Seine Wirksamkeit lässt sich entgegen früherer Praxis in der chinesischen Rechtsprechung nicht deshalb in Frage stellen, weil der Unternehmer des multimodalen Transports außerhalb seines erlaubten, registrierten Geschäftsbereichs gehandelt hat. Dieser sog. *ultra-vires*-Grundsatz gilt als abgeschafft.

4. Kapitel
Rechte und Pflichten der am multimodalen Frachtvertrag beteiligten Personen

Dieses Kapitel stellt zunächst die am multimodalen Frachtvertrag beteiligten Personen vor (dazu A.). Sodann werden deren Pflichten (dazu B.) und Rechte (dazu C.) behandelt. In diesem Zusammenhang ist auch auf die Möglichkeiten der Beendigung des Vertrags einzugehen (dazu D.). Es folgt ein Abschnitt über die Rechtsstellung des Empfängers (dazu E.). Abschließend wird die Rechtsfigur des Unterfrachtvertrags erörtert (dazu F.).

A. Am multimodalen Frachtvertrag beteiligte Personen

Die am multimodalen Frachtvertrag beteiligten Personen sind der Unternehmer des multimodalen Transports und der Absender.[583] Dies lässt sich den §§ 102 II SHG bzw. 319, 320 VG entnehmen. Die Rechtsstellung des Empfängers wird später erörtert.[584] Die nachstehend erörterten Definitionen der beiden Vertragspartner können in der Praxis enorme Bedeutung erlangen, weil bei der Veranlassung und Organisation von multimodalen Beförderungen, insbesondere bei grenzüberschreitenden Transporten, häufig sehr viele Personen beteiligt sind. Um in solchen Fällen die Rechte und Pflichten der Beteiligten festzustellen, kommt es entscheidend darauf an, in welcher Eigenschaft sie tätig geworden sind.

I. Unternehmer des multimodalen Transports

Die Bezeichnung „Unternehmer des multimodalen Transports“[585] ist eine Übersetzung des englischen Begriffs „multimodal transport operator“ (MTO), der u. a. in der MT-Konvention, in den UNCTAD/ICC Rules for Multimodal Transport Documents und vor allem in der Praxis[586] verwendet wird.

Unternehmer des multimodalen Transports ist nach § 102 II SHG die Person, die entweder selbst mit dem Absender einen multimodalen Transportvertrag schließt oder einen anderen beauftragt, dies in ihrem Namen zu tun. Diese Bestimmung

---

583 *OVG-WK*, S. 1661; *Yang Lixin*, Bd. 3, S. 931, 933; *Tang Dehua*, S. 832; *Long Yifei*, S. 366; *Jiang Ping*, S. 256; *Wei Yaorong et al.*, S. 406.
584 Unten S. 98 ff.
585 „多式联运经营人“.
586 *Looks*, VersR 1999, 31 (31, Fn. 13).

entspricht der Definition des Unternehmers des multimodalen Transports in der MT-Konvention und des Beförderers in den HambR und im SHG.[587] Das VG enthält keine Definition des Unternehmers des multimodalen Transports. In der Literatur übernimmt man im Allgemeinen die Formulierung des § 102 II SHG.[588] Ob die betreffende Person Eigentümer eines Transportmittels ist, spielt keine Rolle.[589] Tatsächlich übernehmen insbesondere die sog. Non-Vessel-Owning-Carrier[590] (NVOC) häufig die Verantwortung für die gesamte Beförderung.[591] Ob die fragliche Person ein Konnossement ausgestellt hat, ist ebenfalls nicht maßgeblich.[592]

II. Absender

Das SHG enthält in seinen Vorschriften über multimodale Frachtverträge keine Definition des Absenders[593]. Nach der Systematik des SHG ist jedoch die für alle Seefrachtverträge geltende Definition des Absenders in § 42 Nr. 3 SHG auch auf multimodale Frachtverträge anwendbar. Danach ist Absender eine Person, die entweder selbst mit dem Unternehmer des multimodalen Transports einen multimodalen Frachtvertrag schließt oder einen anderen beauftragt, dies in ihrem Namen oder für sie zu tun (§ 42 Nr. 3 Pkt. 1 SHG) sowie eine Person, die entweder selbst dem Unternehmer des multimodalen Transports das Gut im Hinblick auf den multimodalen Frachtvertrag übergibt oder einen anderen beauftragt, dies in ihrem Namen oder für sie zu tun (§ 42 Nr. 3 Pkt. 2 SHG). Bei wörtlicher Übersetzung müsste man formulieren: „... das Gut dem Unternehmer des multimodalen Transports übergibt, der mit dem multimodalen Frachtvertrag zu tun hat ..."[594]. Ein Blick auf die dem § 42 Nr. 3 SHG zugrundeliegende Vorschrift des Art. 1 III HambR zeigt jedoch, dass die Bezüge im chinesischen Gesetzestext anders gemeint sein müssen. Diese Definition des Absenders entspricht im Übrigen Art. 1 V MT-Konvention.

Absender nach dem SHG kann demnach die Person sein, die den Frachtvertrag schließt. Diese Eigenschaft kann darüber hinaus derjenige haben, der das Gut übergibt. Der in § 42 Nr. 3 Pkt. 1 SHG geregelte Absender wird daher häufig „vertragschließender Absender"[595] genannt, der in § 42 Nr. 3 Pkt. 2 SHG definierte Ab-

---

587 Art. 1 Nr. 2 MT-Konvention, Art. 1 I HambR, § 42 Nr. 1 SHG. Die Definition des Unternehmers des multimodalen Transports in der MT-Konvention enthält noch zwei weitere Elemente („... and who acts as a principal, not as an agent or on behalf of the consignor or of the carriers participating in the multimodal transport operations, and who assumes responsibility for the performance of the contract"). Das letztere Element kommt in § 104 I SHG zum Ausdruck.

588 *OVG-WK*, S. 1661; *Hu Kangsheng*, S. 484; *Fang Shaokun/Guo Mingrui*, S. 416.

589 *Wu Zaiyang/Ni Xuewei*, ZGHSSPNK 2001, 341 (342 f.); s. auch *Mo*, Rn. 4.05 zum Beförderer nach § 42 Nr. 1 SHG.

590 无船承运人.

591 *Hu Zhengliang/Zhao Yang*, DLHSDXXB 1–2/2002, 6 (9).

592 A. A. offenbar *Han Lixin*, ICML III, 91 (97 f.).

593 托运人.

594 Vgl. *Münzel*, Chinas Recht, 7.11.92/1.

595 „缔约托运人" (engl. contracting shipper).

sender als „tatsächlicher Absender“[596] bezeichnet.[597] Ein Teil der chinesischen Literatur verlangt für die Eigenschaft des tatsächlichen Absenders, dass er als Absender im Konnossement eingetragen ist.[598] Dieses zusätzliche Erfordernis wird von der Gegenmeinung unter Hinweis auf den Wortlaut des § 42 Nr. 3 Pkt. 2 SHG abgelehnt.[599]

Die Vorschrift wirft Probleme auf, wenn vertragschließender und tatsächlicher Absender nicht identisch sind, z.B. bei Kaufverträgen mit der Lieferbedingung FOB oder FCA. In diesen Fällen schließt der Käufer den Frachtvertrag und wird damit vertragschließender Absender i.S. des § 42 Nr. 3 Pkt. 1 SHG, während der Verkäufer dem Beförderer das Gut übergibt und dadurch tatsächlicher Absender i.S. des § 42 Nr. 3 Pkt. 2 SHG wird.[600] Nach verbreiteter Ansicht in der chinesischen Literatur sind dann sowohl Käufer als auch Verkäufer gleichzeitig als Absender anzusehen.[601] Dafür spricht der insoweit von Art. 1 III HambR abweichende Wortlaut des § 42 Nr. 3 SHG: Während die Definitionen der beiden Arten von Absendern dort durch ein „or“ voneinander getrennt werden, steht hier ein Semikolon dazwischen.[602] Da die Vorschriften des SHG nicht zwischen den beiden Typen von Absendern unterscheiden, sondern stets lediglich vom „Absender“ sprechen, stellt sich häufig die Frage, wem von den beiden Absendern im konkreten Fall welche Rechte zustehen und welche Pflichten obliegen. Die Abgrenzung der Rechtsstellungen der beiden Absender voneinander ist praktisch höchst relevant, da Käufer und Verkäufer unterschiedliche Interessen haben. Das Problem ist in der chinesischen Literatur jedoch weitgehend ungeklärt.[603]

Das VG enthält keine Definition des Absenders. Die Äußerungen der chinesischen Literatur sind uneinheitlich: Die *Wirtschaftskammer des Obersten Volksgerichts*[604] (*OVG-WK*) überträgt die Rechtslage nach dem SHG auf das VG; sie unterscheidet folglich zwischen einem vertragschließenden und einem tatsächlichen Absender, die nebeneinander existieren können.[605] Andere meinen, Absender sei derjenige, der dem Beförderer das Gut zur Beförderung übergebe.[606] *Wei Yaorong et al.* fügen – ohne Erklärung – hinzu, bei Frachtverträgen sei eine vertragschließende Partei der Absender.[607] *Long Yifei* schließlich spricht bei seiner Aufzählung der am Frachtvertrag be-

---

596 „实际托运人“ (engl. actual shipper).
597 *Zhao Guoling*, S. 53; *Li Dong/Zhai Li*, ZGHSFNK 2000, 325 (332); *OVG-WK*, S. 1396.
598 Darstellung dieser Ansicht bei *Weng Ziming*, ZGHSSPNK 1999, 44 (49f.); *Yu Shicheng et al.*, S. 104f.
599 *Weng Ziming*, ZGHSSPNK 1999, 44 (50); *Yu Shicheng et al.*, S. 105; *Xu*, ICML IV, 343 (346); wohl auch *OVG-WK*, S. 1396.
600 *Guo Chunfeng*, ICML III, 349 (350); *OVG-WK*, S. 1396.
601 *Guo Chunfeng*, ICML III, 349 (351); *Li Zhiwen/Wang Darong*, ICML IV, 578 (583); *Xu*, ICML IV, 343 (347, 350); wohl auch *OVG-WK*, S. 1396.
602 *Guo Chunfeng*, ICML III, 349 (351); *Xu*, ICML IV, 343 (345).
603 Lösungsansätze bei *Xu*, ICML IV, 343 (349 f.); *OVG-WK*, S. 1396.
604 最高人民法院经济审判庭.
605 *OVG-WK*, S. 1396.
606 *Zhang Dai'en*, S. 2; *Fang Shaokun/Guo Mingrui*, S. 346; *Lu Yongzhen*, S. 1 f.; *Wei Yaorong et al.*, S. 353.
607 *Wei Yaorong et al.*, S. 353.

teiligten Personen von dem „mit dem Beförderer den Frachtvertrag schließenden, das Gut übergebenden Absender“.[608]

B. Pflichten der Parteien

Der folgende Abschnitt behandelt die Pflichten des Unternehmers des multimodalen Transports und des Absenders. Der Übersichtlichkeit halber und zur Vermeidung von Wiederholungen werden auch die Rechtsfolgen einiger Pflichtverletzungen bereits an dieser Stelle erörtert.[609]

I. Pflichten des Unternehmers des multimodalen Transports

1. Beförderung und Ablieferung

Der Unternehmer des multimodalen Transports muss das Gut zum Bestimmungsort befördern und an den Empfänger abliefern (§ 102 I SHG). Eine ähnlich klare Vorschrift fehlt im VG. Aus §§ 317 Hs. 2; 288, 290, 291 S. 1 VG ergibt sich nur die Verpflichtung, das Gut zum vereinbarten Ort zu befördern. Dass auch die Ablieferung an den Empfänger geschuldet ist, lässt sich aber aus §§ 317 Hs. 2; 308, 310 S. 3; 316 VG ableiten und wird auch in der Literatur bejaht.[610]

Nach § 104 I Hs. 1 SHG bzw. § 317 Hs. 1 VG ist der Unternehmer des multimodalen Transports für die Ausführung oder Organisation der Ausführung des multimodalen Transportvertrags verantwortlich.[611] Demnach kann er die Beförderung entweder selbst durchführen oder einen anderen mit der Durchführung beauftragen.[612] Er kann auch, wie es in der Praxis häufig geschieht, nur einen Teil des Gesamttransports selbst übernehmen und weitere Teilstrecken anderen übertragen. Ihm steht insoweit ein Wahlrecht zu, soweit nichts anderes vereinbart ist. Unabhängig davon, ob und wieviele Teile des Gesamttransports er selbst durchführt, ist

---

608 *Long Yifei*, S. 359.

609 Einige Pflichten des Unternehmers des multimodalen Transports nach dem SHG sind zugleich Haftungstatbestände (§§ 47–49 SHG). Sie gelten grundsätzlich jeweils sowohl für Güter- als auch für Verspätungsschäden, werden hier aber wegen der unten vorgenommenen Unterteilung in Güterschadens- und Verspätungshaftung „vor die Klammer gezogen“. Überdies ist im Rahmen der Deviation auf höchst unterschiedliche Rechtsfolgen (Rücktrittsrecht, Durchbrechung der Haftungsbegrenzung, Unwirksamkeit von Haftungsausschlussklauseln) einzugehen, die streng genommen an verschiedenen Stellen dieser Arbeit erörtert werden müssten, sich aber besser im Zusammenhang darstellen lassen.

610 *Xu Junqiang*, HSFYJ 2/2001, 104 (119); *Long Yifei*, S. 359, 361; *Hu Kangsheng*, S. 484; *Fang Shaokun/Guo Mingrui*, S. 392; *Jiang Ping*, S. 226 f.; *Liu Jianwen/Wang Zhenhua*, S. 459.

611 Wo hier von „Ausführung“ die Rede ist, steht im Chinesischen das Wort „履行“. Dabei handelt es sich um den *terminus technicus* für die Erfüllung (§§ 60 ff. VG), der hier aber unpassend erscheint. Vgl. einerseits *Münzel*, Chinas Recht, 7.11.92/1 („Erfüllung”) und andererseits *Münzel*, Chinas Recht, 15.3.99/1 („Ausführung“).

612 *Wu Zaiyang/Ni Xuewei*, ZGHSSPNK 2001, 341 (343).

er jedoch stets zur Beförderung über die gesamte Strecke verpflichtet (§§ 102 I, 104 I Hs. 2 SHG bzw. § 317 Hs. 2 i. V. mit §§ 288, 290, 291 S. 1 VG).

Soweit er andere mit dem Transport beauftragt, ist er gegenüber dem Absender des multimodalen Frachtvertrags als vertragschließender Beförderer[613] anzusehen.[614] Der beauftragte Beförderer ist aus Sicht des Absenders tatsächlicher Beförderer[615],[616] im Anwendungsbereich des SHG i. S. des § 42 Nr. 2 SHG. Der Unternehmer des multimodalen Transports nimmt im Verhältnis zu dem von ihm beauftragten Beförderer die Rechtsstellung des Absenders ein.[617] Zwischen diesen beiden Parteien besteht ein Unterfrachtvertrag.[618]

2. Seetüchtigkeit und Ladungsfürsorge bzw. Sicherheit der Beförderung

a) Seehandelsgesetz

Nach dem SHG ist der Unternehmer des multimodalen Transports zur Stellung eines see- und ladungstüchtigen Schiffs (§ 47 SHG) und zur Ladungsfürsorge (§ 48 SHG) verpflichtet.

Gemäß § 47 SHG muss der Unternehmer des multimodalen Transports vor und bei Beginn der Reise gehörige Sorgfalt anwenden, um das Schiff seetüchtig zu machen, um es gehörig zu bemannen, auszurüsten und zu verproviantieren und um die Lade-, Kühl- und Gefrierräume und andere Orte, an denen Güter befördert werden, in einen für die sichere Aufnahme, Beförderung und Erhaltung geeigneten Zustand zu versetzen.[619] In der chinesischen Literatur spricht man von der „Seetüchtigkeitspflicht“[620]. Dabei unterscheidet man teilweise zwischen der Seetüchtigkeit i. w. S., die alle Tatbestandsmerkmale des § 47 SHG erfasst, und der Seetüchtigkeit i. e. S., die sich nur auf das Wort „seetüchtig“[621] bezieht.[622] Darüber hinaus werden die Tatbestandsmerkmale des zweiten Teils der Vorschrift unter der Bezeichnung „Ladungstüchtigkeit“[623] zusammengefasst.[624] International üblich ist der Oberbegriff der Seetüchtigkeit mit den drei Elementen der See-, Reise- und Ladungstüchtigkeit, wie sie in Art. 3 § 1 lit. a–c HVR zum Ausdruck kommen.[625]

---

613 缔约承运人 (engl. contracting carrier); vgl. § 137 I ZLG.
614 *Tang Dehua*, S. 871; *Jiang Ping*, S. 257.
615 实际承运人 (engl. actual carrier); vgl. § 137 II ZLG.
616 *Yao Hongxiu/Wang Xiaofang*, ICML IV, 466 (468 f., 474); wohl auch *Jiang Ping*, S. 260; *Tang Dehua*, S. 874 f.; *Liu Wenhua*, S. 299.
617 *Tang Dehua*, S. 871; *Jiang Ping*, S. 257; *Hou Zuoqian et al.*, S. 422; *Zhang Dai'en*, S. 210.
618 Zum Unterfrachtvertrag unten S. 100 f.
619 Übersetzung angelehnt an die Schweizer Übersetzung der HVR, abgedruckt bei *Rabe*, Anhang III § 663 b, Rn. 10.
620 „适航义务“. Teilweise liest man auch von der „Pflicht, das Schiff seetüchtig zu machen“ („使船舶适航的义务“), z. B. bei *Zhao Hong*, HSFYJ 4/2001, 141 (153).
621 „适航“.
622 *Si Yuzhuo et al.*, S. 131 f.
623 „适货“.
624 *Si Yuzhuo et al.*, S. 132.
625 *Von Ziegler*, Haftungsgrundlage, Rn. 320.

Nach § 48 SHG muss der Unternehmer des multimodalen Transports die von ihm beförderten Güter zweckmäßig und sorgfältig verladen, umladen, stauen, befördern, aufbewahren, versorgen und entladen.[626] Dabei handelt es sich um die Ladungsfürsorgepflicht[627].

Die beiden Bestimmungen der §§ 47f. SHG entsprechen Art. 3 §§ 1 bzw. 2 HVR. Die Bedeutung der darin enthaltenen Pflichten erschließt sich nur teilweise aus dem Gesetz: Dem § 51 I Nr. 12 SHG ist zu entnehmen, dass der Beförderer nur bei Verschulden haften soll. Mit dem Begriff des Verschuldens[628] ist – wie in den HVR – die Verletzung einer der abschließend aufgezählten Sorgfaltspflichten gemeint.[629] Der Beförderer soll also nur dann haften, wenn er eine dieser Pflichten verletzt hat.[630] Zu diesen Pflichten gehören vor allem die in §§ 47f. SHG genannten Verpflichtungen.[631] Dass es sich dabei um Sorgfaltspflichten handelt, ergibt sich in § 47 SHG aus den Worten „Sorgfalt anwenden“[632], in § 48 SHG aus den Begriffen „zweckmäßig“[633] und „sorgfältig“[634]. Die Haftung ist demnach in beiden Fällen verschuldensabhängig.[635] Der Sorgfaltsmaßstab ist ein relativer: Er hängt von den konkreten Umständen der bevorstehenden Beförderung ab, etwa von der Natur der Güter, vom gewählten Reiseweg, von den zu erwartenden Wetterbedingungen usw.[636] Abzustellen ist auf einen Beförderer mit den üblicherweise verlangten Fähigkeiten, der alle Maßnahmen ergreift, die im konkreten Fall vernünftigerweise verlangt werden können.[637] Der Beförderer haftet demgemäß nicht für verborgene Mängel[638] des Schiffs, die durch derartige Maßnahmen nicht entdeckt werden können.[639]

Die in § 47 SHG verlangte Seetüchtigkeit i. e. S. bedeutet, dass das Schiff hinsichtlich Konstruktion, Eigenschaften, Zustand usw. in der Lage ist, die während der

---

626 Übersetzung angelehnt an *Münzel*, Chinas Recht, 7.11.92/1.

627 管理货物义务, kurz: 管货义务 (*Zhao Hong*, HSFYJ 4/2001, 141 [153 bzw. 142f.]).

628 过失.

629 *Fante*, TranspR 1995, 99 (102): „Gemäß § 50 Abs. 2 und 3 SHG ist ein Verschulden des Verfrachters erforderlich, wobei ein Verschulden im Sinne der §§ 47ff. SHG gemeint ist, also ein Verstoß gegen die Sorgfaltspflichten.“ (Der Verschuldensbegriff des § 50 II, III SHG unterscheidet sich nicht von dem des § 51 I Nr. 12 SHG.) Ähnlich *von Ziegler*, Haftungsgrundlage, Rn. 567 zu Art. 4 § 2 lit. q HVR: „... Beweis der Verschuldensfreiheit ..., d.h. ... Beweis der gehörigen Sorgfalt gemäss Art. 3 I und II HR.“

630 *Hopp*, RIW 6/1996, Beilage 2, 26 (27); *Fante*, TranspR 1995, 99 (101): „... Systematik, die in kasuistischer Weise bestimmte Punkte des Vertrags regelt“; nicht ganz eindeutig *Mo*, Rn. 4.42: „... if the carrier has not breached any of these duties, the carrier would probably not be liable for the loss or damage incurred“; *Herber*, S. 313 zum deutschen HGB.

631 Hinzu kommen noch die in § 49 SHG geregelte Pflicht, nicht von der Transportroute abzuweichen (dazu unten S. 82ff.), und ggf. die nicht ausdrücklich vom Gesetz erwähnte – und daher umstrittene – *reasonable despatch duty* (dazu unten S. 159ff.).

632 „谨慎处理“.

633 „妥善“.

634 „谨慎“.

635 *Hopp*, RIW 6/1996, Beilage 2, 26 (28); vgl. *Herber*, S. 314, 316.

636 *Yu Shicheng et al.*, S. 90; *Si Yuzhuo et al.*, S. 131; *Mo*, Rn. 4.42.

637 *Si Yuzhuo et al.*, S. 132.

638 潜在缺陷.

639 *Si Yuzhuo et al.*, S. 132f.; *Mo*, Rn. 4.42. Dies ergibt sich auch aus § 51 I Nr. 9 SHG.

Reise üblicherweise bestehenden und bei Anlegung eines vernünftigen Maßstabs vorhersehbaren Risiken aufzufangen.[640] Die Pflicht, ein see- und ladungstüchtiges Schiff zu stellen, besteht nur vor und bei Beginn der Reise. Der Unternehmer des multimodalen Transports haftet daher nicht, wenn See- oder Ladungsuntüchtigkeit nach Beginn der Reise eintreten, es sei denn, dass sie auf einem Umstand beruhen, den er vor oder bei Beginn der Reise hätte entdecken können.[641] Diese zeitliche Begrenzung der Haftung nach § 47 SHG wird mit den besonderen Gefahren des Seetransports begründet,[642] ist aber nicht mehr zeitgemäß.[643]

In diesen Zusammenhang fällt auch der Streit um den Begriff der Reise[644].[645] Nach einer Ansicht ist damit die Strecke zwischen zwei Häfen gemeint.[646] Danach haftet der Unternehmer vor und bei Beginn der Abfahrt des Schiffs aus einem Hafen für auf Seeuntüchtigkeit beruhende Schäden auch solcher Güter, die bereits in einem anderen Hafen auf das Schiff geladen wurden. Die Haftung für anfängliche See- und Ladungsuntüchtigkeit besteht also bei jeder Abfahrt aus einem Hafen für die gesamte Ladung. Die Gegenansicht, die laut *Si Yuzhuo et al.* in der Rechtsprechung weit verbreitet ist,[647] geht vom Begriff der vertraglichen Reise bzw. der Konnossementsreise aus.[648] Das ist die Strecke vom Ladehafen zum Löschhafen. Nach dieser Auffassung ist die Haftung gemäß § 47 SHG also auf die Güter beschränkt, die in dem Hafen geladen wurden, in dem die See- oder Ladungsuntüchtigkeit bestand.

Fraglich ist, wie § 47 SHG bei multimodalen Beförderungen anzuwenden ist. Die Vorschrift bezieht sich, wie sich aus den Begriffen „Schiff" und „Seetüchtigkeit" ergibt, ausschließlich auf Schiffstransporte. Es erscheint jedoch angemessen, die Voraussetzungen der Bestimmung, soweit sie nicht schon direkt anwendbar sind, analog auf andere Transportmittel zu erstrecken. Andernfalls würden die ohnehin schon geringen Anforderungen des § 47 SHG bei multimodalen Frachtverträgen im Vergleich zu reinen Seefrachtverträgen bezogen auf den Gesamttransport quasi noch weiter vermindert. Denn obwohl der Unternehmer des multimodalen Transports über den Seetransport hinaus die Durchführung weiterer, damit zusammenhängender Beförderungen übernimmt und dafür auch eine entsprechend höhere Fracht verlangen kann, müsste er im Rahmen des § 47 SHG dennoch nur einer auf den Seetransport bezogenen Pflicht nachkommen. Folgt man diesem Gedanken, so muss nicht nur das Schiff, sondern jedes Transportmittel hinsichtlich Konstruktion, Eigenschaften, Zustand usw. in der Lage sein, die während der Beförderung üblicherweise bestehenden und bei Anlegung eines vernünftigen Maßstabs vorhersehbaren Risiken aufzufangen.[649] Der Haftungsgläubiger gerät hier freilich re-

640 *Si Yuzhuo et al.*, S. 131.
641 *Mo*, Rn. 4.42.
642 *Yu Shicheng et al.*, S. 90.
643 *Von Ziegler*, Haftungsgrundlage, Rn. 261 ff., 323, 885.
644 航次.
645 Ausführliche Darstellung bei *Si Yuzhuo et al.*, S. 133 f.
646 *Zhang Xianglan et al.*, S. 79.
647 *Si Yuzhuo et al.*, S. 134.
648 *Yu Shicheng et al.*, S. 91.
649 Vgl. *Si Yuzhuo et al.*, S. 131 (zur Definition der Seetüchtigkeit i. e. S.).

gelmäßig in Beweisnot. Denn wenn der Schadensort unbekannt ist, wird er kaum beweisen können, dass der Schaden auf die Seeuntüchtigkeit des Schiffs oder die entsprechende Untüchtigkeit eines bestimmten anderen Transportmittels zurückzuführen ist.[650]

b) Vertragsgesetz

Nach dem VG muss der Unternehmer des multimodalen Transports das Gut sicher befördern (§§ 317 Hs. 2; 290 VG). Dabei handelt es sich um die Obhutspflicht[651]. Sie erfasst inhaltlich die Tatbestände der §§ 47f. SHG, ist aber zeitlich nicht – wie § 47 SHG – auf den Beginn der Beförderung beschränkt. Im Gegensatz zu den §§ 47f. SHG spielt sie im Rahmen der Haftung keine Rolle, da der Gesetzgeber sich im VG statt der abschließenden Aufzählung von Pflichten für einen umfassenden Haftungsgrund entschieden hat.[652]

3. Deviation

Der Unternehmer des multimodalen Transports hat den Reiseweg einzuhalten (§ 49 SHG bzw. §§ 317 Hs. 2; 291 VG). In der chinesischen Literatur spricht man von der „Pflicht, keine unvernünftige Deviation vorzunehmen“[653].[654]

a) Seehandelsgesetz

§ 49 SHG beruht auf Art. 4 § 4 HVR. Nach § 49 I SHG muss der Unternehmer des multimodalen Transports die Güter auf dem vereinbarten oder üblichen oder geographischen Reiseweg zum Löschhafen befördern. Priorität hat die vereinbarte Route; liegt keine Vereinbarung vor, so hat der Unternehmer die übliche Route zu nehmen; erst wenn auch kein üblicher Reiseweg existiert, ist der geographische Reiseweg maßgeblich.[655] Übliche Route ist die für andere Schiffe dieser Art in der jeweiligen Jahreszeit gewöhnliche Route zwischen den vertraglich vereinbarten Verlade- und Löschhäfen.[656] Der geographische Reiseweg ist der kürzeste, für Schiff und Güter sichere Reiseweg zwischen Verlade- und Löschhafen.[657] Zulässig sind gemäß § 49 II SHG Umwege, die das Schiff wegen der Rettung oder beab-

---

650 Zur diesbezüglichen Beweislast nach dem SHG unten S. 128f.
651 保管义务 (*Jiang Ping*, S. 227).
652 Unten S. 120.
653 „不得进行不合理绕航义务“ (*Xu Junqiang*, HSFYJ 2/2001, 104 [139]).
654 *Sun Lin*, S. 187 und *Lu Yongzhen*, S. 178f. bezeichnen die Pflicht als *„reasonable despatch duty“* („合理速遣义务“). Dieser Begriff dürfte allerdings in die Diskussion über die Bedeutung des § 50 I SHG gehören (dazu unten S. 158ff.).
655 *Si Yuzhuo et al.*, S. 137; *Xu Junqiang*, HSFYJ 2/2001, 104 (140); *Zhao Hong*, HSFYJ 4/2001, 141 (152) zum englischen *Common Law*; a. A. *Mo*, Rn. 4.44: Wenn die Route nicht vereinbart wurde, könne der Beförderer entweder die übliche oder die geographische Route wählen, es gebe keinen Vorrang der üblichen Route.
656 *Xu Junqiang*, HSFYJ 2/2001, 104 (140).
657 *Si Yuzhuo et al.*, S. 137; *Zhao Hong*, HSFYJ 4/2001, 141 (152); *Xu Junqiang*, HSFYJ 2/2001, 104 (140); a. A. *Mo*, Rn. 4.44: Der geographische Reiseweg sei jeder vernünftige Reiseweg.

sichtigten Rettung von Menschenleben oder Vermögen auf See nimmt, oder sonstige vernünftige Umwege[658] (berechtigte Deviation). Vernünftig in diesem Sinne ist ein Umweg, der nicht allein den Interessen des Beförderers dient.[659] Unvernünftig ist danach etwa ein Umweg, der der Rückführung eines blinden Passagiers[660] dient.[661] Wie sich aus dem Wortlaut des § 49 II SHG („beabsichtigt"[662]) ergibt, muss die vernünftige Umgehung nicht erfolgreich gewesen sein; es genügt die unter den konkreten Umständen vernünftig erscheinende Absicht der Umgehung.[663]

Obwohl sich im Wortlaut des § 49 SHG – im Gegensatz zu §§ 47f. SHG – keine Anzeichen für ein Verschuldenserfordernis finden, haftet der Unternehmer des multimodalen Transports auch nach dieser Vorschrift nur bei Verschulden.[664] Eine andere Auffassung stände im Widerspruch zu § 51 I Nr. 12 SHG. Das Verschulden muss sich allerdings lediglich auf das Verhalten der Deviation selbst beziehen, nicht auch auf den Eintritt eines Güter- oder Verspätungsschadens.[665] Den Vorsatz hinsichtlich der Abweichung von der Route wird man in der Praxis selten verneinen können.[666]

Welche Rechtsfolgen die unberechtigte Deviation nach sich zieht, ist bislang kaum geklärt.[667] § 49 SHG ist – abweichend von der Einordnung durch die HVR – jedenfalls als zusätzliche elementare Pflicht des Beförderers einzustufen.[668] Dafür spricht zum einen der Wortlaut. Wie §§ 47f. SHG beginnt auch § 49 SHG mit der Formulierung „Der Beförderer muss …"[669]. Zum anderen lässt sich die Gesetzessystematik heranziehen. Die Vorschrift steht unmittelbar hinter den §§ 47f. SHG und vor den Haftungsbefreiungsgründen des § 51 SHG. Damit steht fest, dass sich aus § 49 SHG jedenfalls eine Haftung des Beförderers für Schäden ergibt, die auf unberechtigter Deviation beruhen.[670] Die Haftung umfasst Güter- wie Verspätungsschäden; in der Praxis dürften im Rahmen des § 49 SHG hauptsächlich Verspätungsschäden eine Rolle spielen.[671]

---

658 Übersetzung nach *Münzel*, Chinas Recht, 7.11.92/1.
659 *Si Yuzhuo et al.*, S. 137; *Xu Junqiang*, HSFYJ 2/2001, 104 (141); *Mo*, Rn. 4.44.
660 偷渡人员.
661 *Xu Junqiang*, HSFYJ 2/2001, 104 (141).
662 „企图".
663 *Xu Junqiang*, HSFYJ 2/2001, 104 (141).
664 *Xu Junqiang*, HSFYJ 2/2001, 104 (140); *Fante*, TranspR 1995, 99 (101f.). Er bezeichnet § 49 SHG – wie auch §§ 48f. SHG – als Sorgfaltspflicht.
665 *Xu Junqiang*, HSFYJ 2/2001, 104 (140).
666 *Xu Junqiang*, HSFYJ 2/2001, 104 (140); *Yu Shicheng et al.*, S. 94.
667 *Xu Junqiang*, HSFYJ 2/2001, 104 (139); *Fante*, TranspR 1995, 99 (101f.); *Lin Wei*, SJHY 2/2000, 34 (34) mit einer Aufzählung der im Zusammenhang mit unberechtigter Deviation diskutierten Rechtsfolgen.
668 Vgl. *Yu Shicheng et al.*, S. 89 und *Wu Huanning*, S. 81, 87, die die Pflichten nach §§ 47–49 SHG als die drei wesentlichen (主要) bzw. fundamentalen (基本) Pflichten des Beförderers bezeichnen. Dies ergibt sich auch aus den Gliederungen bei *Zhang Xianglan et al.*, S. 78ff. und bei *Si Yuzhuo et al.*, S. 131ff. Vgl. auch *Hopp*, RIW 6/1996, Beilage 2, 26 (27): Er schreibt im Zusammenhang mit den §§ 47f. SHG: „Über die HVR hinaus ist der Verfrachter nach § 49 chin. SeehandG verpflichtet, …"
669 „承运人应当 …"
670 *Yu Shicheng et al.*, S. 93; *Zhang Xianglan et al.*, S. 80f.; *Wu Huanning*, S. 81, 87.
671 *Von Ziegler*, Schadenersatz, S. 215.

Die unberechtigte Deviation soll nach einigen Autoren noch zusätzliche Rechtsfolgen haben. Sie beruhen sämtlich auf dem traditionellen englischen Konzept der Deviation.[672] Der Verstoß gegen § 49 SHG soll etwa dazu führen, dass der Unternehmer des multimodalen Transports das Recht verliert, sich auf die Begrenzung seiner Haftung zu berufen.[673] Dabei wird mehr oder weniger deutlich hervorgehoben, dass der Rechtsverlust nicht ohne weiteres, sondern nur bei Vorliegen eines besonders schweren Verschuldens eintrete.[674] Eine Deviation ist zwar praktisch schwerlich ohne Vorsatz denkbar.[675] *Xu Junqiang* weist jedoch darauf hin, dass das besonders schwere Verschulden sich gemäß § 59 SHG auf den Güter- oder Verspätungsschaden beziehen müsse, nicht bloß auf die Deviation selbst.[676] Damit hängt nach seiner Ansicht die Rechtsfolge der Durchbrechung der Haftungsbegrenzung allein von den Voraussetzungen des § 59 SHG ab. Das steht im Einklang mit der gesetzlichen Regelung. Denn der Gesetzgeber hat in dieser Vorschrift ausdrücklich angeordnet, unter welchen Bedingungen der Beförderer das Recht verliert, sich auf eine Haftungsbegrenzung zu berufen. Sonderregeln für Fälle der Deviation würden die Maßstäbe des § 59 SHG unterlaufen.[677] Es wäre daher mit dieser Bestimmung schwer vereinbar, bei unberechtigter Deviation abweichende Voraussetzungen für die Durchbrechung der Haftungsbegrenzung anzunehmen.

Außerdem soll der Verstoß gegen § 49 SHG ein Rücktrittsrecht des betroffenen Ladungsbeteiligten[678] begründen, wenn die unberechtigte Deviation einen *fundamental breach of contract*[679]darstelle.[680] Der *fundamental breach* sei in § 94 Nr. 4 VG geregelt.[681] Diese Vorschrift gelte auch für Verträge im Anwendungsbereich des SHG, da dieses keine entsprechenden Bestimmungen enthalte.[682] Voraussetzung für einen *fundamental breach* im Rahmen des § 49 SHG sei demnach, dass das Ergebnis der Deviation dazu führe, dass der Vertragszweck nicht mehr verwirklicht werden könne.[683] Und Rechtsfolge des § 94 Nr. 4 VG sei das Rücktrittsrecht des Ladungsbeteiligten.[684] Für diese Auffassung spricht auch § 91 SHG. Die Vorschrift regelt einen Spezialfall der Deviation.[685] Sie gibt dem Kapitän das Recht, die Ladung an einem anderen Ort zu löschen, wenn wegen höherer Gewalt die Löschung im Bestimmungshafen unmöglich ist. Und obwohl die Bestimmung im Abschnitt über

---

672 Dazu *von Ziegler*, Schadenersatz, S. 200f.
673 *Fante*, TranspR, 1995, 99 (103); *Yu Shicheng et al.*, S. 94.
674 *Yu Shicheng et al.*, S. 94; *Xu Junqiang*, HSFYJ 2/2001, 104 (148); *Lin Wei*, SJHY 2/2000, 34 (35); *Fante*, TranspR, 1995, 99 (103).
675 *Yu Shicheng et al.*, S. 94; *Xu Junqiang*, HSFYJ 2/2001, 104 (140); *Lin Wei*, SJHY 2/2000, 34 (35).
676 *Xu Junqiang*, HSFYJ 2/2001, 104 (140, 148).
677 Vgl. *Herber*, S. 260, 334.
678 货方.
679 根本违约.
680 *Xu Junqiang*, HSFYJ 2/2001, 104 (146); *Lin Wei*, SJHY 2/2000, 34 (35).
681 *Xu Junqiang*, HSFYJ 2/2001, 104 (143, 145); *Lin Wei*, SJHY 2/2000, 34 (35); dazu allgemein *Ling Bing*, Rn. 7.014.
682 *Xu Junqiang*, HSFYJ 2/2001, 104 (145); *Lin Wei*, SJHY 2/2000, 34 (35).
683 *Xu Junqiang*, HSFYJ 2/2001, 104 (145); *Lin Wei*, SJHY 2/2000, 34 (35) jeweils mit Beispielen.
684 *Xu Junqiang*, HSFYJ 2/2001, 104 (146); *Lin Wei*, SJHY 2/2000, 34 (35).
685 *Fante*, TranspR 1995, 99 (102).

den Rücktritt vom Vertrag steht, enthält sie keine Rücktrittsregelung.[686] Dies könnte man als Hinweis des Gesetzgebers deuten, dass in diesem Sonderfall der Deviation ein Rücktritt nicht in Betracht kommt, in anderen Deviationsfällen hingegen schon. Dem lässt sich jedoch entgegenhalten, dass ein *fundamental breach*, wie *Xu Junqiang* selbst schreibt,[687] von den Ladungsbeteiligten regelmäßig erst dann festgestellt werden kann, wenn das Gut bereits am Bestimmungsort angekommen ist. Folglich kommt praktisch nur der Empfänger als Rücktrittsberechtigter in Betracht. Dieser kann aber, wie sich aus § 94 VG („Partei"[688]) ergibt, nicht vom Vertrag zurücktreten, da er nicht Vertragspartei ist – es sei denn, er ist zugleich Absender. Der Frachtvertrag enthält zwar Elemente eines Vertrags zu Gunsten Dritter, doch wird in der chinesischen Literatur – soweit ersichtlich – nicht vertreten, dass dem Dritten neben dem Erfüllungsanspruch und entsprechenden Haftungsansprüchen auch ein Rücktrittsrecht zustehen soll.[689] Es ist daher kaum nachvollziehbar, warum ein Verstoß gegen § 49 SHG ein Rücktrittsrecht begründen soll.

Schließlich sind nach *Lin Wei* im Falle eines *fundamental breach* Haftungsausschlussklauseln unwirksam, die zu Gunsten des Beförderers vereinbart wurden.[690] Laut *Xu Junqiang* gilt dies nur dann, wenn der Rücktritt auch tatsächlich erfolgt ist; denn dann sei der Vertrag und mit ihm alle vertraglich vereinbarten Klauseln aufgelöst.[691] Gegen beide Autoren spricht, dass die Unwirksamkeit von Haftungsausschlussklauseln in §§ 44f. SHG geregelt ist. Danach können die Parteien nur zu Lasten des Beförderers von den Bestimmungen des 4. Kapitels abweichen. Die Interessen der Ladungsbeteiligten sind folglich insoweit umfassend geschützt. Eine Sonderregel über die Unwirksamkeit von Haftungsausschlussklauseln für den Fall der unberechtigten Deviation erscheint daher weder mit den §§ 44f. SHG vereinbar noch zum Schutz der Ladungsbeteiligten erforderlich.

Im Ergebnis ist damit festzustellen, dass die nach traditionellem englischem Rechtsverständnis eintretenden Rechtsfolgen der unberechtigten Deviation[692] mit den vielen geschriebenen Regeln und den daraus resultierenden Strukturen des chinesischen Seehandelsrechts schwerlich in Einklang zu bringen sind. Dagegen ließe sich einwenden, dass das SHG auf internationalen Übereinkommen beruhe und nach chinesischer Ansicht daher auch die internationale Rechtspraxis berück-

---

686 Sie ordnet vielmehr an, dass die Löschung an einem anderen sicheren Ort als Vertragserfüllung gilt.
687 *Xu Junqiang*, HSFYJ 2/2001, 104 (146).
688 „当事人".
689 Dazu unten S. 98f.
690 *Lin Wei*, SJHY 2/2000, 34 (35).
691 *Xu Junqiang*, HSFYJ 2/2001, 104 (147). Auf gesetzliche Haftungsbegrenzungen könne sich der Beförderer hingegen berufen, soweit nicht die Voraussetzungen des § 59 SHG vorlägen; denn nach § 58 I SHG komme es nicht darauf an, ob zwischen dem Anspruchsteller und dem Beförderer eine vertragliche Beziehung vorläge.
692 Die unberechtigte Deviation führt danach zum Wegfall der vertraglichen Geschäftsgrundlage; der Beförderer kann sich außerdem nicht mehr auf vertragliche Freizeichnungen und gesetzliche Befreiungsgründe berufen; nach bestrittener Ansicht verliert er auch das Recht auf summenmäßige Beschränkung (*von Ziegler*, Schadenersatz, S. 200).

sichtigt werden müsse.[693] Doch gerade im englischen Recht bestehen seit langem erhebliche Zweifel an der Vereinbarkeit des traditionellen Konzepts der Deviation mit den HVR[694].[695] Überdies fehlt dem frachtrechtlichen Institut der Deviation heute die rechtspolitische Grundlage.[696]

b) Vertragsgesetz

Die dem § 49 SHG entsprechende Vorschrift des VG ist § 291. Demnach muss der Unternehmer des multimodalen Transports die Güter auf der vereinbarten oder gewöhnlichen Transportroute befördern (§§ 317 Hs. 2; 291 VG). Das VG enthält zusätzlich die Regel, dass eine Erhöhung der Fracht wegen Deviation nicht in Betracht kommt.[697] Gründe für eine berechtigte Deviation nennt die Bestimmung – anders als § 49 II SHG – hingegen nicht. Doch werden in der chinesischen Literatur einige Ausnahmetatbestände erwähnt. Danach ist die Deviation berechtigt, wenn sie vernünftig[698] ist. Eine vernünftige Deviation ist regelmäßig zu bejahen, wenn sie im gemeinsamen Interesse des Beförderers und des Guts oder im öffentlichen Interesse liegt, nicht jedoch, wenn sie allein den Interessen des Beförderers dient.[699] Die Deviation ist etwa dann vernünftig, wenn sie zur Rettung von Menschenleben oder Vermögen erfolgt[700], wenn sie zur Sicherheit des Transportmittels und des Guts erforderlich ist[701] oder wenn höhere Gewalt die Einhaltung des Kurses unmöglich macht[702].

Die Rechtsfolgen der unberechtigten Deviation werden auch in der vertragsgesetzlichen Literatur sehr uneinheitlich beurteilt. Man ist sich allerdings darin einig, dass der Verstoß gegen § 291 VG die Haftung für Vertragsverletzung[703] nach sich ziehe.[704] Demnach sind die §§ 107ff. VG anzuwenden. Die Haftung nach §§ 291, 107ff. VG wird jedoch in der Praxis selten eine Rolle spielen, da für Güterschäden die – von einer Pflichtverletzung unabhängigen[705] – Sonderregeln der §§ 311f. VG und für Verspätungsschäden die §§ 290, 107ff. VG gelten.

Wie bei der Rechtslage nach dem SHG sind auch hier einige Autoren der Auffassung, dass die unberechtigte Deviation zusätzliche Rechtsfolgen habe. So meint etwa die *OVG-WK*, dass der Vertrag *ipso iure* aufgelöst[706] sei, wenn die unberechtigte

---

693 Zur Orientierung am internationalen Seehandelsrecht oben S. 28.
694 Art. 4 §§ 4f. HVR, insbesondere Art. 4 § 5 lit. e HVR.
695 *Von Ziegler*, Schadenersatz, S. 188, 200, 201f., 204ff.
696 Dazu *von Ziegler*, Schadenersatz, S. 187, 205.
697 § 292 S. 2 VG.
698 合理.
699 *OVG-WK*, S. 1405.
700 *OVG-WK*, S. 1405; *Hu Kangsheng*, S. 451; s. § 49 II SHG.
701 *OVG-WK*, S. 1405; *Hu Kangsheng*, S. 451.
702 *OVG-WK*, S. 1405; *Wei Yaorong et al.*, S. 358f.; *Hu Kangsheng*, S. 451.
703 违约责任.
704 *Long Yifei*, S. 361; *Zhang Dai'en*, S. 58; *OVG-WK*, S. 1404f.; *Liu Jianwen/Wang Zhenhua*, S. 461; *Wei Yaorong et al.*, S. 358; *Hu Kangsheng*, S. 450.
705 Unten S. 120.
706 解除.

Deviation die Bedingungen eines *fundamental breach* erfülle;[707] die Abweichung von der Transportroute sei in aller Regel als vorsätzlich oder grob fahrlässig zu werten, so dass der Beförderer dann außerdem die ihm gewöhnlich zustehenden Haftungsausschlüsse verliere[708].[709] Diese aus dem englischen Konzept der Deviation stammenden Rechtsfolgen widersprechen jedoch auch im Anwendungsbereich des VG den gesetzlichen Bestimmungen. Danach ist die unberechtigte Deviation eine Vertragsverletzung, und diese führt nicht etwa zur Auflösung des Vertrags, sondern begründet u.a. Schadensersatzansprüche der anderen Partei.[710] Eine Auflösung des Vertrags *ipso iure* sieht das VG ohnehin nicht vor. Den Begriff der Auflösung[711] benutzt das Gesetz vielmehr als Oberbegriff für die einvernehmliche Vertragsaufhebung und den einseitigen Rücktritt.[712] Ob eine Partei sich auf Haftungsausschlussklauseln berufen kann, richtet sich nach den §§ 53, 39–41 VG, und nach diesen Vorschriften kommt es auf eine Vertragsverletzung im konkreten Fall nicht an. Erst recht kennt das vertragsgesetzliche Frachtrecht – abgesehen von § 117 I S. 2 VG – keine Regel, nach der eine Partei gesetzliche Haftungsbefreiungen nicht geltend machen kann. Die oben erwähnten zusätzlichen Rechtsfolgen finden in dem umfassenden und systematisch aufgebauten VG daher keine Grundlage.

4. Fristgemäße Beförderung

Nach §§ 317 Hs. 2; 290 VG muss das Gut innerhalb der vereinbarten oder einer vernünftigen[713] Frist am Bestimmungsort ankommen. Das Pendant im SHG ist § 50. Daraus lässt sich eine Pflicht zur Beförderung innerhalb der vereinbarten Frist ableiten. Ob subsidiär eine vernünftige Frist gilt, ist umstritten.[714]

5. Decksverladung

Im Anwendungsbereich des SHG ist der Unternehmer des multimodalen Transports grundsätzlich verpflichtet, die Güter unter Deck stauen, es sei denn, Decksladung entspricht der Vereinbarung mit dem Absender, den Gewohnheiten des Seetransports oder den einschlägigen Gesetzen und Verwaltungsrechtsnormen (§ 53 I SHG). Da multimodale Beförderungen meist Containertransporte sind und

---

707 *Xu Junqiang*, HSFYJ 2/2001, 104 (146) hingegen gewährt in diesem Fall dem Ladungsbeteiligten ein Rücktrittsrecht (arg. § 94 Nr. 4 VG; dazu oben S. 84 f.). *Liu Jianwen/Wang Zhenhua*, S. 461 lassen den *fundamental breach* gänzlich unerwähnt und vertreten die Ansicht, dass der Beförderer im Falle des Verstoßes gegen § 291 VG vom Vertrag zurücktreten müsse, wenn der Absender dies verlange.

708 Differenzierter *Xu Junqiang*, HSFYJ 2/2001, 104 (147), der nur vertragliche Haftungsausschlussklauseln für unwirksam hält; dies gilt nach ihm zudem nur dann, wenn ein *fundamental breach* vorliegt und der Ladungsbeteiligte zurückgetreten ist.

709 *OVG-WK*, S. 1404.

710 § 107 VG.

711 解除.

712 §§ 91 Nr. 2; 93 ff. VG.

713 合理.

714 Dazu unten S. 158 ff.

Decksverladung im Containerverkehr regelmäßig durch eine Optionsklausel ermöglicht wird[715] und ohnehin den Gewohnheiten des Seetransports entspricht[716], spielt diese Pflicht in der Praxis des Multimodaltransports jedoch selten eine Rolle.

6. Ausstellung eines Transportdokuments

Der Unternehmer des multimodalen Transports muss, sobald er vom Absender die Güter empfangen hat, das Dokument für den multimodalen Transport ausstellen (§ 319 S. 1 VG). Der Absender kann entscheiden, ob es sich dabei um ein übertragbares oder nicht übertragbares Dokument handeln soll (§ 319 S. 2 VG). Der Absender hat damit insoweit ein Wahlrecht[717].[718]

Da das SHG keine besonderen Bestimmungen für das Multimodaltransportdokument enthält, gelten grundsätzlich die allgemeinen Vorschriften über Transportdokumente, d.h. §§ 71 ff. SHG.[719] Danach muss der Unternehmer des multimodalen Transports auf Verlangen des Absenders das Konnossement ausstellen, sobald er die Güter empfangen oder auf das Schiff verladen hat (§ 72 I SHG). Dabei handelt es sich in aller Regel um ein Konnossement für kombinierte/multimodale Beförderung[720].[721] In solchen Konnossementen ist zusätzlich zum Verlade- und Löschhafen der Übernahme- und Ablieferungsort angegeben (§ 73 I Nr. 8 SHG). Dieser Vorschrift liegt der praktisch überaus häufige Fall eines Seetransports mit Vorlauf vom Übernahmeort zum Verladehafen und Nachlauf vom Löschhafen zum Ablieferungsort zugrunde.[722] Auch im Anwendungsbereich des SHG kann der Absender ein übertragbares oder nicht übertragbares Dokument wählen.[723]

7. Benachrichtigung über die Ankunft des Guts

Nach Ankunft des Guts am Bestimmungsort muss der Unternehmer des multimodalen Transports den Empfänger gemäß §§ 317 Hs. 2; 309 S. 1 VG unverzüg-

715 *Herber*, S. 277; Klausel 9 I S. 1 COSCON B/L.
716 *Mo*, Rn. 4.50; *Si Yuzhuo et al.*, S. 145; *Hopp*, RIW 6/1996, Beilage 2, 26 (28, Fn. 18).
717 选择权.
718 *Yang Lixin*, Bd. 3, S. 935.
719 *He Wanzhong*, S. 523.
720 多式联运提单 (engl. combined/multimodal transport bill of lading).
721 *He Wanzhong*, S. 523.
722 Soweit Vor- und/oder Nachlauf mit einer anderen Transportart als dem Seetransport i. S. des § 2 SHG ausgeführt werden und der Vertragspartner des Absenders für die gesamte Strecke verantwortlich ist, handelt es sich um einen multimodalen Transport (zu den Merkmalen des multimodalen Frachtvertrags oben S. 60 ff.). Missverständlich sind daher die Klammerzusätze bei *Münzel*, Chinas Recht, 7.11.92/1: „bei Durchfracht bei verschiedenartigen Transportmitteln gibt das Konnossement zusätzlich die Orte an, an denen die Güter [vom vorangehenden Transporteur] in Empfang genommen und [an den nächsten Transporteur] übergeben werden". Es ist nämlich nicht erforderlich, dass das Gut auch vor dem Vorlauf und/oder nach dem Nachlauf durch einen oder mehrere weitere Beförderer transportiert wird. Vielmehr ist es ausreichend und auch üblich, dass der Unternehmer des multimodalen Transports die Güter vom Verkäufer übernimmt und an den Käufer abliefert.
723 *Wu Zaiyang/Ni Xuewei*, ZGHSSPNK 2001, 341 (346).

lich[724] benachrichtigen, wenn ihm dieser bekannt ist. Die Benachrichtigung ist eine Selbstverständlichkeit, da die Ablieferung an den Empfänger geschuldet ist und eine solche ohne entsprechende Mitteilung an ihn gar nicht möglich ist. Deshalb muss dies auch im Anwendungsbereich des SHG gelten, obwohl es eine entsprechende Norm nicht kennt.[725] Die Bedeutung des § 309 S. 1 VG liegt in der Verteilung der Kostenlast: Erfolgt die Benachrichtigung nicht unverzüglich, so trägt der Unternehmer des multimodalen Transports die aufgrund der verspäteten Benachrichtigung entstehenden erhöhten Verwahrungskosten.[726]

II. Pflichten des Absenders

1. Zahlung der Fracht

Der Absender ist nach §§ 102 I, 69 I SHG bzw. §§ 317 Hs. 2; 288, 292 S. 1 VG zur Zahlung der Fracht[727] verpflichtet. Diese Pflicht kann jedoch auf den Empfänger übertragen werden.[728] Der Unternehmer des multimodalen Transports kann nach §§ 317 Hs. 2; 292 S. 2 VG keine Erhöhung der Fracht verlangen, wenn er von der vereinbarten oder üblichen Transportroute abweicht (unberechtigte Deviation). Soweit die Fracht nicht gezahlt wird, hat der Unternehmer des multimodalen Transports ein entsprechendes Zurückbehaltungsrecht.[729]

Geht das Gut auf dem Transport aufgrund höherer Gewalt verloren, so erlischt nach dem VG der Frachtanspruch; bereits gezahlte Fracht kann der Absender zurückverlangen (§§ 317 Hs. 2; 314 VG). Die gleichen Rechtsfolgen ergeben sich im Anwendungsbereich des SHG aus §§ 90 SHG, 97 Hs. 1 VG, treten aber nicht *ipso iure*, sondern erst nach dem Rücktritt einer der Parteien ein.[730]

2. Lieferung der Güter

Der Absender hat dem Unternehmer des multimodalen Transports oder dem für die erste Teilstrecke beauftragen Teilstreckenbeförderer die Güter an den vereinbarten Ort zu liefern.[731]

---

724 及时.
725 Vgl. aber § 91 II SHG. Danach ist der Kapitän verpflichtet, den Absender oder Empfänger zu benachrichtigen, wenn er sich entscheidet, die Güter an einem anderen Ort als dem vertraglich vereinbarten Zielhafen zu löschen.
726 *Long Yifei*, S. 362.
727 运输费用, kurz: 运费.
728 Unten S. 99.
729 Unten S. 91.
730 Zur Regelung des § 90 SHG unten S. 96f.
731 *Si Yuzhuo et al.*, S. 149 zum Absender im SHG; *Zhang Dai'en*, S. 67f. zum Absender im VG; *Hou Zuoqian/Qiao Baojie*, S. 30; *Wu Huanning*, S. 82; *Zhang Xianglan et al.*, S. 82; *Lu Yongzhen*, S. 185; *Yu Shicheng et al.*, S. 105.

3. Deklaration

Der Absender muss gegenüber dem Unternehmer des multimodalen Transports den Umständen entsprechend zutreffende Angaben machen. Das VG nennt Angaben über Empfänger und Empfangsort sowie über Bezeichnung, Natur, Gewicht und Anzahl der Güter und andere den Gütertransport betreffende erforderliche Umstände (§§ 317 Hs. 2; 304 I VG). Das SHG erwähnt Bezeichnung, Kennzeichnung, Gewicht und Volumen der Güter sowie Anzahl der Packungen oder Stücke (§ 66 I Hs. 1 Var. 2 SHG). Die chinesische Literatur spricht hier von „Deklarationspflicht“[732]. Der Sache nach handelt es sich freilich zumindest teilweise um eine Obliegenheit.[733]

4. Verpackung

Nach dem SHG hat der Absender das Gut zweckmäßig[734] zu verpacken (§ 66 I Hs. 1 Var. 1 SHG). Im Anwendungsbereich des VG muss der Absender, soweit keine klare Vereinbarung getroffen wurde, in üblicher Weise verpacken, sonst in einer Weise, die das Gut ausreichend schützt (§§ 317 Hs. 2; 306 I, 156, 61 VG). Der Unternehmer des multimodalen Transports kann die Beförderung verweigern, wenn der Absender sich nicht an diese Vorgaben hält.[735]

5. Vorlage von Dokumenten

Gemäß § 67 Hs. 1 SHG bzw. §§ 317 Hs. 2; 305 VG muss der Absender dem Unternehmer des multimodalen Transports bestimmte Dokumente vorlegen. Dabei handelt es sich um Nachweise über die Durchführung von Verfahren, die für den Gütertransport erforderlich sind. Als Beispiele nennt das VG Genehmigungen und Inspektionen.

6. Gefahrgut

Soweit gefährliche Güter[736] befördert werden sollen, gelten spezielle Deklarations- und Verpackungsregeln. Nach § 68 I S. 1 Hs. 1 SHG bzw. §§ 317 Hs. 2; 307 I VG muss der Absender die gefährlichen Güter den einschlägigen Vorschriften entsprechend verpacken, kennzeichnen und etikettieren sowie dem Unternehmer des multimodalen Transports die das Gefahrgut betreffenden schriftlichen Materialien über Bezeichnung, Natur und Vorsichtsmaßnahmen vorlegen. Dem Unter-

732 „申报义务“ (*OVG-WK*, S. 1504, 1667).
733 *Münzel*, Chinas Recht, 7.11.92/1, Anm. 13; vgl. *Herber*, S. 263.
734 妥善.
735 §§ 317 Hs. 2; 306 II VG.
736 危险货物 (§ 68 SHG) bzw. 危险物品 (§ 307 VG).

nehmer des multimodalen Transports stehen bei der Beförderung von Gefahrgut besondere Rechte zu.[737]

C. Rechte der Parteien

I. Rechte des Unternehmers des multimodalen Transports

Das VG räumt dem Unternehmer des multimodalen Transports das Recht zur Verweigerung der Beförderung ein, wenn der Absender das Gut nicht gemäß § 306 I VG verpackt hat (§§ 317 Hs. 2; 306 II VG) oder seinen Pflichten bei Absendung von Gefahrgut nicht nachgekommen ist (§§ 317 Hs. 2; 307 II VG). Im letzteren Fall kann der Unternehmer des multimodalen Transports auch entsprechende Maßnahmen ergreifen, um die Entstehung von Schäden zu vermeiden, und vom Absender Erstattung der Kosten verlangen (§§ 317 Hs. 2; 307 II VG).

Nach dem SHG kann der Unternehmer das gefährliche Gut jederzeit und überall ausladen, zerstören oder unschädlich machen, wenn der Absender die Mitteilungen über Bezeichnung und Wesen des Guts sowie Vorsichtsmaßnahmen unterlässt oder sie fehlerhaft sind (§ 68 I S. 1 Hs. 2 SHG) oder wenn der Unternehmer zwar das Wesen des Guts kennt und der Beförderung zugestimmt hat, das Gut jedoch eine tatsächliche Gefahr für das Schiff, für Personen oder für andere Güter darstellt (§ 68 II S. 1 SHG). Der Unternehmer macht sich in all diesen Fällen nicht schadensersatzpflichtig.

Soweit die Fracht oder andere dem Unternehmer des multimodalen Transports zu entrichtende Entgelte nicht gezahlt worden sind, steht ihm ein entsprechendes Zurückbehaltungsrecht an den Gütern zu (§ 87 SHG bzw. §§ 317 Hs. 2; 315 VG).

Die Hinterlegung und die Entladung an einem anderen als dem vertraglich vereinbarten Bestimmungsort werden im Zusammenhang mit der Beendigung des Frachtvertrags behandelt.[738]

II. Rechte des Absenders

Der Absender kann vom Unternehmer des multimodalen Transports vor Ablieferung des Guts an den Empfänger verlangen, die Beförderung zu unterbrechen[739]

737 Unten S. 91.
738 Zur Hinterlegung unten S. 94; zur Entladung an anderem Ort unten S. 93.
739 中止. Der Begriff kann auch „abbrechen" bedeuten (vgl. *Jiang Ping*, S. 246). Dann wäre der Transportstopp nicht nur vorübergehender, sondern endgültiger Natur. Wie hier *Hu Zhengliang/Shan Hongjun*, ICML IV, 298 (300): „As a result of the shipper's right, carriage of goods will be suspended and will continue after a certain period of time"; *Li Zhiwen/Wang Darong*, ICML IV, 578 (580): „When the shipper demands the carrier to suspend the carriage, the latter has the obligation to stop the transit temporarily and to continue it after a reasonable period". Dazu unten S. 94 f.

oder das Gut zurückzuliefern, zu einem anderen Bestimmungsort zu befördern oder an einen anderen Empfänger abzuliefern; der Absender muss dem Unternehmer jedoch die dadurch entstandenen „Schäden“[740] ersetzen (§§ 317 Hs. 2; 308 VG). Aus deutscher Sicht handelt es sich um Aufwendungen.[741] Nach verbreiteter Meinung in der Literatur gilt § 308 VG mangels entgegenstehender Vorschriften auch im Anwendungsbereich des SHG.[742]

Nach den Maßstäben des deutschen Rechts[743] geht es hier um das Weisungsrecht des Absenders. Die chinesische Literatur hat indessen noch keine einheitliche Terminologie entwickelt. Viele Autoren charakterisieren den Inhalt des § 308 VG als Vertragsänderung.[744] Der Begriff passt nicht, denn eine Vertragsänderung erfordert die Zustimmung von beiden Vertragsparteien,[745] während § 308 VG als einseitiges[746] Recht des Absenders ausgestaltet ist. Teilweise spricht man auch vom *„right of control of goods“*[747] oder benutzt ähnlich wie im deutschen Recht den Begriff der *instructions*[748]. Über das Weisungsrecht hinaus enthält § 308 VG zugleich eine Rücktrittsregelung.[749]

Die Vorschrift wirft wegen ihrer Unbedingtheit und Undifferenziertheit eine ganze Reihe von Fragen auf. Insbesondere trägt sie den Interessen des Beförderers und des Empfängers bzw. des Inhabers des Konnossements oder eines vergleichbaren Papiers nicht angemessen Rechnung.[750]

D. Beendigung des multimodalen Frachtvertrags

Die Beendigung[751] der Rechte und Pflichten aus einem multimodalen Frachtvertrag kann auf verschiedene Arten erfolgen (§ 91 VG).

---

740 “损失“.
741 § 418 I S. 4 HGB; *Kirchner*, in: Gebhardt et al., 373 (383). Aufwendungen unterscheiden sich von Schäden durch das Merkmal der Freiwilligkeit (Palandt-*Heinrichs*, § 256, Rn. 1).
742 *Hu Zhengliang/Shan Hongjun*, ICML IV, 298 (299 f.); *Li Zhiwen/Wang Darong*, ICML IV, 578 (579); wohl auch *Li Dong/Zhai Li*, ZGHSFNK 2000, 325 (325 ff.).
743 § 418 HGB; *Herber*, S. 260.
744 *Hu Zhengliang/Shan Hongjun*, ICML IV, 298 (301); *Li Zhiwen/Wang Darong*, ICML IV, 578 (580); *Li Dong/Zhai Li*, ZGHSFNK 2000, 325 (325 ff.).
745 §§ 8 I S. 2; 77 I VG.
746 *Yang Yuntao/Ding Ding*, S. 201.
747 *Wu Xianjiang/Chen Haibo*, ICML V, 283 (283 ff.); *Li Dong/Zhai Li*, ZGHSFNK 2000, 325 (326): „货物控制权“.
748 *Li Zhiwen/Wang Darong*, ICML IV, 578 (583 ff.); *Li Dong/Zhai Li*, ZGHSFNK 2000, 325 (326): „指令“; § 119 II, III ZLG: „指示“.
749 Dazu unten S. 94 f.
750 § 308 VG gehört deshalb auch zu den am meisten diskutierten Vorschriften in der chinesischen Literatur (*Hu Zhengliang/Shan Hongjun*, ICML IV, 298 [298 ff.]; *Li Zhiwen/Wang Darong*, ICML IV, 578 [578 ff.]; *Wu Xianjiang/Chen Haibo*, ICML V, 283 [283 ff.]; *Li Dong/Zhai Li*, ZGHSFNK 2000, 325 [325 ff.]); vgl. § 119 ZLG.
751 终止.

I. Beendigung durch Erfüllung

Die vertraglichen Verbindlichkeiten erlöschen regelmäßig durch Erfüllung[752] (§§ 91 Nr. 1; 60ff. VG). Der Vertrag ist erfüllt, wenn der Unternehmer des multimodalen Transports das Gut zum Bestimmungsort befördert und an den Empfänger abgeliefert hat.[753] Der Bestimmungsort ergibt sich grundsätzlich aus der Vereinbarung der Parteien. Jedoch kann der Absender den ursprünglich vereinbarten Bestimmungsort vor Ablieferung des Guts an den Empfänger einseitig ändern, indem er von seinem Weisungsrecht nach § 308 Var. 3 VG Gebrauch macht.[754]

Ein multimodaler Frachtvertrag im Anwendungsbereich des SHG gilt darüber hinaus gemäß § 91 I SHG als erfüllt, wenn das Gut in einem sicheren Hafen oder Ort in der Nähe des vertraglich vereinbarten Bestimmungshafens gelöscht wird, weil es wegen höherer Gewalt oder aus einem anderen Grund, für den weder der Beförderer noch der Absender verantwortlich ist, nicht im Bestimmungshafen gelöscht werden kann. Die Vorschrift entspricht der in Charterverträgen häufig vereinbarten, sog. Near-Klausel[755]. Die Bedeutung der Klausel liegt in der Bestimmung dessen, was der Beförderer zu tun hat, wenn ihm ein unsicherer Hafen angewiesen worden ist.[756] Das SHG weitet die Erfüllungswirkung auf alle Seefrachtverträge und damit auch auf die dem SHG unterliegenden multimodalen Frachtverträge aus.

Die Bestimmung gilt nach ihrem Wortlaut[757] nur für reine Seetransporte. Sie dürfte bei multimodalen Frachtverträgen jedoch unabhängig von der Transportart auf die jeweils letzte Teilstrecke anzuwenden sein. Denn Entladungshindernisse, wie § 91 SHG sie beschreibt, treten nicht nur bei Seetransporten i.S. des § 2 SHG auf, sondern sind auch bei anderen Beförderungsarten denkbar.

Eine entsprechende Regel wird man auch im Anwendungsbereich des VG annehmen können. Dafür spricht insbesondere § 62 Nr. 5 VG. Demnach muss, wenn im Vertrag die Art der Erfüllung nicht klar bestimmt ist, auf die Art erfüllt werden, die der Verwirklichung des Vertragszwecks dient. Und eben diesem Ziel, der Sicherung der Verwirklichung des Vertragszwecks, dient auch § 91 SHG.

II. Vorzeitige Beendigung

Die Beendigung des multimodalen Frachtvertrags kann nicht nur durch Erfüllung, sondern auch vorzeitig durch Hinterlegung oder Rücktritt eintreten.

---

752 履行.
753 *Fang Shaokun/Guo Mingrui*, S. 392; vgl. oben S. 78.
754 § 308 VG gilt nach verbreiteter Ansicht auch im Anwendungsbereich des SHG (dazu oben S. 92).
755 *Rabe*, § 592, Rn. 10; § 560, Rn. 21.
756 *Rabe*, § 560, Rn. 22; zu einer weiteren möglichen Bedeutung des § 91 SHG oben S. 84f.
757 „Schiff" („船舶"); „Bestimmungshafen" („目的港"); „Kapitän" („船长").

1. Hinterlegung

Der Unternehmer des multimodalen Transports kann die Güter gemäß §§ 317 Hs. 2; 316, 101 ff., 91 Nr. 4 VG hinterlegen[758]. Im Anwendungsbereich des SHG gilt § 86 SHG. Im Vergleich zu den vertragsgesetzlichen Normen enthält die Vorschrift leicht abweichende Voraussetzungen und spricht nicht vom „Beförderer", sondern vom „Kapitän" als Berechtigtem; auch fehlt hier der Begriff „Hinterlegung" sowie ein ausdrücklicher Hinweis auf die Rechtsfolge (Vertragsbeendigung). Dennoch dürften die Vorschriften des VG über die Hinterlegung ergänzend anzuwenden sein,[759] soweit sie mit § 86 SHG vereinbar sind. Damit führt sowohl die Hinterlegung nach dem VG als auch die Löschung in ein Lagerhaus oder in eine andere geeignete Einrichtung nach dem SHG – wie die Erfüllung[760] – für den Unternehmer des multimodalen Transports zur Befreiung von der Erfüllungspflicht (§ 91 Nr. 4 VG) und von der Haftung für danach eintretende Güterschäden (§ 86 SHG bzw. §§ 317 Hs. 2; 316, 101, 103 S. 1 VG).

2. Rücktritt

Die Parteien können vom Vertrag zurücktreten[761] (§§ 91 Nr. 2; 93 II, 94 ff. VG). Der Rücktritt ist auch[762] im chinesischen Recht ein Gestaltungsrecht[763].[764]

a) Vertragsgesetz

Das VG enthält keine Vorschriften, die ausdrücklich den Rücktritt vom Frachtvertrag regeln. Allerdings bestimmt § 308 Var. 2 VG, dass der Absender vor Ablieferung des Guts an den Empfänger Rücklieferung des Guts verlangen kann. Die Vorschrift ist dogmatisch gesehen eine Rücktrittsregelung.[765] Auch § 308 Var. 1 VG wird teilweise als Rücktritt eingestuft.[766] Das hängt damit zusammen, dass der Begriff „中止" sowohl „abbrechen" als auch „unterbrechen" bedeuten kann.[767] Es

758 提存.

759 *Wu Zaiyang/Ni Xuewei*, ZGHSSPNK 2001, 341 (346). Sie halten § 101 VG für anwendbar, ohne überhaupt § 86 SHG zu erwähnen.

760 § 91 Nr. 1 VG.

761 解除合同. Das chinesische Vertragsrecht verwendet den Ausdruck „解除" auch in Fällen der einvernehmlichen Vertragsaufhebung (§ 93 I VG) und bei der auflösenden Bedingung (§ 45 I VG), so dass man aus Gründen einer einheitlichen Übersetzung anstelle des Begriffs „Rücktritt" auch allgemein von „Auflösung" sprechen kann (*Scheil et al.*, S. 60 ff., 44, Fn. 72); wie hier *Widmer/Ye Feng*, RIW 2001, 844 (847 f.); *Münzel*, Chinas Recht, 7.11.92/1 (dort §§ 89 f. SHG). Statt mit „Rücktritt" übersetzt *Münzel*, Chinas Recht, 15.3.99/1 (dort §§ 91 Nr. 2; 93 ff. VG) mit „Kündigung".

762 Palandt-*Heinrichs*, Einf. v. § 346, Rn. 5 zum deutschen Recht.

763 形成权.

764 *Fang Shaokun/Guo Mingrui*, S. 393 f.; *Zhang Dai'en*, S. 66 (jeweils mit Definition des Begriffs „Gestaltungsrecht").

765 *Hu Zhengliang/Shan Hongjun*, ICML IV, 298 (300); *Li Zhiwen/Wang Darong*, ICML IV, 578 (580); *Jiang Ping*, S. 246; *Wei Yaorong et al.*, S. 387 f.; *Liu Jianwen/Wang Zhenhua*, S. 480; *Zhang Dai'en*, S. 66; wohl auch *OVG-WK*, S. 1514 f.

766 *Liu Jianwen/Wang Zhenhua*, S. 480; *Zhang Dai'en*, S. 66; *Fang Shaokun/Guo Mingrui*, S. 393.

767 Vgl. *Jiang Ping*, S. 246 und oben Fn. 739.

kommt demnach auf die Auslegung der Erklärung des Absenders an. Ergibt sich daraus, dass die Beförderung endgültig gestoppt, also abgebrochen werden soll, muss man einen Rücktritt annehmen. Wird hingegen deutlich, dass der Transport nur vorübergehend gestoppt, also unterbrochen werden soll, so ist davon auszugehen, dass der Absender sich nicht von dem Vertrag lösen, sondern nur sein Weisungsrecht ausüben will.

Im Übrigen gelten die allgemeinen Regeln der §§ 91 Nr. 2; 93 II, 94ff. VG.[768] Nach § 94 Nr. 1 VG kann eine[769] Partei vom Frachtvertrag zurücktreten, wenn der Vertragszweck aufgrund höherer Gewalt nicht verwirklicht werden kann. Es geht hier folglich um einen Fall der beiderseits nicht zu vertretenden Unmöglichkeit. Bei einem Frachtvertrag ist Unmöglichkeit nur denkbar, wenn die Beförderungsleistung nicht (mehr) erbracht werden kann. *Ling Bing* meint, dass in den Fällen des § 94 Nr. 1 VG nur der Geschädigte, hier also der Absender, nicht auch der Unternehmer des multimodalen Transports, das Recht zum Rücktritt habe.[770] Er weist außerdem darauf hin, dass es an sich wenig sinnvoll sei, in den Fällen des § 94 Nr. 1 VG das Erfordernis einer Rücktrittserklärung zu normieren; die Auflösung des Vertrags müsse an sich ohne Zutun der Parteien eintreten, aber nach § 96 I S. 1 VG sei eben trotzdem eine Erklärung notwendig.[771] Den Gedanken von *Ling Bing* hat der Gesetzgeber im Frachtrecht berücksichtigt: Nach § 314 VG verliert der Beförderer unabhängig von einer Rücktrittserklärung den Anspruch auf die Fracht und muss ggf. erhaltene Fracht zurückzahlen, wenn die Güter während des Transports aufgrund höherer Gewalt verlorengehen. Dass dann umgekehrt der Absender weder Beförderung noch Schadensersatz verlangen kann, folgt aus § 311 Var. 1 VG bzw. den entsprechenden Bestimmungen des gemäß § 321 S. 2 VG anwendbaren Teilstreckenrechts. Auf die Tatbestände des § 94 Nr. 2–4 VG soll hier nicht näher eingegangen werden. § 308 VG ist, soweit die Erklärung des Absenders als Rücktritt auszulegen ist, ein Fall des § 94 Nr. 5 VG.

Die Rechtsfolgen des Rücktritts sind in § 97 VG geregelt. Danach werden die Parteien von ihrer jeweiligen Erfüllungspflicht befreit (§ 97 Hs. 1 VG). Darüber hinaus bestehen beiderseitige Ansprüche auf Wiederherstellung des ursprünglichen Zustands, hilfsweise[772] auf Ergreifung von Abhilfemaßnahmen sowie auf Schadensersatz (§ 97 Hs. 2 VG). Der Anspruch des Beförderers auf Ersatz der durch den Rücktritt des Absenders entstandenen Aufwendungen[773] ist außerdem speziell in § 308

---

768 *Jiang Ping*, S. 246.

769 Da der Begriff „当事人“ sowohl den Singular als auch den Plural erfasst, ist nach dem Wortlaut des § 94 VG nicht klar, ob die Vorschrift Fälle der einvernehmlichen Auflösung (§ 93 I VG) im Blick hat oder auch für die Auflösung durch nur eine der Parteien (§ 93 II VG) gilt. Aus dem Sinn des § 94 VG und aus § 96 S. 1 VG ergibt sich jedoch, dass in § 94 VG jedenfalls auch das einseitige Auflösungsrecht geregelt ist (ebenso *Münzel*, Chinas Recht, 15.3.99/1 [dort § 94 VG]: „... kann *eine Partei* den Vertrag kündigen.“ [Hervorhebung durch den Verfasser]).

770 *Ling Bing*, Rn. 7.022.

771 *Ling Bing*, Rn.7.022, Fn. 85; Rn. 7.038 (mit Rechtsprechungsnachweis).

772 *Ling Bing*, Rn. 7.045.

773 Zu diesem Begriff oben S. 92.

VG normiert. Die Dogmatik dieser Bestimmungen ist im Einzelnen ungeklärt.[774] Bei dem Anspruch auf Wiederherstellung des ursprünglichen Zustands handelt es sich nach *Ling Bing* um einen Anspruch aus ungerechtfertigter Bereicherung, da der Rücktritt *ex tunc* wirke und damit der Rechtsgrund für die Leistung rückwirkend entfalle.[775] *Liu Jianwen/Wang Zhenhua* schreiben, der Rücktritt nach § 308 VG wirke auf die Vergangenheit zurück, und die Parteien müssten sich die jeweils empfangenen Leistungen zurückgewähren.[776] Für den deutschen Juristen klingt dies eher nach Rückgewährschuldverhältnis[777] als nach ungerechtfertigter Bereicherung. Unabhängig von dogmatischen Konstruktionen ist jedoch festzuhalten, dass dem Beförderer eine der vollen Fracht entsprechende Geldsumme jedenfalls dann zusteht, wenn der Absender nach Transportbeginn gemäß § 308 VG vom Frachtvertrag zurücktritt.[778]

b) Seehandelsgesetz

Im SHG ist der Rücktritt in §§ 89f. SHG geregelt. Der Absender kann – ohne Angabe von Gründen[779] – vom Vertrag zurücktreten, bevor das Schiff vom Ladehafen abfährt, muss dem Unternehmer des multimodalen Transports dann aber die Hälfte der vereinbarten Fracht zahlen; darüber hinaus trägt er, wenn die Güter bereits auf das Schiff verladen wurden, die Kosten für Verladen und Löschen der Güter und andere damit verbundene Kosten (§ 89 SHG). Sowohl dem Absender als auch dem Unternehmer des multimodalen Transports steht nach § 90 SHG ein Rücktrittsrecht zu, wenn, bevor das Schiff vom Ladehafen abfährt, der Vertrag wegen höherer Gewalt oder aus anderen Gründen, für die keine der beiden Parteien haftet, nicht erfüllt werden kann (beiderseits nicht zu vertretende Unmöglichkeit). Sie haften sich dabei gegenseitig nicht auf Ersatz. Der Unternehmer des multimodalen Transports muss jedoch bereits gezahlte Fracht dem Absender zurückzahlen; und auch hier trägt der Absender ggf. entstehende Kosten für Verladen und Löschen der Güter.[780]

Die Fautfracht in § 89 SHG wird teilweise als Vertragsverletzungsgeld[781], teilweise als Schadensersatz eingeordnet.[782] Das zeitliche Tatbestandsmerkmal „bevor das Schiff vom Ladehafen abfährt“[783] in § 90 SHG bezieht sich nicht nur auf den Eintritt der Unmöglichkeit, sondern auch auf den Rücktritt selbst; auch die Rück-

---

774 Vgl. *Ling Bing*, Rn. 7.041: „Article 97 of the Contract Law lays down a succinct provision on the subject that calls for much elaboration.“
775 *Ling Bing*, Rn. 7.043.
776 *Liu Jianwen/Wang Zhenhua*, S. 481.
777 Vgl. § 346 I BGB.
778 Vgl. *Jiang Ping*, S. 246 und *OVG-WK*, S. 1515, nach denen die Fracht zum „Schaden“ (zu diesem Begriff oben S. 92) i. S. des § 308 VG gehört.
779 *Mo*, Rn. 4.78.
780 Übersetzung der §§ 89f. SHG nach *Münzel*, Chinas Recht, 7.11.92/1.
781 违约金 (§ 114 VG).
782 *Hou Zuoqian/Qiao Baojie*, S. 458; *Wu Huanning*, S. 84 (Vertragsverletzungsgeld); *Sun Lin*, S. 188; *Lu Yongzhen*, S. 180 (Schadensersatz).
783 „船舶在装货港开航前“.

trittserklärung muss also vor Abfahrt des Schiffs erfolgen.[784] Der Vergleich zu den vertragsgesetzlichen Rücktrittsregeln zeigt, dass eine für das Transportrecht typische Fautfrachtregelung wie § 89 SHG im VG fehlt. Das Rücktrittsrecht des § 90 SHG entspricht hingegen ungefähr der Rechtslage nach §§ 91 Nr. 2; 94 Nr. 1; 97 VG.[785] Die §§ 89f. SHG bieten nur sehr eingeschränkte Möglichkeiten der Vertragsauflösung.

Damit stellt sich die Frage, ob das VG ergänzend anwendbar ist. Dies ist nach verbreiteter Ansicht grundsätzlich zu bejahen.[786] Jedoch meinen *Hou Zuoqian/Qiao Baojie* und *Wu Huanning*, dass nach Abfahrt des Schiffs eine einseitige Vertragsauflösung nicht mehr in Betracht komme.[787] *Mo* hingegen hält dies immerhin dann für möglich, wenn höhere Gewalt oder andere Gründe vorliegen, für die keine der beiden Parteien haftet[788] (§ 94 Nr. 1 VG). Andere vertreten die Auffassung, dass jedenfalls das Rücktrittsrecht des § 308 Var. 2 VG im Anwendungsbereich des SHG gelten müsse.[789] Diese Vorschrift bezieht sich gerade auf solche Fälle, in denen die Reise bereits angetreten ist. Noch andere lassen – ohne Bezugnahme auf das VG – einen Rücktritt des Absenders auch nach Beginn der Reise zu; er müsse aber Fracht und andere Kosten zahlen sowie von ihm zu verantwortende Schäden tragen oder ausreichende Sicherheiten stellen.[790]

Der ausschließlich auf den Seetransport bezogene Wortlaut der §§ 89f. SHG („vor Abfahrt des Schiffs im Ladehafen") wirft bei multimodalen Frachtverträgen die Frage auf, ob die Vorschriften analog auch auf andere Transportmittel anwendbar sind. Im Falle des § 90 SHG hat das Problem nur theoretische Bedeutung, da man über die ergänzend und auch nach Transportbeginn anwendbaren §§ 91 Nr. 2; 94 Nr. 1; 97 VG zu demselben Ergebnis kommt. Im Rahmen des § 89 SHG, dem ein Pendant im VG fehlt, kommt es hingegen auf die angesprochene Frage an, wenn das Gut vor dem Seetransport noch mit anderen Transportmitteln befördert wird. Zu klären ist also, ob der Absender, wenn die Güter etwa bereits von Xi'an per Eisenbahn nach Tianjin befördert worden sind und zur Verladung auf ein nach San Francisco auslaufendes Seeschiff anstehen, noch gemäß § 89 SHG vom Vertrag zurücktreten kann. Die Frage ist wohl zu verneinen, da die Bestimmung ersichtlich auf die Situation zugeschnitten ist, in der noch keine Beförderungsleistung erbracht worden ist. Daher ist ein Rücktritt nach § 89 SHG bei multimodalen Frachtverträgen vermutlich nur bis zum Beginn der Beförderung mit dem ersten Transportmittel möglich.

---

784 *Mo*, Rn. 4.78; *Hou Zuoqian/Qiao Baojie*, S. 458; *Wu Huanning*, S. 84; *Lu Yongzhen*, S. 180; *Sun Lin*, S. 189; *OVG-WK*, S. 1514.

785 Dagegen besteht ein Unterschied zu § 314 VG, da dort die Rechtsfolge *ipso iure* eintritt und nicht durch Rücktrittserklärung.

786 *Mo*, Rn. 4.76; *Li Zhiwen/Wang Darong*, ICML IV, 578 (579) zu § 308 VG; *Hu Zhengliang/Shan Hongjun*, ICML IV, 298 (299f.) zu § 308 VG; implizit *Hou Zuoqian/Qiao Baojie*, S. 457f. zu Auflösungstatbeständen, die § 94 Nr. 2, 4 Var. 2 VG entsprechen.

787 *Hou Zuoqian/Qiao Baojie*, S. 458; *Wu Huanning*, S. 84.

788 *Mo*, Rn. 4.79.

789 *Li Zhiwen/Wang Darong*, ICML IV, 578 (579); *Hu Zhengliang/Shan Hongjun*, ICML IV, 298 (299f.).

790 *Zhang Xianglan et al.*, S. 77.

E. Rechtsstellung des Empfängers

Empfänger[791] des multimodalen Frachtvertrags ist gemäß § 42 Nr. 4 SHG diejenige Person, die berechtigt ist, das Gut in Empfang zu nehmen. Eine solche Definition fehlt im VG. In der Literatur heißt es gelegentlich, Empfänger sei derjenige, der gemäß den Vereinbarungen im Frachtvertrag das Gut erhalte,[792] bzw. die Person, die am vereinbarten Ort vom Beförderer das Gut erhalte[793]. Diese Definitionen bringen nicht hinreichend zum Ausdruck, dass der Empfänger zum Empfang des Guts berechtigt sein muss. Verzichtete man auf dieses Merkmal, könnte der Unternehmer des multimodalen Transports auch durch Auslieferung an jeden Nichtberechtigten erfüllen, ohne sich schadensersatzpflichtig zu machen. Die Definition des Empfängers in § 42 Nr. 4 SHG dürfte daher sinngemäß auch im Anwendungsbereich des VG gelten.

Dem Empfänger steht damit das sog. Güterabholungsrecht[794] zu.[795] Dieses Recht lässt sich im Anwendungsbereich des VG aus §§ 317 Hs. 2; 309 VG herauslesen.[796] Der Empfänger kann es direkt gegen den Unternehmer des multimodalen Transports geltend machen.[797] Darüber hinaus kann er ihn auf Schadensersatz in Anspruch nehmen[798] (arg. §§ 81 ff. SHG bzw. §§ 317 Hs. 2; 310 f. VG[799]). Der multimodale Frachtvertrag enthält damit – wie nach deutschem Recht[800] – Elemente eines Vertrags zugunsten Dritter[801].[802] Im Gegensatz zum Unternehmer des multimodalen Transports und dem Absender ist der Empfänger nicht Vertragspartei[803] (arg. § 102 II SHG bzw. §§ 319 f. VG). Nach dem Prinzip der Relativität des Vertragsverhältnisses[804] hat ein Dritter grundsätzlich weder Rechte noch Pflichten aus dem

791 收货人.
792 *Fang Shaokun/Guo Mingrui*, S. 400.
793 *Fang Shaokun/Guo Mingrui*, S. 346; *Lu Yongzhen*, S. 2; *Zhang Dai'en*, S. 2.
794 提货权.
795 *Fang Shaokun/Guo Mingrui*, S. 400; *Lu Yongzhen*, S. 36; *Zhang Dai'en*, S. 72 f.; *Hou Zuoqian/Qiao Baojie*, S. 33.
796 *Ling Bing*, Rn. 5.045, Fn. 193.
797 *Fang Shaokun/Guo Mingrui*, S. 400; *Zhang Dai'en*, S. 75; *Hou Zuoqian/Qiao Baojie*, S. 33; *Hu Kangsheng*, S. 484: „Der Unternehmer des multimodalen Transports hat auch gegenüber dem Empfänger die Gesamttransportpflicht." Damit geht *Hu Kangsheng* freilich wohl zu weit, denn den Anspruch auf die Beförderungsleistung selbst kann nur der Absender geltend machen.
798 *Long Yifei*, S. 363; *Yan Junxing/Guan Yide*, S. 229; *Ling Bing*, Rn. 5.045, Fn. 193 (zum Frachtvertrag nach dem VG); *Fang Shaokun/Guo Mingrui*, S. 400; *Zhang Dai'en*, S. 75 f.; *Jiang Ping*, S. 250; implizit *Hopp*, S. 196.
799 *Ling Bing*, Rn. 5.045, Fn. 193 (zum Frachtvertrag nach dem VG).
800 *Mast*, S. 92 f.
801 为第三人利益订立的合同 (*Long Yifei*, S. 359; *Zhang Dai'en*, S. 87).
802 *Fang Shaokun/Guo Mingrui*, S. 392; *Ling Bing*, Rn. 5.044 f., Fn. 190, 193, 202; *Yan Junxing/Guan Yide*, S. 229; *Zhang Dai'en*, S. 75, 87; *Hou Zuoqian/Qiao Baojie*, S. 33; *Guo Yu*, in: Gebhardt et al., 361 (367); *Hopp*, S. 196.
803 *Yan Junxing/Guan Yide*, S. 229; *Si Yuzhuo et al.*, S. 126; *Zhang Dai'en*, S. 75, 87; *Guo Yu*, in: Gebhardt et al., 361 (367); wohl auch *Lu Yongzhen*, S. 36; missverständlich, aber wohl ebenso *Fang Shaokun/Guo Mingrui*, S. 400, deutlich hingegen auf S. 392; *Hopp*, S. 196.
804 合同相对性原则 (*OVG-WK*, S. 46; *Wu Zaiyang/Ni Xuewei*, ZGHSSPNK 2001, 341 [346], allerdings im Zusammenhang mit § 320 VG).

Vertrag.[805] Eine Ausnahme von diesem Grundsatz ist der Vertrag zugunsten Dritter.[806] Ein solcher Vertrag liegt vor, wenn sich durch Auslegung des Vertrags ergibt, dass der Dritte berechtigt sein soll, den Anspruch auf Erfüllung und entsprechende Haftungsansprüche unmittelbar gegen den Schuldner geltend zu machen.[807] Diese Voraussetzungen kommen in dem ursprünglich für die Regelung des Vertrags zugunsten Dritter vorgesehenen § 64 VG allenfalls andeutungsweise zum Ausdruck.[808]

Der multimodale Frachtvertrag ist jedoch nicht immer und nicht ausschließlich Vertrag zugunsten Dritter. Zum einen können Absender und Empfänger identisch sein.[809] Zum anderen werden dem Empfänger auch Pflichten auferlegt. Insbesondere kann er zur Zahlung der Fracht verpflichtet sein (§ 69 II SHG bzw. § 317 Hs. 2; 288, 292 S. 1 VG). Voraussetzungen dafür sind eine entsprechende Vereinbarung im Frachtvertrag[810] und, sofern ein Konnossement ausgestellt wird, ein entsprechender Vermerk im Konnossement (§ 69 II SHG). Außerdem trägt der Empfänger die im Ladehafen entstandenen Liegegelder, Leerfrachten und andere mit dem Verladen der Güter verbundene Kosten, soweit dies im Konnossement so eingetragen ist (§ 78 II SHG). In der Literatur zum VG heißt es, der Empfänger trage alle im Verlauf des Transports entstandenen, vernünftigen Kosten.[811] Darüber hinaus können dem Empfänger rechtliche Nachteile entstehen, wenn er den Schaden nicht rechtzeitig anzeigt (§§ 81f. SHG bzw. §§ 317 Hs. 2; 310 VG)[812] oder wenn er das Gut nicht oder verspätet abholt (§ 86 SHG bzw. §§ 317 Hs. 2; 316, 101, 103 S. 1; 309 VG).

Angesichts der Formulierungen des VG in § 309 S. 1 („... der Empfänger muss unverzüglich die Güter abholen") und § 310 S. 1 („Bei Abholung muss der Empfänger die Güter ... untersuchen") bringen viele Autoren nur sehr unklar zum Ausdruck, dass es sich hier um bloße Mitwirkungspflichten, nach deutschen Maßstäben also um Obliegenheiten des Empfängers handelt.[813] Eine Ausnahme stellen die Ausführungen von *Zhang Dai'en* dar. Er kommt im Hinblick auf § 310 VG zu dem Ergebnis, dass der Empfänger die Untersuchung durchführen müsse, um sich seinen Anspruch auf Schadensersatz zu erhalten; die Untersuchung der Güter könne man als eine Pflicht ansehen, die mit dem Schadensersatzanspruch entstehe.[814] An anderer Stelle verallgemeinert er diesen Gedanken: Sämtliche sog. Pflichten des Emp-

---

805 *Ling Bing*, Rn. 2.030, 5.043; *Zhang Dai'en*, S. 75; *Pißler*, ZVglRWiss 2007, 67 (71). Dieser Grundsatz kommt in § 8 I S. 1 VG zum Ausdruck.
806 *OVG-WK*, S. 46 f.; *Ling Bing*, Rn. 5.043 ff.
807 *Ling Bing*, Rn. 5.044 f.
808 *Ling Bing*, Rn. 5.045; *Pißler*, ZVglRWiss 2007, 67 (71, Fn. 19).
809 *Lu Yongzhen*, S. 2; *Zhang Dai'en*, S. 2, 72; *Fang Shaokun/Guo Mingrui*, S. 392, 400; *Hou Zuoqian/Qiao Baojie*, S. 32; *Guo Yu*, in: Gebhardt et al., 361 (367).
810 *Long Yifei*, S. 363; *Zhang Dai'en*, S. 77, 87; *Fang Shaokun/Guo Mingrui*, S. 401; *Lu Yongzhen*, S. 11, 36.
811 *Long Yifei*, S. 363.
812 Diese Vorschriften werden unten S. 139 ff., 168 näher erörtert.
813 *Fang Shaokun/Guo Mingrui*, S. 401; *Lu Yongzhen*, S. 36 f.; *Zhang Dai'en*, S. 75 zu § 309 VG.
814 *Zhang Dai'en*, S. 76.

fängers, einschließlich der Pflicht zur Zahlung der Fracht, seien ihrer Natur nach an das Recht zur Inempfangnahme des Guts gebunden.[815] Erfülle der Empfänger seine Pflichten nicht, so würden seine Rechte beeinträchtigt; eine Vertragsverletzung stelle dies hingegen nicht dar, da der Empfänger nicht Vertragspartei sei.[816]

Zu berücksichtigen ist dabei stets, dass das Rechtsverhältnis zwischen Unternehmer des multimodalen Transports und Empfänger, wenn ein Konnossement ausgestellt wurde, sich nicht nach den Bestimmungen des Frachtvertrags, sondern nach den Bestimmungen des Konnossements richtet (§ 78 I SHG).[817]

F. Unterfrachtvertrag

Der Unternehmer des multimodalen Transports braucht die Beförderung nicht selbst durchzuführen, sondern kann andere mit der Durchführung beauftragen.[818] Grundlage des Rechtsverhältnisses mit einem Dritten ist häufig ein Unterfrachtvertrag[819], also ein Vertrag, bei dem der Unternehmer des multimodalen Transports seinerseits als Absender auftritt und die mit dem Transport beauftragte Person Beförderer ist.[820] Das Institut des Unterfrachtvertrags scheint in der chinesischen Rechtswissenschaft nicht allzu bekannt zu sein; einige Autoren gehen stattdessen von einem Auftrag[821] aus.[822] Unterfrachtverträge können auch von Beförderern eines unimodalen Hauptfrachtvertrags abgeschlossen werden.[823]

Für multimodale Hauptfrachtverträge bestimmen §§ 104 II SHG bzw. 318 VG, dass der Unternehmer des multimodalen Transports mit jedem der beteiligten Teilstreckenbeförderer in Bezug auf die jeweilige Teilstrecke die gegenseitige Verantwortung vereinbaren kann, eine solche Vereinbarung sich aber nicht auf die vom Unternehmer des multimodalen Transports für den Gesamttransport übernommene Verantwortung auswirkt.[824] Die Bedeutung der beiden Vorschriften liegt darin, dass multimodaler Frachtvertrag und Unterfrachtvertrag zwei vonein-

---

815 *Zhang Dai'en*, S. 77, 87.
816 *Zhang Dai'en*, S. 87.
817 *Zhang Dai'en*, S. 73; *Hou Zuoqian/Qiao Baojie*, S. 32.
818 Oben S. 78 f.
819 分运合同 (*Tai Bing*, HSFYJ 3/2001, 141 [167]).
820 Vgl. *Jiang Ping*, S. 257 zu § 318 VG: „Der Beförderer des multimodalen Transports schließt mit dem tatsächlichen Beförderer einen Frachtvertrag, nach dem der Beförderer des multimodalen Transports die [Rechts-]Stellung des Absenders innehat." (Ergänzung des Verfassers); ähnlich *Zhang Dai'en*, S. 210.
821 委托合同, geregelt in §§ 396 ff. VG.
822 *Si Yuzhuo/Li Zhiwen*, ICML IV, 403 (403 ff.); *Wang Liming*, Vertragsgesetz AT, S. 250.
823 Vgl. §§ 60 I S. 1 SHG, 137 II ZLG, 313 VG.
824 Wo hier mit „Verantwortung" übersetzt wurde, steht im chinesischen Gesetzestext der Begriff „责任" (sonst regelmäßig mit „Haftung" übersetzt), in § 318 Hs. 2 VG der Ausdruck „义务" (Pflichten). Die uneinheitliche Terminologie hat keine Auswirkungen auf die Bedeutung der Vorschriften. Gemeint sind jeweils Pflichten und Haftung (implizit *Fang Shaokun/Guo Mingrui*, S. 419; *Zhang Dai'en*, S. 212).

ander unabhängige Rechtsverhältnisse sind.[825] Nach dem Grundsatz der Relativität des Vertragsverhältnisses[826] kann sich der Unternehmer des multimodalen Transports also durch Abreden mit Teilstreckenbeförderern nicht von der Haftung gegenüber dem Absender freizeichnen, soweit mit diesem nichts anderes vereinbart ist.[827] *Liu Jianwen/Wang Zhenhua* und *Lu Yongzhen* hingegen entnehmen dem § 318 VG, dass der Unternehmer des multimodalen Transports und die Teilstreckenbeförderer gegenüber dem Absender gesamtschuldnerisch haften.[828] Die Annahme einer Gesamtschuld dürfte zwar zutreffen, soweit chinesisches Frachtrecht anwendbar ist;[829] sie lässt sich aber schwerlich aus § 318 VG herauslesen. Aus dieser Vorschrift ergibt sich vielmehr, dass der Absender vertragliche Ansprüche nur gegen den Unternehmer des multimodalen Transports geltend machen und dieser dann die Teilstreckenbeförderer in Regress[830] nehmen kann.[831] Dem Absender mag ein direkter deliktischer Anspruch gegen einen Teilstreckenbeförderer zustehen.[832] Deliktische Ansprüche sind jedoch nicht Gegenstand des § 318 VG.

G. Zusammenfassung

Parteien des multimodalen Frachtvertrags sind der Unternehmer des multimodalen Transports und der Absender. Das SHG kennt neben dem vertragschließenden auch den tatsächlichen Absender, d.h. eine Person, die dem Unternehmer des multimodalen Transports das Gut übergibt. Nach verbreiteter Ansicht in der chinesischen Literatur können beide gleichzeitig als Absender anzusehen sein. Die damit verbundenen Abgrenzungsprobleme sind jedoch ebenso ungeklärt wie der Absenderbegriff des VG.

Der Unternehmer des multimodalen Transports muss das Gut zum Bestimmungsort befördern und an den Empfänger abliefern. Er kann die Beförderung entweder selbst durchführen oder einen anderen mit der Durchführung beauftragen, ist dabei aber stets zur Beförderung über die gesamte Strecke verpflichtet.

Nach dem SHG ist der Unternehmer des multimodalen Transports zur Stellung eines see- und ladungstüchtigen Schiffs und zur Ladungsfürsorge verpflichtet. Bei multimodalen Frachtverträgen muss nicht nur das Schiff, sondern jedes Transportmittel hinsichtlich Konstruktion, Eigenschaften, Zustand usw. in der Lage sein, die während der Beförderung üblicherweise bestehenden und bei Anlegung

---

825 *Fang Shaokun/Guo Mingrui*, S. 419; *Jiang Ping*, S. 256 f.; ähnlich *Yang Lixin*, Bd. 3, S. 933; *Wu Zaiyang/Ni Xuewei*, ZGHSSPNK 2001, 341 (343): „Der Absender schließt den Vertrag mit dem Unternehmer des multimodalen Transports, nicht mit jedem Teilstreckenbeförderer."

826 Zu diesem Grundsatz oben S. 98 f.

827 Vgl. §§ 60 SHG, 138 S. 2 ZLG, 313 VG.

828 *Liu Jianwen/Wang Zhenhua*, S. 495; *Lu Yongzhen*, S. 190.

829 Unten S. 195 f.

830 追偿.

831 *Zhang Dai'en*, S. 212.

832 Dazu unten S. 191 ff.

eines vernünftigen Maßstabes vorhersehbaren Risiken aufzufangen. Nach dem VG ist das Gut sicher zu befördern. Darüber hinaus besteht im Anwendungsbereich beider Gesetze die Pflicht, nicht unberechtigt vom vereinbarten oder üblichen Reiseweg abzuweichen (Deviation). Die im SHG festgelegten elementaren Pflichten (§§ 47–49 SHG) sind zugleich ein abschließender Katalog von Haftungstatbeständen. Demgegenüber hat sich der Gesetzgeber beim VG für einen umfassenden Haftungsgrund entschieden, der unabhängig von einer Pflichtverletzung eingreift.

Die unberechtigte Deviation soll nach einigen Autoren noch zusätzliche, auf dem traditionellen englischen Seefrachtrecht beruhende Rechtsfolgen haben, und zwar u. a. ein Rücktrittsrecht der Ladungsbeteiligten, die Durchbrechung der Haftungsbegrenzung und die Unwirksamkeit von Klauseln, die die Befördererhaftung ausschließen. Diese Rechtsfolgen sind jedoch mit dem SHG und dem VG schwerlich vereinbar, soweit sie nicht ohnehin im Gesetz allgemein, d. h. unabhängig von einer Deviation, vorgesehen sind.

Nach dem VG muss das Gut innerhalb der vereinbarten oder einer vernünftigen Frist am Bestimmungsort ankommen. Aus dem Wortlaut der entsprechenden Bestimmung des SHG lässt sich hingegen nur eine Pflicht zur Beförderung innerhalb der vereinbarten Frist ableiten.

Der Absender ist in erster Linie zur Zahlung der Fracht verpflichtet. Außerdem muss er die Güter zweckmäßig verpacken, zutreffend deklarieren und dem Unternehmer des multimodalen Transports liefern. Darüber hinaus besteht eine Pflicht zur Vorlage von Dokumenten, etwa über durchgeführte Genehmigungen und Inspektionen.

Der Unternehmer des multimodalen Transports hat das Recht zur Verweigerung der Beförderung, wenn der Absender das Gut nicht ordnungsgemäß verpackt hat oder seinen Pflichten bei Absendung von Gefahrgut nicht nachgekommen ist. Im letzteren Fall kann der Unternehmer des multimodalen Transports auch entsprechende Maßnahmen ergreifen, um die Entstehung von Schäden zu vermeiden. Soweit die Fracht oder andere an ihn zu entrichtende Entgelte nicht gezahlt worden sind, steht ihm ein entsprechendes Zurückbehaltungsrecht an den Gütern zu. Der Absender kann nach dem VG vom Unternehmer des multimodalen Transports verlangen, die Beförderung zu unterbrechen oder das Gut zurückzuliefern, zu einem anderen Bestimmungsort zu befördern oder an einen anderen Empfänger abzuliefern; der Absender muss dem Unternehmer jedoch die dadurch entstandenen Aufwendungen ersetzen. Nach verbreiteter Meinung gilt das Weisungsrecht auch im Anwendungsbereich des SHG.

Der Vertrag ist erfüllt, wenn der Unternehmer des multimodalen Transports das Gut zum Bestimmungsort befördert und an den Empfänger abgeliefert hat. Die Erfüllungspflicht erlischt auch durch Hinterlegung.

Über den Rücktritt vom Frachtvertrag enthält das VG keine ausdrücklichen Vorschriften. Es ist jedoch als Rücktritt anzusehen, wenn der Absender in Ausübung seines Weisungsrechts die Rücklieferung des Guts oder den Abbruch der Beförderung verlangt. Dann steht dem Beförderer eine der vollen Fracht entsprechende Geldsumme zu. Im Übrigen kann jede Partei nach allgemeinen Regeln zurücktreten. Nach dem SHG ist ein Rücktritt nur vor Abfahrt des Schiffs im Ladehafen möglich. Bei Multimodalverträgen ist dies als „vor Beginn der Beförderung mit dem ersten Transportmittel" auszulegen. Zum einen kann der Absender ohne weitere Voraussetzungen zurücktreten, muss dem Unternehmer des multimodalen Transports dann aber die Hälfte der vereinbarten Fracht zahlen (Fautfracht). Zum anderen können beide Vertragsparteien in Fällen beiderseits nicht zu vertretender Unmöglichkeit zurücktreten. Ob und inwieweit man ergänzend auf das VG zurückgreifen kann, ist noch ungeklärt.

Der Empfänger des multimodalen Frachtvertrags kann vom Unternehmer des multimodalen Transports einerseits Herausgabe der Güter und ggf. Schadensersatz verlangen. Der multimodale Frachtvertrag enthält damit Elemente eines Vertrags zugunsten Dritter. Der Empfänger kann andererseits zur Zahlung der Fracht verpflichtet sein. Darüber hinaus können ihm rechtliche Nachteile entstehen, wenn er den Schaden nicht rechtzeitig anzeigt oder wenn er das Gut nicht oder verspätet abholt. Das Rechtsverhältnis zwischen Unternehmer des multimodalen Transports und Empfänger richtet sich nach den Bestimmungen des Konnossements, wenn ein solches ausgestellt wurde.

Soweit der Unternehmer des multimodalen Transports zur Durchführung der Beförderung einen Dritten einschaltet, erfolgt dies häufig im Wege eines Unterfrachtvertrags. Das ist ein Vertrag, bei dem der Unternehmer des multimodalen Transports seinerseits als Absender auftritt und die mit dem Transport beauftragte Person Beförderer ist. Multimodaler Frachtvertrag und Unterfrachtvertrag sind zwei verschiedene Rechtsverhältnisse. Nach dem Grundsatz der Relativität des Vertragsverhältnisses kann sich der Unternehmer des multimodalen Transports also durch Abreden mit Teilstreckenbeförderern nicht von der Haftung gegenüber dem Absender freizeichnen, soweit mit diesem nichts anderes vereinbart ist.

5. Kapitel
Haftung des Unternehmers des multimodalen Transports für Güter- und Verspätungsschäden

Soweit Staatsverträge nichts anderes bestimmen und der Multimodalvertrag dem festlandschinesischen Recht unterliegt, gilt für die Haftung des Unternehmers des multimodalen Transports bei Verträgen unter Einschluss einer Luftbeförderung vorrangig das ZLG (dazu A.). Im Übrigen sind die §§ 105f. SHG bzw. 321 VG zu prüfen.[833] Diese Vorschriften beziehen sich auf die Haftung für Güterschäden (dazu B.). Die Haftung für Verspätungsschäden richtet sich hingegen nach anderen Regeln (dazu C.).

A. Haftung nach dem Zivilluftfahrtgesetz

I. Anwendbarkeit des Zivilluftfahrtgesetzes auf multimodale Beförderungen

Das ZLG kennt keinen Begriff für den Beförderer, der sich zur Durchführung eines multimodalen Transports verpflichtet hat. Im Zusammenhang mit dem ZLG wird hier daher nicht vom „Unternehmer des multimodalen Transports", sondern vom „Beförderer" gesprochen.

Die Haftung des Beförderers bei multimodalen Transporten unterliegt dem 9. Kapitel des ZLG, wenn die Parteien einen multimodalen Frachtvertrag unter Einschluss eines Lufttransports i.S. des ZLG geschlossen haben und wenn zusätzlich eine der beiden folgenden Voraussetzungen erfüllt ist: Entweder es steht fest, dass das schädigende Ereignis während eines solchen Lufttransports eingetreten ist (§ 106 III ZLG), oder im Zusammenhang mit dem Lufttransport erfolgt eine Beförderung über ein anderes Transportmedium zum Zwecke der Verladung, Ablieferung oder Umladung, und es bleibt offen, wo das schadensursächliche Ereignis eingetreten ist (§ 125 VI ZLG).[834] Das ZLG enthält damit eine Vorschrift über die Haftung bei bekanntem Schadensort sowie eine Bestimmung für einen engen Kreis von Fällen der Haftung bei unbekanntem Schadensort.

Für die Anwendbarkeit des ZLG auf multimodale Beförderungen könnte noch eine weitere Voraussetzung bestehen. Gemäß § 106 I ZLG ist – anders als nach MÜ und

---

833 Zum Verhältnis zwischen ZLG, SHG und VG bezüglich multimodaler Frachtverträge oben S. 58f.

834 Zu §§ 106 III, 125 VI ZLG oben S. 58.

WA[835] – das 9. Kapitel des ZLG nur auf solche Gütertransporte anzuwenden, die von Unternehmen des öffentlichen Lufttransports[836] unternommen werden. Damit stellt sich die Frage, ob auch derjenige, der sich dem Absender gegenüber zum gesamten multimodalen Transport verpflichtet hat, ein Unternehmen des öffentlichen Lufttransports sein muss. Wäre die Frage zu bejahen, so richtete sich die Haftung einer in dieser Weise verpflichteten Person, der die Eigenschaft eines Unternehmens des öffentlichen Lufttransports fehlt, nach den ergänzend anwendbaren §§ 102ff. SHG bzw. 317ff. VG. Dann unterläge jedenfalls die Verspätungshaftung nicht dem ZLG, sondern den Bestimmungen des SHG bzw. des VG.[837] Die Vorschrift des § 106 III ZLG legt jedoch die Vermutung nahe, dass die Regeln des ZLG auch im Verhältnis der Parteien eines multimodalen Frachtvertrags stets gelten sollen, wenn und soweit ein Lufttransport i.S. des ZLG Bestandteil der Gesamtbeförderung ist. Das ZLG enthält u.a. Vorschriften über die Verspätungshaftung des Beförderers. Es widerspräche also möglicherweise dem in dieser Norm geäußerten „Anwendungswillen" des Gesetzes, wenn man annähme, dass auch der zur multimodalen Beförderung Verpflichtete ein Unternehmen des öffentlichen Lufttransports sein müsse. Diese Eigenschaft muss daher wohl nur die Person haben, die den Lufttransport tatsächlich ausführt.[838]

Einige Normen des ZLG enthalten das Tatbestandsmerkmal „Luftfrachtbrief"[839].[840] Für die Anwendbarkeit der Haftungsnormen des ZLG auf multimodale Beförderungen dürfte die Ausstellung eines vergleichbaren, auch für andere Transportarten geeigneten Dokuments genügen.[841]

II. Haftungsgrundtatbestände

Der Beförderer haftet gemäß § 125 IV Hs. 1 ZLG für Zerstörung[842], Verlust[843] und Beschädigung[844] des Guts, soweit der Schaden auf einem Ereignis beruht, das während des Luftbeförderungszeitraums eingetreten ist. Luftbeförderungszeitraum i.S. des ZLG ist nach § 125 V ZLG der Zeitraum, in dem sich das Gut unter der Obhut[845] des Beförderers auf einem Flughafen, an Bord eines Zivilluftfahrzeugs oder an einem Landeort außerhalb des Flughafens befindet. Zusätzlich ist die Vorschrift des § 125 VI ZLG zu beachten, nach der unter bestimmten Voraussetzungen vermutet wird, dass der Schaden innerhalb des Luftbeförderungszeitraums entstan-

835 Zu den Anwendungsbereichen des MÜ und des WA oben S. 21f. bzw. S. 19ff.
836 Zu diesem Begriff oben S. 22.
837 Zur Verspätungshaftung außerhalb des ZLG unten S. 155ff.
838 A.A. *Mast*, S. 179f. zum persönlichen Anwendungsbereich des COTIF-ER/CIM.
839 „航空货运单".
840 Z.B. §§ 116, 129 Nr. 2 II ZLG.
841 Vgl. *Koller*, Art. 5–11 WA 1955, Rn. 29, 32.
842 毁灭.
843 遗失.
844 损坏.
845 掌管.

den ist.[846] Darüber hinaus haftet der Beförderer nach § 126 Hs. 1 ZLG für Schäden, die durch Verspätung[847] des Guts auf dem Lufttransport verursacht wurden.

III. Haftungsausschluss

Die Haftung für Güterschäden ist nach § 125 IV Hs. 2 ZLG ausgeschlossen, wenn der Beförderer beweist, dass der Schaden in vollem Umfang durch einen der folgenden Gründe verursacht wurde: durch eine natürliche Eigenschaft, die Qualität oder einen Mangel des Guts selbst (Nr. 1); durch schlechte Verpackung des Guts, falls eine andere Person als der Beförderer oder dessen Bediensteter oder Vertreter das Gut verpackt hat (Nr. 2); durch Krieg oder bewaffneten Konflikt (Nr. 3); durch eine von betreffenden Stellen der Regierung ausgeführte Handlung, die die Einfuhr, Ausfuhr oder Durchfuhr von Gütern betrifft (Nr. 4). Die Haftung für Güterschäden ist folglich verschuldensunabhängig.[848] Demgegenüber entfällt die Haftung für Verspätungsschäden, wenn der Beförderer beweist, dass er sowie seine Bediensteten und Vertreter alle erforderlichen Maßnahmen zur Verhütung des Schadens getroffen haben oder dass sie diese Maßnahmen nicht treffen konnten (§ 126 Hs. 2 ZLG). Es handelt sich also um eine Haftung für vermutetes Verschulden.[849]

Im Gegensatz zur Haftung bei Verspätungsschäden ist der chinesische Gesetzgeber bei Güterschäden von Art. 20 WA 1955 abgewichen. Die Verfasser des Gesetzes haben die Haftungsausschlussgründe bei Güterschäden offensichtlich aus dem Montrealer Protokoll Nr. 4 übernommen.[850] Inzwischen entspricht die Rechtslage auch dem MÜ[851], das insoweit auf den Regelungen des Montrealer Protokolls Nr. 4 beruht[852] und für die Volksrepublik bereits in Kraft getreten ist.[853]

Ein weiterer Haftungsausschlussgrund findet sich in § 127 II ZLG: Beweist der Beförderer, dass das Verschulden des Anspruchstellers[854] oder des Rechtsvorgängers[855] den Schaden verursacht oder zu ihm beigetragen hat, so muss die Haftung des Beförderers entsprechend dem Ausmaß des Verschuldens, das diesen Schaden verursacht oder zu ihm beigetragen hat, erlassen oder vermindert werden. Auch

846 Zu § 125 VI ZLG oben S. 58.
847 延误.
848 *Wei Yaorong et al.*, S. 393; *Men Jing*, ZLW 2003, 206 (214).
849 Vgl. *Koller*, Art. 20 WA 1955, Rn. 1 f.
850 Art. IV Montrealer Protokoll Nr. 4.
851 Art. 18 II MÜ.
852 *Ruhwedel*, TranspR 2001, 189 (196).
853 Interessant ist dabei, dass zum Zeitpunkt der Verabschiedung des ZLG (30. 10. 1995) noch nicht einmal ein Entwurf des MÜ vorlag, sondern lediglich mit den Vorarbeiten zu einer umfassenden Revision des Warschauer Systems begonnen worden war (*Koller*, vor Art. 1 MÜ, Rn. 2). Zum Inkrafttreten des MÜ für die Volksrepublik China oben S. 21.
854 索赔人 (wörtlich: die Person, die Ersatz verlangt).
855 代行权利人 (wörtlich: Person, deren Rechte vertreten werden); vgl. Art. VI Montrealer Protokoll Nr. 4: „the person from whom he derives his rights".

diese Bestimmung beruht offenbar auf dem Montrealer Protokoll Nr. 4[856] und entspricht inzwischen der einschlägigen Regelung des MÜ[857]. Sie gilt für Güter- wie Verspätungsschäden.[858]

IV. Haftungsbegrenzung

Die Haftungsbegrenzung ist in §§ 128f. ZLG geregelt. Danach wird im Hinblick auf Transporte ohne Wertdeklaration zwischen innerstaatlichen und internationalen Luftbeförderungen[859] unterschieden. Bei internationalen Luftbeförderungen beträgt die Haftungsgrenze 17 Rechnungseinheiten für jedes kg (§ 129 Nr. 2 S. 1 ZLG). Die Angabe bezieht sich auf das Bruttogewicht.[860] Rechnungseinheit ist nach § 213 ZLG das Sonderziehungsrecht (SZR) des Internationalen Währungsfonds (IWF). Hinsichtlich der Umrechnung in RMB gelten grundsätzlich die Ausführungen zur identischen Vorschrift des § 277 SHG.[861] Auch bei § 213 ZLG stellt sich die Frage, ob bei einer Parteivereinbarung auf den Tag, an dem die Vereinbarung erzielt wurde, oder auf den Tag, den die Parteien vereinbart haben, abzustellen ist. Dem WA 1955 lässt sich lediglich entnehmen, dass es im Falle eines gerichtlichen Verfahrens auf den Zeitpunkt der Entscheidung ankommt (Art. 22 V S. 3 WA 1955). Jedoch spricht auch hier nichts dagegen, die Parteien den Zeitpunkt wählen zu lassen.

Über den Grenzbetrag bei innerstaatlichen Luftbeförderungen entscheidet die für Zivilluftfahrt zuständige Behörde des Staatsrats (§ 128 I ZLG). Dabei handelt es sich um das Chinesische Zivilluftfahrthauptamt[862]. Diese Behörde hat in § 45 Nr. 1 InnerstaatlLuftGütTranspReg festgelegt, dass bei Transporten ohne Wertdeklaration im Falle des Verlusts, des Schwunds[863], des Verderbs, der Verunreinigung und der Beschädigung des Guts nach dem Wert des tatsächlichen Schadens Ersatz zu leisten ist und die Ersatzhöchstgrenze 20 RMB pro kg des Bruttogewichts beträgt.

Für Verspätungsschäden gilt § 46 InnerstaatlLuftGütTranspReg. Danach muss der Beförderer, wenn das Gut nicht innerhalb der im Frachtvertrag vereinbarten Frist abgeliefert wird, gemäß den vertraglichen Vereinbarungen Ersatz leisten. Dieser Vorschrift lässt sich ein Haftungsgrenzbetrag[864] nicht entnehmen. Die Ermächtigung des § 128 I ZLG ist jedoch auf die Festsetzung eines solchen Betrags beschränkt. Daraus könnte man den Schluss ziehen, dass die Verspätungshaftung bei innerstaatlichen Luftbeförderungen unbegrenzt ist, falls die Parteien nichts anderes vereinbart haben. Damit würde man aber die subsidiäre Geltung des VG

856 Art. VI Montrealer Protokoll Nr. 4.
857 Art. 20 S. 1 MÜ.
858 Vgl. Art. 20 S. 3 MÜ, der dies klarstellt.
859 Zu den Definitionen des innerstaatlichen und des internationalen Lufttransports oben S. 23.
860 Vgl. *Koller*, Art. 22 WA 1955, Rn. 6.
861 Unten S. 131.
862 中国民用航空总局.
863 短缺.
864 责任限额.

übergehen, das eine allgemeine Regel für die Begrenzung der Verspätungshaftung vorsieht.[865] Ob und inwiefern daneben der – dem VG nachrangige – § 46 InnerstaatlLuftGütTranspReg anzuwenden ist, lässt sich kaum abschätzen. Aus dieser Bestimmung kann man möglicherweise folgern, dass der Beförderer nach dem Willen des Zivilluftfahrthauptamts nur dann für verspätete Ablieferung haften soll, wenn sowohl eine Ablieferungsfrist als auch Regeln über die Verspätungshaftung vereinbart wurden. Sonst wäre die Bestimmung nämlich überflüssig. Denn es versteht sich von selbst, dass nach den vertraglichen Abreden gehaftet wird, wenn solche getroffen wurden. All dies betrifft indessen nicht nur die Haftungsbegrenzung, sondern die Ausgestaltung der Verspätungshaftung insgesamt. Eine Prüfung der Vereinbarkeit des § 46 InnerstaatlLuftGütTranspReg mit den vorrangigen Regeln des ZLG und des VG würde jedoch den oben[866] skizzierten Rahmen der vorliegenden Arbeit sprengen.

Bei – internationalen wie innerstaatlichen – Transporten mit Wertdeklaration gilt der deklarierte Betrag als Haftungsgrenze, es sei denn, der Beförderer weist nach, dass dieser Betrag höher ist als das tatsächliche Interesse an dem Gut (§§ 128 II Hs. 1; 129 Nr. 2 I S. 2 ZLG). Mit dem Begriff „tatsächliches Interesse"[867] ist, wie sich aus dem wegen Vorrangs der zivilluftfahrtgesetzlichen Normen nicht direkt anwendbaren § 45 Nr. 2 InnerstaatlLuftGütTranspReg ergibt, nach Auffassung des Chinesischen Zivilluftfahrthauptamtes der tatsächliche Wert des Guts gemeint.

Im Falle der Zerstörung, des Verlusts, der Beschädigung oder der Verspätung eines Teils der Güter oder irgendeines in den Gütern enthaltenen Gegenstandes ist das zur Feststellung der Haftungsgrenze geltende Gewicht nur das Gesamtgewicht des betreffenden Stückes bzw. der betreffenden Stücke; wenn jedoch die Zerstörung, der Verlust, die Beschädigung oder die Verspätung eines Teils der Güter oder des in den Gütern enthaltenen Gegenstandes den Wert anderer, auf demselben Luftfrachtbrief aufgeführter Stücke beeinträchtigt, so ist bei der Feststellung der Haftungsgrenze auch das Gesamtgewicht dieser Stücke zu berücksichtigen (§§ 128 II Hs. 2; 129 Nr. 2 II ZLG).

V. Durchbrechung der Haftungsbegrenzung

Der Beförderer kann sich auf die Haftungsbegrenzungen der §§ 128f. ZLG nicht berufen, wenn bewiesen wird, dass der Schaden durch sein vorsätzlich oder im Bewusstsein, dass ein Schaden entstehen konnte, rücksichtslos unternommenes Tun oder Unterlassen herbeigeführt wurde (§ 132 Hs. 1 ZLG).[868] Die Formulierung des

865 Dazu unten S. 167.
866 Oben S. 34.
867 „实际利益".
868 Übersetzung nach *Münzel*, Chinas Recht, 7.11.92/1 (dort zum gleichlautenden § 59 I SHG).

besonders schweren Verschuldens beruht auf Art. 25 S. 1 WA 1955. Die Beweislast für das Verschulden trägt nach allgemeinen Regeln der Ersatzberechtigte.[869]

Die Haftungsbegrenzungen der §§ 128f. ZLG greifen außerdem dann nicht ein, wenn die Güter mit Zustimmung des Beförderers transportiert werden, ohne dass ein Luftfrachtbrief ausgestellt worden ist, § 116 I bzw. II Var. 1 ZLG. Bei internationalen Luftbeförderungen scheitert eine Berufung auf die Haftungsbegrenzung gemäß § 116 II Var. 2 ZLG überdies dann, wenn der Luftfrachtbrief nicht den in § 115 Nr. 3 ZLG vorgeschriebenen Hinweis enthält. Die Bestimmung lautet:

> „Befindet sich der endgültige Bestimmungsort, der Abgangsort oder ein vereinbarter Ort der Zwischenlandung nicht innerhalb der Volksrepublik China und muss nach einem anwendbaren Übereinkommen über internationale Luftbeförderung im Frachtbrief ein Hinweis enthalten sein, dass auf eine solche Beförderung dieses Übereinkommen anzuwenden sei, so muss ein solcher Hinweis in dem Frachtbrief eingetragen sein."

Diese Vorschrift hebelt sich selbst aus. Sie erweckt den Eindruck, als stehe in den von ihr geregelten Fällen die Anwendbarkeit eines Übereinkommens bereits fest. Wenn aber ein Übereinkommen anwendbar ist, so gelten *dessen* Bestimmungen über die Erforderlichkeit eines Hinweises; das ZLG kommt dann insoweit gar nicht zur Anwendung. Der missglückte Wortlaut dürfte daher im Wege des Rückgriffs auf die zugrundeliegende Norm des Art. 8 lit. c WA 1955 dahin gehend auszulegen sein, dass bei internationalen Beförderungen der Frachtbrief einen Hinweis auf das *möglicherweise* anwendbare Übereinkommen enthalten muss, wenn nach dem Übereinkommen ein solcher Hinweis erforderlich ist. Sinn und Zweck der Bestimmung ist, wie sich ebenfalls aus Art. 8 lit. c WA 1955 ergibt, die Warnung an den Absender vor einer möglichen Begrenzung der Befördererhaftung.

VI. Haftung für andere

Der Beförderer haftet auch für das Verhalten seiner Bediensteten[870] und Vertreter[871] (arg. § 132 ZLG, arg. e contrario §§ 125 IV Nr. 2; 126 Hs. 2 ZLG).[872] Er muss außerdem für das Verhalten eines etwa eingesetzten tatsächlichen Beförderers[873] einstehen (§ 139 I ZLG).

Zu den Begriffen des Bediensteten und des Vertreters äußert sich die chinesische Literatur, soweit ersichtlich, nicht. Anhaltspunkte für die Ausfüllung dieser Begriffe ergeben sich aus den – wegen Nachrangigkeit gegenüber dem ZLG nicht unmittelbar anwendbaren – InnerstaatlLuftGütTranspReg und IntLuftGütTransp-

869 Zu den damit verbundenen Schwierigkeiten und einer möglichen Lösung unten S. 134 (zu § 59 I SHG).
870 受雇人.
871 代理人.
872 *Ling Bing*, Rn. 8.033, Fn. 158.
873 实际承运人.

Reg. Nach § 3 Nr. 2 InnerstaatlLuftGütTranspReg ist Vertreter i.S. dieser Regeln jede Person, die beim Gütertransport durch die Luft kraft Ermächtigung[874] den Beförderer vertritt. § 3 Nr. 3 IntLuftGütTranspReg bestimmt, dass Vertreter jede Person ist, die kraft Ermächtigung des Beförderers diesen bei Betätigungen im Zusammenhang mit dem Gütertransport vertritt. Da der chinesische Gesetzgeber in den §§ 106–136 ZLG im Wesentlichen das WA 1955 übernommen hat, erscheint es im Übrigen zweckmäßig, auf die in den übrigen Vertragsstaaten von Rechtsprechung und Literatur erarbeiteten Grundsätze zum WA zurückzugreifen. Bedienstete i.S. des ZLG sind demnach Arbeitnehmer, und zwar auch solche, die der Beförderer nicht gerade zum Transport des geschädigten Guts eingesetzt hatte.[875] Vertreter sind selbständige Unternehmer und deren Bedienstete.[876] Der tatsächliche Beförderer i.S. des § 137 II ZLG fällt damit in den Kreis der Vertreter.[877] Die Haftung entfällt, wenn die schädigende Handlung nur bei Gelegenheit der Verrichtung erfolgt ist.[878] Dafür spricht insbesondere § 132 Hs. 2 ZLG, wonach die Durchbrechung der Haftungsbegrenzung voraussetzt, dass die Bediensteten und Vertreter in ihrem Dienst- bzw. Vertretungsbereich gehandelt haben.

Damit ist zugleich deutlich geworden, dass der Beförderer sich insbesondere auch das besonders schwere Verschulden seiner Bediensteten und Vertreter zurechnen lassen muss (§ 132 Hs. 1 ZLG). In diesem Fall muss dann neben dem Vorliegen des besonders schweren Verschuldens auch bewiesen werden, dass die betreffende Person innerhalb ihres Dienst- bzw. Vertretungsbereichs gehandelt hat (§ 132 Hs. 2 ZLG). Die Beweislast trifft nach allgemeinen Regeln den Ersatzberechtigten.[879]

Tatsächlicher Beförderer ist eine Person, die aufgrund der Ermächtigung des vertragschließenden Beförderers[880] einen dem ZLG unterliegenden Lufttransport ganz oder teilweise ausführt; das Bestehen der Ermächtigung wird vermutet (§ 137 II ZLG). Das Erfordernis der Ermächtigung hat die Funktion zu verhindern, dass sich der vertragschließende Beförderer das Handeln solcher Dritter zurechnen lassen muss, die er weder unmittelbar noch mittelbar eingeschaltet hat.[881]

VII. Schadensanzeige

Die Schadensanzeige ist in § 134 ZLG geregelt. Nach § 134 I ZLG wird vermutet, dass das Gut in gutem Zustand abgeliefert wurde und dem Beförderungsschein entspricht, wenn der Empfänger es annimmt, ohne Einwände zu erheben. Diese

874 授权.
875 Vgl. *Koller*, Art. 20 WA 1955, Rn. 18.
876 Vgl. *Koller*, Art. 20 WA 1955, Rn. 19.
877 Vgl. *Koller*, Art. 20 WA 1955, Rn. 19, der den Unterfrachtführer zu den „préposés" i.S. des Art. 20 WA 1955 zählt.
878 Vgl. *Koller*, Art. 20 WA 1955, Rn. 18, 19.
879 Zu den damit verbundenen Schwierigkeiten und einer möglichen Lösung unten S. 134 (zu § 59 I SHG).
880 缔约承运人.
881 Vgl. *Koller*, Art. I ZAG, Rn. 6 zu Art. I lit. c ZAG, der § 137 II ZLG entspricht.

Bestimmung stellt keine Beweislastumkehr dar, sondern hat vielmehr im Wesentlichen Appellfunktion.[882] Denn nach § 125 IV Hs. 1 ZLG i.V. mit den allgemeinen Beweislastregeln muss der Ersatzberechtigte ohnehin nachweisen, dass ein Schaden entstanden ist und dass dieser Schaden auf einem Ereignis beruht, das während des Luftbeförderungszeitraums eingetreten ist. Er muss also in jedem Fall beweisen, dass das Gut nicht in gutem Zustand abgeliefert wurde.

Darüber hinaus ordnet § 134 IV ZLG jedoch an, dass eine Schadensersatzklage gegen den Beförderer ausgeschlossen ist, wenn der Empfänger den Schaden nicht rechtzeitig angezeigt hat, es sei denn, der Beförderer hat arglistig[883] gehandelt. Damit sind außer im Fall der Arglist Ersatzansprüche gegen den Beförderer ausgeschlossen, wenn die Schadensanzeige nicht rechtzeitig erfolgt. Die Anzeige muss in schriftlicher Form erfolgen (§ 134 III ZLG).

Im Fall der Verspätung muss der Einwand gemäß § 134 II S. 3 ZLG binnen 21 Tagen, nachdem das Gut an den Empfänger abgeliefert wurde, erhoben werden. In anderen Fällen muss der Schaden nach der Entdeckung, spätestens jedoch innerhalb von 14 Tagen nach Empfang des Guts angezeigt werden (§ 134 II S. 1, 2 Hs. 2 ZLG). Fraglich ist, welche Arten von Schäden gemeint sind. Die Bestimmung spricht von „损失“. Dieser Begriff umfasst im ZLG an anderen Stellen alle Güter- und Verspätungsschäden.[884] Hier können indessen allenfalls Güterschäden gemeint sein, weil für Verspätungsschäden bereits eine andere Frist bestimmt ist. Das WA erfasst in seiner entsprechenden Vorschrift sogar nur die Beschädigung, nicht auch Zerstörung und Verlust.[885] Für die Beschädigung benutzt das ZLG sonst den Ausdruck „损坏“.[886] Angesichts der auch im übrigen Fracht- und allgemeinen Vertragsrecht uneinheitlichen Terminologie und der Anlehnung des ZLG an das WA ist deshalb davon auszugehen, dass § 134 II S. 1, 2 ZLG Zerstörung und Verlust nicht erfasst, soweit sie nicht ausnahmsweise als Beschädigung anzusehen sind.[887]

Adressat der Anzeige ist nach § 134 II S. 1 ZLG der Beförderer. Das ist bei multimodalen Transporten derjenige, der – als vertragschließender Beförderer i.S. des § 137 I ZLG – gegenüber dem Absender die Verpflichtung zur Durchführung des Gesamttransports übernommen hat. Doch genügt auch die Anzeige gegenüber dem tatsächlichen Beförderer (§ 140 Hs. 1 ZLG). Absender der Anzeige ist der Empfänger.

Bei multimodalen Beförderungen dürfte auf die Ablieferung an den Empfänger des Gesamttransports (sog. Endempfänger[888]) abzustellen sein, nicht etwa auf die

---

882 Vgl. die Ausführungen zu den §§ 81 SHG, 310 VG unten S. 139ff.
883 欺诈.
884 §§ 125 VI, 127 II, 131, 132, 133 I, III ZLG.
885 Art. 26 II WA 1955.
886 §§ 125 IV, 129 II, 136 III ZLG.
887 Vgl. *Koller*, Art. 26 WA 1955, Rn. 5ff.
888 *Herber*, S. 359; *Mast*, S. 167.

Ablieferung an den nachfolgenden Teilstreckenbeförderer; dementsprechend bezieht sich wohl auch die Anzeigeobliegenheit auf den Endempfänger.[889]

VIII. Verjährung

Haftungsforderungen gegen den Beförderer verjähren gemäß § 135 ZLG in zwei Jahren, gerechnet von dem Tag, an dem das Zivilluftfahrzeug am Bestimmungsort angekommen ist oder hätte ankommen sollen oder an dem die Beförderung abgebrochen[890] worden ist. Von den drei Tatbestandsalternativen ist der dem Ersatzberechtigten günstigste Zeitpunkt maßgeblich.[891] Wie sich aus dem eindeutigen Wortlaut („Klageverjährung“[892]) ergibt, hat sich der chinesische Gesetzgeber entgegen der international verbreiteten Auffassung zu Art. 29 I WA 1955, es handele sich um eine Ausschlussfrist,[893] für eine Verjährungsfrist entschieden.[894] Bei multimodalen Transporten dürfte das Beförderungsmittel der letzten Teilstrecke maßgeblich sein.[895]

B. Haftung für Güterschäden außerhalb des Zivilluftfahrtgesetzes

Soweit Staatsverträge und das ZLG nichts anderes bestimmen und der Multimodalvertrag dem festlandschinesischen Recht unterliegt, richtet sich die Haftung des Unternehmers des multimodalen Transports für Güterschäden nach §§ 105 f. SHG bzw. 321 VG.

I. Allgemeines

1. Haftungszeitraum

Der Haftungszeitraum des Unternehmers des multimodalen Transports beginnt nach § 103 SHG mit Übernahme des Guts und endet mit Ablieferung desselben. Im VG fehlt eine entsprechende Vorschrift. In der Literatur finden sich jedoch Definitionen des Haftungszeitraums, die inhaltlich mit § 103 SHG übereinstimmen.[896] Für die Haftung ist unerheblich, ob der Schaden innerhalb des Haftungszeitraums

---

889 Zur Begründung unten S. 149 f.
890 终止. Der Begriff bedeutet an sich „beenden“, ist hier jedoch angesichts des – einzig verbindlichen – französischen Wortlauts des Art. 29 I WA 1955 („l'arrêt du transport“) i. S. von „abbrechen“ zu verstehen.
891 *Koller*, Art. 29 WA 1955, Rn. 4.
892 „诉讼时效“.
893 *Koller*, Art. 29 WA 1955, Rn. 10.
894 Zur Verjährung und deren Rechtsfolgen unten S. 141 ff.
895 Zur Begründung unten S. 149 f.
896 *OVG-WK*, S. 1662; *Jiang Ping*, S. 257; *Tang Dehua*, S. 872; *Liu Jianwen/Wang Zhenhua*, S. 499.

auch eingetreten ist; es genügt vielmehr, wenn die Ursache für den Schaden in diesem Zeitraum liegt.[897]

2. Verlustvermutung

Das SHG enthält – im Gegensatz zum VG – eine Verlustvermutungsregel. Nach § 50 IV SHG kann der Ersatzberechtigte die Güter als verloren ansehen, wenn der Unternehmer des multimodalen Transports sie nicht innerhalb von 60 Tagen nach Ablauf der in § 50 I SHG bestimmten Frist abgeliefert hat. Damit räumt das Gesetz dem Ersatzberechtigten nach Fristablauf eine Wahlmöglichkeit ein.[898] Er kann den ihm entstandenen Schaden entweder – wie bereits vor Fristende – nach den Regeln über Verspätungsschäden oder gemäß den Vorschriften über die Verlusthaftung geltend machen. Verspätungsschäden werden von den Kollisionsnormen der §§ 105f. SHG nicht erfasst, unterliegen also den allgemeinen Regeln der §§ 50ff. SHG.[899] Entscheidet sich der Ersatzberechtigte hingegen für die Verlusthaftung, so muss man unterscheiden. Steht fest, auf welcher Teilstrecke sich der vermutete Verlust ereignet hat, so ist das Recht dieser Teilstrecke anzuwenden (§ 105 SHG). Andernfalls gelten die allgemeinen seehandelsgesetzlichen Regeln über die Befördererhaftung (§ 106 SHG). Ist sowohl auf den Güterverlust als auch auf die Verspätung das SHG anzuwenden, so wird der für Verlust zu erlangende Betrag regelmäßig höher sein als die Summe, die der Ersatzberechtigte bei Verspätung erhält.[900]

3. Haftungssystem nach den §§ 105f. SHG bzw. 321 VG

Nach §§ 105f. SHG bzw. 321 VG hängt die Haftung für Beschädigung und Verlust des Guts davon ab, ob die Transportteilstrecke, auf der die Beschädigung oder der Verlust eingetreten ist, festgestellt werden kann oder nicht. Im Falle des bekannten Schadensorts richtet sich die Haftung nach den Rechtsbestimmungen, die die Transportart der betreffenden Teilstrecke regeln (§§ 105 SHG bzw. 321 S. 1 VG). Der chinesische Gesetzgeber hat sich demnach insoweit für das Netzwerkprinzip[901] entschieden.[902] Bei unbekanntem Schadensort gelten hingegen die allgemeinen frachtrechtlichen Bestimmungen des SHG bzw. des VG (§§ 106 SHG bzw. 321 S. 2 VG). Hier gilt folglich das Einheitsprinzip[903]. Das System der Haftung des Unternehmers des multimodalen Transports für Güterschäden besteht demnach aus einer Kombination zwischen Netzwerk- und Einheitsprinzip. Manche sprechen

897 *Si Yuzhuo et al.*, S. 138.
898 Vgl. *von Ziegler*, S. 96 zu Art. 5 III HambR.
899 Zur Verspätungshaftung unten S. 155ff.
900 Vgl. einerseits §§ 55f. SHG (dazu unten S. 129ff.) und andererseits § 57 S. 1 SHG (dazu unten S. 167).
901 网状责任制 (engl. network liability system).
902 *Liu Jianwen/Wang Zhenhua*, S. 499; *OVG-WK*, S. 1669; *Lu Yongzhen*, S. 190; *Sun Lin*, S. 214; *Hu Kangsheng*, S. 489.
903 统一责任制 (engl. uniform liability system).

auch vom „modifizierten Netzwerkprinzip“[904] oder – unzutreffend – vom „Netzwerkprinzip“[905].

In der Praxis überwiegen nach bestrittener Ansicht die Fälle des unbekannten Schadensorts.[906] Dies leuchtet bei FCL/FCL- bzw. Haus-Haus-Containertransporten auch unmittelbar ein, da solche Container bei Umladung auf das nächste Transportmittel regelmäßig nicht geöffnet werden und daher am Ende der Transportkette häufig nicht festzustellen ist, auf welcher Teilstrecke der Schaden eingetreten ist.

4. Tatbestandsvoraussetzungen der §§ 105f. SHG bzw. 321 VG

Ein Verlust[907] des Guts i.S. der §§ 105f. SHG bzw. 321 VG liegt vor, wenn es dem Unternehmer des multimodalen Transports unmöglich ist, die Güter an den Empfänger abzuliefern.[908] Der Begriff erfasst damit sowohl den physischen Untergang des Guts als auch Situationen, in denen der Besitz aus tatsächlichen oder rechtlichen Gründen nicht wiedererlangt werden kann.[909] Beispiele für einen Güterverlust im Rechtssinne sind Vernichtung durch Feuer[910], Raub durch Piraten[911] und Diebstahl[912].

Den Tatbestand der Beschädigung des Guts beschreibt das SHG mit dem Wort „损坏“, das VG mit dem Begriff „毁损“. Der sprachliche Unterschied hat rechtlich keine Bedeutung. Gemeint ist eine Wertminderung durch substantielle Veränderung,[913] etwa durch Verschmutzung[914] oder Verderb[915]. Der rein wirtschaftliche Wertverlust, der z.B. auf einem Absinken des Marktpreises beruht, ist folglich nicht umfasst.[916]

---

904 „修正网状责任制“ (*He Wanzhong*, S. 523; *He Wanzhong*, GJJJFLC, Bd. 6, 488 [511]; *Hu Zhengliang/Zhao Yang*, DLHSDXXB 1–2/2002, 6 [10]).
905 *Zhang Xianglan et al.*, S. 117; *Yu Shicheng et al.*, S. 156; *Si Yuzhuo et al.*, S. 243; *Wu Huanning*, S. 140.
906 BT-Drs. 13/8445 (Regierungsbegründung zum Gesetz zur Neuregelung des Fracht-, Speditions- und Lagerrechts [Transportrechtsreformgesetz – TRG] vom 25. 6. 1998), S. 101; a.A. *Drews*, TranspR 2003, 12 (13).
907 灭失.
908 *Jiang Ping*, S. 249, 260; *Tang Dehua*, S. 874; *Hu Kangsheng*, S. 475; *Wei Yaorong et al.*, S. 394; *Liu Wenhua*, S. 290; *Liu Jianwen/Wang Zhenhua*, S. 484.
909 *Jiang Ping*, S. 249, 260; *Tang Dehua*, S. 874; *OVG-WK*, S. 1521; *Li Yongjun*, S. 283; *Hu Kangsheng*, S. 475; *Wei Yaorong et al.*, S. 394; *Liu Wenhua*, S. 290; *Liu Jianwen/Wang Zhenhua*, S. 484.
910 *OVG-WK*, S. 1521.
911 *OVG-WK*, S. 1521.
912 *Jiang Ping*, S. 249; *Wei Yaorong et al.*, S. 394.
913 *Jiang Ping*, S. 249; ähnlich *Jiang Ping*, S. 260; *Tang Dehua*, S. 874; *Liu Wenhua*, S. 290; *Li Yongjun*, S. 283; *Hu Kangsheng*, S. 475; *Wei Yaorong et al.*, S. 394 (ohne den Hinweis auf das Erfordernis der substantiellen Veränderung); *Liu Jianwen/Wang Zhenhua*, S. 484.
914 *OVG-WK*, S. 1521.
915 *OVG-WK*, S. 1521.
916 *Jiang Ping*, S. 250.

Fraglich ist, ob §§ 105f. SHG bzw. 321 VG auch solche Güterschäden erfassen, die durch verspätete Ablieferung entstanden sind. Sie treten hauptsächlich bei leicht verderblichen Gütern wie etwa frischem Obst und Gemüse auf.[917] Nach dem Wortlaut der genannten Bestimmungen kommt es auf die Ursache des Güterschadens nicht an. Jedoch enthält das SHG in § 50 II einen speziellen Haftungstatbestand für Güterschäden, die auf verspäteter Ablieferung beruhen. Die Haftung für derartige Güterschäden folgt anderen Regeln als die allgemeine Haftung für Güterschäden gemäß §§ 46 I S. 3; 47ff. SHG: Zum einen unterliegt sie der – nach bestrittener Ansicht – abschließenden Legaldefinition des § 50 I SHG mit der Folge, dass der Beförderer nur dann für die Verzögerung des Transports haftet, wenn die Vertragsparteien eine Ablieferungsfrist vereinbart haben.[918] Zum anderen bestehen Unterschiede bei der Beweislast.[919] Damit hat der Gesetzgeber zum Ausdruck gebracht, dass Güterschäden, die auf verspäteter Ablieferung beruhen, rechtlich als Verspätungsschäden zu qualifizieren sind. Deshalb ist anzunehmen, dass Güterschäden i.S. der §§ 105f. SHG wie in § 46 I S. 3 SHG nur solche sind, die nicht auf verspäteter Ablieferung beruhen.

Im VG fehlen hingegen Anzeichen für das Erfordernis einer solchen restriktiven Auslegung; insbesondere enthält das Gesetz keinen besonderen Tatbestand für Güterschäden, die durch verspätete Ablieferung entstanden sind. Sie dürften daher wie alle anderen Güterschäden unter §§ 311f. bzw. 321 VG fallen. Dieses Verständnis entspricht nicht nur dem Wortlaut der Vorschriften, sondern auch der Rechtslage nach dem WA[920] und den H(V)R[921]. Diese Übereinkommen kennen ebenfalls keinen speziellen Haftungstatbestand für durch Verspätung verursachte Güterschäden.

Teilstrecke[922] ist der Abschnitt von dem Zeitpunkt, zu dem ein Beförderer das Gut vom Absender oder vom vorigen Beförderer übernimmt bis zu dem Zeitpunkt, zu dem der Beförderer das Gut an den Empfänger abliefert oder dem nächsten Beförderer übergibt.[923]

5. Umfang der Verweisungen in §§ 105f. SHG bzw. 321 VG

Im Hinblick auf den Umfang der Verweisung sind die §§ 105f. SHG bzw. 321 VG nicht einheitlich formuliert. Die Vorschriften sprechen teilweise von „Ersatzhaftung und Haftungsgrenzbetrag"[924], teilweise von „(Schadens-)Ersatzhaftung"[925].

---

917 *Zhao Hong*, HSFYJ 4/2001, 141 (150).
918 Zu dem Streit über die Auslegung des § 50 I SHG unten S. 158ff.
919 Zu diesen Unterschieden unten S. 166.
920 *Koller*, Art. 19 WA 1955, Rn. 10.
921 *von Ziegler*, Schadenersatz, S. 92, Fn. 30; s. auch *Herber*, S. 313, 323, der von „reinen/bloßen Vermögensschäden" spricht und damit impliziert, dass Güterschäden, die auf verspäteter Ablieferung beruhen, zu den Güterschäden gehören.
922 区段.
923 *Fang Xinjun*, MSFLC, Bd. 13, 119 (129).
924 „赔偿责任和责任限额" (§§ 105 f. SHG, 321 S. 1 VG).
925 „赔偿责任" (§ 106 SHG) bzw. „损害赔偿责任" (§ 321 S. 2 VG).

Daraus ergibt sich die Frage, warum der Haftungsgrenzbetrag neben der Ersatzhaftung gesondert erwähnt wird. Denn Vorschriften über den Haftungsgrenzbetrag gehören aus sprachlichen wie sachlichen Gründen zu den Bestimmungen über die Ersatzhaftung. Der Begriff „Ersatzhaftung“ könnte hier jedoch gerade wegen der unmittelbar folgenden Erwähnung des Haftungsgrenzbetrages enger auszulegen sein: Er bezieht sich möglicherweise nur auf die Haftungsgrundtatbestände des anwendbaren Rechts.

Dies hätte allerdings zur Folge, dass etwa die Vorschriften über Haftungsbefreiung und Schadensanzeige nicht unter den Begriff „Ersatzhaftung“ subsumiert werden könnten und damit bei der Haftung bei bekanntem Schadensort nicht dem Netzwerkprinzip unterlägen. Auf die Haftungsgrundtatbestände und die Bestimmungen über den Haftungsgrenzbetrag ist das Netzwerkprinzip hingegen jedenfalls anwendbar. Damit bestände die Gefahr, dass Vorschriften aus unterschiedlichen Haftungsordnungen mit jeweils aufeinander abgestimmten Bestimmungen miteinander kombiniert würden. Ein neues, in sich nicht stimmiges Haftungsregime entstände. Das kann der Gesetzgeber nicht gewollt haben. Das Wort „Ersatzhaftung“ kann sich folglich nicht nur auf die Haftungsgrundtatbestände des anwendbaren Rechts beziehen.[926] Dafür spricht auch der Wortlaut des § 106 SHG. Danach muss der Unternehmer des multimodalen Transports bei unbekanntem Schadensort nach den Bestimmungen über die Ersatzhaftung und den Haftungsgrenzbetrag des Beförderers die Ersatzhaftung übernehmen. Aus dieser Formulierung ergibt sich, dass der am Ende der Vorschrift stehende Begriff der Ersatzhaftung jedenfalls auch den Haftungsgrenzbetrag erfasst, also tendenziell weit zu verstehen ist.

Damit ein weitest gehend kohärentes Haftungsregime auch bei bekanntem Schadensort gewährleistet ist, ist deshalb davon auszugehen, dass die Verweisungen der §§ 105f. SHG bzw. 321 VG alle mit der Ersatzhaftung des Unternehmers des multimodalen Transports für Güterschäden zusammenhängenden Fragen umfassen. Dazu gehören neben den Haftungsgrundtatbeständen u.a. die Vorschriften über Haftungsausschluss, Haftungsbegrenzung, deren Durchbrechung, Haftung für andere, Beweislast, Schadensanzeige und Verjährung.[927]

Da die §§ 105f. SHG bzw. 321 VG auf Güterschäden beschränkt sind, ist fraglich, ob sie auch auf solche Haftungsvorschriften verweisen, die das Zusammentreffen von Güterschäden und verspäteter Ablieferung regeln. So enthalten etwa das SHG und das EBG Verlustvermutungsregeln.[928] Danach kann, wenn die Ablieferungsfrist und ein näher bestimmter weiterer Zeitraum verstrichen sind, der Empfänger das Gut als verloren ansehen und Schadensersatz nach den Regeln über die Verlusthaftung verlangen. Eine solche Vorschrift enthält sowohl Elemente der Verspätungshaftung als auch Bestandteile der Güterschadenshaftung. Verlustvermutungs-

926 Im Ergebnis *Jiang Ping*, S. 260; *Tang Dehua*, S. 874.
927 Ähnlich *Jiang Ping*, S. 260 und *Tang Dehua*, S. 874: „Haftungsprinzip, Haftungsbefreiungsgründe usw.“
928 § 50 IV SHG (dazu oben S. 114), § 16 II EBG.

regeln lassen sich folglich nicht eindeutig qualifizieren. Frachtrechtsordnungen enthalten häufig noch andere Bestimmungen über das Zusammentreffen von Güterschäden und verspäteter Ablieferung.[929] Das Problem stellt sich nur, wenn Güterschaden und verspätete Ablieferung unterschiedlichen Haftungsordnungen unterliegen. Dann dürfte nicht das Teilstreckenrecht, sondern die betreffende Vorschrift des SHG bzw. des VG anzuwenden sein. Andernfalls käme es zu einer Vermischung beider Haftungsordnungen, die keiner der beiden Gesetzgeber gewollt hat. Da die Verweisungen auf das Teilstreckenrecht durch das SHG bzw. das VG ausgesprochen werden, erscheint es sachgerecht, diesen beiden Gesetzen in Zweifelsfällen so weit wie möglich Geltung zu verschaffen. Folgt man dieser Argumentation, sind die Kollisionsnormen der §§ 105f. SHG bzw. 321 VG insoweit restriktiv auszulegen, als sie nicht auf solche Vorschriften des Teilstreckenrechts verweisen, die das Zusammentreffen von Güterschäden mit verspäteter Ablieferung regeln. Demnach ist etwa im Anwendungsbereich des SHG stets die Verlustvermutungsregel des § 50 IV SHG anzuwenden. Entscheidet sich der Ersatzberechtigte für die Verlusthaftung, ist diese dann allerdings anhand der §§ 105f. SHG bzw. 321 VG zu ermitteln. Unterliegt der Multimodalvertrag hingegen dem VG, kann der Anspruchsteller nur nach den Regeln über die Verspätungshaftung vorgehen.

II. Haftung bei unbekanntem Schadensort

Kann die Teilstrecke, auf der sich der Verlust oder die Beschädigung der Güter ereignet hat, nicht festgestellt werden,[930] so haftet der Unternehmer des multimodalen Transports nach dem Einheitsprinzip: § 106 SHG verweist auf die Bestimmungen des 4. Kapitels („Seefrachtvertrag“) des SHG, § 321 S. 2 VG verweist auf die Vorschriften des 17. Kapitels („Transportvertrag“) des VG.

1. Haftungsgrundtatbestände

a) Seehandelsgesetz

Nach §§ 106, 46 I S. 3 SHG haftet der Unternehmer des multimodalen Transports, soweit der 2. Abschnitt („Haftung des Beförderers“) nichts anderes bestimmt, auf Ersatz, wenn während des Haftungszeitraums Verlust oder Beschädigung der Güter eintreten. Die Begriffe des Haftungszeitraums, des Verlusts und der Beschädigung sind bereits definiert worden.[931] § 46 I S. 3 SHG wird in der chinesischen Lite-

---

929 Vgl. z. B. §§ 54, 57 S. 2 SHG.
930 Zur Beweislast hinsichtlich der Frage, ob der Schaden auf einer bestimmten Teilstrecke eingetreten ist, unten S. 146.
931 Zum Haftungszeitraum oben S. 113f.; zu den Definitionen der Begriffe „Verlust“ und „Beschädigung“ oben S. 115f.

ratur kaum erwähnt, geschweige denn eingeordnet.[932] Es muss sich um den – in den HVR fehlenden, aber stillschweigend vorausgesetzten[933] – Grundtatbestand der Haftung für Güterschäden handeln.[934] Denn das Gesetz sagt sonst nirgends ausdrücklich, dass der Beförderer für Beschädigung und Verlust des Guts einstehen muss. Die Qualifikation der Vorschrift als Haftungsgrundnorm passt überdies vorzüglich in das auf den HVR beruhende mehrstufige Beweislastsystem der Befördererhaftung[935]. Für diese Einordnung spricht im Übrigen die ähnliche Formulierung der beiden Grundtatbestände der Verspätungshaftung[936].

Der Unternehmer des multimodalen Transports haftet nur bei Verletzung bestimmter Pflichten.[937] Bei Güterschäden kommen in erster Linie die Pflicht zur Stellung eines see- und ladungstüchtigen Schiffs (§ 47 SHG) sowie die Pflicht zur Ladungsfürsorge (§ 48 SHG) in Betracht. Daneben kann auch die Pflicht, keine unberechtigte Deviation vorzunehmen (§ 49 SHG), eine Rolle spielen. Da es sich um Sorgfaltspflichten handelt, ist die Haftung nach dem SHG grundsätzlich von einem Verschulden abhängig. Einzelheiten sind bereits erörtert worden.[938]

Darüber hinaus ordnet das SHG in § 53 III, I eine verschuldensunabhängige[939] Haftung für Güterschäden infolge unerlaubter Decksverladung an. Dieser Tatbestand, der aus Art. 9 HambR übernommen wurde,[940] dürfte bei multimodalen Frachtverträgen allerdings selten erfüllt sein, da multimodale Beförderungen meist Containertransporte sind und Decksverladung im Containerverkehr regelmäßig durch eine Optionsklausel ermöglicht wird und ohnehin den Gewohnheiten des Seetransports entspricht.[941]

Hopp qualifiziert die eingangs erwähnte Bestimmung des § 46 I S. 3 SHG nicht nur als Haftungsgrundnorm, sondern darüber hinaus als einen gegenüber den §§ 47–49 SHG subsidiären Tatbestand der verschuldensunabhängigen Haftung für Güterschäden.[942] Er betont, dass das SHG sich wegen dieser Zweiteilung der Haftung weder zum umfassenden Haftungsgrund der nicht vertragsgemäßen Leistung nach den HambR noch zum System der abschließenden Aufzählung der Pflichten des Beförderers nach den HVR bekenne.[943] Diese Auffassung ist jedoch mit dem vom

---

932 Dies mag damit zusammen hängen, dass die HVR einen Haftungsgrundtatbestand nicht kennen; zur fehlenden haftungsbegründenden Norm *von Ziegler*, Haftungsgrundlage, Rn. 383.
933 *von Ziegler*, Haftungsgrundlage, Rn. 383.
934 *Trappe*, TranspR 1998, 336 (338); vgl. *Hopp*, S. 196, 198 f., 201, wo er § 46 I S. 3 SHG einerseits und §§ 47 oder 48 SHG andererseits zusammen zitiert. Auf S. 199 schreibt er: „Rechtsgrundlage des Entschädigungsanspruches des Antragstellers sind die §§ 46 Abs.1 S.3, 47 SeeHG."
935 Zum Beweislastsystem bei der Befördererhaftung unten S. 128 f.
936 § 50 II, III SHG.
937 Oben S. 80.
938 Oben S. 80.
939 *Hopp*, RIW 6/1996, Beilage 2, 26 (28).
940 *Fante*, TranspR 1995, 99 (102). *Hopp*, RIW 6/1996, Beilage 2, 26 (28) spricht von der Schließung der „in den HambR enthaltenen Lücke der gesetzlichen Zulässigkeit"; diese Lücke existiert jedoch nicht (Art. 9 I Var. 3 HambR).
941 Dazu oben S. 87 f.
942 *Hopp*, RIW 6/1996, Beilage 2, 26 (27, 31).
943 *Hopp*, RIW 6/1996, Beilage 2, 26 (27).

SHG übernommenen Haftungssystem der HVR nicht vereinbar. Der Leitgedanke in diesem Haftungssystem ist das Enumerationsprinzip: Der Beförderer soll nur für die Verletzung bestimmter Pflichten einstehen. Darüber hinaus gilt das Prinzip der Verschuldenshaftung (§ 51 I Nr. 12 SHG). Nach dieser – von *Hopp* nicht bezweifelten – Rechtslage wäre es widersinnig, einen zusätzlichen umfassenden, also nicht auf bestimmte Schadensfälle beschränkten Tatbestand festzulegen, aus dem der Beförderer unter erleichterten, weil verschuldensunabhängigen Voraussetzungen in Anspruch genommen werden kann. Zwar kennt das SHG in der Tat auch die Beförderehaftung ohne Verschulden (§ 53 III SHG). Doch fällt dieser Spezialfall der nicht erlaubten Decksverladung gegenüber dem Grundsatz des § 51 I Nr. 12 SHG kaum ins Gewicht und vermag daher – im Gegensatz zu dem von *Hopp* angenommenen Tatbestand – das Haftungssystem der §§ 47–49, 51 I Nr. 12 SHG nicht ernsthaft in Frage zu stellen. Überdies ist dem Verfasser keine Äußerung der chinesischen Literatur bekannt, die sich zur Untermauerung der Ansicht *Hopps* heranziehen lässt. § 46 I S. 3 SHG ist demnach nicht als subsidiärer Tatbestand der verschuldensunabhängigen Haftung für Güterschäden auszulegen. Die Norm dient vielmehr ausschließlich – nicht: auch – als Grundtatbestand der in §§ 47–49, 51 SHG näher geregelten Haftung.

b) Vertragsgesetz

Nach §§ 321 S. 2; 311 Hs. 1 VG haftet der Unternehmer des multimodalen Transports für Beschädigung und Verlust der Güter während der Beförderung. Die Begriffe der Beschädigung und des Verlusts sind bereits definiert worden.[944] Der Ausdruck „während der Beförderung" beschreibt den – ebenfalls schon behandelten – Haftungszeitraum.[945]

Treten Beschädigung oder Verlust während des Haftungszeitraums ein, so stellt dies eine Verletzung der Obhutspflicht nach § 290 VG dar.[946] Die Güterschadenshaftung nach dem VG ist jedoch nicht wie nach dem SHG von der Verletzung einer Befördererpflicht abhängig. Die Obhutspflicht nach § 290 VG und die Pflicht zur Einhaltung der Transportroute nach § 291 S. 1 VG entsprechen zwar sachlich im Wesentlichen den §§ 47–49 SHG. Doch fehlen im Gesetz jegliche Anhaltspunkte für eine Verbindung zwischen dem Haftungstatbestand und den beiden Pflichten. So fehlen im § 311 VG sowohl die in § 46 I S. 3 SHG enthaltene Einschränkung „... soweit sich aus den Bestimmungen dieses Abschnitts nichts anderes ergibt ..." als auch der in § 51 I Nr. 12 SHG verwendete Verschuldensbegriff, der die Verbindung zu den Sorgfaltspflichten nach §§ 47–49 SHG herstellt. Auch in den §§ 290f. VG findet sich kein in den § 311 VG etwa hineinzulesendes Verschuldenserfordernis. Demnach ergeben sich alle Haftungsvoraussetzungen unmittelbar aus § 311 VG selbst. Der Gesetzgeber hat sich im VG folglich für einen umfassenden Haftungsgrund und gegen abschließend aufgezählte Pflichten entschieden.

---

944 Oben S. 115f.
945 Oben S. 113f.
946 Implizit *Hu Kangsheng*, S. 475; *Jiang Ping*, S. 227.

Wegen fehlender Anzeichen für ein Verschuldenserfordernis begründet § 311 Hs. 1 VG nach nahezu einhelliger Meinung eine verschuldensunabhängige Haftung[947].[948] Dies steht im Einklang mit dem allgemeinen Vertragsrecht[949], das ebenfalls kein Verschuldenserfordernis kennt.[950] Dennoch ist die Haftung nicht gänzlich frei von Verschuldenselementen. Dies zeigt sich daran, dass das VG in seiner Legaldefinition des Haftungsausschlusstatbestandes der höheren Gewalt in § 117 II u.a. auf die Unvorhersehbarkeit und Unvermeidbarkeit des Ereignisses abstellt.[951]

2. Haftungsausschluss

a) Seehandelsgesetz

Der Unternehmer des multimodalen Transports ist nach §§ 106, 51 I SHG von seiner Haftung befreit, wenn während des Haftungszeitraums Verlust oder Beschädigung der Güter aus einem der folgenden Gründe eintreten: aus Verschulden des Kapitäns, der Besatzung, von Lotsen oder anderen Bediensteten des Unternehmers des multimodalen Transports bei der Führung oder dem Betrieb des Schiffs (Nr. 1); durch Feuer, wenn es nicht durch Verschulden des Unternehmers des multimodalen Transports selbst herbeigeführt wurde (Nr. 2); durch Naturkatastrophen, durch Gefahren der See oder anderer Schifffahrtswege oder durch unerwartete Unfälle (Nr. 3); durch Krieg oder bewaffnete Zusammenstöße (Nr. 4); durch Handlungen, Quarantänebeschränkungen oder justizielle Beschlagnahmen seitens der Regierung oder vorgesetzter Stellen (Nr. 5); durch Streik, Arbeitseinstellung oder Arbeitsbeschränkungen (Nr. 6); durch die Rettung oder beabsichtigte Rettung von Menschenleben oder Vermögen auf See (Nr. 7); durch Handlungen des Absenders, des Eigentümers der Güter oder ihrer Vertreter (Nr. 8); durch natürliche Eigenheiten oder immanente Fehler der Güter (Nr. 9); durch schlechte Verpackung oder fehlerhafte oder unklare Kennzeichnung der Güter (Nr. 10); durch verborgene Fehler des Schiffs, die auch bei Anwendung der gehörigen Sorgfalt nicht entdeckt werden konnten (Nr. 11); aus anderen Gründen, die nicht durch Verschulden des

---

947 无过错责任 (wörtlich: Haftung ohne Verschulden) oder 严格责任 (wörtlich: strenge Haftung, vgl. engl. strict liability).

948 *OVG-WK*, S. 1521; *Fang Shaokun/Guo Mingrui*, S. 406; *Jiang Ping*, S. 250; *Liu Jianwen/Wang Zhenhua*, S. 484; *Wei Yaorong et al.*, S. 393; *Xu Junqiang*, HSFYJ 2/2001, 104 (150); *Li Yongjun*, S. 283; *Wu Zaiyang/Ni Xuewei*, ZGHSSPNK 2001, 341 (344 f.); *Long Yifei*, S. 362; *Liu Wenhua*, S. 291 (bei § 312 VG); *Zhang Dai'en*, S. 94; *Lu Yongzhen*, S. 40; *Guo Yu*, in: Gebhardt et al., 361 (363); *Yang Yuntao/Ding Ding*, S. 201, 208; *Kirchner*, in: Gebhardt et al., 373 (383); a.A. *Sun Lin*, S. 30 f.: Verschuldenshaftung; offenbar auch *He Wanzhong*, S. 525; *He Wanzhong*, GJJJFLC, Bd. 6, 488 (512): Haftung für vermutetes Verschulden.

949 §§ 107 ff. VG.

950 *OVG-WK*, S. 421; *Ling Bing*, Rn. 8.032; *Xiao Xun et al.*, S. 360 f.; *Xu Junqiang*, HSFYJ 2/2001, 104 (150); *Zhang Dai'en*, S. 90; *Lu Yongzhen*, S. 40; vgl. *Münzel/Zheng Xiaoqing*, RIW 1999, 641 (644): „... daß sich nun einigermaßen einheitlich die Haftung der Vertragsparteien aus dem Bereich ihrer Pflichten ergibt und nicht mehr, wie nach dem WVG, im Prinzip aus Verschulden oder, wie nach den AGZR, aus dem Fehlen höherer Gewalt."

951 Zu diesem Haftungsausschlussgrund unten S. 124 f.

Unternehmers des multimodalen Transports, seiner Bediensteten oder Vertreter herbeigeführt worden sind (Nr. 12).[952]

Die zwölf Haftungsausschlusstatbestände des § 51 I SHG sind eine gekürzte Fassung der 17 Befreiungsgründe des Art. 4 § 2 HVR.[953] Sie sind daher grundsätzlich in gleicher Weise auszulegen.[954] Deshalb seien im Folgenden nur einige wenige Entlastungsgründe herausgegriffen: In § 51 I Nr. 1 SHG hat der chinesische Gesetzgeber den Ausschluss der Haftung für sog. nautisches Verschulden[955] der Besatzung normiert. Dogmatisch gesehen handelt es sich hier um eine Ausnahme vom Grundsatz der Haftung für Bedienstete und Vertreter.[956] Die Haftungsbefreiung lässt sich heute nicht mehr mit dem Argument begründen, das Schiff sei auf hoher See für den Reeder nicht erreichbar und Kapitän und Besatzung seien außerhalb des Heimathafens allein auf sich gestellt.[957] Diese Ausnahme vom sonst uneingeschränkt geltenden Prinzip der Haftung für Gehilfenverschulden[958] ist daher nicht gerechtfertigt.[959] Zudem treten zahlreiche Abgrenzungsprobleme zu den Pflichten nach §§ 47 f. SHG auf, bei denen die Haftungsbefreiung für Gehilfenverschulden nicht besteht.[960] Dies gilt insbesondere für das Verhältnis zum sog. kommerziellen Verschulden[961], also zur Verletzung der Ladungsfürsorgepflicht nach § 48 SHG. Eine verbreitete Ansicht differenziert in diesen Fällen nach dem Ziel der fraglichen Handlung der Besatzung.[962]

Beruft sich der Unternehmer des multimodalen Transports mit Erfolg auf nautisches Verschulden der Besatzung, so steht damit zugleich fest, dass der Güterschaden auf der Seestrecke eingetreten ist. Folglich liegt dann ein Fall des bekannten Schadensorts vor.[963] Dies kann zu einer Änderung des Haftungsstatuts führen, wenn die Seestrecke gemäß § 105 SHG einem anderen Recht unterliegt als der multimodale Frachtvertrag. Andernfalls ergeben sich keine Unterschiede, da die Verweisung des § 105 SHG dann ins SHG führt.

Ungeklärt ist, ob § 51 I Nr. 1 SHG bei multimodalen Frachtverträgen analog auch für andere Beförderungen als Schiffstransporte gilt. Dagegen spricht zumindest der

---

952 Übersetzung nach *Münzel*, Chinas Recht, 7.11.92/1.
953 Der Gesetzgeber des SHG hat dabei auf die Befreiungen für Handlungen öffentlicher Feinde (Art. 4 § 2 lit. f HVR) und für Aufruhr oder bürgerliche Unruhen (Art. 4 § 2 lit. k HVR) verzichtet sowie die Tatbestände des Art. 4 § 2 lit. c, d HVR in § 51 I Nr. 3 SHG und des Art. 4 § 2 lit. g, h HVR in § 51 I Nr. 5 SHG zusammengefasst.
954 *Hu Zhengliang/Huybrechts*, ETL 1995, 287 (291); ausführlich zu den Befreiungsgründen nach den HVR *von Ziegler*, Haftungsgrundlage, Rn. 380 ff.
955 航海过失; zum Begriff des nautischen Verschuldens *Herber*, S. 309, 318 f.
956 *Si Yuzhuo et al.*, S. 144 f.; *von Ziegler*, Haftungsgrundlage, Rn. 891; zur Haftung für Bedienstete und Vertreter unten S. 136 ff.
957 *Herber*, S. 319.
958 Zur Haftung für Hilfspersonen im SHG unten S. 136 ff., im ZLG oben S. 110 f., im VG unten S. 135 f. und im EBG unten S. 152.
959 *Hopp*, RIW 6/1996, Beilage 2, 26 (28); *von Ziegler*, Haftungsgrundlage, Rn. 891.
960 *Yu Shicheng et al.*, S. 95 f.; *von Ziegler*, Haftungsgrundlage, Rn. 891.
961 Zu diesem Begriff *Herber*, S. 309, 318 f.
962 *Si Yuzhuo et al.*, S. 141; *Zhao Guoling*, S. 61.
963 Zur Haftung bei bekanntem Schadensort unten S. 145 ff.

rechtspolitische Gedanke, dass dieses schon für Seetransporte kaum zu rechtfertigende Institut nicht auch noch auf andere Teilstrecken ausgedehnt werden sollte.

Die Haftungsbefreiung bei Feuer (§ 51 I Nr. 2 SHG) ist im Ergebnis ebenfalls eine Ausnahme vom Grundsatz der Haftung für Bedienstete und Vertreter, weil der Tatbestand voraussetzt, dass der Beförderer kein eigenes Verschulden am Feuer trägt.[964] Dieser Entlastungsgrund wird damit gerechtfertigt, dass die meisten Feuer an Bord der Seeschiffe von der Ware verursacht würden und dass der Ursprung des Feuers nach einem Brand an Bord kaum mehr feststellbar sei; dieses Argument dürfte aufgrund der technologischen Entwicklung während der letzten Jahrzehnte jedoch nicht mehr stichhaltig sein.[965]

Die Haftung ist darüber hinaus ausgeschlossen, wenn kein Verschulden vorliegt (§ 51 I Nr. 12 SHG). Mit dem Verschulden ist ein Verstoß gegen die in §§ 47–49 SHG genannten Sorgfaltspflichten gemeint.[966] Da der Beförderer also grundsätzlich nur für Verschulden haftet, sich aber für nautisches Verschulden der Besatzung[967] und für Verschulden der Besatzung bei Feuer[968] entlasten kann, bezeichnet die chinesische Literatur das Prinzip der Befördererhaftung nach dem SHG als „unvollkommene Verschuldenshaftung“[969].[970]

Die übrigen Tatbestände des § 51 I SHG lassen sich in vier Kategorien einteilen: unabwendbare und unvoraussehbare Gewalten[971], Rettungshandlungen in Seenot[972], Ursachen aus dem Verantwortungsbereich der ladungsinteressierten Partei[973] und verborgene Mängel des Schiffs[974].[975]

Haftungsausschlussgründe finden sich auch außerhalb des § 51 I SHG. Dazu gehört die berechtigte Deviation nach § 49 II SHG,[976] der über § 51 I Nr. 7 SHG hinaus den Tatbestand der sonstigen vernünftigen Abweichung enthält. In § 52 SHG ist die Haftungsbefreiung bei Beförderung lebender Tiere geregelt. Die Vorschrift hat allenfalls Klarstellungsfunktion, da sie sowohl im Hinblick auf den Haftungsausschluss als auch auf die entsprechende Beweislast von § 51 I Nr. 9 SHG erfasst wird.[977] *Von Ziegler* bezeichnet die Befreiung für Schäden beim Transport lebender Tiere in den HambR als „legislatorische Fehlleistung“; diese Transportart verdiene

964 *Si Yuzhuo et al.*, S. 144 f.; *von Ziegler*, Haftungsgrundlage, Rn. 892; *Herber*, S. 320.
965 *Von Ziegler*, Haftungsgrundlage, Rn. 892.
966 Oben S. 80.
967 § 51 I Nr. 1 SHG.
968 § 51 I Nr. 2 SHG.
969 „不完全过失责任“.
970 *Wu Zaiyang/Ni Xuewei*, ZGHSSPNK 2001, 341 (345); *Xu Junqiang*, HSFYJ 2/2001, 104 (153 f.); *Yu Shicheng et al.*, S. 80; *Si Yuzhuo et al.*, S. 144; *Zhao Guoling*, S. 61.
971 § 51 I Nr. 3–6 SHG.
972 § 51 I Nr. 7 SHG.
973 § 51 I Nr. 8–10 SHG.
974 § 51 I Nr. 11 SHG.
975 *von Ziegler*, Haftungsgrundlage, Rn. 894.
976 Vgl. *von Ziegler*, Haftungsgrundlage, Rn. 526 zu Art. 4 § 4 HR, auf dem § 49 SHG beruht.
977 *Si Yuzhuo et al.*, S. 143, die den Tod eines Tieres infolge Erkrankung oder Scheuens während der Beförderung als Fall des § 51 I Nr. 9 SHG einordnen; *Mo*, Rn. 4.48 zur Beweislast in § 51 I Nr. 9 SHG.

keine gesonderte Behandlung.[978] Daneben enthält § 53 II SHG – anders als Art. 9 HambR[979] – einen ausdrücklichen Haftungsbefreiungstatbestand für Güterschäden, die auf den besonderen Gefahren der Decksverladung beruhen. Diese Haftungsbefreiung ist bei multimodalen Transporten sehr häufig gegeben, da es sich meist um Containertransporte handelt und Decksverladung im Containerverkehr regelmäßig durch eine Vertragsklausel ermöglicht wird und ohnehin den Gewohnheiten des Seetransports entspricht.[980]

Treffen mehrere Schadensursachen zusammen, so haftet der Unternehmer des multimodalen Transports nur insoweit, als er sich nicht von seiner Haftung befreien kann (§§ 106, 54 Hs. 1 SHG[981]).

b) Vertragsgesetz

Im Anwendungsbereich des VG kann sich der Unternehmer des multimodalen Transports bei Vorliegen eines der in § 311 Hs. 2 VG genannten Entlastungsgründe von seiner Haftung befreien[982]. Die Verfasser des VG haben sich nach *Hu Kangsheng* insoweit an den Bestimmungen der transportrechtlichen Spezialgesetze und des WVG orientiert.[983] Die Ausschlussgründe entsprechen wörtlich denen des EBG.[984]

Als ersten Ausschlussgrund nennt § 311 Hs. 2 Var. 1 VG höhere Gewalt[985]. Höhere Gewalt ist nach der Legaldefinition des § 117 II VG ein unvorhersehbarer, unvermeidbarer und unüberwindbarer objektiver Umstand.[986] Für den Tatbestand der höheren Gewalt lassen sich drei Fallgruppen bilden. In die erste Gruppe gehören Naturkatastrophen aller Art, z. B. Erdbeben[987], Stürme[988], Gewitter[989], Überschwemmungen[990]. Die zweite Gruppe umfasst Handlungen staatlicher Institutionen[991] wie etwa den Erlass einer Verordnung[992], die Schließung eines Hafens[993] oder die

978 *von Ziegler*, Haftungsgrundlage, Rn. 896.
979 Einzelne Stimmen in der Literatur ziehen allerdings aus Art. 9 III HambR den Umkehrschluss auf einen Haftungsbefreiungsgrund für Fälle erlaubter Deckverladung; ablehnend *von Ziegler*, Haftungsgrundlage, Rn. 662 ff.
980 Oben S. 87 f.
981 Zur Anwendbarkeit dieser Vorschrift im Rahmen der Haftung des Unternehmers des multimodalen Transports oben S. 118.
982 免除责任.
983 *Hu Kangsheng*, S. 476. Zuvor (S. 475 f.) stellt er §§ 18 EBG, 51 SHG, 36 Pkt. 1 Nr. 5 WVG dar, nicht jedoch § 125 IV Hs. 2 ZLG.
984 Zur Haftung nach dem EBG unten S. 150 ff.
985 不可抗力.
986 Diese Definition entspricht wörtlich § 153 AGZR.
987 *OVG-WK*, S. 491, 1521; *Fang Shaokun/Guo Mingrui*, S. 406; *Guo Yu*, in: Gebhardt et al., 361 (364); *Li Yongjun*, S. 284; *Ling Bing*, Rn. 8.051; *Jiang Ping*, S. 97; *Hu Kangsheng*, S. 476; *Wei Yaorong et al.*, S. 394.
988 *OVG-WK*, S. 491, 1521; *Guo Yu*, in: Gebhardt et al., 361 (364); *Ling Bing*, Rn. 8.051; *Jiang Ping*, S. 97; *Hu Kangsheng*, S. 476.
989 *Li Yongjun*, S. 284.
990 *OVG-WK*, S. 491; *Fang Shaokun/Guo Mingrui*, S. 406; *Li Yongjun*, S. 284; *Ling Bing*, Rn. 8.051; *Hu Kangsheng*, S. 476.
991 *OVG-WK*, S. 1521 und *Jiang Ping*, S. 97: „Handlungen der Regierung" („政府行为"); *Ling Bing*, Rn. 8.051: „governmental acts".
992 *Ling Bing*, Rn. 8.051.
993 *OVG-WK*, S. 1521.

Beschlagnahme des Guts. In die dritte Gruppe fallen sog. außergewöhnliche gesellschaftliche Ereignisse[994] wie Krieg[995], sonstige bewaffnete Auseinandersetzungen[996], soziale Unruhen[997] und Handlungen von Piraten[998]. Nach der neueren Literatur kann auch ein Streik[999] als höhere Gewalt anzusehen sein.[1000] Früher wurde dies häufig bestritten, u.a. mit der Begründung, dass Streiks weder unvorhersehbar noch unabwendbar seien.[1001] Diese Auffassung kann allerdings noch nicht als überwunden gelten, denn laut *OVG-WK* herrscht auch heute noch Streit darüber, inwieweit sog. gesellschaftliche Ereignisse[1002] den Tatbestand der höheren Gewalt erfüllen.[1003] Ohnehin bedarf der Haftungsausschluss wegen höherer Gewalt einer sorgfältigen Prüfung: Liegt einer der soeben aufgezählten Fälle vor, so darf nicht pauschal ein Haftungsausschluss angenommen werden; vielmehr ist stets anhand der drei Kriterien des § 117 II VG zu prüfen, ob und inwieweit das fragliche Ereignis im konkreten Fall unvorhersehbar, unvermeidbar und unüberwindbar war.[1004]

Der Haftungsausschluss wegen höherer Gewalt kommt nicht in Betracht, wenn höhere Gewalt eintritt, nachdem der Unternehmer des multimodalen Transports die Erfüllung verzögert hat (§ 117 I S. 2 VG). Eine Verzögerung[1005] liegt bereits dann vor, wenn der von den Parteien vereinbarte oder ein vernünftiger Zeitraum für die Ablieferung des Guts verstrichen ist (§§ 317 Hs. 2; 290 VG); eine Mahnung ist – im Gegensatz zum Verzug nach deutschem Recht[1006] – nicht erforderlich (arg. § 94 Nr. 3 VG).[1007]

Der zweite Haftungsbefreiungstatbestand des § 311 Hs. 2 Var. 2 VG ist die Natur der Güter selbst[1008]. Damit sind die dem Gut immanenten Eigenschaften gemeint.[1009] Insbesondere dieser Tatbestand greift nur ein, wenn der Beförderer die der Natur des Guts entsprechende Ladungsfürsorgepflicht[1010] erfüllt hat.[1011]

---

994 社会异常事件 (*Jiang Ping*, S. 97; *Liu Jianwen/Wang Zhenhua*, S. 484).
995 *Jiang Ping*, S. 97, 250; *Guo Yu*, in: Gebhardt et al., 361 (364); *Li Yongjun*, S. 284; *Ling Bing*, Rn. 8.051; *Hu Kangsheng*, S. 476.
996 *Ling Bing*, Rn. 8.051.
997 *Ling Bing*, Rn. 8.051.
998 *OVG-WK*, S. 1521; *Liu Wenhua*, S. 122.
999 罢工.
1000 *Ling Bing*, Rn. 8.051; *OVG-WK*, S. 1521; *Jiang Ping*, S. 97; *Li Yongjun*, S. 284; *Liu Wenhua*, S. 122; *Liu Jianwen/Wang Zhenhua*, S. 251.
1001 *Widmer/Ye Feng*, RIW 2001, 844 (849); *Hopp*, S. 168; andeutungsweise *Hopp*, RIW 6/1996, Beilage 2, 26 (29).
1002 社会事件.
1003 *OVG-WK*, S. 491.
1004 Dazu im Einzelnen *Ling Bing*, Rn. 8.046 ff. (mit Erörterung einer neueren frachtrechtlichen Entscheidung des *Oberen Volksgerichts Tianjin* in Rn. 8.047 f., Fn. 197).
1005 迟延.
1006 § 286 I S. 1 BGB.
1007 *Scheil et al.*, S. 61, Fn. 85.
1008 货物本身的自然性质.
1009 *OVG-WK*, S. 1521.
1010 管理, 照料货物的义务 (*OVG-WK*, S. 1521). Sie ist Bestandteil der Obhutspflicht des § 290 VG, dazu oben S. 82.

Darüber hinaus kann der Unternehmer des multimodalen Transports sich nach §§ 321 S. 2; 311 Hs. 2 Var. 3 VG von seiner Haftung befreien, soweit der Schaden auf normalem Schwund[1012] beruht. Normaler Schwund ist die aufgrund der natürlichen spezifischen Eigenschaften des Guts und der Besonderheiten des Transports eintretende unvermeidbare Verringerung der Menge oder des Gewichts des Guts.[1013] Schwund tritt z.B. durch Verdunstung der in der Ware vorhandenen Feuchtigkeit auf[1014], was insbesondere bei containerisierten Gütern häufig der Fall ist (sog. Containerschweiß). Die Literatur weist häufig darauf hin, dass Grenzen des normalen Schwundes in untergesetzlichen Rechtsakten geregelt sein können.[1015]

Die Haftung ist schließlich gemäß §§ 321 S. 2; 311 Hs. 2 Var. 4 VG ausgeschlossen, soweit Verlust oder Beschädigung der Güter auf dem Verschulden des Absenders oder des Empfängers beruhen. Nach deutscher Rechtsdogmatik handelt es sich dabei um das Institut des Mitverschuldens.[1016] Allerdings ist die Bedeutung des Verschuldensbegriffs[1017] i.S. dieser Norm noch nicht geklärt. Nach einer Ansicht ist damit – wie sonst im Vertragsrecht[1018] – Vorsatz[1019] oder Fahrlässigkeit[1020] gemeint.[1021] Andere Kommentatoren scheinen hingegen zu meinen, dass der Tatbestand auch bei schuldlosem Handeln erfüllt sein könne.[1022] So formuliert etwa die *OVG-WK*, der Beförderer könne sich von seiner Haftung befreien, wenn der Schaden auf der Verantwortung[1023] des Absenders oder Empfängers beruhe.[1024] *Hu Kangsheng* schreibt, mit dem Ausdruck „Verschulden des Absenders oder Empfängers" sei im Wesentlichen gemeint, dass der Güterschaden auf Gründen beruhe, die beim Absender oder Empfänger selbst lägen.[1025] Diese Auffassung entspricht dem dogmatischen Umfeld des § 311 Hs. 2 Var. 4 VG: Auf ein Verschulden kommt es weder bei der Beförderehaftung[1026], noch bei der Absenderhaftung[1027], noch bei

1011 *OVG-WK*, S. 1522.
1012 合理损耗.
1013 *OVG-WK*, S. 1521; ähnlich *Guo Yu*, in: Gebhardt et al., 361 (364).
1014 *OVG-WK*, S. 1521.
1015 *Liu Jianwen/Wang Zhenhua*, S. 485; *Fang Shaokun/Guo Mingrui*, S. 406; *Lu Yongzhen*, S. 33 f.; zur Anwendbarkeit untergesetzlicher Rechtsnormen auf multimodale Frachtverträge oben S. 33 f.
1016 Vgl. *Koller*, Art. 21 WA 1955, Rn. 2; *Koller*, Art. 20 MÜ, Rn. 1.
1017 过错.
1018 *Ling Bing*, Rn. 8.030; *Zhang Dai'en*, S. 90.
1019 故意.
1020 过失.
1021 *Zhang Dai'en*, S. 95; *Fang Shaokun/Guo Mingrui*, S. 406.
1022 *OVG-WK*, S. 1522 (s. sogleich im Text); *Hu Kangsheng*, S. 476 (s. sogleich im Text); *Xu Junqiang*, HSFYJ 2/2001, 104 (151 f.): „Die Haftungsbefreiungsgründe des Beförderers sind beschränkt auf höhere Gewalt und Gründe, die dem Ladungsbeteiligten zurechenbar sind."; *Guo Yu*, in: Gebhardt et al., 361 (364): „The fault of the consignor or the consignee refers to the improper behaviour on the part of the consignor or consignee …"
1023 责任.
1024 *OVG-WK*, S. 1522.
1025 *Hu Kangsheng*, S. 476.
1026 § 311 Hs. 1 VG.
1027 §§ 320, 304–307 VG.

der allgemeinen Vertragshaftung[1028] an. Es erscheint deshalb zutreffend, im Deutschen von „Mitverantwortlichkeit“[1029] zu sprechen. Zu den Fallgruppen des § 311 Hs. 2 Var. 4 VG zählen u. a. falsche Deklaration[1030], ungeeignete Verpackung[1031], falsche Kennzeichnung[1032] und verspätete Abholung[1033].

Ist der Güterschaden durch die Verantwortlichkeit des Unternehmers des multimodalen Transports einerseits und des Absenders oder Empfängers andererseits verursacht worden (beiderseitige Verantwortlichkeit), so hängt der Haftungsausschluss laut *Jiang Ping* von den Umständen des Einzelfalls ab. Ein Haftungsausschluss komme etwa dann nicht in Betracht, wenn der Schaden auf der Verpackung beruhe und der Beförderer dies sicher wisse, aber dennoch die Beförderung nicht abgelehnt[1034] oder eine Erklärung, er werde für daraus entstehende Schäden nicht haften, nicht abgegeben habe.[1035]

3. Beweislast

a) Exkurs: Allgemeine Beweislastregeln

Welche Partei die Beweislast[1036] für welche Tatsache trägt, ergibt sich häufig aus den einschlägigen materiell-rechtlichen Bestimmungen.[1037] Fehlen solche Vorschriften, so ist auf die allgemeinen Regeln über die Beweislastverteilung zurückzugreifen. Es gilt der Grundsatz „Wer etwas behauptet, muss es beweisen“[1038].[1039] Für Vertragsstreitigkeiten finden sich darüber hinaus besondere Regeln in § 5 der Bestimmungen des Obersten Volksgerichts über den Beweis im Zivilprozess (OVG-ZivProzBeweisBest).[1040] Die Beweislast für Zustandekommen, Wirksamkeit, Änderung, Auflösung[1041], Beendigung[1042] oder Aufhebung[1043] eines Vertrags trägt danach

1028 §§ 107 ff. VG.
1029 Den Begriff hat der Verfasser von *Widmer*, S. 148 übernommen.
1030 *OVG-WK*, S. 1522; *Lu Yongzhen*, S. 41; *Hu Kangsheng*, S. 476; *Liu Jianwen/Wang Zhenhua*, S. 485.
1031 *OVG-WK*, S. 1522; *Lu Yongzhen*, S. 41; *Fang Shaokun/Guo Mingrui*, S. 406; *Hu Kangsheng*, S. 476; *Liu Jianwen/Wang Zhenhua*, S. 485.
1032 *OVG-WK*, S. 1522; *Lu Yongzhen*, S. 41; *Liu Jianwen/Wang Zhenhua*, S. 485.
1033 *OVG-WK*, S. 1522; *Lu Yongzhen*, S. 41; *Liu Jianwen/Wang Zhenhua*, S. 485.
1034 § 306 II VG.
1035 *Jiang Ping*, S. 250.
1036 举证责任.
1037 Z.B. aus dem Wortlaut des § 46 I S. 3 SHG: „... haftet der Beförderer auf Ersatz, soweit in diesem Abschnitt nichts anderes bestimmt ist.“; zur Beweislastverteilung nach dieser Vorschrift unten S. 128.
1038 „谁主张，谁举证“.
1039 *Wang Baofa*, S. 16, 27 ff.
1040 Zu den OVG-ZivProzBeweisBest *Pißler*, NDCJV 2003, 137 (137 ff.).
1041 解除. Den Begriff benutzt das VG bei der auflösenden Bedingung (§ 45 I VG), bei der beiderseitigen Vertragsaufhebung (§ 93 I VG) und beim Rücktritt (§§ 93 II, 94 ff. VG) (*Scheil et al.*, S. 44, Fn. 72).
1042 终止. Den Begriff verwendet das VG in § 91 VG. Eine Beendigung des Vertrags liegt demnach vor bei Erfüllung, Auflösung, Aufrechnung, Hinterlegung, Erlass, Konfusion und anderen gesetzlich bestimmten oder vertraglich vereinbarten Umständen.
1043 撤销. Den Begriff benutzt das VG u. a. bei der Aufhebung des Vertrags durch das Volksgericht aufgrund eines schwerwiegenden Irrtums (§ 54 I Nr. 1 VG) und bei der Aufhebung der Schenkung (§ 192 VG) (*Scheil et al.*, S. 44, Fn. 72).

die Partei, die das Zustandekommen, die Wirksamkeit bzw. die Änderung der vertraglichen Beziehung behauptet (§ 5 I OVG-ZivProzBeweisBest). Die Beweislast für die Erfüllung trägt die Partei, die zur Erfüllung verpflichtet ist (§ 5 II OVG-ZivProzBeweisBest). Soweit sich die Beweislastverteilung nicht aus Gesetzen oder justiziellen Auslegungen ergibt, steht sie nach § 7 OVG-ZivProzBeweisBest im Ermessen des Gerichts; dabei müssen die Richter die Prinzipien der Billigkeit[1044] und von Treu und Glauben[1045] beachten und darüber hinaus berücksichtigen, inwieweit es der einen oder anderen Partei möglich ist, den Beweis anzutreten.

b) Seehandelsgesetz

Da das SHG im Wesentlichen den HVR folgt, gilt auch hier das fünfstufige Beweislastsystem (sog. *ping-pong game*)[1046]. Ausgangspunkt ist § 46 I S. 3 SHG als Haftungsgrundnorm. Nach allgemeinen Beweislastregeln muss folglich zunächst der Anspruchsteller beweisen, dass ein Güterschaden vorliegt und dass dieser innerhalb des Haftungszeitraums des Unternehmers des multimodalen Transports entstanden ist[1047] (erster Beweisschritt, sog. prima facie case). *Deng Lijuan/Wang Darong* bezeichnen die beweisbedürftige Tatsache einprägsam mit den Worten „gut übernommen, schlecht zurückgegeben“[1048].[1049]

Der Unternehmer des multimodalen Transports kann sodann seinen Befreiungsbeweis antreten, indem er sich auf einen der zwölf Ausschlussgründe des § 51 I SHG oder einen der übrigen Befreiungstatbestände der §§ 49 II, 52, 53 II SHG beruft (zweiter Beweisschritt).[1050] Dies ergibt sich aus § 46 I S. 3 SHG („... soweit dieser Abschnitt nichts anderes bestimmt ...“) sowie § 51 II SHG. Der Unternehmer des multimodalen Transports muss den Haftungsausschlussgrund und die Kausalität zwischen Haftungsausschlussgrund und Güterschaden beweisen[1051] (§ 51 II SHG). Das gilt nach dieser Vorschrift nicht für den Befreiungsgrund Feuer (§ 51 II, I Nr. 2 SHG). Die ungenaue Formulierung muss dahin eingeschränkt werden, dass lediglich das persönliche Verschulden des Unternehmers durch den Anspruchsteller bewiesen werden muss; das Feuer sowie die Kausalität zwischen Feuer und Schaden hat jedoch der Unternehmer zu beweisen.[1052] Der Verschuldensnachweis

1044 公平.
1045 诚实信用.
1046 Dazu *von Ziegler*, Haftungsgrundlage, Rn. 50, 898.
1047 *Deng Lijuan/Wang Darong*, ZGHSSPNK 2002, 21 (26); *Xu Junqiang*, HSFYJ 2/2001, 104 (154).
1048 „交好返坏“.
1049 *Deng Lijuan/Wang Darong*, ZGHSSPNK 2002, 21 (26).
1050 *Hopp*, S. 193, 199; *Hopp*, RIW 6/1996, Beilage 2, 26 (30).
1051 *Deng Lijuan/Wang Darong*, ZGHSSPNK 2002, 21 (29 f.); *Yu Shicheng et al.*, S. 97. Nach a. A. muss der Beförderer zusätzlich beweisen, dass er seiner Seetüchtigkeitspflicht bzw. seiner Ladungsfürsorgepflicht nachgekommen ist. S. dazu im Einzelnen *Deng Lijuan/Wang Darong*, ZGHSSPNK 2002, 21 (28).
1052 *Si Yuzhuo et al.*, S. 145; *Fante*, TranspR 1995, 99 (103); *Xu Junqiang*, HSFYJ 2/2001, 104 (154); *Deng Lijuan/Wang Darong*, ZGHSSPNK 2002, 21 (30 f.) mit Nachweisen zur Gegenansicht, nach der der Beförderer die Kausalität nicht zu beweisen hat. Zur Beweislastverteilung bei der Befreiung für Feuerschäden nach den HVR *von Ziegler*, Haftungsgrundlage, Rn. 902.

dürfte allerdings nur selten gelingen.[1053] Diese Beweislastverteilung wird daher zu Recht kritisiert.[1054] Dem § 51 I Nr. 12, II SHG kann man entnehmen, dass es sich im SHG um eine Haftung für vermutetes Verschulden[1055] handelt[1056].

Gelingt dem Unternehmer des multimodalen Transports der Befreiungsbeweis, so wechselt die Beweislast wieder zurück zum Anspruchsteller, der nachweisen muss, dass der Schaden auf Seeuntüchtigkeit (§ 47 SHG), Verletzung der Ladungsfürsorgepflicht (§ 48 SHG) oder Deviation (§ 49 SHG) zurückzuführen ist[1057] (dritter Beweisschritt). Der Unternehmer des multimodalen Transports kann dann der Haftung mit dem Beweis der gehörigen Sorgfalt i.S. der §§ 47–49 SHG entgehen[1058] (vierter Beweisschritt). Im Falle der Konkurrenz mehrerer Schadensursachen kann er gemäß § 54 SHG[1059] seine Haftung anteilsmäßig vermindern, soweit er beweist, dass der Güterschaden auf einem Entlastungsgrund beruht (fünfter Beweisschritt).

c) Vertragsgesetz

Im Anwendungsbereich des VG muss der Anspruchsteller nach allgemeinen Beweislastregeln zunächst beweisen, dass ein Güterschaden vorliegt[1060] und dass dieser innerhalb des Haftungszeitraums des Unternehmers des multimodalen Transports entstanden ist. Die Beweislast für das Vorliegen eines Haftungsausschlussgrundes und der Kausalität[1061] zwischen Ausschlussgrund und Güterschaden trägt dann der Unternehmer des multimodalen Transports (§§ 321 S. 2; 311 Hs. 2 VG).

4. Haftungsbegrenzung

a) Seehandelsgesetz

Soweit der Unternehmer des multimodalen Transports nicht von seiner Haftung befreit ist, muss er Schadensersatz leisten. Seine Haftung ist jedoch in zweierlei Hinsicht begrenzt, und zwar zum einen auf den tatsächlichen Wert des Guts (§§ 106, 55 SHG), zum anderen auf eine Höchstsumme (§§ 106, 56 SHG).

Gehen Güter verloren, so ist die Haftung auf ihren tatsächlichen Wert begrenzt; im Fall der Beschädigung gelten entweder die Differenz des tatsächlichen Werts der Güter vor und nach der Beschädigung oder die Kosten der Wiederherstellung als Obergrenze (§§ 106, 55 I SHG). Dem Wortlaut des § 55 SHG lässt sich zwar nicht

---

1053 *Yu Shicheng et al.*, S. 96.
1054 *Si Yuzhuo et al.*, S. 145; *Hopp*, RIW 6/1996, Beilage 2, 26 (30); *von Ziegler*, Haftungsgrundlage, Rn. 902.
1055 推定过失责任.
1056 *Xu Junqiang*, HSFYJ 2/2001, 104 (153 f.); *He Wanzhong*, S. 524; *He Wanzhong*, GJJFLC, Bd. 6, 488 (514).
1057 *Deng Lijuan/Wang Darong*, ZGHSSPNK 2002, 21 (29, 34) zu §§ 47 f. SHG; *Si Yuzhuo et al.*, S. 136.
1058 *Deng Lijuan/Wang Darong*, ZGHSSPNK 2002, 21 (34) zu § 47 SHG; *Si Yuzhuo et al.*, S. 136.
1059 Zur Anwendbarkeit dieser Vorschrift oben S. 118.
1060 *Jiang Ping*, S. 250.
1061 因果关系.

eindeutig entnehmen, dass der dort bezeichnete Ersatzbetrag eine Haftungsgrenze darstellt. Es entspricht jedoch h.M., dass über den Güterschaden hinausgehende Schäden wie etwa entgangener Gewinn[1062] oder an einen Dritten wegen Vertragsverletzung zu leistender Schadensersatz nicht ersatzfähig sind.[1063] Tatsächlicher Wert der Güter ist ihr Wert bei Verladung zuzüglich Versicherungsprämie und Fracht (§ 55 II SHG), also der CIF- oder CIP-Preis.[1064] Der Ersatzberechtigte muss sich jedoch die wegen des Verlustes oder der Beschädigung der Güter weniger oder nicht gezahlten Kosten[1065] anrechnen lassen (§ 55 III SHG). Über den Wortlaut des § 55 SHG hinaus sollen laut *Mo* aber auch alle notwendigen Kosten – wie etwa zusätzliche Transportkosten, Lagerkosten oder „application and approval fees" –, die vor dem Verlust oder der Beschädigung entstanden sind, ersatzfähig sein.[1066] Wenn nach § 55 III SHG der tatsächliche Wert um die wegen des Verlustes oder der Beschädigung der Güter weniger oder nicht gezahlten Kosten verringert werden müsse, so sei davon auszugehen, dass umgekehrt alle notwendigen Kosten, die vor Eintritt des Verlusts oder der Beschädigung entstanden sind, zum tatsächlichen Wert der betroffenen Güter gehörten.

Die Haftung des Unternehmers des multimodalen Transports ist darüber hinaus nach §§ 106, 56 SHG auf bestimmte Haftungshöchstsummen begrenzt. Er haftet höchstens bis zu einem Betrag von 666,67 Rechnungseinheiten[1067] pro Stück oder Einheit oder bis zu einem Betrag von zwei Rechnungseinheiten pro kg des Bruttogewichts der verlorenen oder beschädigten Güter, je nachdem, welcher Betrag höher ist (§ 56 I S. 1 SHG). Die Berechnung nach Stück bzw. Einheit ist demzufolge maßgeblich bei Stücken/Einheiten mit einem Gewicht unter 333,34 kg, andernfalls entscheidet das Bruttogewicht.[1068] Die Regeln über die Berechnung der Haftungsobergrenze gelten nicht, wenn Art und Wert der Güter vor Verladung durch den Absender deklariert wurden und in das Konnossement eingetragen worden sind (§ 56 I S. 2 SHG). Diese sog. Wertdeklaration hat jedoch praktisch keine Bedeutung.[1069] In der Regel verlangt der Beförderer dafür einen Frachtzuschlag.[1070] Da die seehandelsrechtliche Haftung auch ohne die summenmäßige Begrenzung große Lücken hat und außerdem häufig vor ausländischen Gerichten geltend ge-

---

1062 期待利润 (wörtlich: erwarteter Gewinn).
1063 *Yu Shicheng et al.*, S. 100 f.; *Si Yuzhuo et al.*, S. 147; *Hu Zhengliang/Huybrechts*, ETL 1995, 287 (292); *Mo*, Rn. 4.51 mit der Begründung, dass die Vorschrift den tatsächlichen Wert der Güter *vor* der Beschädigung betone; a. A. *Jiang Yifeng/Zhang Dajun*, ZGHSFNK 2001, 393 (402 f.) mit ausführlicher Begründung.
1064 *Mo*, Rn. 4.51; *Si Yuzhuo et al.*, S. 147; *Zhao Hong*, HSFYJ 4/2001, 141 (182) zur Verspätungshaftung; *Yang Yuntao/Ding Ding*, S. 201.
1065 费用. *Münzel*, Chinas Recht, 7.11.92/1 übersetzt mit „Kosten und Gebühren".
1066 *Mo*, Rn. 4.51 unter Hinweis auf ein Gerichtsurteil.
1067 Zum Begriff der Rechnungseinheit sogleich in diesem Abschnitt.
1068 *Si Yuzhuo et al.*, S. 146; *Herber*, S. 329.
1069 *Zhao Hong*, HSFYJ 4/2001, 141 (188); *Herber*, S. 332.
1070 *Si Yuzhuo et al.*, S. 147; *Zhao Hong*, HSFYJ 4/2001, 141 (188); *Cai Zhenshun et al.*, S. 117; *Herber*, S. 332; Klausel 7 I S. 2 COSON B/L.

macht werden muss, entscheiden sich die Ladungsbeteiligten stattdessen regelmäßig für eine Transportversicherung.[1071]

Wenn die Güter in Containern, auf Paletten oder in vergleichbaren Verladegeräten gesammelt verladen werden und im Konnossement die Anzahl der Stücke oder Einheiten der in diesen Verladegeräten gestauten Güter vermerkt ist, so gilt diese Anzahl als Berechnungsgrundlage für die Haftungshöchstsumme; ist sie nicht vermerkt, so gilt jedes Verladegerät als ein Stück oder eine Einheit (§ 56 II SHG). Bei dieser Bestimmung handelt es sich um die aus Art. 4 § 5 lit. c HVR übernommene sog. Container-Klausel. Durch sie kann der Absender die Haftung des Unternehmers des multimodalen Transports für containerisierte Güter erheblich ausweiten. Da jedoch der Unternehmer das Konnossement ausstellt, muss man „eher von einer Möglichkeit einverständlicher Haftungserhöhung sprechen".[1072] Unter den Voraussetzungen des § 56 II Hs. 1 SHG ist das Verladegerät selbst als ein zusätzliches[1073] Stück bei der Berechnung der Haftungsgrenze anzusehen, wenn es weder dem Unternehmer des multimodalen Transports gehört noch von ihm zur Verfügung gestellt worden ist (§ 56 III SHG).

Rechnungseinheit ist nach § 277 SHG das SZR des IWF. Für die Umrechnung in RMB ist der Tag des Gerichtsurteils bzw. des Schiedsspruchs des Schiedsorgans oder der von den Parteien vereinbarte Tag maßgeblich. Der chinesische Wortlaut („Tag der Vereinbarung der Parteien"[1074]) lässt sich zwar auch dahin auslegen, dass die Parteien den Umrechnungszeitpunkt nicht frei wählen dürfen, sondern dass der Tag gilt, an dem sie ihre Streitigkeit beigelegt haben.[1075] Die HambR[1076] und die vom *Verlag der Seeuniversität Dalian* veröffentlichte englische Übersetzung des SHG[1077] sprechen jedoch für die eingangs beschriebene Rechtslage. Die HVR überlassen den Zeitpunkt dem Recht des angerufenen Gerichts.[1078] Die Umrechnung erfolgt gemäß § 277 SHG nach der Methode, die von der für Devisen zuständigen Staatsbehörde festgelegt ist. Die chinesische Währung ist seit Sommer 2005 nicht mehr an den US-Dollar gebunden,[1079] sondern an einen Währungskorb gekoppelt. Der Umrechnungskurs SZR/RMB – aktuell wie für die Vergangenheit – wird auf der Internetseite des IWF veröffentlicht.[1080]

1071 *Herber*, S. 332.
1072 *Herber*, S. 330.
1073 Dies kommt in § 56 III SHG nicht zum Ausdruck, wird aber in der Literatur so beurteilt (*Mo*, Rn. 4.52: „besides"; *Münzel*, Chinas Recht, 7.11.92/1: „[auch]"; *Si Yuzhuo et al.*, S. 146: „... ist *auch* das Verladegerät selbst als ein Stück oder eine Einheit anzusehen" [Hervorhebung des Verfassers]; vgl. *Herber*, S. 331).
1074 So auch die Übersetzung von *Münzel*, Chinas Recht, 7.11.92/1.
1075 In diesem Sinne *Mo*, S. 474: „date of settlement under an agreement of the parties".
1076 Art. 26 I S. 2 HambR: „the date agreed upon by the parties".
1077 *Seeuniversität Dalian*, S. 72: „the date mutually agreed upon by the parties".
1078 Art. 4 § 5 lit. d I HVR.
1079 Zur Situation vor der Umstellung *Si Yuzhuo et al.*, S. 147.
1080 http://www.imf.org/external/np/fin/data/param_rms_mth.aspx.

b) Vertragsgesetz

Das VG regelt die Haftungsbegrenzung in §§ 321 S. 2; 312. Die Bestimmung ordnet eine gestufte Prüfung an: Im Hinblick auf den Ersatzbetrag für Güterschäden gilt zunächst die Parteivereinbarung (§ 312 S. 1 Hs. 1 VG). Haben die Parteien keine oder keine klare Vereinbarung getroffen, so ist der Ersatzbetrag anhand der einschlägigen Vertragsklauseln[1081] oder der Geschäftsgepflogenheiten[1082] zu ermitteln (§§ 312 S. 1 Hs. 2; 61 Hs. 2 VG). Mit der Bezugnahme auf die einschlägigen Vertragsklauseln ist die systematische Vertragsauslegung gemeint; das Gericht muss also versuchen, den hypothetischen Parteiwillen aus dem Gesamtzusammenhang des Vertrags zu bestimmen.[1083] Geschäftsgepflogenheiten können auch zwischen den Parteien bestehende sein; diese haben dann Vorrang gegenüber den allgemeinen Usancen der Branche.[1084] Lässt sich der Ersatzbetrag auch durch ergänzende Vertragsauslegung[1085] nicht feststellen, so ist nach § 312 S. 1 Hs. 2 VG Berechnungsgrundlage der Marktpreis am Ankunftsort der Güter zu der Zeit, zu der sie abgeliefert wurden oder hätten abgeliefert werden müssen.

Dem Wortlaut des § 312 VG lässt sich – wie in § 55 SHG – zwar nicht eindeutig entnehmen, dass der dort bezeichnete Ersatzbetrag eine Haftungsgrenze darstellt. Dies entspricht jedoch der h. M. in der chinesischen Literatur.[1086] Nicht ersetzt wird daher insbesondere entgangener Gewinn.[1087] Bei der Ermittlung des Marktpreises ist auf den (durchschnittlichen) Preis für Güter ähnlicher Art abzustellen.[1088] Ankunftsort ist der vertraglich vereinbarte Bestimmungsort.[1089] Ablieferungszeitpunkt ist der Tag, an dem das Gut tatsächlich abgeliefert oder an dem es hinterlegt wurde.[1090] *Jiang Ping* meint, man müsse auf den Marktpreis noch Fracht und Versicherungsprämie aufschlagen.[1091] Das erscheint zweifelhaft, denn das VG stellt bereits auf den Marktpreis am Ankunftsort ab. Im SHG hingegen hat der Gesetzgeber den Aufschlag von Fracht und Versicherungsprämie angeordnet (§ 55 II SHG), um den Wert am Ankunftsort zu bestimmen. Ausgangspunkt der Berechnung ist dort nämlich der Wert der Güter bei Verladung. Folgte man der Auffassung von *Jiang Ping*, wären Fracht und Versicherungsprämie demnach letztlich doppelt berücksichtigt. Eine Berechnung des Ersatzbetrags gemäß der Formel „zuzüglich Fracht und anderer Gebühren" kommt daher im Anwendungsbereich des VG wohl

---

1081 合同有关条款.
1082 交易习惯. *Münzel*, Chinas Recht, 15.3.99/1 übersetzt mit „Verkehrssitte".
1083 *OVG-WK*, S. 270; *Fang Shaokun/Guo Mingrui*, S. 420; *Yang Lixin*, Bd. 3, S. 937.
1084 *OVG-WK*, S. 270 f.
1085 So *Münzel*, Chinas Recht, 15.3.99/1 (dort in der Überschrift zu § 61 VG).
1086 *Liu Wenhua*, S. 291; *Liu Jianwen/Wang Zhenhua*, S. 485; *OVG-WK*, S. 1523; *Jiang Ping*, S. 251; *Zhang Dai'en*, S. 96; a. A. *He Wanzhong*, S. 526, *He Wanzhong*, GJJJFLC, Bd. 6, 488 (512): Er meint, dass sowohl der tatsächliche als auch der indirekte Schaden zu ersetzen sei; begrenzt sei der Ersatz gemäß § 113 I VG auf den Schaden, den die vertragsverletzende Seite bei Vertragsschluss als durch Vertragsverletzung möglicherweise entstehenden Schaden voraussah oder voraussehen musste.
1087 *Jiang Ping*, S. 251; *Liu Wenhua*, S. 291; *Liu Jianwen/Wang Zhenhua*, S. 486; *Zhang Dai'en*, S. 96.
1088 *Li Yongjun*, S. 284; *Wei Yaorong et al.*, S. 398, 413; *Lu Yongzhen*, S. 42.
1089 *Wei Yaorong et al.*, S. 398, 413.
1090 *Jiang Ping*, S. 251.
1091 *Jiang Ping*, S. 251.

erst dann in Betracht, wenn der Marktpreis nicht bestimmt werden kann; Ausgangswert muss dann aber wie im SHG der Wert des Guts bei Verladung sein.[1092] Soweit Fracht und andere Gebühren aufgrund der Beschädigung oder des Verlustes nicht anfallen, sind sie vom Marktpreis abzuziehen.[1093] Bei Transporten mit Wertsicherung[1094] oder Wertdeklaration ist die Haftung darüber hinaus auf den Wertsicherungsbetrag bzw. deklarierten Betrag begrenzt.[1095]

Nach §§ 321 S. 2; 312 S. 2 VG haben Bestimmungen über die Haftungsbegrenzung in Gesetzen und Verwaltungsrechtsnormen Vorrang gegenüber der vertragsgesetzlichen Regelung. Der problematische Begriff der Verwaltungsrechtsnormen ist bereits erörtert worden.[1096] Folgt man der Ansicht, dass darunter nur solche Vorschriften fallen, die der Staatsrat selbst erlassen hat, so bestehen keine nach § 312 S. 2 VG zu berücksichtigenden Vorschriften. Denn derartige frachtrechtliche Verwaltungsrechtsnormen sind gegenwärtig nicht in Kraft. Vermutlich werden in der Praxis aber auch Rechtsakte im Rang unter solchen Verwaltungsrechtsnormen angewandt. Bei multimodalen Beförderungen kommen in Fällen des unbekannten Schadensortes nach heutiger Rechtslage allerdings nur die KfzGütTranspReg 1999 in Betracht.[1097] Soweit der multimodale Frachtvertrag eine diesem Rechtsakt unterliegende Teilstrecke umfasst, sind nach dieser Auffassung dessen Vorschriften über die Haftungsbegrenzung[1098] vorrangig zu beachten.

5. Durchbrechung der Haftungsbegrenzung

a) Seehandelsgesetz

Der Unternehmer des multimodalen Transports kann sich auf die Haftungsbegrenzungen des § 56 SHG nicht berufen, wenn bewiesen wird, dass der Güterschaden durch sein vorsätzlich oder im Bewusstsein, dass ein Schaden entstehen konnte, rücksichtslos[1099] unternommenes Tun oder Unterlassen herbeigeführt wurde (§§ 106, 59 I SHG).[1100] Der chinesische Gesetzgeber hat hier die Regelungen der HVR und der HambR übernommen[1101] und mit ihnen auch das Problem, wie die Formulierung der darin umschriebenen Fahrlässigkeit auszulegen ist.[1102] Das *OVG*

1092 *Li Yongjun*, S. 284 f.
1093 *Jiang Ping*, S. 251 (vgl. § 55 III SHG).
1094 保价运输.
1095 *Liu Wenhua*, S. 291; *Liu Jianwen/Wang Zhenhua*, S. 486; *Zhang Dai'en*, S. 96 f.
1096 Oben S. 18.
1097 Oben S. 34.
1098 § 83 KfzGütTranspReg 1999.
1099 轻率. Das Wort lässt sich auch mit „leichtfertig" übersetzen (*Fante*, TranspR 1995, 99 [103]; ebenso die Schweizer Übersetzung des Art. 4 § 5 lit. e HVR, abgedruckt bei *Rabe*, Anhang III § 663 b).
1100 Übersetzung nach *Münzel*, Chinas Recht, 7.11.92/1.
1101 Art. 4 § 5 lit. e HVR; Art. 8 I HambR.
1102 In eine der Kategorien des deutschen Rechts lässt sich die Verschuldensform des § 59 I SHG schwerlich einordnen, da sie weder der groben oder bewussten Fahrlässigkeit noch dem *dolus eventualis* entspricht (*von Ziegler*, Schadenersatz, S. 203). *Herber*, S. 333 schreibt, es handele sich am ehesten um „bewusste grobe Fahrlässigkeit".

stellt die Wendung auf eine Stufe mit grober Fahrlässigkeit.[1103] Die Literatur bietet wenig brauchbare Lösungen an.[1104] *Mo* etwa meint, das Wort „rücksichtslos“ beziehe sich auf eine „verantwortungslose Mentalität“ des Beförderers.[1105] Andere sprechen von einem „schwerwiegend verantwortungslosen Verhalten“.[1106]

Nach dem Wortlaut des § 59 I SHG verliert der Unternehmer des multimodalen Transports – im Gegensatz zum deutschen Verständnis der HVR[1107] – nur die Haftungsbegrenzung nach § 56 SHG, nicht auch die nach § 55 SHG. Dies entspricht im Übrigen der Rechtslage nach dem EBG,[1108] erscheint allerdings unbillig, da die Haftungsbegrenzung ohnehin nur bei persönlichem Verschulden des Unternehmers durchbrochen wird.[1109]

Die Beweislast für Verschulden und Kausalität trägt nach allgemeinen Regeln der Ladungsbeteiligte.[1110] Dieser Beweis dürfte ihm häufig Schwierigkeiten bereiten.[1111] Eine Hilfe bietet ihm jedoch § 7 OVG-ZivProzBeweisBest.[1112]

b) Vertragsgesetz

Eine dem § 59 I SHG entsprechende Bestimmung kennt das VG nicht. Es ist jedoch allgemeine Meinung, dass die Haftungsbegrenzung bei besonders schwerem Verschulden durchbrochen wird.[1113] Dafür spricht, dass eine solche Regelung sachgerecht, international üblich[1114] und auch an anderen Stellen im chinesischen Recht gesetzlich verankert ist[1115]. Es ist kein Grund ersichtlich, warum sie dann nicht auch im VG gelten soll. Darüber hinaus kann hier der Rechtsgedanke des § 53 Nr. 2 VG[1116] herangezogen werden.[1117] Danach ist ein vertraglicher Ausschluss der Haftung für vorsätzlich oder grob fahrlässig herbeigeführten Vermögensschaden unwirksam.

Die einzelnen Voraussetzungen und Rechtsfolgen der Haftungsdurchbrechung werden in der Literatur unterschiedlich formuliert. Das besonders schwere Verschulden wird teils wie im SHG und im ZLG[1118], teils wie im EBG mit „vorsätzlich

---

1103 Dazu unten S. 152.
1104 S. auch *Fante*, TranspR 1995, 99 (103 f. mit Fn. 25).
1105 *Mo*, Rn. 4.55.
1106 *Cai Zhenshun et al.*, S. 118.
1107 § 660 III HGB erwähnt auch §§ 658, 659 HGB.
1108 § 17 I Nr. 2 Hs. 2 EBG; Pkt. 3 II OVG-EisenbTranspSE-Erläut.
1109 Zur Haftung für andere unten S. 136 ff.
1110 *Deng Lijuan/Wang Darong*, ZGHSSPNK 2002, 21 (27); *Fante*, TranspR 1995, 99 (104); *Hopp*, RIW 6/1996, Beilage 2, 26 (31).
1111 *Hopp*, RIW 6/1996, Beilage 2, 26 (31); vgl. *Xu Junqiang*, HSFYJ 2/2001, 104 (153) zu § 209 SHG.
1112 Dazu oben S. 128.
1113 *OVG-WK*, S. 1524 f.; *Zhang Dai'en*, S. 97; *Liu Wenhua*, S. 291; *Liu Jianwen/Wang Zhenhua*, S. 486; *Li Yongjun*, S. 285.
1114 Neben Art. 4 § 5 lit. e HVR und Art. 8 I HambR z. B. auch Art. 21 MT-Konvention.
1115 Neben § 59 I SHG auch § 132 Hs. 1 ZLG und § 17 I Nr. 2 Hs. 2 EBG.
1116 Zu dieser Vorschrift unten S. 204 f.
1117 Vgl. *Ling Bing*, Rn. 4.059, Fn. 388, der § 59 I SHG und § 53 Nr. 2 VG auf eine Stufe stellt.
1118 *OVG-WK*, S. 1524 f.

oder grob fahrlässig"[1119], vereinzelt sogar nur mit „Verschulden"[1120] umschrieben. Dass damit auch inhaltliche Unterschiede verbunden sind, darf allerdings bezweifelt werden. Dafür spricht insbesondere, dass das *OVG* den Begriff der groben Fahrlässigkeit i.S. des EBG mit den Worten auslegt, die SHG und ZLG für die Fahrlässigkeitsform gebrauchen.[1121] Eine echte Meinungsverschiedenheit besteht hingegen im Hinblick auf die Rechtsfolge: Während der Unternehmer des multimodalen Transports nach einer Ansicht nur das Recht zur Berufung auf die Haftungshöchstgrenze verliert,[1122] kann er nach anderer Meinung auch die Begrenzung auf den tatsächlichen Wert bzw. Marktpreis des Guts nicht geltend machen und muss folglich auch entgangenen Gewinn ersetzen[1123].

6. Haftung für andere

Bei der Erfüllung seiner vertraglichen Pflichten bedient sich der Unternehmer des multimodalen Transports regelmäßig anderer Personen. Daher stellt sich die Frage, für welche Personen er in welchem Umfang haftet. Allgemein gilt die Regel, dass juristische Unternehmenspersonen[1124] für die betrieblichen Tätigkeiten ihrer gesetzlichen Repräsentanten[1125] und anderen Arbeitspersonals haften (§ 43 AGZR).[1126] Gesetzlicher Repräsentant ist das vertretungsberechtigte Organ der juristischen Person.[1127] Anderes Arbeitspersonal ist nach h.M. nur solches Personal, das vom gesetzlichen Repräsentanten ermächtigt worden ist, im Rahmen der Ermächtigung für die juristische Unternehmensperson zu handeln.[1128]

a) Vertragsgesetz

Das VG enthält in seinem Kapitel über den Transportvertrag keine Regelung über die Haftung des Beförderers für andere Personen. Die Haftung für andere bestimmt sich daher nach allgemeinen Regeln. In Betracht kommen zwei Bestimmungen des allgemeinen Teils des VG. Nach § 121 S. 1 VG haftet eine Vertragspartei der anderen auch dann für eine Vertragsverletzung, wenn diese auf einen Dritten zurückzuführen ist. Gemäß § 65 VG haftet der Schuldner dem Gläubiger für Vertragsverletzung, wenn sie vereinbart haben, dass die Verbindlichkeit von einem Dritten gegenüber dem Gläubiger erfüllt werde, und der Dritte die Verbindlichkeit nicht oder nicht entsprechend der Vereinbarung erfüllt. § 65 VG enthält gegenüber § 121 S. 1 VG also zwei zusätzliche Voraussetzungen: Es muss eine Ver-

---

1119 *Liu Wenhua*, S. 291; *Liu Jianwen/Wang Zhenhua*, S. 486; *Li Yongjun*, S. 285.
1120 *Zhang Dai'en*, S. 97.
1121 Unten S. 152.
1122 *OVG-WK*, S. 1524 f.; *Liu Jianwen/Wang Zhenhua*, S. 486; *Liu Wenhua*, 291.
1123 *Li Yongjun*, S. 285.
1124 企业法人.
1125 法定代表人.
1126 Wohl auch *Si Yuzhuo et al.*, S. 142, die allerdings andere Begriffe benutzen und § 43 AGZR nicht erwähnen.
1127 Vgl. § 38 AGZR; *Ling Bing*, Rn. 4.035; *Tetz*, S. 120.
1128 *Münzel*, Chinas Recht, 12.4.86/1, Anm. 6.

einbarung der Parteien vorliegen, dass ein Dritter die Verbindlichkeit erfüllen werde; und nur das Verhalten des mit der Erfüllung beauftragten Dritten, nicht auch eines anderen Dritten, ist Anknüpfungspunkt der Haftung. § 65 VG ist demnach *lex specialis* im Verhältnis zu § 121 S. 1 VG. Unterschiedliche Rechtsfolgen ergeben sich freilich nicht, so dass die Abgrenzung praktisch irrelevant ist.

Da § 121 S. 1 VG auch Personen erfasst, die in keiner Weise an dem Vertrag oder seiner Durchführung beteiligt sind, muss die Bestimmung erst recht für alle vom Schuldner zur Vertragserfüllung eingeschalteten Hilfspersonen, d.h. für betriebsangehörige Personen ebenso wie für selbständige Unternehmer, gelten.[1129] Die Bestimmung ist damit insbesondere auf die Teilstreckenbeförderer i.S. des § 318 VG anwendbar. Diese werden – wie im übrigen Frachtrecht – in der vertragsgesetzlichen Literatur als „tatsächliche Beförderer“[1130] bezeichnet.[1131] Grund für diese umfassende Verantwortlichkeit der vertragsverletzenden Seite ist das im VG geltende Prinzip der verschuldensunabhängigen Haftung.[1132]

Von der weiten Haftung bestehen jedoch einige Ausnahmen.[1133] Die Haftung entfällt etwa, wenn das Verhalten des Dritten als höhere Gewalt anzusehen ist (§§ 321 S. 2; 311 Var. 1; 117 II VG). Höhere Gewalt in diesem Sinne können z.B. zwingende Rechtsakte der Regierung, Krieg oder Streik sein.[1134] Darüber hinaus ist § 121 VG dispositiv.[1135] Der Unternehmer des multimodalen Transports kann sich also z.B. – wie nach §§ 106, 60 II SHG – von Güterschäden freizeichnen, die während des Zeitraums eintreten, in dem der tatsächliche Beförderer das Gut in seiner Obhut hat.

b) Seehandelsgesetz

Im Gegensatz zum VG enthält das SHG spezielle Bestimmungen über die Haftung des Beförderers für Hilfspersonen. Es unterscheidet zwischen Bediensteten[1136] und Vertretern[1137] einerseits und tatsächlichen Beförderern[1138] andererseits.

Die Haftung des Unternehmers des multimodalen Transports für seine Bediensteten und Vertreter entspricht allgemeiner Meinung.[1139] Die Verantwortlichkeit ergibt sich aus §§ 106, 51 I Nr. 12 SHG,[1140] denn die Erwähnung der Bediensteten

1129 *Fang Shaokun/Guo Mingrui*, S. 407 f.; s. die Ausführungen bei *Jiang Ping*, S. 100.
1130 „实际承运人“.
1131 *Hou Zuoqian et al.*, S. 422.
1132 *Ling Bing*, Rn. 8.033.
1133 Zu anderen als den im Folgenden genannten Ausnahmen s. *Ling Bing*, Rn. 8.035–8.037.
1134 *Ling Bing*, Rn. 8.035.
1135 *Ling Bing*, Rn. 8.034.
1136 受雇人.
1137 代理人.
1138 实际承运人.
1139 *Mo*, Rn. 4.56: „The responsibility [of the carrier] extends to the act and omission of the employees and agents of ... the carrier ...“ (Ergänzung des Verfassers); Mo, Rn. 4.43: „If the shipmaster or seamen fail to store the goods properly, the carrier will be held liable ...“ (zu § 48 SHG); *Si Yuzhuo et al.*, S. 135, 144 f.
1140 *Ling Bing*, Rn. 8.033, Fn. 158.

und Vertreter wäre sonst überflüssig. Die Begriffe „Bedienstete" und „Vertreter" werden weder im SHG noch in der Literatur definiert. Dem § 51 I Nr. 1 SHG ist immerhin zu entnehmen, dass zu den Bediensteten jedenfalls der Kapitän, die Besatzung und der Lotse gehören. Nach *Si Yuzhuo et al.* sind auch die Kaiumschlagsbetriebe[1141] Bedienstete, soweit sie im Auftrag des Unternehmers des multimodalen Transports handeln.[1142] Das SHG zählt also auch betriebsfremde Personen zu den Bediensteten. Chinesische Lehrbücher legen im Übrigen den Schluss nahe, dass eine Unterscheidung zwischen Bediensteten und Vertretern nicht erforderlich ist,[1143] sondern beide Begriffe jeweils allein grundsätzlich alle Hilfspersonen erfassen, die der Unternehmer des multimodalen Transports im Zusammenhang mit der Beförderung einschaltet.[1144] *Si Yuzhuo et al.* scheinen zu den Bediensteten und Vertretern auch selbständige Unternehmer[1145] wie etwa Werften und Inspektionsgesellschaften sowie deren Hilfspersonen zu zählen, die im Auftrag des Beförderers das Schiff seetüchtig machen sollen.[1146] *Yu Shicheng et al.* hingegen verlangen vom Beförderer insoweit lediglich die Auswahl einer geeigneten Werft; die Haftung für ein Verschulden der Werft und ihrer Bediensteten und Vertreter sei unangemessen.[1147] Das hier beschriebene Verständnis der Begriffe „Bedienstete" und „Vertreter" entspricht, wenn man selbständige Unternehmer einbezieht, der Rechtslage im angloamerikanischen Rechtskreis.[1148]

Die Haftung für die Bediensteten und Vertreter setzt voraus, dass diese für die Interessen des Unternehmers und – arg. § 60 I S. 2 SHG analog – innerhalb ihres Dienst- bzw. Auftragsbereichs gehandelt haben.[1149] Von der Haftung bestehen außerdem drei wichtige Ausnahmen: Der Unternehmer des multimodalen Transports hat weder nautisches Verschulden der Bediensteten noch fremdverschuldete Feuerschäden zu vertreten (§§ 106, 51 I Nr. 1 bzw. Nr. 2 SHG). Außerdem wird ihm das besonders schwere Verschulden seiner Bediensteten und Vertreter i.S. des

1141 码头装卸工人.

1142 *Si Yuzhuo et al.*, S. 136.

1143 *Si Yuzhuo et al.*, S. 135 ordnen den selbständigen Unternehmer nicht in eine der Personengruppen der Bediensteten oder Vertreter ein; *Si Yuzhuo et al.*, S. 141 und *Zhao Guoling*, S. 61 fügen dem Gesetzeswortlaut des § 51 I Nr. 1 SHG („... oder andere Bedienstete ...") noch die Wörter „oder Vertreter" („或者代理人") hinzu.

1144 Den Begriff des Erfüllungsgehilfen (vgl. Palandt-*Heinrichs*, § 278, Rn. 7) kennt das geschriebene chinesische Recht nicht. Er wird aber in der Rechtsliteratur verwendet (履行辅助人; z.B. *Jiang Ping*, S. 100).

1145 独立合同人 (engl. independent contractors).

1146 *Si Yuzhuo et al.*, S. 134 f., die in diesem Zusammenhang auf die bekannte Entscheidung des *House of Lords* im Fall der „Muncaster Castle" (dazu *von Ziegler*, Haftungsgrundlage, Rn. 211 f.) eingehen.

1147 *Yu Shicheng et al.*, S. 91 f.

1148 *Von Ziegler*, Haftungsgrundlage, Rn. 206 ff., 278, 324.

1149 *Si Yuzhuo et al.*, S. 135. Die Autoren beziehen sich auf das Prinzip „*respondeat superior*", nach dem die Vertragsparteien für das Verhalten ihrer Bediensteten und Vertreter hafteten, soweit das Verhalten für die Interessen der Vertragspartei und innerhalb des Dienstbereichs bzw. der Vertretungsmacht erfolgte. § 60 I S. 2 SHG erwähnen die Autoren nicht. In der Bestimmung heißt es im Gegensatz zu *Si Yuzhuo et al.* nicht „innerhalb der Vertretungsmacht" („在代理权限范围内"), sondern „innerhalb des Auftragsbereichs" („在受委托的范围内").

§ 59 I SHG nicht zugerechnet, so dass er sich in solchen Fällen dennoch auf die Haftungsbegrenzungen berufen kann.[1150]

Der Unternehmer des multimodalen Transports muss auch für das Verhalten des tatsächlichen Beförderers und das Verhalten der Bediensteten und Vertreter des tatsächlichen Beförderers in deren Dienst- bzw. Auftragsbereich einstehen (§§ 106, 60 I S. 2 SHG). Der Begriff „tatsächlicher Beförderer" meint eine Person, die im Auftrag des Unternehmers des multimodalen Transports einen Gütertransport ganz oder teilweise übernimmt, und umfasst die Person, der ein Auftrag zur Übernahme eines solchen Transports weiter übertragen worden ist (§ 42 Nr. 2 SHG). Nach dieser Legaldefinition ist nicht klar, ob derjenige tatsächliche Beförderer, der seinerseits den Auftrag zur Beförderung weitergibt, dadurch seinen Status als tatsächlicher Beförderer verliert oder ob dann beide die Eigenschaft des tatsächlichen Beförderers haben. Die h.M. gibt der letzteren Alternative den Vorzug.[1151] Nach dieser Ansicht kommt es folglich – entgegen der Bezeichnung „tatsächlicher Beförderer" – nicht darauf an, ob die betreffende Person die Beförderung tatsächlich ausführt.[1152] Dafür spricht insbesondere, dass nach § 42 Nr. 2 SHG auf die Annahme des Auftrags zur Beförderung und nicht auf die tatsächliche Durchführung der Beförderung abzustellen ist. Damit steht auch fest, dass Teilstreckenbeförderer[1153] i.S. des § 104 II SHG stets tatsächliche Beförderer sind.

Die Vorschrift des § 60 I S. 2 SHG wirft die Frage auf, ob dem Unternehmer des multimodalen Transports auch bei Einschaltung eines tatsächlichen Beförderers nautisches Verschulden der Besatzung, fremdverschuldete Feuerschäden und besonders schweres Verschulden anderer i.S. des § 59 I SHG nicht zugerechnet werden. Dagegen spricht zum einen, dass die Bestimmung eine spezielle Zurechnungsnorm für das Verhalten des tatsächlichen Beförderers ist. Man könnte also auf den Gedanken kommen, dass sie die alleinige Grundlage für die Zurechnung des Verschuldens des tatsächlichen Beförderers sei. Demnach müsste der Unternehmer des multimodalen Transports für jedes schuldhafte Verhalten des tatsächlichen Beförderers einstehen. Zum anderen könnte die Formulierung „... und anderer Bediensteter des Beförderers" in § 51 I Nr. 1 SHG darauf hinweisen, dass das nautische Verschulden der Bediensteten des tatsächlichen Beförderers gerade kein Befreiungsgrund sein soll. Eine solche Auslegung widerspricht aber vor allem dem – wenn auch rechtspolitisch fragwürdigen – Sinn und Zweck der im 4. Kapitel geregelten Haftung des Beförderers. Dieser soll bestimmte Gefahren, auf die er – angeblich – keinen Einfluss hat, nicht vertreten müssen, und insoweit kann es dann auch nicht entscheidend sein, ob er selbst und mit eigenen Leuten die Beförderung durchführt oder ob er dazu einen Dritten einschaltet. Im letzteren Fall sind die

1150 *Si Yuzhuo et al.*, S. 148; *Cai Zhenshun et al.*, S. 118.
1151 *Guo Yu*, ICML IV, 319 (327); *Han Lixin*, ICML III, 91 (93); *Yao Hongxiu/Wang Xiaofang*, ICML IV, 466 (473 f.); a. A. *Guo Feng*, ICML V, 403 (403).
1152 Missverständlich *Han Lixin*, ICML III, 91 (93), die trotzdem meint, dass für die Eigenschaft als tatsächlicher Beförderer erforderlich ist, dass die betreffende Person die Beförderung oder einen Teil davon ausführt. Widersprüchlich auch *Si Yuzhuo/Li Zhiwen*, ICML IV, 403 (405, 407).
1153 区段承运人.

Kontrollmöglichkeiten sogar geringer als bei eigenen Hilfspersonen. Außerdem hätte die Zurechnung der drei genannten Verschuldenstatbestände eine Störung der in § 63 SHG angeordneten Gesamtschuld zur Folge. Denn der tatsächliche Beförderer haftet für seine Bediensteten und Vertreter wie der Unternehmer des multimodalen Transports für dessen Bedienstete und Vertreter (§ 61 S. 1 SHG). Der tatsächliche Beförderer gehört damit im Rahmen der Haftung für andere letztlich zum Kreis der Bediensteten und Vertreter. Dies steht im Einklang mit der obigen Auslegung, nach der grundsätzlich alle Hilfspersonen, die der Unternehmer des multimodalen Transports im Zusammenhang mit der Beförderung einschaltet, Bedienstete oder Vertreter sind.

Bei der Haftung für tatsächliche Beförderer gilt noch eine zusätzliche Ausnahmeregel: Wenn im multimodalen Frachtvertrag klar vereinbart wird, dass ein bestimmter Teil des Transports von einem bestimmten tatsächlichen Beförderer ausgeführt wird, kann sich der Unternehmer des multimodalen Transports von der Haftung für Güterschäden freizeichnen, die während des Zeitraums eintreten, in dem der tatsächliche Beförderer die Güter in seiner Obhut[1154] hat (§§ 106, 60 II SHG). Hinsichtlich der Bediensteten und Vertreter sind Haftungsausschlussklauseln dagegen nicht zulässig.[1155]

Soweit Bedienstete und Vertreter i.S. des SHG gleichzeitig unter den Begriff des Arbeitspersonals i.S. des § 43 AGZR fallen, wird diese Vorschrift verdrängt, da sonst die – hier nicht geltenden – spezifischen seehandelsgesetzlichen Einschränkungen der Haftung unterlaufen würden. Eine Haftung für Dritte nach § 121 S. 1 VG kommt ebenfalls nicht in Betracht, da diese Bestimmung zum Konzept der verschuldensunabhängigen Haftung des VG gehört, das SHG aber nur eine Haftung bei Verschulden des Beförderers vorsieht.

7. Schadensanzeige

a) Seehandelsgesetz

Die Schadensanzeige ist in §§ 106, 81 SHG geregelt. Danach wird vermutet, dass die Güter gemäß den Eintragungen im Transportdokument abgeliefert wurden und dass sie in gutem Zustand waren, wenn der Empfänger dem Unternehmer des multimodalen Transports den Verlust oder die Beschädigung nicht rechtzeitig schriftlich angezeigt hat. Bei leicht erkennbaren Schäden muss die Anzeige spätestens bei Ablieferung erfolgen (§ 81 I SHG), bei nicht leicht erkennbaren Schäden ist nach § 81 II SHG zu differenzieren: Bei containerisierten Gütern beträgt die Frist fünfzehn Tage, bei anderen Gütern 7 Tage, jeweils gerechnet ab dem Tag nach der Ablieferung. Die Schadensanzeige ist nach § 81 III SHG entbehrlich im Hinblick auf Schäden, die Empfänger und Unternehmer des multimodalen Transports im

---

1154 掌管.
1155 §§ 106, 44 f. SHG.

Rahmen einer gemeinsamen Untersuchung bei Ablieferung der Güter festgestellt haben.

Ling Bing meint, die nicht rechtzeitige Schadensanzeige führe zum Anspruchsausschluss.[1156] Diese Ansicht ist mit dem Wortlaut des § 81 SHG unvereinbar. Die Bestimmung spricht lediglich von einem Anscheinsbeweis, lässt den Beweis des Gegenteils folglich auch nach Ablauf der Frist zu und ordnet demnach gerade keine Präklusion an.[1157] Dafür spricht im Übrigen der Vergleich zu § 82 SHG, der zweifellos einen Anspruchsausschluss vorsieht.[1158] Der Sinn des § 81 SHG scheint vielmehr darin zu liegen, in Fällen der nicht rechtzeitig erfolgten Schadensanzeige eine Beweislastumkehr herbeizuführen. Doch muss der Ersatzberechtigte nach allgemeinen Regeln ohnehin beweisen, dass Verlust oder Beschädigung während des Haftungszeitraums eingetreten sind. § 81 SHG ist nur dann von Bedeutung, wenn der Beförderer eines unimodalen Seefrachtvertrags über die Beförderung nicht containerisierter Güter gemäß § 46 I S. 2, II SHG nicht für sog. Landschäden haftet.[1159] Der Unternehmer des multimodalen Transports hingegen kann sich von Landschäden nicht freizeichnen.[1160] Demnach ist § 81 SHG bei multimodalen Frachtverträgen praktisch bedeutungslos.[1161]

b) Vertragsgesetz

Auch das VG knüpft an die nicht rechtzeitige Schadensanzeige die Vermutung, dass der Unternehmer des multimodalen Transports die Güter gemäß den Eintragungen im Transportdokument abgeliefert hat (§§ 321 S. 2; 310 S. 3 VG). § 310 VG unterscheidet Untersuchungsfrist und Anzeigefrist.[1162] Die Untersuchungsfrist richtet sich in erster Linie nach der Vereinbarung der Parteien, in Ermangelung einer solchen nach den einschlägigen Vertragsklauseln oder nach den Geschäftsgepflogenheiten;[1163] lässt sich eine Frist danach nicht ermitteln, gilt eine vernünftige Frist (§§ 310 S. 1, 2; 61 Hs. 2 VG). Die Anzeigefrist ist die vereinbarte, subsidiär eine vernünftige Frist (§ 310 S. 3 VG).

Teilweise wird die Auffassung vertreten, Rechtsfolge der nicht rechtzeitigen Schadensanzeige i.S. des § 310 VG sei der Haftungsausschluss.[1164] Diese Meinung wur-

---

1156 *Ling Bing*, Rn. 8.024, Fn. 97.
1157 *Hopp*, RIW 6/1996, Beilage 2, 26 (30); *Mo*, Rn. 4.63.
1158 Dazu unten S. 168.
1159 *Rabe*, § 611, Rn. 1, 16 zum insoweit nahezu gleichlautenden deutschen Recht (erste Vermutung des § 611 III HGB).
1160 §§ 103, 44 SHG.
1161 Vgl. *von Ziegler*, Schadenersatz, S. 81; *HOLG Hamburg*, Urteil vom 13. 1. 1966, VersR 1967, 33 (34) zum insoweit nahezu gleichlautenden englischen Carriage of Goods by Sea Act (COGSA) 1924, das den Art. 3 § 6 HR unverändert übernommen hat; *Koller*, § 438, Rn. 1, 16 zum insoweit ähnlichen § 438 I, II HGB; *Herber*, S. 338 f. zur ersten Vermutung des § 611 III HGB.
1162 *Jiang Ping*, S. 249; *Wei Yaorong et al.*, S. 391; OVG-WK, S. 1519; *Zhang Dai'en*, S. 76 f.; nicht differenzierend hingegen *Fang Shaokun/Guo Mingrui*, S. 401 f.; *Hu Kangsheng*, S. 474; *Liu Wenhua*, S. 289.
1163 Zu der hier angeordneten ergänzenden Vertragsauslegung oben S. 132.
1164 *Li Yongjun*, S. 284; *Liu Jianwen/Wang Zhenhua*, S. 482, die sich auf S. 483 dann aber widersprechen; *Jiang Ping*, S. 250.

de auch schon während des Gesetzgebungsverfahrens geäußert, konnte sich am Ende aber nicht durchsetzen.[1165] Nach dem eindeutigen Wortlaut des § 310 S. 3 VG kann der Empfänger daher trotz nicht rechtzeitiger Schadensanzeige den Gegenbeweis führen, dass der Güterschaden während des Transports eingetreten ist; Haftungsansprüche sind also gerade nicht präkludiert.[1166] Auch für die ohne Beleg und Begründung vorgetragene Meinung von *Jiang Ping*, bei offensichtlichen Mängeln könne der in § 310 S. 3 VG bestimmte Anscheinsbeweis nicht mehr widerlegt werden,[1167] bietet der Gesetzestext keine Anhaltspunkte. Die Vorschrift des § 310 VG hat damit – wie § 81 SHG – allenfalls Appellfunktion, denn den Beweis, dass der Güterschaden während des Haftungszeitraums eingetreten ist, muss der Empfänger ohnehin führen.

In der Praxis gelten laut *Zhang Dai'en* allerdings andere Regeln: Der Empfänger müsse, wenn er bei Abholung einen Güterschaden bemerke, spätestens am folgenden Werktag, und bei nicht sofort feststellbaren Schäden innerhalb einer bestimmten Frist dem Beförderer eine schriftliche Erklärung zukommen lassen; andernfalls sei die Haftung ausgeschlossen, es sei denn, der Beförderer hätte den Schaden arglistig getarnt oder vorsätzlich oder grob fahrlässig herbeigeführt.[1168] Es ist zumindest zweifelhaft, ob solche Regeln in Form von AGB wirksam vereinbart werden können.[1169]

8. Verjährung

a) Exkurs: Allgemeine Verjährungsregeln

Regeln über die Verjährung[1170] frachtrechtlicher Ansprüche sind weit verstreut. Unterschiede bestehen vor allem im Hinblick auf Beginn und Dauer der Verjährungsfrist. Diese beiden Fragen werden in der vorliegenden Arbeit daher im Zusammenhang mit dem jeweils anwendbaren Haftungsregime erörtert. Im Übrigen gelten überwiegend einheitliche Verjährungsregeln. Während das VG lediglich auf die „Bestimmungen der betreffenden Gesetze" (§ 129 S. 2 VG) verweist, enthalten SHG und AGZR einige frachtrechtlich relevante Vorschriften. Sie werden im Folgenden vorgestellt.

Die Verjährung ist gehemmt, wenn der Anspruch innerhalb der letzten sechs Monate der Frist wegen höherer Gewalt oder eines anderen Hindernisses nicht geltend gemacht werden kann; mit dem Wegfall des Hemmungsgrundes läuft die Verjährungsfrist weiter (§§ 139 AGZR, 266 SHG).

1165 *Fang Shaokun/Guo Mingrui*, S. 402; *Hu Kangsheng*, S. 474.
1166 *Hu Kangsheng*, S. 475; *Liu Jianwen/Wang Zhenhua*, S. 483.
1167 *Jiang Ping*, S. 249.
1168 *Zhang Dai'en*, S. 95 f.
1169 Zur Wirksamkeit haftungsbeschränkender und haftungsausschließender Klauseln in AGB unten S. 260 ff.
1170 时效.

Zu einer Unterbrechung der Verjährung kommt es nach den insoweit übereinstimmenden Regeln der AGZR und des SHG, sobald Klage erhoben wird (§§ 140 S. 1 Var. 1 AGZR, 267 I S. 1 Var. 1 SHG) oder die Gegenseite der Erfüllung der Pflicht zustimmt (§§ 140 S. 1 Var. 3 AGZR, 267 I S. 1 Var. 3 SHG). Von der Unterbrechung an läuft die Verjährungsfrist erneut (§§ 140 S. 2 AGZR, 267 III SHG).[1171] Im Übrigen weichen die Bestimmungen des SHG und der AGZR voneinander ab. Nach dem SHG ist die Verjährung auch dann unterbrochen, wenn die Sache dem Schiedsgericht übergeben (§ 267 I S. 1 Var. 2 SHG) oder das Schiff auf Antrag des Forderungsinhabers arrestiert wird (§ 267 II SHG). Eine Unterbrechung findet nicht statt, wenn der Anspruchsinhaber die Klage oder den Antrag auf ein Schiedsverfahren zurücknimmt oder die Klage vom Gericht durch Verfügung zurückgewiesen wird (§ 267 I S. 2 SHG). Die AGZR hingegen sehen zusätzlich eine Unterbrechung vor, wenn eine Partei ihren Anspruch geltend macht (§ 140 S. 1 Var. 2 AGZR)[1172].[1173]

Zweifelhaft ist, ob und ggf. inwiefern im Anwendungsbereich des SHG ergänzend auf die AGZR zurückgegriffen werden kann. Bedeutung erlangt insbesondere die Frage, ob die Verjährung auch bei Transporten, die dem SHG unterliegen, durch bloße Geltendmachung des Anspruchs unterbrochen werden kann. Der Gesetzgeber des SHG hat die Verjährung umfassend geregelt und dabei einige Bestimmungen aus den AGZR übernommen. Dies legt die Vermutung nahe, dass die Normen abschließend sind und daher eine Ergänzung durch die AGZR nicht zulassen. Im Anwendungsbereich des SHG führt deshalb die bloße Geltendmachung der Forderung nicht zur Unterbrechung der Verjährung.[1174] Soweit im SHG eine Regelung gänzlich fehlt, ist jedoch der Weg zu den AGZR frei.

Die Höchstfrist beträgt unabhängig von der anwendbaren Frachtrechtsordnung 20 Jahre von der Rechtsverletzung an (§ 137 S. 2 AGZR). Praktisch bedeutsam ist diese Vorschrift nur, soweit es für den Beginn der Verjährungsfrist primär auf die Kenntnis der Rechtsverletzung ankommt, nicht jedoch, wo das Gesetz auf die Ankunft eines Beförderungsmittels oder die Ablieferung abstellt. Denn es dürfte selten vorkommen, dass der Zeitpunkt der Rechtsverletzung und das Ende der Beförderung weit auseinander liegen.

Unter besonderen Umständen kann das Gericht die Verjährungsfrist verlängern (§ 137 S. 3 AGZR). Diese Bestimmung gilt auch im Anwendungsbereich des SHG.[1175] Sie wirft die Frage auf, ob sie allgemein oder nur für den Fall der Höchstfrist gilt. Der Wortlaut scheint für eine allgemeine Geltung zu sprechen, die Stellung hingegen für den Bezug zur Höchstfrist. Wenn die Gerichte stets und unter der unklaren Voraussetzung des Vorliegens „besonderer Umstände“ über eine Verlängerung der Verjährungsfrist entscheiden könnten, wäre dies mit erheblicher Rechtsunsicher-

1171 S. außerdem Pkt. 173 I, 174 S. 2 OVG-AGZR-Ansichten.
1172 Dazu *Teich/Jakubowski*, RIW 1990, 992 (995).
1173 S. außerdem Pkt. 174 S. 1 OVG-AGZR-Ansichten.
1174 *Yu Shicheng et al.*, S. 472; *Trappe*, TranspR 1998, 336 (340); implizit *Wang Jinqing/Wang Wei*, ZGHSFNK 1999, 272 (277); wohl auch *Wu Huanning*, S. 442; unklar *Zhang Xianglan et al.*, S. 414.
1175 *Yu Shicheng et al.*, S. 472.

heit verbunden. Es läge daher nahe anzunehmen, dass die Gerichte nur eine Höchstfrist verlängern können.[1176] Dagegen spricht jedoch eine Antwort des *OVG*, in der das Gericht eine Verjährungsfristverlängerung nach § 137 AGZR für möglich hält, obwohl die Höchstfrist in dem zu Grunde liegenden Sachverhalt ersichtlich keine Rolle spielt.[1177] Die chinesischen Gerichte können daher unter „besonderen Umständen" nicht nur die Höchstfrist, sondern auch andere Verjährungsfristen verlängern. In der Praxis kommt es allerdings nur selten zu Verlängerungen.[1178]

Ob daneben auch die Parteien selbst Verjährungsfristen verlängern können, erscheint zweifelhaft.[1179] Chinesische Gerichte halten solche Vereinbarungen in der Regel für unwirksam.[1180] Die Verjährungsregelungen seien zwingende Bestimmungen.[1181] In der Literatur wird dagegen gelegentlich gefordert, einvernehmliche Fristverlängerungen anzuerkennen; bei der Verjährung handele es sich um einen Einwand, auf den man verzichten könne.[1182]

Rechtsfolge der Verjährung ist nicht wie im deutschen Recht ein Leistungsverweigerungsrecht des Schuldners[1183], sondern der Wegfall der Möglichkeit zur Geltendmachung des Anspruchs im Wege der Klage oder des Antrags auf ein Schiedsverfahren.[1184] Dies zeigt sich deutlich an der Formulierung „Frist zur Klageerhebung oder Beantragung eines Schiedsverfahrens" in § 129 VG. Das chinesische Recht spricht dementsprechend teilweise von „Klageverjährung"[1185].[1186] Während nach deutschem Recht der Schuldner sein Leistungsverweigerungsrecht im Prozess geltend machen muss (Einrede),[1187] wird die Verjährungsfrist im chinesischen Recht von Amts wegen beachtet.[1188] Die Verjährung führt indessen wie im deutschen Recht[1189] nicht zum Erlöschen des Anspruchs.[1190]

1176 So im Ergebnis wohl *Teich/Jakubowski*, RIW 1990, 992 (994): „Jedoch kann das Volksgericht *in diesen Fällen* ... die Frist für die Klageverjährung verlängern." (Hervorhebung durch den Verfasser); *Feuerstein*, S. 76: „... wonach der Anspruch innerhalb 20 Jahre verjährt. *Jedoch* kann das Gericht bei besonderen Umständen die Verjährungsfrist verlängern ..." (Hervorhebung durch den Verfasser).

1177 Antwortschreiben der *Wirtschaftskammer des OVG* vom 4. 5. 1992 zu der Frage, ob in dem Fall der Streitigkeit der 4. Geologengruppe von Guangxi und Wu Jinfu gegen die Nahrungsmitteldienstleistungsgesellschaft des Bezirks Yulin von Guangxi und die Handelsbehörde des Bezirks Yulin über den Kaufpreis bei einem Kaufvertrag über Jutesäcke die Klageverjährung überschritten ist.

1178 *Yu Shicheng et al.*, S. 472.

1179 *Yu Shicheng et al.*, S. 472; *Fu Junyang*, ZGHSFNK 1999, 321 (327); wohl auch *Trappe*, TranspR 1998, 336 (340).

1180 *Yu Shicheng et al.*, S. 472.

1181 *Fu Junyang*, ZGHSFNK 1999, 321 (327).

1182 *Yu Shicheng et al.*, S. 472.

1183 § 214 I BGB.

1184 Ähnlich *Teich/Jakubowski*, RIW 1990, 992 (993); *Heuser*, Einführung, S. 355; *Wu Huanning*, S. 440.

1185 „诉讼时效".

1186 §§ 135–141 AGZR, § 135 ZLG, nicht jedoch §§ 257–267 SHG.

1187 Palandt-*Heinrichs*, § 214, Rn. 3.

1188 *Heuser*, Einführung, S. 354; a. A. offenbar *Teich/Jakubowski*, RIW 1990, 992 (993), die – freilich in einem anderen Zusammenhang – von einem „Klageannahmeverweigerungs*recht* der Gerichte" (Hervorhebung durch den Verfasser) sprechen.

1189 Palandt-*Heinrichs*, § 214, Rn. 1/2.

1190 *Teich/Jakubowski*, RIW 1990, 992 (993); *Heuser*, Einführung, S. 355; *Wu Huanning*, S. 440; a. A. *Ling Bing*, Rn. 7.002: „Contractual obligations may ... be extinguished by prescription."

b) Seehandelsgesetz

Die Verjährung von Haftungsforderungen gegen den Unternehmer des multimodalen Transports wegen Güterschäden richtet sich bei unbekanntem Schadensort gemäß § 106 SHG nach den Bestimmungen des Kapitels über den Seefrachtvertrag. Da dieses 4. Kapitel keine Verjährungsvorschriften enthält, ist das 13. Kapitel („Verjährung") einschlägig. Nach § 257 I Hs. 1 SHG verjähren Schadensersatzforderungen gegen den Unternehmer des multimodalen Transports in einem Jahr. Die Frist beginnt an dem Tag, an dem er das Gut abgeliefert hat oder hätte abliefern müssen. Dabei geht die 1. Variante (Ablieferung) der 2. Variante (Abliefernmüssen) vor. Auf das Abliefernmüssen kommt es also nur an, wenn eine tatsächliche Ablieferung nicht stattgefunden hat, etwa bei einem Totalverlust.

Da die Parteien regelmäßig keinen Ablieferungszeitpunkt vereinbaren,[1191] muss das Gericht hilfsweise unter Berücksichtigung der Umstände des Einzelfalls eine angemessene Ablieferungsfrist bestimmen. Dies steht der – bestrittenen – Auslegung des § 50 I SHG, nach der das SHG keine *reasonable despatch rule* kennt,[1192] nicht entgegen. Denn dort geht es um den Haftungsgrund, hier hingegen um die Verjährung. Außerdem ist keine andere Vorgehensweise ersichtlich, mit der man die Verjährungsfrist in Lauf setzen kann. Und gerade der Unternehmer des multimodalen Transports, dem ja die Nichtexistenz der *reasonable despatch rule* zu Gute kommt, hat ein Interesse daran, dass die Verjährungsfrist zeitig beginnt.

Für Regressansprüche gilt die 90-tägige Verjährungsfrist des § 257 I Hs. 2 SHG. Vorbilder für diese Bestimmung sind Art. 3 § 6bis HVR und Art. 20 V HambR. Im Einzelnen ist hier noch vieles ungeklärt.[1193] Die Frist beginnt, wenn der Rückgriffsanspruchsteller die ursprüngliche Ersatzforderung „beilegt"[1194] oder eine Kopie der Klagschrift von dem Gericht erhält, das die wegen dieser Forderung gegen ihn erhobene Klage angenommen hat. Umstritten ist, ob eine „Beilegung" bereits vorliegt, wenn der Rückgriffsanspruchsteller mit demjenigen, der den ursprünglichen Anspruch erhoben hat, eine Vereinbarung über die Erfüllung der Forderung trifft[1195], oder ob die Forderung tatsächlich erfüllt sein muss[1196].

Die zweite Tatbestandsalternative (Erhalt der Klagschrift) wird allgemein als verunglückt empfunden. Um die Verjährungsfrist zu wahren, müsse der Rückgriffsgläubiger bald nach Erhalt der Klagschrift selbst Klage erheben. Zu diesem Zeitpunkt stehe meist noch nicht fest, ob und in welchem Umfang er hafte. In China müsse ein Klaganspruch aber beziffert sein. Der Rückgriffsgläubiger müsse sich daher entscheiden, ob er keine Klage erhebe und damit die Verjährung in Kauf

---

1191 Unten S. 160.
1192 Unten S. 159 ff.
1193 Dazu eingehend die im Folgenden zitierte Literatur sowie *Herber*, S. 339 f. zu § 612 II HGB.
1194 „解决".
1195 *Wang Jinqing/Wang Wei*, ZGHSFNK 1999, 272 (275).
1196 *Fu Junyang*, ZGHSFNK 1999, 321 (325 f.); *Münzel*, Chinas Recht, 7.11.92/1: „§ 257 … gerechnet von dem Tag, an dem derjenige, der Erstattung fordert, die ursprüngliche Ersatzforderung *befriedigt*, oder …" (Hervorhebung durch den Verfasser).

nehme oder ob er Klage einreiche und damit ein hohes Risiko eingehe, am Ende die Prozesskosten zu tragen.[1197]

Als Rückgriffsschuldner[1198] kommen u.a. tatsächliche Beförderer, Umschlagsbetriebe und andere Vertreter des Beförderers in Betracht.[1199]

c) Vertragsgesetz

Bei multimodalen Frachtverträgen im Anwendungsbereich des VG verweist § 321 S. 2 VG auf das 17. Kapitel („Transportvertrag"). Da Verjährungsvorschriften dort fehlen, gelangt man über § 129 S. 2 VG zu §§ 135, 137 S. 1 AGZR. Danach beträgt die Verjährungsfrist zwei Jahre ab Kenntnis oder Kennenmüssen der Rechtsverletzung. Demgegenüber stellt *Guo Yu* ohne Begründung auf den Zeitpunkt der Ablieferung oder der vereinbarten Ablieferung durch den Beförderer ab.[1200] Bei *Liu Jianwen/Wang Zhenhua* heißt es ohne jeglichen Beleg, der Schadensersatzanspruch des Empfängers gegen den Beförderer eines unimodalen Transportvertrags erlösche, wenn er nicht innerhalb von sechs Monaten vom Tag der Abholung des Guts geltend gemacht werde; es handele sich dabei auch um eine Verjährungsregel.[1201] Diese Regel stammt offenbar aus dem Eisenbahnfrachtrecht.[1202] Bei der Haftung des Unternehmers des multimodalen Transports in Fällen des unbekannten Schadensorts kommen als Rechtsgrundlage für eine Verjährungsregelung neben dem VG und den AGZR an sich aber nur die KfzGütTranspReg 1999 in Betracht,[1203] und zwar nur, soweit sie mit den beiden genannten Gesetzen vereinbar sind und der multimodale Frachtvertrag eine diesem Rechtsakt unterliegende Teilstrecke umfasst. Die KfzGütTranspReg 1999 enthalten jedoch keine ergänzenden, sondern abweichende Regeln über den Beginn der Verjährungsfrist.[1204] Sie sind deshalb – ebenso wie die von *Guo Yu* und *Liu Jianwen/Wang Zhenhua* vertretenen Ansichten – streng genommen *contra legem* und damit unbeachtlich.

III. Haftung bei bekanntem Schadensort

Steht fest, dass Verlust oder Beschädigung der Güter auf einer bestimmten Teilstrecke des multimodalen Transports eingetreten sind, so sind auf die Schadensersatzhaftung des Unternehmers des multimodalen Transports die Rechtsvorschriften anzuwenden, die die Transportart dieser Teilstrecke regeln (§§ 105 SHG, 321 S. 1 VG – Netzwerkprinzip).

1197 *Yao Hongxiu/Wang Xiaofang*, ICML IV, 466 (474 f.); *Fu Junyang*, ZGHSFNK 1999, 321 (326).
1198 Das Gesetz spricht von „Dritten" („第三人").
1199 *Fu Junyang*, ZGHSFNK 1999, 321 (329).
1200 *Guo Yu*, in: Gebhardt et al., 361 (369, 372).
1201 *Liu Jianwen/Wang Zhenhua*, S. 483.
1202 Dazu unten S. 152.
1203 Zur Anwendbarkeit untergesetzlicher Rechtsakte in Fällen der Haftung bei unbekanntem Schadensort oben S. 34.
1204 § 84 II, III KfzGütTranspReg 1999.

1. Beweislast für den Eintritt des Schadens auf einer bestimmten Teilstrecke

Die Beweislast für den Eintritt des Schadens auf einer bestimmten Teilstrecke trägt nach allgemeinen Regeln derjenige, der dies behauptet. Die in der Literatur ohne Begründung vereinzelt vertretene Meinung, diese Beweislast trage der tatsächliche Beförderer,[1205] ist demgegenüber – jedenfalls in ihrer Allgemeinheit – kaum nachvollziehbar. Denn die Beweislast kann nur entweder dem Gläubiger oder dem Schuldner des Haftungsanspruchs obliegen. Klagt der Ladungsbeteiligte gegen den Unternehmer des multimodalen Transports wie üblich aus Vertrag, kann der tatsächliche Beförderer nicht beweisbelastet sein. Dies ist nur denkbar, wenn Absender oder Empfänger Ansprüche aus unerlaubter Handlung geltend machen.

Gelingt der Beweis nicht, so gelten die Regeln über die Haftung bei unbekanntem Schadensort. Eine Partei wird sich folglich nur dann auf das Teilstreckenrecht berufen, wenn dieses für sie günstiger ist als die Einheitshaftung nach dem SHG bzw. VG. Der Nachweis des Schadenseintritts auf einer bestimmten Teilstrecke wird dem Ersatzberechtigten allerdings häufig schwerlich gelingen, da ihm der hierfür erforderliche Einblick in die Sphäre des Unternehmers des multimodalen Transports fehlt.[1206] Dieser hingegen steht regelmäßig näher am Beweis, weil der Schaden in seinem Organisations- und Pflichtenkreis eingetreten ist.[1207] Die Beweislastverteilung nach allgemeinen Regeln geht damit zum Nachteil des Geschädigten. Hier kann ihm aber das Gericht nach § 7 OVG-ZivProzBeweisBest helfen.[1208]

2. Ermittlung des Teilstreckenrechts

Die §§ 105 SHG bzw. 321 S. 1 VG werfen die Frage auf, wie die maßgeblichen Rechtsvorschriften zu ermitteln sind. Im Kern geht es darum, ob und wie internationale Übereinkommen und autonomes Kollisionsrecht an dieser Stelle – d. h. im Hinblick auf die Haftung des Unternehmers des multimodalen Transports für Güterschäden bei bekanntem Schadensort – erneut zu prüfen sind, nachdem bereits zu Beginn – bezogen auf den Multimodalvertrag insgesamt – eine solche Prüfung stattgefunden hat.[1209] Diesbezügliche Erörterungen sind in der chinesischen Literatur selten und dann auch nur oberflächlich.

a) Internationale Übereinkommen

Gelegentlich findet man den Hinweis, dass bei bekanntem Schadensort zur Bestimmung der Güterschadenshaftung des Unternehmers des multimodalen Trans-

---

1205 *Jiang Ping*, S. 260; *Tang Dehua*, S. 874 f.
1206 *Mast*, S. 114.
1207 *BGH*, Urteil vom 26. 6. 1987, TranspR 1987, 447 (450); *Mast*, S. 26, 114.
1208 Dazu oben S. 128.
1209 Zu internationalen Übereinkommen und dem autonomen Kollisionsrecht oben S. 37 ff.

ports internationale Übereinkommen über unimodale Transporte anzuwenden seien, soweit die Teilstrecke einem solchen Staatsvertrag unterliegt.[1210] Dies ergibt sich freilich nicht aus den Verweisungen der §§ 105 SHG bzw. 321 S. 1 VG, sondern aus dem Vorrang internationaler Übereinkommen gegenüber dem autonomen chinesischen Recht.[1211] Die von der Volksrepublik China ratifizierten frachtrechtlichen Übereinkommen, die nach ihren eigenen Vorschriften auf multimodale Beförderungen anwendbar sind, verdrängen damit die beiden genannten Kollisionsnormen, soweit sie Bestimmungen über die Haftung für Güterschäden bei bekanntem Schadensort enthalten. Die Verweisung auf die „einschlägigen Rechtsvorschriften"[1212] ist insoweit rein deklaratorischer Natur.

Man könnte jedoch auf den Gedanken kommen, dass die §§ 105 SHG bzw. 321 S. 1 VG mit konstitutiver Wirkung auf solche Übereinkommen verweisen, die nicht bereits nach ihren eigenen Anwendungsnormen auf multimodale Transporte anzuwenden sind. In Betracht kommt aus chinesischer Sicht nach derzeit geltendem Recht allein das SMGS. Es ist jedoch im Zweifel davon auszugehen, dass der Gesetzgeber einem Übereinkommen keinen umfangreicheren Anwendungsbereich zuerkennen will als das Übereinkommen selbst. Damit sind internationale Übereinkommen ausschließlich bereits vor der kollisionsrechtlichen Ermittlung des Statuts des Multimodalvertrags als solchem, nicht jedoch im Rahmen der Ermittlung des Teilstreckenrechts nach §§ 105 SHG bzw. 321 S. 1 VG zu prüfen.[1213]

b) Autonomes Kollisionsrecht

Ergänzend ist nach den Regeln des IPR das auf die betreffende Teilstrecke anwendbare Recht zu bestimmen.[1214] Denn obwohl es hier um eine Rechtsanwendungsfrage im Rahmen des Statuts des multimodalen Frachtvertrags auf der Ebene des Sachrechts geht, unterscheidet sich diese ihrem Gegenstand nach nicht von einer echten Rechtsanwendungsfrage des IPR.[1215] Im Rahmen der Haftung des Unternehmers des multimodalen Transports für Güterschäden bei bekanntem Schadensort kann also eine zweite kollisionsrechtliche Prüfung erforderlich sein.[1216]

Demnach ist zunächst zu untersuchen, ob eine Rechtswahl bezüglich der Teilstrecke vorliegt. Dabei stellen sich zwei Probleme. Sie werden in der chinesischen Literatur, soweit ersichtlich, nicht diskutiert. Zum einen ist fraglich, ob eine Rechtswahl, die sich auf den multimodalen Frachtvertrag insgesamt bezieht, auch für die

---

1210 *He Wanzhong*, GJJJFLC, Bd. 6, 488 (513); ähnlich *Wu Zaiyang/Ni Xuewei*, ZGHSSPNK 2001, 341 (344).
1211 Zum Vorrang internationaler Übereinkommen oben S. 9f.
1212 „有关法律规定".
1213 So offenbar auch *Fang Shaokun/Guo Mingrui*, S. 419f. und *OVG-WK*, S. 1668f., die bei der rechtlichen Beurteilung eines internationalen multimodalen Transports nach § 321 S. 1 VG zwar Fragen des IPR ansprechen, Staatsverträge aber nicht erwähnen; dazu oben S. 33.
1214 *OVG-WK*, S. 1668f.
1215 *Mast*, S. 202.
1216 Zur ersten kollisionsrechtlichen Prüfung oben S. 40ff.

Teilstrecken gelten soll. Eine solch weitgehende Auslegung wird man in der Volksrepublik im Zweifel nicht vornehmen, da die ganz h.M. eine stillschweigende Rechtswahl nicht anerkennt.[1217] Zum anderen ist unklar, ob die Parteien eines multimodalen Frachtvertrags in ausdrücklicher Form das auf einzelne Teilstrecken anwendbare Recht wählen können. Dafür spricht, dass eine Teilrechtswahl nach wohl h.M. zulässig ist.[1218]

Sodann stellt sich die Frage, wie das Teilstreckenrecht mangels wirksamer Rechtswahl anzuknüpfen ist. Die spärlichen Ausführungen chinesischer Autoren lassen sich wie folgt zusammenfassen: Befindet sich die schadensträchtige Teilstrecke zur Gänze in einem kollisionsrechtlich einheitlichen Gebiet, so ist das dort geltende Recht anzuwenden.[1219] Wurde hingegen während des Transports auf der betreffenden Teilstrecke eine kollisionsrechtlich relevante Grenze überschritten, so wird teilweise schlicht die für die einschlägige Transportart geltende chinesische Haftungsordnung angewandt[1220], teilweise die Frage nach dem anwendbaren Recht aufgeworfen, aber nicht beantwortet[1221].

Die chinesische Literatur stellt demnach offenbar in erster Linie auf den Belegenheitsort der Teilstrecke ab.[1222] Versagt diese Regel, weil es sich um eine grenzüberschreitende Teilstrecke handelt, so bedarf es einer Hilfsanknüpfung. Während einige Stimmen dann augenscheinlich auf die *lex fori* zurückgreifen, könnte man auch einen unimodalen Frachtvertrag über die Beförderung auf der schadensträchtigen Teilstrecke berücksichtigen oder fingieren.[1223] Auf diesen Vertrag ließen sich dann dieselben Anknüpfungsregeln wie zur Ermittlung des Statuts des Multimodalvertrags anwenden.[1224] Maßgeblich wäre demnach das Recht des Staats, in dem sich der Sitz oder die Niederlassung des Unternehmers des multimodalen Transports oder des tatsächlichen Beförderers befindet.

1217 Oben S. 42.
1218 Oben S. 43.
1219 So ausdrücklich *Fang Shaokun/Guo Mingrui*, S. 419f.; *OVG-WK*, S. 1668f.; implizit *Liu Jianwen/Wang Zhenhua*, S. 499; *Hu Kangsheng*, S. 489. Die drei zuletzt genannten Autoren erörtern jeweils einen Beispielsfall. In allen Fällen handelt es sich um eine Teilstrecke innerhalb der Volksrepublik China (Festland).
1220 *Liu Jianwen/Wang Zhenhua*, S. 499f.; *Hu Kangsheng*, S. 489. In den Beispielsfällen handelt es sich jeweils um eine Seestrecke von Tianjin nach Los Angeles bzw. San Francisco; anzuwenden sei das chinesische SHG.
1221 *OVG-WK*, S. 1669 im Hinblick auf die Teilstrecken Guangzhou nach Hongkong (Straße), Hongkong nach Los Angeles (See) sowie Los Angeles nach Chicago (Eisenbahn). Die erste und dritte Teilstrecke werfen Fragen des interlokalen Privatrechts auf, da die Volksrepublik China und die USA Mehrrechtsstaaten sind.
1222 Vgl. zum deutschen Recht *Drews*, TranspR 2003, 12 (18f.), der das „lokale Recht" aber nicht als einzigen Anknüpfungspunkt heranziehen will.
1223 Dann müsste man zusätzlich entscheiden, ob es auf das tatsächliche Rechtsverhältnis zwischen Unternehmer des multimodalen Transports und etwa eingeschaltetem tatsächlichem Beförderer, auf ein hypothetisches Rechtsverhältnis zwischen Absender und womöglich beteiligtem tatsächlichem Beförderer oder auf einen fiktiven unimodalen Vertrag zwischen Absender und Unternehmer des multimodalen Transports unter Beachtung des konkreten Multimodalvertrags ankommt; zu diesem Streit in der deutschen Literatur ausführlich *Mast*, S. 102ff.
1224 Zur objektiven Anknüpfung des Frachtvertragsstatuts oben S. 47ff.

3. Anwendung des Teilstreckenrechts

Die Anwendung des nach §§ 105 SHG bzw. 321 S. 1 VG ermittelten Teilstreckenrechts kann bei multimodalen Frachtverträgen eine ganze Reihe von Rechtsfragen nach sich ziehen.

Problematisch ist zunächst, ob Rechtsakte des autonomen Rechts[1225], die nach ihren eigenen Anwendungsnormen an sich nicht für multimodale Beförderungen gelten, aufgrund der Verweisungen der §§ 105 SHG bzw. 321 S. 1 VG doch zur Anwendung gelangen können. Die chinesische Literatur hält jedenfalls das EBG bei der Güterschadenshaftung in Fällen des bekannten Schadensorts für anwendbar,[1226] obwohl es nach seinen eigenen Bestimmungen nicht ausdrücklich auch für multimodale Frachtverträge gilt.[1227] Daraus lässt sich die Vermutung ableiten, dass man in der Volksrepublik China bei der Anwendung des Teilstreckenstatuts im Zweifel davon ausgeht, dass der in Frage kommende Rechtsakt auch auf multimodale Frachtverträge anzuwenden ist.

Die Anwendung einer Frachtrechtsordnung hängt außerdem häufig von weiteren Bedingungen ab, die sie selbst für ihre Anwendung aufstellt. So spricht etwa das EBG stets vom „Eisenbahntransportunternehmen“ und setzt damit voraus, dass es sich bei dem Beförderer um ein solches Unternehmen handelt. Daher stellt sich die Frage, ob die Haftungsregeln einer nach §§ 105 SHG bzw. 321 S. 1 VG zur Anwendung berufenen Frachtrechtsordnung auch dann anzuwenden sind, wenn deren Voraussetzungen nicht erfüllt sind – um im Beispiel zu bleiben: wenn der Unternehmer des multimodalen Transports kein Eisenbahntransportunternehmen ist. Dies ist nach chinesischer Auffassung offenbar zu bejahen, da man das EBG ohne Einschränkungen auf die Haftung des Unternehmers des multimodalen Transports anwendet. Dafür spricht der mit dem Netzwerkprinzip verfolgte Zweck des Regressgleichlaufs[1228]: Schaltet der Unternehmer des multimodalen Transports zur Durchführung der Beförderung auf der Bahnstrecke ein Eisenbahntransportunternehmen ein, so haftet es ihm gegenüber nach dem EBG. Dann aber erscheint es sinnvoll, ihn selbst ebenfalls nach diesem Gesetz haften zu lassen. Denn damit bestände ein Gleichlauf zwischen dem Anspruch der Ladungsbeteiligten gegen den Unternehmer des multimodalen Transports und dessen Regressanspruch gegen das beauftragte Eisenbahntransportunternehmen. Im günstigsten Fall würde sich folglich der Ersatzanspruch des Geschädigten für den Unternehmer des multimodalen Transports als durchlaufender Posten darstellen, den er an das von ihm beauftragte Unternehmen weitergeben kann.[1229]

Schließlich können Vorschriften des Haftungsstatuts über Schadensanzeige und Verjährung Schwierigkeiten bereiten. Zum einen knüpfen sie den Beginn der An-

---

1225 Zur Prüfung internationaler Übereinkommen hingegen oben S. 146.
1226 *Jiang Ping*, S. 260; *Tang Dehua*, S. 874; *Fang Shaokun/Guo Mingrui*, S. 419.
1227 §§ 1, 11 I, 29, 30 EBG.
1228 Zu den Vorteilen des Netzwerkprinzips *Hu Kangsheng*, S. 489; *OVG-WK*, S. 1669; *Liu Jianwen/Wang Zhenhua*, S. 499.
1229 Vgl. *Mast*, S. 103.

zeige- bzw. Verjährungsfrist häufig an die Ablieferung[1230] oder an die Ankunft eines bestimmten Transportmitteltyps, z. B. eines Luftfahrzeugs[1231]. Dabei ist zu berücksichtigen, dass nach der schadensträchtigen Teilstrecke möglicherweise eine Beförderung über weitere Teilstrecken erfolgt, so dass der Endempfänger[1232] häufig keine Kenntnis von der Ablieferung an den folgenden Teilstreckenbeförderer bzw. von der Ankunft des Transportmittels hat. Das kann etwa dazu führen, dass die Anzeigefrist zu einem Zeitpunkt beginnt, in dem der Endempfänger noch gar keine Möglichkeit zur Untersuchung des Guts hat. Ihm steht dann also je nach Dauer der sich an die schadensträchtige Teilstrecke anschließenden Beförderung nur eine verkürzte oder überhaupt keine Anzeigefrist zur Verfügung. Deshalb ist bei multimodalen Beförderungen in solchen Fällen auf die Ablieferung an den Endempfänger bzw. auf das Beförderungsmittel der letzten Teilstrecke abzustellen.

Zum anderen ergibt sich ein Problem daraus, dass der Empfänger des multimodalen Frachtvertrags regelmäßig nur die Bestimmungen über Schadensanzeige und Verjährung nach dem Recht der letzten Teilstrecke kennt. Das Haftungsstatut hat aber womöglich strengere Regeln, etwa einen früheren Fristbeginn, eine kürzere Frist oder als Rechtsfolge der Fristversäumnis einen Anspruchsausschluss statt einer Beweislastumkehr. Dieses Problem hat der chinesische Gesetzgeber – im Gegensatz zum deutschen[1233] – nicht geregelt. Es lässt sich nach geltendem Recht schwerlich lösen. Die Ladungsbeteiligten eines Multimodalvertrags, der dem chinesischen Recht unterliegt, müssen sich demnach auf sehr strenge Vorschriften einstellen und entsprechend frühzeitig handeln.

4. Schadenseintritt auf der Bahnstrecke

Ist der Güterschaden nachweislich auf einem Transport per Eisenbahn eingetreten und ist auf diese Bahnstrecke nach den kollisionsrechtlichen Regeln das Recht der Volksrepublik China (Festland) anzuwenden, so unterliegt die Haftung des Unternehmers des multimodalen Transports aufgrund der Verweisungen der §§ 105 SHG bzw. 321 S. 1 VG in erster Linie dem EBG. Denn die chinesische Literatur geht von der Anwendbarkeit des Gesetzes aus, obwohl es nach seinen eigenen Bestimmungen nicht ausdrücklich auch für multimodale Frachtverträge gilt.[1234] Damit sind folgerichtig auch die das EBG auslegenden, ihm gegenüber vorrangigen OVG-EisenbTranspSE-Erläut sowie ergänzend die EisenbGütTranspVorschr anwendbar, obgleich auch diese Rechtsakte ihren „Anwendungswillen" hinsichtlich multimodaler Beförderungen nicht ausdrücklich kundtun.[1235] Die EisenbGütTranspV-

1230 Z. B. §§ 81, 257 I Hs. 1 SHG, Pkt. 15 I OVG-EisenbTranspSE-Erläut.
1231 Vgl. § 135 ZLG, der allerdings nicht über §§ 105 SHG bzw. 321 S. 1 VG, sondern bereits wegen Vorrangs des ZLG gegenüber dem SHG und dem VG zur Anwendung kommt.
1232 Begriff: *Herber*, S. 359; *Mast*, S. 167.
1233 § 452b I S. 2, II S. 2 HGB.
1234 Oben S. 149.
1235 Präambel der OVG-EisenbTranspSE-Erläut, § 3 IV EisenbGütTranspVorschr.

DurchfBest hingegen verweisen hinsichtlich multimodaler Transporte ausdrücklich auf andere Bestimmungen[1236] und werden deshalb hier nicht berücksichtigt.

Der Unternehmer des multimodalen Transports haftet nach § 17 I EBG zwischen Übernahme und Ablieferung der Güter für deren Verlust, Schwund[1237], Verderb, Verschmutzung oder Beschädigung. Die Haftung ist gemäß § 18 EBG – wie nach dem VG[1238] – ausgeschlossen, wenn der Güterschaden durch höhere Gewalt (Nr. 1), die Natur des Guts selbst, normalen Schwund[1239] (Nr. 2) oder Verschulden des Absenders oder Empfängers (Nr. 3) verursacht wurde. Die Haftung ist demnach verschuldensunabhängig.[1240]

Der Anspruchsteller muss nach allgemeinen Regeln beweisen, dass der Güterschaden während des Haftungszeitraums verursacht wurde. Die Beweislast für das Vorliegen eines Haftungsausschlussgrundes und der Kausalität[1241] zwischen Ausschlussgrund und Güterschaden trägt der Unternehmer des multimodalen Transports.

Die Haftung ist auf den tatsächlichen Schaden begrenzt (§ 17 I Nr. 1, 2 EBG). Damit ist der tatsächliche Wert des Guts gemeint.[1242] Bei Verderb, Verschmutzung und Beschädigung der Güter können, falls sich ihr ursprünglicher Wert verringert hat, auch die Differenz des tatsächlichen Werts der Güter vor und nach dem Eintritt des Schadens oder die Kosten der Bearbeitung bzw. Wiederherstellung ersetzt werden.[1243] Maßgeblicher Zeitpunkt für die Berechnung des tatsächlichen Werts ist die Absendung des Guts.[1244] Soweit der tatsächliche Wert bereits gezahlte Eisenbahnfracht samt Nebenkosten, Verpackungskosten, Versicherungskosten usw. nicht beinhaltet, sind sie im Verhältnis des Schadensanteils hinzuzurechnen.[1245] Maßgeblich für den Wert ist der Preis des Guts.[1246]

Im Hinblick auf die Haftungshöchstsumme ist zwischen Transporten mit und ohne Wertsicherung zu differenzieren. Ein Transport mit Wertsicherung[1247] ist eine Beförderung, bei der der Absender bei Absendung des Guts dem Beförderer gegenüber den Wertsicherungsbetrag erklärt und die Wertsicherungsgebühren zahlt.[1248] Bei diesen Transporten ist Haftungshöchstsumme der Wertsicherungsbetrag (§ 17 I Nr. 1 EBG). Das bedeutet, es ist stets bis zur Höhe des Wertsicherungsbetrags nach Maßgabe des tatsächlichen Werts des Schadensanteils Ersatz zu leisten, und zwar unabhängig davon, ob der Wertsicherungsbetrag dem tatsächlichen

1236 § 2 IV EisenbGütTranspVDurchfBest.
1237 短少.
1238 Zum Haftungsausschluss nach dem VG oben S. 124 ff.
1239 合理损耗.
1240 *Wei Yaorong et al.*, S. 393.
1241 因果关系.
1242 Pkt. 1 I OVG-EisenbTranspSE-Erläut.
1243 Pkt. 1 II Hs. 2 OVG-EisenbTranspSE-Erläut.
1244 Pkt. 1 III S. 1 OVG-EisenbTranspSE-Erläut.
1245 Pkt. 1 III S. 2 OVG-EisenbTranspSE-Erläut.
1246 § 56 II EisenbGütTranspVorschr.
1247 保价运输.
1248 *Li Yongjun*, S. 285.

Wert des Guts entspricht[1249]; soweit der tatsächliche Schaden den Wertsicherungsbetrag übersteigt, wird kein Ersatz geleistet.[1250]

Bei Beförderungen ohne Wertsicherung ist die Haftung begrenzt auf den Betrag, der von der für Eisenbahnen zuständigen Behörde des Staatsrats festgelegt ist (§ 17 I Nr. 2 Hs. 1 EBG). Bei dieser Behörde handelt es sich um das Eisenbahnministerium[1251]. Es hat angeordnet, dass pro Tonne höchstens 100 RMB ersetzt werden, wenn ausschließlich nach Gewicht befördert wird, und dass pro Tonne höchstens 2000 RMB ersetzt werden, wenn nach Stückzahl und Gewicht befördert wird.[1252]

Wurde der Schaden vorsätzlich oder grob fahrlässig herbeigeführt, sind die Regeln über Haftungshöchstbeträge nicht anzuwenden, sondern es ist nach dem tatsächlichen Schaden Ersatz zu leisten. Dies ergibt sich für Transporte ohne Wertsicherung aus § 17 I Nr. 2 Hs. 2 EBG, gilt entgegen der Gesetzessystematik aber analog auch für Transporte mit Wertsicherung.[1253] Nach Meinung des *OVG* ist grobe Fahrlässigkeit i. S. dieser Bestimmung ein im Bewusstsein, dass ein Schaden entstehen konnte, rücksichtslos unternommenes Tun oder Unterlassen.[1254]

Dem EBG lässt sich keine Aussage darüber entnehmen, ob der Unternehmer des multimodalen Transports auch für das Verhalten anderer einzustehen hat. Das *OVG* bezieht in seiner Definition der groben Fahrlässigkeit i. S. des § 17 I Nr. 2 Hs. 2 EBG auch die Bediensteten und Vertreter des Eisenbahntransportunternehmens mit ein.[1255] Der Unternehmer des multimodalen Transports muss sich demnach das besonders schwere Verschulden seiner Bediensteten und Vertreter zurechnen lassen. Darüber hinaus lässt sich daraus schließen, dass er nach dem EBG ganz allgemein für das Verhalten dieser Hilfspersonen haften muss.[1256]

Auch im Hinblick auf Schadensanzeige und Verjährung enthält das EBG keine Bestimmungen. Laut *OVG* verjähren Haftungsforderungen wegen Güterschäden in 180 Tagen ab dem der Ablieferung des Guts folgenden Tag, im Falle des Totalverlusts ab dem 31. Tag nach Ablauf der Ankunftsfrist; ist jedoch der Verlust innerhalb dieser Frist oder der Ankunftsfrist bestätigt worden, so wird die Frist ab dem der Übergabe des Frachtprotokolls folgenden Tag gerechnet.[1257] Ohne diese Vorschrift des *OVG* betrüge die Verjährungsfrist zwei Jahre ab Kenntnis oder Kennenmüssen der Rechtsverletzung (§§ 129 S. 2 VG, 135, 137 S. 1 AGZR).[1258]

1249 Einschränkend *Li Yongjun*, S. 286: Er meint, dass der Beförderer aber gemäß dem tatsächlichen Wert Ersatz leisten dürfe, wenn er beweisen könne, dass der tatsächliche Wert geringer ist als der vom Absender angegebene Wertsicherungsbetrag.

1250 Pkt. 3 I S. 2 OVG-EisenbTranspSE-Erläut.

1251 铁道部.

1252 § 56 III S. 2 Hs. 1 EisenbGütTranspVorschr.

1253 Pkt. 3 II OVG-EisenbTranspSE-Erläut.

1254 Pkt. 2 OVG-EisenbTranspSE-Erläut.

1255 Pkt. 2 OVG-EisenbTranspSE-Erläut.

1256 *Ling Bing*, Rn. 8.033, mit Rechtsprechungsnachweis in Fn. 160.

1257 Pkt. 15 I OVG-EisenbTranspSE-Erläut.

1258 Ein Jahr vor Erlass der OVG-EisenbTranspSE-Erläut hat das *OVG* den § 137 AGZR noch angewandt, s. Antwortschreiben des *OVG* vom 6. 9. 1993 zur Frage der Haftung für fehlerhafte Ablieferung des Transportguts.

Weitere Einzelheiten der Haftung für Güterschäden sind in §§ 54–56, 59 EisenbGütTranspVorschr geregelt. Dabei ist allerdings zu beachten, dass die Bestimmungen der EisenbGütTranspVorschr wegen ihrer Nachrangigkeit nur insoweit Anwendung finden, als sie mit dem EBG und den OVG-EisenbTranspSE-Erläut vereinbar sind.

5. Schadenseintritt auf einer Seestrecke i. S. des § 2 SHG

Die Haftung des Unternehmers des multimodalen Transports wegen Güterschäden richtet sich, wenn der Schaden nachweislich auf einer dem chinesischen Recht unterliegenden Seestrecke i. S. des § 2 SHG eingetreten ist, gemäß der Verweisung des § 105 SHG nach dem SHG. Demnach gelten hier grundsätzlich die gleichen Regeln wie bei der seehandelsgesetzlichen Haftung für Güterschäden bei unbekanntem Schadensort.[1259] Eine Verweisung aufgrund des § 321 S. 1 VG ist nicht denkbar, da multimodale Transporte unter Einschluss eines Seetransports i. S. des § 2 SHG dem SHG unterliegen. Tritt der Schaden hingegen auf einem dem chinesischen Recht unterliegenden Seetransport zwischen Häfen der Volksrepublik China ein, so sind nicht die Vorschriften des SHG anzuwenden (§ 2 II SHG), sondern die Haftungsregeln für Binnenschiffstransporte.[1260]

6. Schadenseintritt während des Binnenschiffstransports

Ist der Güterschaden bekanntermaßen auf einem dem chinesischen Recht unterliegenden Schiffstransport eingetreten, der auf chinesischen Gewässern oder zwischen chinesischen Häfen (vgl. § 2 SHG) ausgeführt worden ist, so richtet sich die Haftung des Unternehmers des multimodalen Transports gemäß den Verweisungen der §§ 105 SHG bzw. 321 S. 1 VG nach dem allgemeinen Frachtrecht. Demnach gelten hier grundsätzlich die gleichen Regeln wie bei der vertragsgesetzlichen Haftung wegen Güterschäden bei unbekanntem Schadensort.[1261]

Nach § 312 S. 2 VG gehen jedoch Bestimmungen in Verwaltungsrechtsnormen über die Haftungsbegrenzung des Beförderers dem VG vor. In Betracht kommt § 21 II BinWasGütTranspReg. Danach hat der Beförderer für Beschädigung und Verlust des Guts gemäß dem deklarierten Wert[1262] des Guts Ersatz zu leisten, kann jedoch den tatsächlichen Wert des Guts ersetzen, wenn er beweist, dass der tatsächliche Wert niedriger als der deklarierte Wert ist. Da der materiell-rechtliche Gehalt dieser Bestimmung mit § 312 S. 1 VG vereinbar ist, stellt sich die Frage des Vorrangs nicht.[1263] Vielmehr erscheint es sinnvoll, die Regel ergänzend zum VG heran-

---

1259 Dazu oben S. 118 ff.
1260 Dazu sogleich im Anschluss; zur Doppelgleisigkeit des chinesischen Seehandelsrechts oben S. 28.
1261 Dazu oben S. 120 ff.
1262 声明价值.
1263 Zu dieser Frage oben S. 18.

zuziehen. Auch im Übrigen gelten die BinWasGütTranspReg, soweit sie den Bestimmungen des VG nicht widersprechen.

Die Verjährungsfrist für Schadensersatzansprüche aufgrund von Güterbeförderungen entlang der Küste und auf Binnenwasserstraßen beträgt laut einer Antwort des *OVG* ein Jahr, gerechnet von dem Tag, an dem der Beförderer das Gut abgeliefert hat oder hätte abliefern müssen.[1264] Das Gericht bezieht sich dabei ausdrücklich auf den Rechtsgedanken[1265] des § 257 I SHG. Man will also einen Gleichlauf mit der Verjährung von Haftungsforderungen bei Seetransporten erreichen. Unklar ist, ob hier dann auch die 90-tägige Verjährungsfrist für Rückgriffsansprüche (§ 257 I Hs. 2 SHG) gilt.[1266]

7. Schadenseintritt während des Straßentransports

Die Haftung des Unternehmers des multimodalen Transports wegen Güterschäden richtet sich, wenn der Schaden nachweislich auf einem dem chinesischen Recht unterliegenden Straßentransport eingetreten ist, gemäß den Verweisungen der §§ 105 SHG bzw. 321 S. 1 VG nach allgemeinem Frachtrecht. Demzufolge gelten hier grundsätzlich die gleichen Regeln wie bei der vertragsgesetzlichen Haftung wegen Güterschäden bei unbekanntem Schadensort.[1267]

Subsidiär gelten die KfzGütTranspReg 1999. Deren Vorschriften über die Haftungsbegrenzung des Beförderers[1268] können die Regeln des § 312 S. 1 VG nicht verdrängen, sondern nur ergänzen, wenn man der Ansicht folgt, dass Verwaltungsrechtsnormen i. S. des § 312 S. 2 VG nur solche sind, die der Staatsrat erlassen hat.[1269] Wie bereits erwähnt, scheint man den Begriff der Verwaltungsrechtsnormen in der Volksrepublik China jedoch weiter zu fassen. So verwendet *Zhang Dai'en* in seinen Ausführungen über die Haftung des Unternehmers des multimodalen Transports für den Fall, dass der Schaden bekanntermaßen auf einem Straßentransport eingetreten ist, – ohne dies kenntlich zu machen und ohne auf das VG einzugehen – Formulierungen der Regeln über den Gütertransport mit Kraftfahrzeugen aus dem Jahre 1988 (KfzGütTranspReg 1988).[1270] Dies deutet darauf hin, dass er die KfzGütTranspReg 1988 jedenfalls im Hinblick auf die Haftungsbegrenzung für vorrangig hält.[1271]

1264 Antwort des *OVG* vom 24. 5. 2001 auf die Frage, wie die Verjährungsfrist für Ersatzansprüche bei Gütertransporten entlang der Küste und auf Binnenwasserstraßen zu bestimmen ist. Das Antwortschreiben des *OVG* vom 8. 12. 1988 zur Frage der Frist für das Ersatzbegehren bei Gütertransporten auf Wasserstraßen ist damit gegenstandslos geworden. Danach galt eine Frist von 180 Tagen ab dem Tag nach Empfang des Frachtprotokolls.

1265 精神 (wörtlich: Geist).

1266 Dazu oben S. 144 f., unten S. 181.

1267 Dazu oben S. 120 ff.

1268 § 83 KfzGütTranspReg 1999.

1269 Zum Begriff der Verwaltungsrechtsnormen i. S. des § 312 S. 2 VG oben S. 18.

1270 *Zhang Dai'en*, S. 213 (vgl. § 76 KfzGütTranspReg 1988).

1271 Die KfzGütTranspReg 1988 sind nach Erscheinen seines Werks durch die KfzGütTranspReg 1999 ersetzt worden. Seine – mutmaßliche – Auffassung lässt sich aber auf die Anwendbarkeit der KfzGütTranspReg 1999 übertragen.

8. Schadenseintritt während des Lufttransports

Ist der Güterschaden bekanntermaßen auf einem dem chinesischen Recht unterliegenden Lufttransport eingetreten, so richtet sich die Haftung des Unternehmers des multimodalen Transports nach den Vorschriften des ZLG. Dies ergibt sich bereits aus dem vorrangig anwendbaren § 106 III ZLG, nicht aber aus den Verweisungen der §§ 105 SHG bzw. 321 S. 1 VG.[1272] Das wird in der chinesischen Literatur regelmäßig übersehen. Dort erörtert man im Rahmen der genannten Verweisungsnormen häufig eine mögliche Haftung nach dem ZLG.[1273] Diese Auffassung führt zwar bei der hier in Rede stehenden Haftung für Güterschäden zu keinem anderen Ergebnis. Sie wirkt sich aber bei der Verspätungshaftung aus. Insoweit ist ebenfalls das ZLG vorrangig anwendbar. Die genannten chinesischen Autoren müssten insoweit hingegen konsequenterweise zur Anwendung des SHG bzw. VG gelangen.[1274]

C. Haftung für Verspätungsschäden außerhalb des Zivilluftfahrtgesetzes

Soweit Staatsverträge und das ZLG nicht anwendbar sind und der Multimodalvertrag dem festlandschinesischen Recht unterliegt, stellt sich die Frage, ob und wie der Unternehmer des multimodalen Transports für Verspätungsschäden haftet. Zu den Verspätungsschäden dürften im Anwendungsbereich des VG nur nichtphysische, im SHG hingegen auch physische Schäden gehören, die auf verspäteter Ablieferung beruhen.[1275]

Die §§ 102–106 SHG bzw. 317–321 VG enthalten zur Verspätungshaftung keine ausdrückliche Regelung. Die Verweisungsnormen der §§ 105f. SHG bzw. 321 VG gelten nach ihrem Wortlaut nur für Verlust und Beschädigung des Guts, nicht auch für verspätete Ablieferung. Die gleiche Schwierigkeit ergibt sich bei den Vorschriften der §§ 311f. VG über die Haftung des unimodalen Beförderers. Demgegenüber enthält das SHG für unimodale Transportverträge in §§ 50ff. eine ausdrückliche und detaillierte Regelung der Verspätungshaftung. Damit stellt sich zunächst die Frage, ob der unimodale Beförderer des VG und der Unternehmer des multimodalen Transports überhaupt für verspätete Ablieferung haften. Soweit dies zu bejahen ist, muss sodann untersucht werden, welche Bestimmungen auf die Verspätungshaftung anzuwenden sind.

1272 Zum Vorrang des ZLG gegenüber SHG und VG bei multimodalen Transporten oben S. 59.
1273 *Jiang Ping*, S. 260; *Wei Yaorong et al.*, S. 412; *Fang Shaokun/Guo Mingrui*, S. 419; *Zhang Dai'en*, S. 213.
1274 Zur Verspätungshaftung des Unternehmers des multimodalen Transports sogleich im Anschluss.
1275 Oben S. 116.

I. Existenz der Haftung für Verspätungsschäden

Aus der fehlenden Erwähnung der verspäteten Ablieferung in §§ 105f. SHG, 321, 311f. VG könnte man den Schluss ziehen, dass eine Verspätungshaftung überhaupt nicht besteht. Diese Ansicht vertreten *Hu Zhengliang/Huybrechts*[1276] hinsichtlich der §§ 105f. SHG. Nach ganz h.M. müssen unimodaler Beförderer[1277] und Unternehmer des multimodalen Transports[1278] jedoch für verspätete Ablieferung haften.

Die Auffassung von *Hu Zhengliang/Huybrechts* lässt sich nur mit der Annahme begründen, dass die Haftung in den drei Normenkomplexen jeweils abschließend geregelt sei. Im Anwendungsbereich des VG spricht gegen eine solche Annahme, dass der Gesetzgeber, wie die lückenhaften Bestimmungen über die Haftung für Güterschäden zeigen, nicht alle Einzelheiten des Frachtvertrags regeln wollte. Und aus dem Fehlen einer Bestimmung innerhalb einer unvollständigen Regelung lässt sich nicht folgern, dass diese als abschließend anzusehen sei.

Für die h.M. zur Verspätungshaftung des unimodalen Beförderers nach dem VG lässt sich vorbringen, dass dieser nach übrigem chinesischem Frachtvertragsrecht durchweg für Verspätungsschäden haftet.[1279] Da das VG auch auf anderen Gebieten wenig Neues enthält,[1280] kann man aus der fehlenden ausdrücklichen Erwähnung der Verspätungshaftung nicht schließen, dass der Beförderer nach dem VG ausnahmsweise nicht für verspätete Ablieferung einstehen soll. Darüber hinaus legt § 290 VG fest, dass der Beförderer das Gut im vereinbarten oder in einem angemessenen Zeitraum zum vereinbarten Ort befördern muss. Die verspätete Ablieferung stellt demnach eine Pflichtverletzung dar, und Pflichtverletzungen begründen nach dem VG auch eine entsprechende Haftung.[1281] Sprechen somit gute Gründe dafür, dass der unimodale Beförderer nach chinesischem Recht stets für Verspätungsschäden haftet, so ist kein Argument ersichtlich, warum dann nicht auch der Unternehmer des multimodalen Transports für verspätete Ablieferung einstehen soll.

Damit steht fest, dass unimodaler Beförderer und Unternehmer des multimodalen Transports nach dem SHG und dem VG für Verspätungsschäden haften.

II. Anwendbare Vorschriften

Fraglich ist, welche Regeln für die Verspätungshaftung gelten. Man könnte die Vorschriften über die Güterschadenshaftung (§§ 105f. SHG, 321, 311f. VG) analog

---

1276 *Hu Zhengliang/Huybrechts*, ETL 1995, 287 (292).
1277 *Xu Junqiang*, HSFYJ 2/2001, 104 (128f.); *Fang Shaokun/Guo Mingrui*, S. 354; *Zhao Hong*, HSFYJ 4/2001, 141 (154, 191f.); *Jiang Ping*, S. 226f.; *OVG-WK*, S. 1401, 1402; *Liu Jianwen/Wang Zhenhua*, S. 459; *Long Yifei*, S. 361; *Wei Yaorong et al.*, S. 357; *Zhang Dai'en*, S. 57; *Sun Lin*, S. 13; *Lu Yongzhen*, S. 9; *Guo Yu*, in: Gebhardt et al., 361 (363).
1278 *Yang Lixin*, Bd. 3, S. 932; *OVG-WK*, S. 1662; *Jiang Ping*, S. 256f.; *Tang Dehua*, S. 871f.; *Liu Wenhua*, S. 299 (alle zum VG); *He Wanzhong*, S. 524 (auch zum SHG).
1279 Art. 19 WA, Art. 19 S. 1 MÜ, §§ 126 Hs. 1 ZLG, 50 SHG, 16 EBG.
1280 *Münzel*, Chinas Recht, 15.3.99/1, Anm. 1.
1281 §§ 107ff. VG.

anwenden. Diese Ansicht wird in China, soweit ersichtlich, nicht vertreten. Die h. M. greift indessen auf die allgemeinen Regeln zurück. Im Anwendungsbereich des VG handelt es sich dabei um die Vorschriften über die Haftung für Vertragsverletzung, im Anwendungsbereich des SHG um die Regeln über die Verspätungshaftung des unimodalen Beförderers. Die h. M. wendet also auf den unimodalen Beförderer des VG die §§ 290, 107 ff. VG[1282] und auf den Unternehmer des multimodalen Transports die §§ 317 Hs. 2; 290, 107 ff. VG[1283] bzw. die §§ 50 ff. SHG[1284] an.

Gegen die analoge Anwendung der Regeln über die Güterschadenshaftung spricht – wie gegen jede Analogie – ihr eindeutiger Wortlaut. Und es ist ausgeschlossen, dass der Gesetzgeber die verspätete Ablieferung in den fraglichen Bestimmungen versehentlich nicht erwähnt hat. In anderen Normen derselben Gesetze hat er sie geregelt (§§ 50 ff. SHG bzw. 290 VG). In zwei Entwürfen des VG hatte man die Verspätungshaftung noch in unmittelbarem Zusammenhang mit der Güterschadenshaftung normiert.[1285] Den Entwurfsverfassern beider Gesetze haben auch internationale transportrechtliche Regelungen mit Bestimmungen über die Verspätungshaftung vorgelegen. Den Autoren des VG standen als Referenzmaterial außerdem die – inzwischen außer Kraft getretenen – IntMultimodContTranspReg zur Verfügung. Nach § 27 III IntMultimodContTranspReg, der den §§ 105 SHG bzw. 321 S. 1 VG entspricht, ist das Teilstreckenrecht ausdrücklich auch im Fall der verspäteten Ablieferung anzuwenden. Darüber hinaus hätte man im VG ein etwaiges Versehen bei der Formulierung des SHG korrigieren können. Stattdessen hat man die §§ 105 f. SHG fast wörtlich übernommen.

Viel bedeutender aber ist, dass die für eine Analogie[1286] erforderliche Regelungslücke fehlt. Denn wenn man davon ausgeht, dass die Beförddererhaftung in den §§ 105 f. SHG, 321, 311 f. VG nicht abschließend geregelt ist,[1287] dann sind aufgrund der Systematik beider Gesetze die allgemeinen Vorschriften anzuwenden. Dabei handelt es sich im SHG um die §§ 50 ff. Dem Abschnitt des VG über Frachtverträge kann man zunächst zwar nur eine Pflicht zur Beförderung innerhalb der vereinbarten oder einer angemessenen Frist entnehmen (§ 290 VG). Dass die Verletzung dieser Pflicht auch eine entsprechende Haftung nach sich zieht, ergibt sich

---

1282 *Xu Junqiang*, HSFYJ 2/2001, 104 (128 f.); *Fang Shaokun/Guo Mingrui*, S. 354; *Zhao Hong*, HSFYJ 4/2001, 141 (154, 191 f.); *Jiang Ping*, S. 226 f.; *OVG-WK*, S. 1401 f.; *Hu Kangsheng*, S. 449; *Liu Jianwen/Wang Zhenhua*, S. 459; *Long Yifei*, S. 361; *Wei Yaorong et al.*, S. 357; *Zhang Dai'en*, S. 57; *Lu Yongzhen*, S. 9; *Guo Yu*, in: Gebhardt et al., 361 (363). Die meisten Autoren beschränken sich auf die Äußerung, der Beförderer müsse für Vertragsverletzung haften. Die Haftung für Vertragsverletzung ist in §§ 107 ff. VG geregelt.
1283 *He Wanzhong*, S. 524.
1284 *He Wanzhong*, S. 524; *UNCTAD secretariat*, S. 38.
1285 §§ 327, 336 VG in der Fassung des sog. Versuchsentwurfs (试拟稿), abgedruckt in: *Wang Shengming et al.*, S. 67, 69; § 190 VG in der Fassung des sog. Meinungssammlungsentwurfs (征求意见稿), abgedruckt in: *Wang Shengming et al.*, S. 136.
1286 Zur Analogie im chinesischen Recht *von Senger*, S. 187 ff., insbesondere S. 190.
1287 Dazu oben S. 156.

jedoch aus §§ 107ff. VG.[1288] Damit bestehen in beiden Gesetzen Regeln über die Haftung für Verspätungsschäden. Eine Regelungslücke liegt nicht vor.

Demzufolge ergibt sich die Verspätungshaftung des unimodalen Beförderers des VG aus §§ 290, 107ff. VG. Der Unternehmer des multimodalen Transports haftet für verspätete Ablieferung nach den §§ 317 Hs. 2; 290, 107ff. VG bzw. §§ 50ff. SHG.

III. Haftungsgrundtatbestände

1. Seehandelsgesetz

Die Grundlage der Verspätungshaftung ist im SHG in § 50 II, III geregelt. Danach haftet der Beförderer auf Ersatz, wenn es infolge seines Verschuldens aufgrund der verspäteten Ablieferung zu Verlust oder Beschädigung des Guts (§ 50 II SHG) oder zu wirtschaftlichen Schäden (§ 50 III SHG) kommt. Darüber hinaus lässt sich die Verlustvermutungsregel des § 50 IV SHG – zumindest auch – als Grundtatbestand der Verspätungshaftung einordnen.[1289]

Aus § 50 II, III SHG ergeben sich die folgenden fünf Voraussetzungen der Verspätungshaftung nach dem SHG: Verschulden, verspätete Ablieferung, Kausalität zwischen Verschulden und verspäteter Ablieferung, Schaden, Kausalität zwischen verspäteter Ablieferung und Schaden.

a) Verspätete Ablieferung und Verschulden – der Streit um die subsidiäre vernünftige Frist

Die Konkretisierung der Begriffe der verspäteten Ablieferung[1290] und des Verschuldens[1291] gehört seit Inkrafttreten des SHG zu den umstrittensten Problemen des chinesischen Seehandelsrechts.[1292] Ausgangspunkt des Streits ist der Wortlaut des § 50 I SHG:

> „Können die Güter nicht innerhalb der klar vereinbarten Frist im vereinbarten Löschhafen abgeliefert werden, so gilt dies als verspätete Ablieferung."

Aus dieser Formulierung ergibt sich die Frage, ob sich eine verspätete Ablieferung im Rechtssinne auch dann begründen lässt, wenn die Parteien keine Frist vereinbart haben. Unstreitig ist jedenfalls, dass der Tatbestand des Verschuldens in § 50 II, III SHG – wie in § 51 I Nr. 12 SHG[1293] – nicht etwa bei jeder Form von Vorsatz

---

1288 Vgl. *Münzel*, Chinas Recht, 15.3.99/1, Anm. 1: „... dass nun einigermaßen einheitlich die Haftung der Vertragsparteien sich – vgl. § 107 oder auch § 155 – aus dem Bereich ihrer Pflichten ergibt ..."

1289 Zur Verlustvermutung nach § 50 IV SHG oben S. 114. Zur Anwendbarkeit der Vorschrift oben S. 117f.

1290 迟延交付.

1291 过失.

1292 *Wu Lijing*, HSFYJ 4/2001, 18 (24).

1293 Zum Begriff des Verschuldens i. S. des § 51 I Nr. 12 SHG oben S. 123.

oder Fahrlässigkeit erfüllt ist, sondern nur bei einem Verstoß gegen die Sorgfaltspflichten der §§ 47–49 SHG.[1294] Im Wesentlichen lassen sich zwei Auffassungen voneinander unterscheiden:

Nach einer Ansicht kommt eine verspätete Ablieferung auch dann in Betracht, wenn die Parteien keine Ablieferungsfrist vereinbart haben; eine verspätete Ablieferung liege in solchen Fällen vor, wenn eine vernünftige Frist überschritten sei.[1295] Die Vertreter dieser Auffassung meinen, dass § 50 I SHG den Fall der nicht innerhalb einer vernünftigen Frist erfolgten Ablieferung nicht erfasse, da die Vorschrift den Begriff der verspäteten Ablieferung nicht abschließend definiere; wende man die Regeln der Logik auf den Wortlaut an, so lasse die Formulierung zu, dass eine verspätete Ablieferung auch in anderen Fällen als dem in § 50 I SHG beschriebenen eintreten könne.[1296] Der Gesetzgeber hätte nach dieser Meinung also die Vorschrift mit den Worten „Verspätete Ablieferung liegt (nur) vor, wenn …"[1297] einleiten müssen, wenn er eine abschließende Definition gewollt hätte. Ferner bestehe eine *reasonable despatch duty*[1298] des Beförderers. Dieser müsse demnach beim Laden und Löschen des Guts, beim Verlassen des Ladehafens sowie bei Durchführung des Transports die gehörige Sorgfalt darauf verwenden, keine Verspätung entstehen zu lassen.[1299] Diese Pflicht sei in den §§ 48, 49 I SHG enthalten.[1300] Die Formulierung „zweckmäßig und sorgfältig die Güter befördern"[1301] in § 48 SHG verlange vom Beförderer, seine *reasonable despatch duty* zu erfüllen.[1302] Man verweist zudem auf die Vorschrift des § 290 VG, in der diese Pflicht des Beförderers gesetzlich ausdrücklich bestimmt sei.[1303]

Teile der Rechtsprechung[1304] und die h.M. in der Literatur[1305] sehen § 50 I SHG als Legaldefinition der verspäteten Ablieferung an. Sie verneinen folglich eine Verspätungshaftung des Beförderers, wenn die Parteien keine klare Vereinbarung im Hinblick auf den Ablieferungszeitpunkt getroffen haben. Ein Teil der Autoren lehnt auch die Existenz der *reasonable despatch duty* kategorisch ab. Es fehle eine entsprechende gesetzliche Vorschrift, die man zur Begründung dieser Pflicht anwen-

---

1294 *Fante*, TranspR 1995, 99 (102).
1295 *Seegericht Qingdao*, dargestellt bei *Zhao Hong*, HSFYJ 4/2001, 141 (193); *Zhao Hong*, HSFYJ 4/2001, 141 (146, 154); *Wu Lijing*, HSFYJ 4/2001, 18 (27f.); *Zhang Hongwu*, ZGHSFNK 1999, 182 (192f.); *Xu Junqiang*, ZGHSSPNK 2000, 46 (47ff.); *Jiang Zhengxiong*, ICML I, 33-1 (33-3f.).
1296 *Wu Lijing*, HSFYJ 4/2001, 18 (27).
1297 Etwa: „迟延交付是指 …"
1298 合理速遣义务.
1299 *Zhao Hong*, HSFYJ 4/2001, 141 (154); *Fu Tingzhong*, SJHY 1/1999, 54 (54).
1300 *Zhao Hong*, HSFYJ 4/2001, 141 (153).
1301 „妥善地、谨慎地 … 运输 … 货物".
1302 *Zhao Hong*, HSFYJ 4/2001, 141 (154); *Jiang Zhengxiong*, ICML I, 33-1 (33-3).
1303 *Xu Junqiang*, ZGHSSPNK 2000, 46 (49f.); *Wu Lijing*, HSFYJ 4/2001, 18 (27f.); *Zhao Hong*, HSFYJ 4/2001, 141 (154).
1304 Erwähnt bei *Zhao Hong*, HSFYJ 4/2001, 141 (192f.).
1305 *Huang Qingnan/Huang Xiangning*, ZGHSFNK 2002, 141 (142f.); *Si Yuzhuo et al.*, S. 137f.; *OVG-WK*, S. 1402; *Yu Shicheng et al.*, S. 101; *Zhou Qi/Lin Yuanmin*, HSFYJ 2/2000, 142 (143, 147); *Wang Xiaochun*, ICML I, 34-1 (34-1); *Fante*, TranspR 1995, 99 (102); *Meyer-Rehfueß*, TranspR 1998, 236 (238); *Hu Zhengliang/Huybrechts*, ETL 1995, 287 (291); *Yang Yuntao/Ding Ding*, S. 201; *Yao Hongxiu/Wang Xiaofang*, ICML IV, 466 (470).

den könne; denn im Gegensatz zu den Staaten des *Common Law* herrsche in China das geschriebene Recht[1306].[1307] Ein anderer Teil der Autoren scheint zu meinen, die Pflicht zur angemessen zügigen Beförderung bestehe dann, wenn eine Ablieferungsfrist vereinbart wurde.[1308]

Bei näherer Betrachtung erscheint es sinnvoll, die Fragen der verspäteten Ablieferung und des Verschuldens unabhängig voneinander zu beurteilen. Denn das Problem, ob der Beförderer nur bei vereinbarter Ablieferungsfrist oder auch in anderen Fällen haften soll, hat dogmatisch nichts mit der Frage zu tun, für welche Sorgfaltspflichtverletzungen er einstehen muss. Der Streit hat in beiderlei Hinsicht erhebliche Bedeutung: Sieht man § 50 I SHG als abschließende Definition der verspäteten Ablieferung an, so wird man eine Verspätungshaftung selten bejahen können. Denn die Vereinbarung eines Ablieferungszeitpunkts kommt in der Praxis kaum vor,[1309] da die Beförderer eine solche Verpflichtung regelmäßig nicht übernehmen wollen. Nimmt man hingegen eine Haftung auch dann an, wenn die Güter nicht innerhalb einer vernünftigen Frist abgeliefert werden, so handelt es sich dabei gemäß §§ 44f. SHG um zwingendes Recht; der Beförderer könnte sich insoweit also nicht von seiner Haftung freizeichnen. Die Auswirkungen des Streits um die *reasonable despatch duty* sind ebenfalls nicht gering: Verneint man sie, kommt eine Verspätungshaftung praktisch nur bei unberechtigter Deviation (§ 49 SHG) in Betracht, da die Verletzung der anderen beiden Pflichten (§§ 47f. SHG) nur selten eine Verspätung nach sich ziehen dürfte. Liest man hingegen die *reasonable despatch duty* aus den §§ 47–49 SHG heraus, so besteht eine – wegen §§ 44f. SHG – nicht abdingbare Haftung für verschuldete Verzögerungen aller Art.

Für ein weites Verständnis des § 50 I SHG spricht vor allem, dass eine Befördererhaftung für verschuldete Verspätungen sachgerecht ist. Es ist kein materieller Grund ersichtlich, warum diese Haftung eine unangemessene Härte für den Beförderer darstellen soll. Ferner ist zu berücksichtigen, dass in der chinesischen Rechtsordnung neuere Rechtsakte in besonderem Maße als Weiterentwicklung älterer Rechtsakte zu begreifen sind, da die Volksrepublik sich derzeit in einem rasanten und tiefgreifenden Wandel befindet.[1310] Der Gesetzgeber des SHG hatte sich damals gegen die Übernahme der subsidiären vernünftigen Frist aus Art. 5 II HambR entschieden, weil sie ihm als „schwer handhabbar"[1311] erschien.[1312] Diese

1306 成文法.
1307 *Zhou Qi/Lin Yuanmin*, HSFYJ 2/2000, 142 (146f.).
1308 Vgl. *Si Yuzhuo et al.*, S. 137.
1309 *Zhou Qi/Lin Yuanmin*, HSFYJ 2/2000, 142 (145, 147); *Yu Shicheng et al.*, S. 101; *Jiang Zhengxiong*, ICML I, 33-1 (33-2); *Herber*, S. 323; Klausel 6 II COSCON B/L: „The Carrier does not undertake that the Goods will be transported from or loaded at the place of receipt or loading or will arrive at the place of discharge, destination or transshipment at any particular date or time or to meet any particular market or in time for any particular use. Scheduled or advertised departure and arrival times are only expected times and may be advanced or delayed if the Carrier shall find it necessary, prudent or convenient. The Carrier shall in no circumstances whatsoever and howsoever arising be liable for direct, indirect or consequential loss or damage caused by delay."
1310 Dazu oben S. 15.
1311 „不易操作".
1312 *Wu Huanning*, S. 94.

Bedenken hat der Gesetzgeber inzwischen über Bord geworfen, denn er hat die subsidiäre vernünftige Frist in § 290 VG verankert. Es könnte daher erforderlich sein, das ältere SHG im Lichte des neueren VG auszulegen. Darüber hinaus widerspricht es der sonst so deutlichen Anlehnung an die international herrschende Rechtslage, im SHG eine gesetzliche Verspätungshaftung abzulehnen, während die HambR diese Haftung ausdrücklich regeln[1313] und die H(V)R nach inzwischen h.M. die ergänzende Anwendung des nationalen Rechts insoweit jedenfalls nicht ausschließen[1314].

Überzeugende Argumente gibt es indes auch für eine abschließende Definition der verspäteten Ablieferung in § 50 I SHG. Schon der Wortlaut ist einer anderen Deutung schwerlich zugänglich. Außerdem wäre die Bestimmung andernfalls überflüssig, denn es ist selbstverständlich, dass ein Fall der verspäteten Ablieferung vorliegt, wenn die Güter nicht innerhalb der von den Parteien vereinbarten Ablieferungsfrist abgeliefert worden sind. Die Vorschrift muss demnach die Funktion haben, alle anderen Fälle einer verspäteten Ablieferung auszuschließen. Auch die Verlustvermutungsregel des § 50 IV SHG spricht für eine abschließende Definition. Die Vorschrift stellt für die Berechnung der zusätzlichen 60-Tage-Frist auf den Ablauf der „in [§ 50] I SHG bestimmten Frist" ab. Bei der in § 50 I SHG bestimmten Frist handelt es sich ausschließlich um die von den Parteien vereinbarte Frist; eine andere ist dort nicht festgelegt. Folglich gilt die Verlustvermutungsregel nur in den Fällen, in denen die Parteien sich auf eine Ablieferungsfrist geeinigt haben. Diese Rechtslage wäre wenig sinnvoll, wenn das SHG eine Verspätungshaftung auch in anderen Fällen zuließe. Denn dann müsste die Verlustvermutungsbestimmung auch für diese anderen Fälle gelten, da im Hinblick auf die Rechtsfolgen ein Unterschied zwischen vereinbarter und – etwa – vernünftiger Frist nicht gerechtfertigt ist.

Die Existenz einer *reasonable despatch duty* dürfte – ebenso wie ein weites Verständnis des § 50 I SHG – einerseits sachlich gerechtfertigt sein. Andererseits stellen die §§ 47–49 SHG keine taugliche Grundlage für die Annahme einer *reasonable despatch duty* dar, weil ein abschließender Pflichtenkatalog einer erweiternden Auslegung schwerlich zugänglich ist.

Im Ergebnis muss hier offen bleiben, ob eine Verspätungshaftung auch dann in Betracht kommt, wenn die Vertragsparteien keine Ablieferungsfrist vereinbart haben. Ebenso lässt sich nicht mit hinreichender Sicherheit feststellen, ob die Ladungsbeteiligten ihre Ansprüche wegen verspäteter Ablieferung – über die in §§ 47–49 SHG ausdrücklich aufgeführten Pflichten hinaus – auch auf die Verletzung einer *reasonable despatch duty* stützen können. Allerdings liegt die Vermutung nahe, dass chinesische Gerichte die Regeln über die Verspätungshaftung einstweilen – der Tradition im Seehandelsrecht folgend – im Zweifel restriktiv, also zu Gunsten des Beförderers, auslegen.

1313 Art. 5 II HambR.
1314 *von Ziegler*, Schadenersatz, S. 92 ff.

b) Schaden

Die Verspätungshaftung nach dem SHG setzt ferner den Eintritt eines Schadens voraus. Dabei ist zu differenzieren zwischen Substanzschäden[1315] nach § 50 II SHG und rein wirtschaftlichen Schäden[1316] nach § 50 III SHG. Während die Definition der Substanzschäden keine Probleme bereitet,[1317] bedarf der Begriff des wirtschaftlichen Schadens näherer Erläuterung. Er umfasst nach der chinesischen Literatur vor allem den sog. Marktpreisdifferenzschaden[1318], also den Schaden, der sich aus der Differenz zwischen dem Marktpreis des Guts an dem Tag, an dem der Beförderer hätte abliefern müssen, und dem niedrigeren Marktpreis an dem Tag, an dem der Beförderer tatsächlich abgeliefert hat, ergibt.[1319] Ein wirtschaftlicher Schaden kann sich ferner aus entgangenen Gebrauchsvorteilen[1320], aus dem an einen Dritten zu zahlenden Vertragsverletzungsgeld[1321] oder aus einem Zinsschaden[1322] ergeben.[1323] Ungeklärt ist, ob – wie einige meinen[1324] – jeglicher entgangener Gewinn[1325] ersetzt wird. Zwar ist der Aspekt des entgangenen Gewinns beim Marktpreisdifferenzschaden und bei dem sich aus entgangenen Gebrauchsvorteilen ergebenden Schaden berücksichtigt.[1326] Es trifft daher nicht zu, dass nach dem SHG überhaupt kein Ersatz des entgangenen Gewinns geschuldet ist.[1327] Jedoch ist zu beachten, dass § 50 III SHG nicht pauschal von „wirtschaftlichen Schäden" spricht, sondern von „wirtschaftlichen Schäden, die das Gut erleidet"[1328]. Damit hat der Gesetzgeber zum Ausdruck gebracht, dass der wirtschaftliche Schaden und das Gut in einem Näheverhältnis zueinander stehen müssen. Es ist daher zweifelhaft, in welchem Umfang ein auf fehlendem Material beruhender Produktionsausfallschaden zu ersetzen ist.[1329] Die Diskussion hat wegen der niedrigen Haftungsgrenze für rein wirtschaftliche Schäden[1330] indessen keine allzu große praktische Bedeutung.

Wie die Formulierung „selbst wenn das Gut weder verloren gegangen noch beschädigt worden ist" in § 50 III SHG zeigt, haftet der Unternehmer des multimodalen Transports nicht nur dann, wenn entweder ein Substanzschaden oder ein reiner Vermögensschaden entsteht, sondern auch dann, wenn beide Schadensarten

1315 物质上的损失 (*Zhao Hong*, HSFYJ 4/2001, 141 [150 f.]).
1316 纯经济损失 (*Zhao Hong*, HSFYJ 4/2001, 141 [150 f.]).
1317 Zu den Begriffen „Beschädigung" und „Verlust" oben S. 115 f.
1318 市场差价损失.
1319 *Si Yuzhuo et al.*, S. 147; *Zhang Hongwu*, ZGHSFNK 1999, 182 (185); *Yu Shicheng et al.*, S. 101; *Zhao Hong*, HSFYJ 4/2001, 141 (151); *Fante*, TranspR 1995, 99 (102), der von „Preisverlusten" spricht.
1320 使用利益.
1321 违约金 (§ 114 VG).
1322 利息损失. *Fante*, TranspR 1995, 99 (102) spricht von „Zinsverlusten".
1323 *Zhang Hongwu*, ZGHSFNK 1999, 182 (185); *Zhao Hong*, HSFYJ 4/2001, 141 (151).
1324 *Mo*, Rn. 4.53; offenbar auch *Zhang Hongwu*, ZGHSFNK 1999, 182 (185).
1325 可得利润 (wörtlich: erlangbarer Gewinn).
1326 *Si Yuzhuo et al.*, S. 147; *Zhang Hongwu*, ZGHSFNK 1999, 182 (185 f.). Nach dem auf Güterschäden jeglicher Art anwendbaren § 55 SHG wird entgangener Gewinn hingegen nicht ersetzt (oben S. 130).
1327 So aber *Hopp*, RIW 6/1996, Beilage 2, 26 (28).
1328 „货物 … 遭受经济损失".
1329 *Fante*, TranspR 1995, 99 (102).
1330 § 57 S. 1 SHG, dazu unten S. 167.

kumulativ vorliegen. Ein derartiges Zusammentreffen beider Schadensarten liegt z.B. vor, wenn zwischen dem Zeitpunkt der pflichtgemäßen Ablieferung und dem Zeitpunkt der tatsächlichen Ablieferung sowohl die Ware verdirbt als auch der Marktpreis fällt.[1331]

2. Vertragsgesetz

Die Voraussetzungen für die Verspätungshaftung ergeben sich im VG aus §§ 317 Hs. 2; 290, 107, 113 I VG: Nach § 107 VG haftet der Unternehmer des multimodalen Transports bei Schlechterfüllung einer Vertragspflicht u.a. auf Schadensersatz. Betroffen ist hier die in §§ 317 Hs. 2; 290 VG geregelte Vertragspflicht. Danach muss der Unternehmer des multimodalen Transports das Gut innerhalb der vereinbarten oder einer vernünftigen Frist zum vereinbarten Ort befördern.[1332] Die chinesische Literatur hebt hervor, dass es sich dabei um die Pflicht zur zügigen Beförderung[1333] handele.[1334] Vernünftig ist die Frist, die der Beförderer benötigt, um das Gut unter gewöhnlichen Umständen zum Bestimmungsort zu befördern.[1335] Wichtige Kriterien bei der Bestimmung der vernünftigen Frist im Einzelfall sind Distanz und Route des Transports sowie Transportmittel und dessen übliche Geschwindigkeit.[1336] Für diese Kriterien wiederum ist die vertragliche Vereinbarung maßgeblich, nicht die tatsächliche Durchführung. Darüber hinaus sind die Gepflogenheiten der Transportbranche zu beachten.[1337] Aus §§ 107, 113 I VG ergibt sich, dass dem betroffenen Ladungsbeteiligten ein Schaden[1338] entstanden sein muss und dass Kausalität zwischen Vertragsverletzung und Schaden erforderlich ist. Die drei Voraussetzungen der Verspätungshaftung nach dem VG sind demnach verspätete Ablieferung, Schaden sowie Kausalität zwischen verspäteter Ablieferung und Schaden.

IV. Haftungsausschluss

1. Seehandelsgesetz

Für Güterschäden, die auf verspäteter Ablieferung beruhen (§ 50 II SHG), gelten dieselben Haftungsausschlussgründe wie für die übrigen Güterschäden[1339].

1331 Vgl. *Zhao Hong*, HSFYJ 4/2001, 141 (151).
1332 Die Beförderung zum vereinbarten Ort allein genügt bei Frachtverträgen nicht; vielmehr ist auch eine Ablieferung an den Empfänger erforderlich (oben S. 78). § 290 VG gilt auch für Personentransportverträge.
1333 速遣义务.
1334 *OVG-WK*, S. 1400 f.; *Zhao Hong*, HSFYJ 4/2001, 141 (143, 151, 154) zum Seefrachtvertrag; ähnlich *Liu Jianwen/Wang Zhenhua*, S. 459 („Pflicht zur rechtzeitigen Beförderung" [„按时运送义务"]).
1335 *Liu Wenhua*, S. 268; *Fang Shaokun/Guo Mingrui*, S. 354; *Wei Yaorong et al.*, S. 357: „innerhalb der normalen Beförderungsfrist".
1336 *OVG-WK*, S. 1401.
1337 *Zhang Dai'en*, S. 57; *Jiang Ping*, S. 226; *OVG-WK*, S. 1403.
1338 损失.
1339 Zu diesen Haftungsausschlusstatbeständen im Einzelnen oben S. 121 ff.

Fraglich ist, welche Ausschlusstatbestände auf reine Vermögensschäden i.S. des § 50 III SHG anzuwenden sind. Denn die §§ 51f., 53 II SHG sprechen nur von Güterschäden, gelten ihrem Wortlaut nach also nicht für reine Vermögensschäden. Jedoch müssen auch für diese Schäden Entlastungsgründe bestehen, denn andernfalls wäre die Einschränkung „Außer wenn der Beförderer nach den Bestimmungen dieses Kapitels nicht auf Ersatz haftet ...“ in § 50 III SHG überflüssig. In Betracht kommt § 82 SHG.[1340] Bei dieser Vorschrift handelt es sich allerdings nicht um einen typischen Haftungsausschlussgrund, da die Haftung nicht aufgrund eines für den Schaden kausalen Umstandes entfällt, sondern wegen des Ablaufs einer für die Schadensanzeige geltenden Präklusionsfrist. Das spricht dafür, dass noch weitere Ausschlusstatbestände bei der Haftung für Vermögensschäden bestehen müssen. Die chinesische Literatur hält jedenfalls den Katalog des § 51 SHG auch bei reinen Vermögensschäden für anwendbar.[1341] Denn zum einen seien die Haftungsausschlussgründe des § 51 SHG angesichts der besonderen Gefahren des Seetransports und daher zum Schutz des Beförderers normiert worden; wäre die Vorschrift nur auf einen Teil der Schäden anwendbar, so wäre der Schutz ineffektiv. Zum anderen seien die Auswirkungen von Güterschäden im Allgemeinen viel gravierender als die von Vermögensschäden; und wenn die Haftung sogar bei Güterschäden ausgeschlossen sei, dann müsse sich der Beförderer erst recht bei Vermögensschäden von seiner Haftung befreien können.[1342]

Der Unternehmer des multimodalen Transports kann sich darüber hinaus bei allen Verspätungsschäden (§ 50 II, III SHG) auf die berechtigte Deviation nach § 49 II SHG berufen.[1343]

Treffen mehrere Schadensursachen zusammen, so haftet er nur insoweit, als er sich nicht von seiner Haftung befreien kann (§ 54 Hs. 1 SHG[1344]).

2. Vertragsgesetz

Der Unternehmer des multimodalen Transports kann sich nach §§ 317 Hs. 2; 290, 107, 117 I S. 1 VG von seiner Haftung für verspätete Ablieferung befreien, soweit die Verspätung durch höhere Gewalt[1345] verursacht wurde.[1346] Das gilt nicht, wenn ein Fall höherer Gewalt nach Ablauf der vereinbarten oder einer vernünftigen Frist eintritt (§ 117 I S. 2 VG).[1347]

1340 Zu dieser Bestimmung unten S. 168.
1341 *Zhang Hongwu*, ZGHSFNK 1999, 182 (191); *Zhou Qi/Lin Yuanmin*, HSFYJ 2/2000, 142 (145); *Zhao Hong*, HSFYJ 4/2001, 141 (157f.); *Jiang Zhengxiong*, ICML I, 33-1 (33-2ff.); wohl auch *Hu Zhengliang/Huybrechts*, ETL 1995, 287 (292).
1342 *Zhang Hongwu*, ZGHSFNK 1999, 182 (191).
1343 *Zhang Hongwu*, ZGHSFNK 1999, 182 (191 f.).
1344 Zur Anwendbarkeit dieser Vorschrift oben S. 118.
1345 Zur höheren Gewalt oben S. 124f.
1346 *OVG-WK*, S. 1402; wohl auch *Liu Jianwen/Wang Zhenhua*, S. 459, die Naturkatastrophen erwähnen.
1347 *Zhang Dai'en*, S. 95.

Daneben werden in der chinesischen Literatur im Zusammenhang mit § 290 VG eine ganze Reihe von weiteren Haftungsausschlussgründen genannt, die nicht im VG enthalten sind, sondern vielmehr aus anderen Gesetzen und vor allem untergesetzlichen Rechtsnormen gewonnen werden. Die so gefundenen Ausschlusstatbestände ohne weiteres in das VG hineinzulesen, ist jedoch zumindest zweifelhaft. Soweit transportrechtliche Spezialgesetze einschlägig sind, sind diese dem VG gegenüber vorrangig anzuwenden.[1348] Untergesetzliche Rechtsnormen können nur herangezogen werden, soweit die Auslegung des VG dem nicht entgegensteht. Bei multimodalen Frachtverträgen ist darüber hinaus zu beachten, dass der betreffende untergesetzliche Rechtsakt auf alle Teilstrecken der multimodalen Beförderung anwendbar sein muss,[1349] da es bei Verspätungsschäden nicht darauf ankommt, ob der Schadensort bekannt ist oder nicht. Diese Voraussetzung erfüllen derzeit nur die KfzGütTranspReg 1999.[1350] Sie enthalten jedoch keine Ausschlusstatbestände für die Verspätungshaftung des Beförderers.[1351]

Unter Bezugnahme auf den Rechtsgedanken des § 311 VG wird in der chinesischen Literatur etwa vertreten, dass die Haftung darüber hinaus entfällt, soweit die Verspätung ausschließlich auf das Verhalten des Absenders oder Empfängers zurückzuführen ist.[1352] Als Beispiel hierfür wird die Ausübung des Weisungsrechts[1353] genannt.[1354] Eine solche Haftungsbefreiung entspricht allgemeinen vertragsrechtlichen Grundsätzen.[1355] Als weiterer Ausschlussgrund werden besondere Erfordernisse erwähnt, die sich aus der Natur der beförderten Güter ergeben,[1356] wie z.B. die Fütterung von Tieren.[1357] Schließlich soll der Beförderer nach der *OVG-WK* auch dann nicht haften, wenn die Verzögerung aus anderen Gründen, für die er nicht verantwortlich ist, verursacht wurde.[1358] *Liu Jianwen/Wang Zhenhua* schreiben noch deutlicher, der Ausschluss liege vor, wenn die Verzögerung auf anderen Gründen, die nicht in der Person des Beförderers liegen, beruhe.[1359] Die Verspätungshaftung des Beförderers sei eine Verschuldenshaftung[1360].[1361] Mit dem Begriff des Verschuldens scheinen die Autoren hier nicht bloß eine Pflichtverletzung, sondern Verschulden i.S. von Vorsatz oder Fahrlässigkeit zu meinen. Die Annahme einer Verschuldenshaftung widerspricht indes dem VG. Denn die §§ 317 Hs. 2; 290, 107ff.

1348 § 123 VG.
1349 Zur Anwendung von Rechtsakten auf multimodale Beförderungen oben S. 33f.
1350 § 2 II S. 1 KfzGütTranspReg 1999.
1351 Die Haftungsbefreiungstatbestände des § 86 KfzGütTranspReg 1999 gelten – wie bei § 311 VG – nur für Güterschäden.
1352 *Xu Junqiang*, HSFYJ 2/2001, 104 (129); *OVG-WK*, S. 1402 mit der undeutlichen Formulierung „aufgrund der *Verantwortung* des Absenders verursachte Verspätung" (Hervorhebung des Verfassers) und ohne Bezugnahme auf § 311 VG.
1353 § 308 VG.
1354 So wohl *Liu Jianwen/Wang Zhenhua*, S. 459.
1355 Vgl. auch § 120 VG.
1356 *OVG-WK*, S. 1402.
1357 So wohl *Liu Jianwen/Wang Zhenhua*, S. 459.
1358 *OVG-WK*, S. 1402.
1359 *Liu Jianwen/Wang Zhenhua*, S. 459.
1360 过错责任.
1361 *OVG-WK*, S. 1402.

VG bieten keine Anzeichen für ein Verschuldenserfordernis. Im Gegenteil, nach § 121 VG ist der Haftungsschuldner ausnahmslos auch dann zum Ersatz verpflichtet, wenn der Schaden durch einen Dritten verursacht wurde. Damit hat der Gesetzgeber deutlich zum Ausdruck gebracht, dass es auf ein Verschulden des Haftungsschuldners nicht ankommt.[1362]

V. Beweislast

Im Anwendungsbereich des SHG ergibt sich aus § 50 II, III SHG sowie den allgemeinen Beweislastregeln, dass die Ladungsbeteiligten den Eintritt eines physischen bzw. eines nicht-physischen Schadens, die verspätete Ablieferung sowie die Kausalität zwischen verspäteter Ablieferung und Schaden beweisen müssen. Darüber hinaus tragen sie die Beweislast für das Verschulden des Beförderers, also für eine Verletzung der nach §§ 47–49 SHG bestehenden Pflichten, und für die Kausalität zwischen Pflichtverletzung und verspäteter Ablieferung.[1363] Der Unternehmer des multimodalen Transports trägt hingegen die Beweislast für das Vorliegen eines Haftungsausschlussgrundes. Beruft er sich etwa auf § 51 I Nr. 12 SHG, so muss er beweisen, dass der Schaden nicht auf seinem Verschulden beruht (§ 51 II SHG). Macht er § 49 II SHG geltend, so muss er beweisen, dass die Deviation i.S. dieser Bestimmung gerechtfertigt war.

Aus dieser Beweislastverteilung ergeben sich zwei wichtige Unterschiede zur Güterschadenshaftung[1364]: Zum einen wird das Verschulden hier nicht vermutet, sondern muss vom Anspruchsteller bewiesen werden. Zum anderen spielen die streitenden Parteien hier kein *ping-pong game*; dritter und vierter Beweisschritt fallen weg. Die Möglichkeit, die bei der Güterschadenshaftung den fünften Beweisschritt darstellt, bietet sich dem Unternehmer des multimodalen Transports aber auch bei der Verspätungshaftung: Im Falle der Konkurrenz mehrerer Schadensursachen kann er gemäß § 54 SHG[1365] seine Haftung anteilsmäßig vermindern, soweit er beweist, dass der Schaden auf einem Entlastungsgrund beruht.

Im Anwendungsbereich des VG ergibt sich aus den allgemeinen Beweislastregeln, dass Absender oder Empfänger die verspätete Ablieferung (§ 290 VG) sowie den Schaden und die Kausalität zwischen verspäteter Ablieferung und Schaden (§ 113 I VG) beweisen müssen. Der Unternehmer des multimodalen Transports trägt hingegen die Beweislast dafür, dass und inwieweit er nach § 117 I S. 1 VG aufgrund höherer Gewalt zur rechtzeitigen Ablieferung nicht in der Lage war. Demgegenüber müssen Absender oder Empfänger wiederum nachweisen, dass das Ereignis höherer Gewalt, auf das sich der Unternehmer beruft, gemäß § 117 I S. 2 VG erst nach dessen die Ablieferung verzögernden Verhalten eingetreten ist.

1362 Ähnlich *Ling Bing*, Rn. 8.033: „An important corollary of the strict liability principle is that a party is liable for breach of contract even though the breach is caused by a third person."
1363 *Zhou Qi/Lin Yuanmin*, HSFYJ 2/2000, 142 (143); *Wang Xiaochun*, ICML I, 34-1 (34-4).
1364 Zum Beweislastsystem bei der Güterschadenshaftung oben S. 128f.
1365 Zur Anwendbarkeit dieser Vorschrift oben S. 118.

VI. Haftungsbegrenzung und ihre Durchbrechung

Im SHG unterliegt die Haftungsbegrenzung bei physischen Schäden (§ 50 II SHG) den §§ 55f. SHG, also denselben Regeln wie bei der Haftung für Güterschäden.[1366] Die Haftung für reine Vermögensschäden (§ 50 III SHG) ist hingegen nach § 57 S. 1 SHG auf den – ggf. anteiligen – Betrag der Fracht für die verspätet abgelieferten Güter begrenzt. Diese relativ[1367] niedrige Haftungshöchstsumme ist einer der Gründe dafür, dass Ansprüche auf Ersatz von Vermögensschäden vor chinesischen Gerichten selten verhandelt werden.[1368] Liegen gleichzeitig Güter- und Verspätungsschäden vor, so sind die Grenzbeträge des § 56 I SHG anzuwenden (§ 57 S. 2 SHG[1369]). Der Unternehmer des multimodalen Transports kann sich bei besonders schwerem Verschulden nicht auf die Haftungsgrenzen der §§ 56 bzw. 57 SHG berufen (§ 59 I SHG[1370]).

Das VG enthält für den Ersatz von Verspätungsschäden keine konkrete Haftungsgrenze. Nach §§ 317 Hs. 2; 290, 107, 113 I VG ist der Ersatz allerdings auf den Schaden begrenzt, den der Unternehmer des multimodalen Transports bei Vertragsschluss als durch Vertragsverletzung möglicherweise entstehenden Schaden voraussah oder voraussehen musste. Laut *Guo Yu* hat die Rechtsprechung vor Inkrafttreten des VG keine allzu hohen Ersatzbeträge für Verspätungsschäden zugesprochen; in einem – ohne Fundstelle wiedergegebenen – Fall soll der Beförderer zur Zahlung von 1.500 RMB verurteilt worden sein, obwohl der durch Verspätung verursachte Vermögensschaden 40.000 RMB betragen habe.[1371] Auch nach dem VG muss bei besonders schwerem Verschulden die durch § 113 I VG gezogene Grenze im Ergebnis durchbrochen werden.[1372]

VII. Haftung für andere

In beiden Gesetzen ergeben sich keine Unterschiede zur Haftung für Güterschäden.[1373] Demnach haftet der Unternehmer des multimodalen Transports im Anwendungsbereich des VG für das Verhalten jedes Dritten und damit erst recht für die zur Vertragserfüllung eingeschalteten Hilfspersonen.[1374] Die Haftung ist aber u.a. ausgeschlossen, wenn das Verhalten des Dritten den Tatbestand der höheren Gewalt erfüllt. Dies gilt jedoch nicht, wenn der Dritte nach Ablauf der vereinbarten oder einer vernünftigen Frist gehandelt hat.

1366 Dazu oben S. 129ff.
1367 Nach Art. 6 I lit. b HambR muss der Beförderer immerhin Ersatz bis zu einem Betrag in Höhe des 2,5-fachen der anteiligen Fracht der verspätet abgelieferten Güter leisten; Höchstgrenze ist allerdings die gesamte Fracht nach dem Seefrachtvertrag.
1368 *Zhao Hong*, HSFYJ 4/2001, 141 (195).
1369 Zur Anwendbarkeit dieser Vorschrift oben S. 118.
1370 Zu dieser Vorschrift oben S. 133f.
1371 *Guo Yu*, in: Gebhardt et al., 361 (365).
1372 Zur Rechtslage bei Güterschäden oben S. 134f.
1373 Zur Haftung für andere ausführlich oben S. 135ff.
1374 §§ 317 Hs. 2; 290, 107, 121 S. 1 VG.

Nach dem SHG muss der Unternehmer des multimodalen Transports grundsätzlich für das Verhalten von Bediensteten, Vertretern und tatsächlichen Beförderern einstehen. Er hat jedoch nautisches Verschulden seiner eigenen Bediensteten und der Bediensteten des tatsächlichen Beförderers nicht zu vertreten. Ebenso braucht er für fremdverschuldete Feuerschäden keinen Ersatz zu leisten. Schließlich wird ihm auch besonders schweres Verschulden anderer i.S. des § 59 I SHG nicht zugerechnet. Alle drei Ausnahmetatbestände gelten insbesondere auch für reine Vermögensschäden i.S. des § 50 III SHG. Dies ergibt sich für nautisches Verschulden und Feuerschäden aus der analogen Anwendung des § 51 SHG.[1375]

VIII. Schadensanzeige

Vorschriften über die Schadensanzeige bei Verspätungsschäden enthält nur das SHG. Für physische Verspätungsschäden gilt § 81 SHG; die Vorschrift hat allerdings – jedenfalls bei multimodalen Frachtverträgen – wegen ihrer wirkungslosen Rechtsfolge keine praktische Bedeutung.[1376] Bei nicht-physischen Verspätungsschäden hingegen entfällt die Haftung, wenn der Unternehmer des multimodalen Transports nicht innerhalb von 60 Tagen ab dem der Ablieferung folgenden Tag eine schriftliche Anzeige des Empfängers erhalten hat (§ 82 SHG). Die nicht rechtzeitige Schadensanzeige führt also zum Anspruchsausschluss. Die Frist beginnt nur zu laufen, wenn überhaupt eine Ablieferung erfolgt ist.

IX. Verjährung

Haftungsforderungen gegen den Unternehmer des multimodalen Transports verjähren im Anwendungsbereich des SHG gemäß dessen § 257 I Hs. 1 in einem Jahr ab dem Tag, an dem er das Gut abgeliefert hat oder hätte abliefern müssen.[1377] Für Regressansprüche gilt eine 90-tägige Frist ab „Beilegung" der ursprünglichen Forderung oder Erhalt der Klagschrift (§ 257 I Hs. 2 SHG).[1378] Bei reinen Vermögensschäden kommt es auf die Verjährung nicht mehr an, wenn eine Ablieferung erfolgt ist, der Empfänger aber dem Unternehmer des multimodalen Transports den Schaden nicht innerhalb der 60-tägigen Ausschlussfrist des § 82 SHG angezeigt hat.

Im Anwendungsbereich des VG verjähren Haftungsforderungen gegen den Unternehmer des multimodalen Transports wegen Verspätungsschäden gemäß §§ 129 S. 2 VG, 135, 137 S. 1 AGZR in zwei Jahren ab Kenntnis oder Kennenmüssen der Rechtsverletzung.

1375 Zur Anwendbarkeit des § 51 SHG auf nicht-physische Schäden oben S. 164.
1376 Zu § 81 SHG oben S. 139f.
1377 Zu weiteren Einzelheiten oben S. 144.
1378 Zu weiteren Einzelheiten oben S. 144f.

D. Zusammenfassung

Soweit Staatsverträge nichts anderes bestimmen und der Multimodalvertrag dem festlandschinesischen Recht unterliegt, gilt für die Haftung des Unternehmers des multimodalen Transports bei Verträgen unter Einschluss einer Luftbeförderung vorrangig das ZLG.

Das ZLG ist vermutlich auch dann anwendbar, wenn der zur multimodalen Beförderung Verpflichtete kein Unternehmen des öffentlichen Lufttransports ist; diese Eigenschaft muss demnach nur die Person haben, die den Lufttransport tatsächlich ausführt.

Der Beförderer haftet für Zerstörung, Verlust und Beschädigung des Guts, soweit der Schaden auf einem Ereignis beruht, das während des Luftbeförderungszeitraums eingetreten ist. Darüber hinaus haftet er für Schäden, die durch Verspätung des Guts auf dem Lufttransport verursacht wurden. Die Haftungsausschlussgründe entsprechen denen des MÜ. Die Haftung für Güterschäden ist folglich verschuldensunabhängig; bei Verspätungsschäden handelt es sich dagegen um Haftung für vermutetes Verschulden.

Hinsichtlich der Haftungsbegrenzung ist zwischen internationalen und innerstaatlichen Luftbeförderungen zu unterscheiden. Bei internationalen Luftbeförderungen beträgt die Haftungsgrenze 17 SZR pro kg des Bruttogewichts. Handelt es sich dagegen um eine innerstaatliche Luftbeförderung, so ist bei Güterschäden die Haftung auf den Wert des tatsächlichen Schadens und auf einen Höchstbetrag von 20 RMB pro kg des Bruttogewichts begrenzt. Bei Verspätungsschäden ist die gesetzliche Haftungsbegrenzung ungeklärt.

Der Beförderer kann sich auf die Haftungsbegrenzungen insbesondere dann nicht berufen, wenn der Ersatzberechtigte nachweist, dass der Schaden durch besonders schweres Verschulden des Beförderers herbeigeführt wurde.

Der Beförderer haftet auch für das Verhalten seiner Bediensteten und Vertreter sowie eines von ihm eingesetzten tatsächlichen Beförderers. Der tatsächliche Beförderer zählt zur Gruppe der Vertreter. Der Beförderer muss sich insbesondere auch das besonders schwere Verschulden seiner Bediensteten und Vertreter zurechnen lassen.

Ersatzansprüche gegen den Beförderer sind ausgeschlossen, wenn keine rechtzeitige Schadensanzeige erfolgt. Im Fall der Verspätung muss der Einwand binnen 21 Tagen, nachdem das Gut an den Empfänger abgeliefert wurde, erhoben werden. Bei Beschädigung muss der Schaden nach der Entdeckung, spätestens jedoch innerhalb von 14 Tagen nach Empfang des Guts angezeigt werden. Für Zerstörung und Verlust besteht keine Präklusionsfrist. Es genügt die Anzeige gegenüber dem tatsächlichen Beförderer. Bei multimodalen Beförderungen dürfte auf die Ablieferung an den Endempfänger abzustellen sein, nicht etwa auf die Ablieferung an den nachfolgenden Teilstreckenbeförderer; dementsprechend bezieht sich wohl auch die Anzeigeobliegenheit auf den Endempfänger.

Haftungsforderungen gegen den Beförderer verjähren in zwei Jahren, gerechnet von dem Tag, an dem das Zivilluftfahrzeug am Bestimmungsort angekommen ist oder hätte ankommen sollen oder an dem die Beförderung abgebrochen worden ist. Bei multimodalen Transporten dürfte das Beförderungsmittel der letzten Teilstrecke maßgeblich sein.

Soweit Staatsverträge und das ZLG nichts anderes bestimmen und der Multimodalvertrag dem festlandschinesischen Recht unterliegt, richtet sich die Haftung des Unternehmers des multimodalen Transports für Güterschäden nach §§ 105f. SHG bzw. § 321 VG.

Der Haftungszeitraum des Unternehmers des multimodalen Transports beginnt mit Übernahme des Guts und endet mit Ablieferung desselben.

Nach dem SHG kann der Ersatzberechtigte die Güter als verloren ansehen, wenn der Unternehmer des multimodalen Transports sie nicht innerhalb von 60 Tagen nach Ablauf der in § 50 I SHG bestimmten Frist abgeliefert hat.

Die Haftung für Beschädigung und Verlust des Guts hängt davon ab, ob die Transportteilstrecke, auf der die Beschädigung oder der Verlust eingetreten ist, festgestellt werden kann oder nicht. Im Falle des bekannten Schadensorts richtet sich die Haftung nach den Rechtsbestimmungen, die die Transportart der betreffenden Teilstrecke regeln (§§ 105 SHG bzw. 321 S. 1 VG – Netzwerkprinzip). Bei unbekanntem Schadensort gelten hingegen die allgemeinen frachtrechtlichen Bestimmungen des SHG bzw. des VG (§§ 106 SHG bzw. 321 S. 2 VG – Einheitsprinzip).

Es ist anzunehmen, dass Güterschäden, die auf verspäteter Ablieferung beruhen, nur nach dem VG zu den Güterschäden zählen, nach dem SHG hingegen nicht.

Die Verweisungen der §§ 105f. SHG bzw. 321 VG umfassen alle mit der Ersatzhaftung des Unternehmers des multimodalen Transports für Güterschäden zusammenhängenden Fragen. Dazu gehören neben den Haftungsgrundtatbeständen u. a. die Vorschriften über Haftungsausschluss, Haftungsbegrenzung, deren Durchbrechung, Haftung für andere, Beweislast, Schadensanzeige sowie Verjährung. Es ist jedoch davon auszugehen, dass die §§ 105 SHG bzw. 321 S. 1 VG nicht auf solche Vorschriften des Teilstreckenrechts verweisen, die das Zusammentreffen von Güterschäden mit verspäteter Ablieferung regeln.

Bei unbekanntem Schadensort ist Grundtatbestand der Güterschadenshaftung im Anwendungsbereich des SHG die Vorschrift des § 46 I S. 3. Der Unternehmer des multimodalen Transports haftet nur bei Verletzung der in §§ 47–49 SHG festgelegten Pflichten. Die Haftung setzt ein Verschulden voraus. § 46 I S. 3 SHG ist kein zusätzlicher subsidiärer Tatbestand der verschuldensunabhängigen Haftung. Im VG hat sich der Gesetzgeber dagegen für einen umfassenden, verschuldensunabhängigen Haftungsgrund entschieden. Auf die Verletzung einer bestimmten Pflicht kommt es nicht an.

Die Haftung nach dem SHG ist insbesondere ausgeschlossen, wenn einer der zwölf in § 51 I SHG aufgezählten Entlastungsgründe vorliegt. Der Katalog ist eine gekürzte Fassung der 17 Befreiungsgründe der HVR. Es erscheint unangemessen, den Ausschluss der Haftung für nautisches Verschulden der Besatzung bei multimodalen Frachtverträgen analog auf andere Transportmittel zu erstrecken. Im Anwendungsbereich des VG kann sich der Unternehmer des multimodalen Transports von seiner Haftung befreien, wenn der Güterschaden auf höhere Gewalt, auf die Natur des Guts, auf normalen Schwund oder auf das Verschulden des Absenders oder Empfängers zurückzuführen ist.

Für die Beweislastverteilung gilt, soweit sie sich nicht aus Gesetzen oder justiziellen Auslegungen ergibt, der Grundsatz „Wer etwas behauptet, muss es beweisen". Die Gerichte müssen dann allerdings u.a. berücksichtigen, inwieweit es der einen oder anderen Partei möglich ist, den Beweis anzutreten. Das SHG folgt hinsichtlich Haftungsgrund und -ausschluss dem fünfstufigen Beweislastsystem der HVR *(ping-pong game)*. Es handelt sich um Haftung für vermutetes Verschulden. Im VG ergeben sich insoweit keine Besonderheiten.

Die Güterschadenshaftung des Unternehmers des multimodalen Transports ist nach dem SHG in zweierlei Hinsicht begrenzt, und zwar zum einen auf den tatsächlichen Wert des Guts, zum anderen auf eine Höchstsumme. Die Begrenzung auf den tatsächlichen Wert des Guts bewirkt nach h.M., dass entgangener Gewinn nicht ersatzfähig ist. Höchstsumme ist entweder ein Betrag von 666,67 SZR pro Stück oder Einheit oder ein Betrag von zwei SZR pro kg des Bruttogewichts der verlorenen oder beschädigten Güter, je nachdem, welcher Betrag höher ist. Nach dem VG ist die Haftung auf den Marktpreis des Guts an deren Ankunftsort begrenzt, soweit sich aus dem Vertrag selbst oder durch ergänzende Vertragsauslegung nichts anderes ergibt. Auch hier wird daher entgangener Gewinn nicht ersetzt.

Die Haftungsbegrenzung wird durchbrochen, wenn der Güterschaden auf besonders schwerem Verschulden des Unternehmers des multimodalen Transports beruht. Nach dem eindeutigen Wortlaut der einschlägigen Vorschrift im SHG ist nur die Höchstsumme erfasst, nicht auch die Begrenzung auf den tatsächlichen Wert des Guts. Diese Frage ist im Anwendungsbereich des VG umstritten.

Nach dem VG haftet der Unternehmer des multimodalen Transports für das Verhalten jedes Dritten und damit erst recht für die zur Vertragserfüllung eingeschalteten Hilfspersonen. Die Haftung ist aber u.a. ausgeschlossen, wenn das Verhalten des Dritten den Tatbestand der höheren Gewalt erfüllt. Nach dem SHG muss der Unternehmer des multimodalen Transports grundsätzlich für das Verhalten von Bediensteten, Vertretern und tatsächlichen Beförderern einstehen. Er hat jedoch nautisches Verschulden seiner eigenen Bediensteten und der Bediensteten des tatsächlichen Beförderers nicht zu vertreten. Ebenso braucht er für fremdverschuldete Feuerschäden keinen Ersatz zu leisten. Schließlich wird ihm auch besonders schweres Verschulden anderer i.S. des § 59 I SHG nicht zugerechnet. Tatsächlicher Beförderer ist auch derjenige, der seinerseits den Auftrag zur Beförderung weitergibt.

Die Vorschriften des SHG und des VG über die Schadensanzeige haben bei Güterschäden keine praktische Bedeutung, da an die nicht rechtzeitige Anzeige eine

Rechtsfolge geknüpft wird, die der Rechtslage vor Ablauf der Anzeigefrist entspricht.

Die Verjährung wird insbesondere durch Klagerhebung unterbrochen, außerhalb des SHG darüber hinaus durch bloße Geltendmachung des Anspruchs. Die Verjährung wird im chinesischen Recht von Amts wegen beachtet. Haftungsansprüche wegen Güterschäden verjähren nach dem SHG in einem Jahr. Die Frist beginnt an dem Tag, an dem der Unternehmer des multimodalen Transports das Gut abgeliefert hat oder hätte abliefern müssen. Für Regressansprüche gilt eine 90-tägige Frist ab „Beilegung" der ursprünglichen Forderung oder Erhalt der Klagschrift. Im Anwendungsbereich des VG beträgt die Verjährungsfrist hingegen zwei Jahre ab Kenntnis oder Kennenmüssen der Rechtsverletzung.

Für die Haftung bei bekanntem Schadensort gilt die allgemeine Regel, nach der die Beweislast für den Eintritt des Schadens auf einer bestimmten Teilstrecke derjenige trägt, der dies behauptet. Gelingt der Beweis nicht, so sind die Regeln über die Haftung bei unbekanntem Schadensort anzuwenden.

Bei der Ermittlung des Teilstreckenstatuts sind internationale Übereinkommen nicht mehr zu prüfen. Sie sind bereits bei der Ermittlung des Multimodalvertragsstatuts zu berücksichtigen, soweit sie für multimodale Frachtverträge Geltung beanspruchen. Ergänzend ist nach den Regeln des IPR das auf die betreffende Teilstrecke anwendbare Recht zu bestimmen. Eine Rechtswahl, die sich auf den multimodalen Frachtvertrag insgesamt bezieht, wird man nicht zugleich als Wahl des Teilstreckenrechts auslegen können. Jedoch dürfte es zulässig sein, in ausdrücklicher Form das auf einzelne Teilstrecken anwendbare Recht zu wählen. Mangels Rechtswahl ist nach der chinesischen Literatur grundsätzlich das Recht am Belegenheitsort der Teilstrecke maßgeblich. Versagt diese Regel, weil es sich um eine grenzüberschreitende Teilstrecke handelt, so bedarf es einer Hilfsanknüpfung. Teilweise wird dann einfach auf chinesisches Recht zurückgegriffen.

Rechtsakte des autonomen Rechts, die nach ihren eigenen Anwendungsnormen nicht für multimodale Beförderungen gelten, sind an sich auch im Rahmen des Teilstreckenrechts nicht zu berücksichtigen. Die chinesische Literatur hält aber jedenfalls das EBG für anwendbar, obwohl dessen Vorschriften keinen Hinweis darauf enthalten, dass es auch für multimodale Transporte gilt. Außerdem scheint man im Hinblick auf den persönlichen Anwendungsbereich des EBG nicht zu fordern, dass der Unternehmer des multimodalen Transports die Eigenschaft eines Eisenbahntransportunternehmens hat, obwohl das EBG nicht vom „Beförderer", sondern stets vom „Eisenbahntransportunternehmen" spricht.

Soweit das Haftungsstatut bei Schadensanzeige und Verjährung den Fristbeginn an die Ablieferung oder an die Ankunft eines bestimmten Transportmitteltyps knüpft, ist bei multimodalen Beförderungen auf die Ablieferung an den Endempfänger bzw. auf das Beförderungsmittel der letzten Teilstrecke abzustellen. Da der Empfänger des multimodalen Frachtvertrags regelmäßig nur die Bestimmungen über Schadensanzeige und Verjährung nach dem Recht der letzten Teilstrecke kennt, das Haftungsstatut aber womöglich strengere Regeln vorsieht, müssen sich die Ladungsbeteiligten eines Multimodalvertrags, der dem chinesischen Recht unterliegt, auf sehr strenge Vorschriften einstellen und entsprechend frühzeitig handeln.

Ist der Güterschaden nachweislich auf einer dem chinesischen Recht unterliegenden Teilstrecke eingetreten, so richtet sich die Haftung des Unternehmers des multimodalen Transports aufgrund der Verweisungen der §§ 105 SHG bzw. 321 S. 1 VG nach den folgenden Gesetzen. Bei einem Eisenbahntransport gelten EBG und OVG-EisenbTranspSE-Erläut sowie ergänzend die EisenbGütTranspVorschr (dazu sogleich). Handelt es sich um eine Seestrecke i.S. des § 2 SHG, so ist das SHG anzuwenden. Bei einem Binnenschiffstransport gilt das allgemeine Frachtrecht des VG, modifiziert durch eine einjährige Verjährungsfrist und ergänzt durch die BinWasGütTranspReg. Ist der Schaden während eines Straßentransports verursacht worden, ist ebenfalls allgemeines Frachtrecht anzuwenden, das durch die KfzGütTranspReg 1999 ergänzt wird.

Anspruchsgrundlage für die Güterschadenshaftung des Unternehmers des multimodalen Transports nach dem EBG ist § 17 I. Die Haftung ist – wie nach dem VG – ausgeschlossen, wenn der Güterschaden durch höhere Gewalt, die Natur des Guts selbst, normalen Schwund oder Verschulden des Absenders oder Empfängers verursacht wurde. Die Haftung ist verschuldensunabhängig.

Die Haftung ist auf den tatsächlichen Wert des Guts begrenzt. Außerdem werden, wenn ausschließlich nach Gewicht befördert wird, pro Tonne höchstens 100 RMB oder, wenn nach Stückzahl und Gewicht befördert wird, höchstens 2.000 RMB ersetzt. Wurde der Schaden durch besonders schweres Verschulden herbeigeführt, sind die Regeln über Haftungshöchstbeträge nicht anzuwenden, sondern es ist nach dem tatsächlichen Schaden Ersatz zu leisten.

Der Unternehmer des multimodalen Transports muss sich das Verhalten seiner Bediensteten und Vertreter zurechnen lassen. Dies gilt auch für deren besonders schweres Verschulden.

Haftungsforderungen wegen Güterschäden verjähren in 180 Tagen ab dem der Ablieferung des Guts folgenden Tag, im Falle des Totalverlusts ab dem 31. Tag nach Ablauf der Ankunftsfrist; ist jedoch der Verlust innerhalb dieser Frist oder der Ankunftsfrist bestätigt worden, so wird die Frist ab dem der Übergabe des Frachtprotokolls folgenden Tag gerechnet.

Soweit Staatsverträge und das ZLG nicht anwendbar sind und der Multimodalvertrag dem festlandschinesischen Recht unterliegt, richtet sich die Haftung des Unternehmers des multimodalen Transports für Verspätungsschäden nach §§ 50ff. SHG bzw. §§ 317 Hs. 2; 290, 107ff. VG. Zu den Verspätungsschäden dürften im Anwendungsbereich des VG nur nicht-physische, im SHG hingegen auch physische Schäden gehören, die auf verspäteter Ablieferung beruhen.

Nach den beiden Grundtatbeständen des § 50 II, III SHG haftet der Unternehmer des multimodalen Transports auf Ersatz, wenn es infolge seines Verschuldens zu einer verspäteten Ablieferung und deshalb zu Verlust oder Beschädigung des Guts oder zu einem reinen Vermögensschaden kommt. Ein Verschulden liegt vor bei einem Verstoß gegen die elementaren Pflichten der §§ 47–49 SHG. Ob die Ladungsbeteiligten ihre Ansprüche auch auf die Verletzung einer *reasonable despatch duty* stützen können, ist umstritten. Ebenso ungeklärt ist, ob eine Verspätungshaftung auch dann in Betracht kommt, wenn die Vertragsparteien keine Ablieferungsfrist vereinbart haben. Nach dem VG haftet der Unternehmer des multimodalen Transports auf Ersatz des Schadens, der durch die Verletzung seiner Pflicht, das Gut innerhalb der vereinbarten oder einer vernünftigen Frist zum vereinbarten Ort zu befördern, entsteht. Auf ein Verschulden kommt es nicht an.

Nach dem SHG gelten für physische Verspätungsschäden dieselben Haftungsausschlussgründe wie für die übrigen Güterschäden. Auf reine Vermögensschäden ist jedenfalls der Katalog des § 51 SHG anzuwenden. Der Unternehmer des multimodalen Transports kann sich darüber hinaus bei allen Verspätungsschäden auf jede berechtigte Deviation berufen. Im Anwendungsbereich des VG ist er von seiner Haftung befreit, soweit die Verspätung durch höhere Gewalt verursacht wurde. Das gilt nicht, wenn ein Fall höherer Gewalt nach Ablauf der vereinbarten oder einer vernünftigen Frist eintritt.

Nach dem SHG tragen die Ladungsbeteiligten die Beweislast für Pflichtverletzung einschließlich Verschulden, verspätete Ablieferung, Schaden sowie für die beiden Kausalzusammenhänge zwischen diesen Elementen. Der Unternehmer des multimodalen Transports muss hingegen das Vorliegen eines Haftungsausschlussgrundes nachweisen. Im Falle der Konkurrenz mehrerer Schadensursachen kann er seine Haftung anteilsmäßig vermindern, soweit er beweist, dass der Schaden auf einem Entlastungsgrund beruht. Im Anwendungsbereich des VG müssen Absender oder Empfänger die verspätete Ablieferung, den Schaden und die dazugehörige Kausalität beweisen. Der Unternehmer des multimodalen Transports trägt hingegen die Beweislast dafür, dass und inwieweit er aufgrund höherer Gewalt zur rechtzeitigen Ablieferung nicht in der Lage war. Demgegenüber müssen Absender oder Empfänger wiederum nachweisen, dass das Ereignis höherer Gewalt, auf das sich der Unternehmer beruft, erst nach dessen die Ablieferung verzögernden Verhalten eingetreten ist.

Die Haftungsbegrenzung unterliegt im SHG bei physischen Schäden denselben Regeln wie bei der Haftung für Güterschäden. Die Haftung für reine Vermögensschäden ist hingegen auf den – ggf. anteiligen – Betrag der Fracht für die verspätet abgelieferten Güter begrenzt. Bei besonders schwerem Verschulden gelten die Haftungshöchstsummen nicht. Nach dem VG ist der Ersatz auf den Schaden begrenzt, den der Unternehmer des multimodalen Transports bei Vertragsschluss als durch Vertragsverletzung möglicherweise entstehenden Schaden voraussah oder voraussehen musste. Dies gilt nicht bei besonders schwerem Verschulden. Hinsichtlich der Haftung für andere ergeben sich keine Unterschiede zur Rechtslage bei Güterschäden.

Vorschriften über die Schadensanzeige bei Verspätungsschäden enthält nur das SHG. Für physische Verspätungsschäden gilt wie bei den Güterschäden der praktisch bedeutungslose § 81 SHG. Bei nicht-physischen Verspätungsschäden hingegen entfällt die Haftung, wenn der Schaden nicht innerhalb von 60 Tagen ab dem der Ablieferung folgenden Tag angezeigt wird. Hinsichtlich der Verjährung gilt dasselbe wie bei Güterschäden.

6. Kapitel
Haftung des Absenders

Soweit Staatsverträge nichts anderes bestimmen und der Multimodalvertrag dem festlandschinesischen Recht unterliegt, gilt für die Haftung des Absenders bei Verträgen unter Einschluss einer Luftbeförderung vorrangig das ZLG (dazu A.).[1379] Ergänzend gelten bei Transporten unter Einschluss einer Seestrecke i. S. des § 2 SHG die Bestimmungen des SHG (dazu B.), andernfalls die Vorschriften des VG (dazu C.).

A. Zivilluftfahrtgesetz

Der Absender eines multimodalen Frachtvertrags haftet nach dem 9. Kapitel des ZLG, wenn die Parteien einen Vertrag unter Einschluss eines Lufttransports i. S. des ZLG[1380] geschlossen haben und wenn feststeht, dass das schädigende Ereignis während eines solchen Lufttransports eingetreten ist (§ 106 III ZLG).[1381]

Das ZLG kennt keinen Begriff für den Beförderer, der sich zur Durchführung eines multimodalen Transports verpflichtet hat. Im Zusammenhang mit dem ZLG ist hier daher nicht vom „Unternehmer des multimodalen Transports“, sondern vom „Beförderer“ die Rede.

Einschlägige Vorschrift ist zum einen § 117 ZLG, der auf Art. 10 WA 1955 beruht. Danach haftet der Absender auf Ersatz, wenn dem Beförderer oder einem Dritten, dem der Beförderer verantwortlich ist, ein Schaden dadurch entsteht, dass die im Luftfrachtbrief eingetragenen Angaben und Erklärungen nicht den Bestimmungen entsprechen oder unrichtig oder unvollständig sind. Die Begrenzung des § 117 ZLG auf Eintragungen im Luftfrachtbrief erscheint – gerade im Zusammenhang mit multimodalen Beförderungen – zu eng; es dürfte genügen, dass der Absender ein Dokument ausgestellt und unterschrieben hat, das nach der Verkehrsauffassung Frachtbriefcharakter hat.[1382] Die Haftung ist verschuldensunabhängig und unbegrenzt.[1383] Wie nach dem WA 1955 ist auch hier unklar, ob neben dem Beförderer auch der Dritte aktivlegitimiert ist.[1384]

1379 Oben S. 59.
1380 Zu den Voraussetzungen eines Lufttransports nach dem ZLG oben S. 22f.
1381 Vgl. *Koller*, Art. 31 WA 1955, Rn. 2.
1382 Vgl. *Koller*, Art. 5–11 WA 1955, Rn. 32.
1383 Vgl. *Koller*, Art. 5–11 WA 1955, Rn. 36f.
1384 Vgl. *Koller*, Art. 5–11 WA 1955, Rn. 37.

Zum anderen kommt eine Haftung nach § 123 ZLG in Betracht. Die Bestimmung stammt aus Art. 16 WA 1955. Demnach haftet der Absender gegenüber dem Beförderer für Schäden, die dadurch entstehen, dass Daten und Dokumente, die vor Ablieferung des Guts an den Empfänger zur Erledigung von in Gesetzen und Verwaltungsrechtsnormen vorgeschriebenen Formalitäten erforderlich sind, fehlen oder unzulänglich sind oder nicht den Vorschriften entsprechen; dies gilt nicht, wenn der Schaden durch ein Verschulden des Beförderers oder seiner Bediensteten oder Vertreter entstanden ist. Auch hier ist ein Verschulden des Absenders zur Haftungsbegründung nicht erforderlich.[1385]

Die Verjährung von Ansprüchen gegen den Absender ist im ZLG nicht geregelt. Zwar könnte man dem insoweit offenen Wortlaut des § 135 ZLG eine solche Regel entnehmen. Aus der Überschrift des 3. Abschnitts („Haftung des Beförderers") ergibt sich jedoch, dass es in der Vorschrift nur um Ansprüche gegen den Beförderer geht.[1386] Die Verjährung richtet sich also nach ergänzend anwendbarem Recht. Das ist bei multimodalen Frachtverträgen unter Einschluss einer Seestrecke i. S. des § 2 SHG das SHG, andernfalls das VG.[1387]

B. Seehandelsgesetz

Soweit das ZLG nichts anderes bestimmt, unterliegt die Haftung des Absenders bei multimodalen Frachtverträgen unter Einschluss einer Seestrecke i. S. des § 2 SHG den Vorschriften des SHG. Es enthält keine speziellen Bestimmungen über die Absenderhaftung bei multimodalen Frachtverträgen. Folglich sind die allgemeinen Regeln der §§ 66–70 SHG anzuwenden. Demgegenüber scheinen *Wu Zaiyang/Ni Xuewei* den § 320 VG für anwendbar zu halten, ohne jedoch ihre Meinung zu begründen.[1388] Dabei handelt es sich um eine Spezialvorschrift für multimodale Beförderungen. Das denkbare Argument, § 320 VG habe daher als *lex specialis* Vorrang gegenüber §§ 66–70 SHG, verfängt indes nicht. Denn solange das speziellere Gesetz (SHG) keine Regelungslücke hat, darf das allgemeinere Gesetz (VG) nicht herangezogen werden. Nach der Gesetzessystematik des 4. Kapitels des SHG gelten die Vorschriften des 1.–6. Abschnitts auch für die im 8. Abschnitt geregelten multimodalen Frachtverträge, soweit dort nichts anderes bestimmt ist.[1389] Mithin ist anzunehmen, dass das SHG in §§ 66–70 auch die Haftung des Absenders eines multimodalen Frachtvertrags regelt.

Die §§ 66–68 SHG enthalten drei Haftungstatbestände: Nach § 66 I Hs. 2 SHG haftet der Absender für Schäden, die dem Unternehmer des multimodalen Transports

1385 Vgl. *Koller*, Art. 16 WA 1955, Rn. 3.
1386 Vgl. *Koller*, Art. 29 WA 1955, Rn. 2.
1387 Dazu sogleich im Anschluss.
1388 *Wu Zaiyang/Ni Xuewei*, ZGHSSPNK 2001, 341 (347). Ihren Ausführungen lässt sich nicht eindeutig entnehmen, ob sie § 320 VG insgesamt oder nur den letzten Halbsatz der Vorschrift auch im Geltungsbereich des SHG anwenden wollen.
1389 Oben S. 57.

durch schlechte Verpackung oder unrichtige Angaben über Bezeichnung, Kennzeichnung, Zahl der Packungen oder Stücke, Gewicht oder Volumen des Guts entstehen. Darüber hinaus haftet der Absender gemäß § 67 Hs. 2 SHG für Schäden durch nicht rechtzeitige, nicht vollständige oder unrichtige Übermittlung von Dokumenten bezüglich behördlicher Verfahren, die für den Gütertransport erforderlich sind. § 68 I 2 SHG normiert schließlich die Haftung des Absenders bei der Beförderung gefährlicher Güter. Die Haftung für unrichtige Angaben und für Gefahrgut entspricht im Wesentlichen den Regelungen in den H(V)R und den HambR;[1390] das Einstehenmüssen für schlechte Verpackung und nicht ordnungsgemäße Übermittlung von Dokumenten ist dort hingegen nicht geregelt.

Über die drei genannten Haftungstatbestände hinaus ist § 70 I SHG zu beachten. Auch diese Bestimmung beruht auf den H(V)R und den HambR.[1391] Danach haftet der Absender nicht für den Schaden des Beförderers oder des tatsächlichen Beförderers oder für die Beschädigung des Schiffs, es sei denn, der Schaden oder die Beschädigung beruhen auf dem Verschulden[1392] des Absenders oder eines Bediensteten oder Vertreters des Absenders. Die Vorschrift unterscheidet sich von den §§ 66–68 SHG in mehrfacher Hinsicht: Sie erwähnt den Verschuldensbegriff. Außerdem erfasst sie nicht nur Schäden des Beförderers, sondern auch solche des tatsächlichen Beförderers sowie Beschädigungen des Schiffs. Überdies ordnet sie die Haftung des Absenders für dessen Bedienstete und Vertreter an. Auch knüpft sie die Haftung nicht an bestimmte Tatbestände, sondern ist allgemein formuliert. Schließlich trifft sie eine Regelung über die Beweislast.

Fraglich ist, ob § 70 I SHG ein eigenständiger Haftungstatbestand oder bloße Hilfsnorm mit Regeln für die §§ 66–68 SHG ist. Sollte es sich um einen Haftungstatbestand handeln, stellt sich ferner die Frage, ob und inwieweit seine Regeln auf die §§ 66–68 SHG anzuwenden sind. Die Literatur äußert sich zu diesen Problemen nur selten. Im Vordergrund steht dabei die Frage, ob § 70 I SHG ein Verschuldenserfordernis für die Tatbestände der §§ 66–68 SHG statuiert. *Hopp* hält §§ 66–68 SHG für verschuldensunabhängig, 70 I SHG dagegen für eine eigenständige Haftungsnorm, die ein Verschulden erfordert.[1393] Andere folgern aus § 70 I SHG,

---

1390 Art. 3 § 5 H(V)R, Art. 17 I HambR (Haftung für unrichtige Angaben); Art. 4 § 6 H(V)R, Art. 13 HambR (Haftung beim Transport von Gefahrgut).

1391 Art. 4 § 3 H(V)R, Art. 12 S. 1 HambR.

1392 过失.

1393 *Hopp*, RIW 6/1996, Beilage 2, 26 (27 f.). Er unterscheidet mehrere Schadensformen. Nach §§ 66–68 SHG hafte der Absender verschuldensunabhängig für den Untergang oder die Beschädigung der Ware; damit kann *Hopp* nur Fälle meinen, in denen der Absender wegen Schäden an den Gütern *anderer* Ladungsbeteiligter in Anspruch genommen wird, sei es direkt durch den anderen Ladungsbeteiligten, sei es im Wege des Regresses des Beförderers. § 70 I SHG hingegen regele, so *Hopp*, eine nur bei schuldhaftem Handeln gegebene Haftung des Absenders für wirtschaftliche Verluste des Beförderers und für Beschädigung des Schiffs. Das leuchtet insoweit ein, als die Schäden des Beförderers andere sein müssen als die aus der Beschädigung des Schiffs resultierenden, da diese beiden Schadensarten vom Gesetz nebeneinander gestellt werden. Doch die Unterscheidung zwischen Güterschäden und wirtschaftlichen Verlusten lässt sich am Gesetzestext nicht nachvollziehen: Das Gesetz spricht in §§ 66, 68, 70 SHG von „Schäden“ („损失“ bzw. „损害“), in § 67 SHG von „Interessen, die geschädigt werden“ („利益受到损害“). Die Differenzierung erscheint auch dass der Absender generell nur für Verschulden hafte.[1394] In der chinesischen Literatur wird darüber hinaus vertreten, dass § 68 SHG eine strenge Haftung[1395] anordne, § 70 I SHG also insoweit nicht zu berücksichtigen sei.[1396] Dieser Auffassung folge auch die Rechtsprechung.[1397] *Zheng Tianwei* meint, strenge Haftung sei allerdings nicht gleichzusetzen mit verschuldensunabhängiger Haftung[1398]; bei der strengen Haftung werde das Verschulden vermutet, der Schädiger könne durch Berufung auf höhere Gewalt usw. seine Haftung erleichtern oder ausschließen.[1399] Diese – zuletzt erwähnte – Äußerung ist weder mit § 68 SHG noch mit § 70 I SHG vereinbar. Die verschuldensunabhängige Haftung des Absenders bei der Beförderung gefährlicher Güter erscheint allerdings sachgerecht.[1400] In allen übrigen Fällen hält man in China jedoch offenbar ein Verschulden für erforderlich. Dafür spricht, dass es unbillig wäre, die unbegrenzte[1401] Haftung des Absenders stets ohne Rücksicht auf Verschulden zu bejahen, während der Beförderer im Grundsatz nur für – freilich vermutetes – Verschulden und mit umfangreichen Begrenzungsmöglichkeiten haftet.[1402]

Die Haftung nach § 70 I SHG besteht gegenüber dem Unternehmer des multimodalen Transports, dem tatsächlichen Beförderer und dem Schiff. Bei multimodalen Frachtverträgen müssen auch die Eigentümer anderer Transportmittel erfasst sein. Umstritten ist, ob darüber hinaus auch andere Ladungsbeteiligte, deren Güter beschädigt wurden, aktivlegitimiert sind.[1403]

Der Absender muss nicht nur für sein eigenes Verhalten, sondern auch für das seiner Bediensteten und Vertreter einstehen. Dies ergibt sich aus § 70 I Hs. 2 SHG[1404] bzw. – im Falle des § 68 SHG – aus dem Prinzip der verschuldensunabhängigen Haftung.

Der Formulierung des § 70 I SHG („Der Absender haftet nicht …; es sei denn …") lässt sich entnehmen, dass der Haftungsgläubiger die Beweislast für das Verschulden des Absenders trägt. Dies entspricht allgemeinen Regeln. *Ling Bing* meint hingegen, es handele sich hier um einen Fall der Beweislastumkehr, der Absender

---

nicht notwendig. Denn § 70 SHG lässt sich, wenn man *Hopps* Einordnung als selbständige Haftungsnorm folgt, problemlos und wortlautgetreu dahin auslegen, dass die Vorschrift schlicht alle anderen als die in §§ 66–68 SHG beschriebenen Fälle erfasst, also subsidiär gilt.

1394 *Trappe*, TranspR 1998, 336 (338); *Liu Shoujie*, HSFYJ 2/2000, 165 (173).

1395 严格责任 (engl. strict liability).

1396 *Zheng Tianwei*, HSFYJ 2/2000, 104 (111 ff.); *Xu Junqiang*, HSFYJ 2/2001, 104 (154).

1397 *Zheng Tianwei*, HSFYJ 2/2000, 104 (111 f.).

1398 无过错责任.

1399 *Zheng Tianwei*, HSFYJ 2/2000, 104 (111).

1400 *Herber*, S. 265.

1401 *Si Yuzhuo et al.*, S. 151 zu § 70 SHG; *Zheng Tianwei*, HSFYJ 2/2000, 104 (110) zu § 68 SHG.

1402 Vgl. *Herber*, S. 264, der aus ähnlichen Gründen „die Unausgewogenheit der Haftung von Befrachter und Verfrachter" im deutschen Seefrachtrecht beklagt.

1403 Dafür: *Wu Huanning*, S. 82; *Zheng Tianwei*, HSFYJ 2/2000, 104 (110); dagegen: *Mo*, Rn. 4.62; seine Aussage bezieht sich nur auf gefährliche Güter, lässt sich aber verallgemeinern.

1404 *Ling Bing*, Rn. 8.033, Fn. 158.

müsse also beweisen, dass ihn kein Verschulden treffe.[1405] Diese Auffassung steht jedoch im Widerspruch zum eindeutigen Wortlaut des § 70 I SHG.

Das SHG enthält keine Vorschrift über die Verjährung von Haftungsansprüchen gegen den Absender. Nach einer Antwort des *OVG* verjähren Ersatzansprüche des Beförderers in einem Jahr ab Kenntnis oder Kennenmüssen der Rechtsverletzung.[1406] Das *OVG* spricht dabei von „entsprechender Anwendung"[1407] des § 257 I SHG. Dies trifft allerdings nur für die Länge, nicht jedoch für den Beginn der Verjährungsfrist zu.

Für die Verjährung von Regressansprüchen des Beförderers gilt nach Auffassung von *Wang Jinqing/Wang Wei* nicht die Antwort des *OVG*, sondern die 90-tägige Frist des § 257 I Hs. 2 SHG.[1408] Zwar spricht gegen die direkte Anwendung dieser Vorschrift, dass sie – nur durch ein Semikolon getrennt – eng mit dem 1. Halbsatz verbunden ist und dieser nur für Ansprüche *gegen* den Beförderer gilt. Da aber das *OVG* den § 257 I SHG ausdrücklich erwähnt und das Zitat nicht auf dessen 1. Halbsatz beschränkt, erscheint es durchaus denkbar, dass das Gericht diese Auffassung teilt.

C. Vertragsgesetz

Die Haftung des Absenders eines multimodalen Frachtvertrags im Anwendungsbereich des VG richtet sich, soweit das ZLG nichts anderes bestimmt, nach § 320 VG. Nach dieser Bestimmung macht sich der Absender ersatzpflichtig, wenn durch sein Verschulden bei Absendung des Guts dem Unternehmer des multimodalen Transports ein Schaden entsteht.[1409] Eine ähnliche Formulierung enthält Art. 22 S. 1 Var. 1 MT-Konvention.

Fraglich ist, welche Bedeutung der Begriff des Verschuldens[1410] in dieser Bestimmung hat. Nach Meinung von *Liu Jianwen/Wang Zhenhua* handelt es sich hier um Verschuldenshaftung; neben einem vertragsverletzenden Verhalten und einem daraus resultierenden Schaden müsse ein subjektives Verschulden des Absenders vorliegen.[1411] Die ganz h.M. geht jedoch offenbar davon aus, dass der Verschuldens-

1405 *Ling Bing*, Rn. 8.042, Fn. 183.
1406 Antwort des *OVG* vom 5. 8. 1997 bezüglich der Verjährungsfrist von Ersatzansprüchen des Beförderers eines Seegütertransports gegen Absender, Empfänger oder Konnossementsinhaber.
1407 "比照适用".
1408 *Wang Jinqing/Wang Wei*, ZGHSFNK 1999, 272 (275); im Ergebnis wohl auch *Fu Junyang*, ZGHSFNK 1999, 321 (329), der als taugliche Rückgriffsschuldner i. S. des § 257 I Hs. 2 SHG u. a. Absender und Empfänger anderer Güter nennt. (Gemeint sind alle anderen Ladungsbeteiligten als diejenigen, die den ursprünglichen Anspruch gegen den Beförderer erhoben haben.) Zu den Problemen des § 257 I Hs. 2 SHG oben S. 144 f.
1409 Nach dem klaren chinesischen Wortlaut bezieht sich der Satzteil „bei Absendung des Guts" auf das Verschulden, nicht auf die Schadensentstehung. Dies lässt sich im Deutschen nur sehr umständlich wiedergeben.
1410 过错.
1411 *Liu Jianwen/Wang Zhenhua*, S. 497 f.

begriff in §320 VG lediglich den Tatbestand der Pflichtverletzung umschreibt.[1412] Einige Vertreter dieser Ansicht erwähnen zwar auch Vorsatz und Fahrlässigkeit, scheinen ein Verschulden in diesem Sinne aber nicht zu einer allgemeinen Voraussetzung für die Haftung zu erheben.[1413] Für die Mindermeinung ließe sich allenfalls mit dem Wortlaut des § 320 VG argumentieren. Denn wenn das Gesetz den Ausdruck „Verschulden“ benutzt, obwohl die Haftung nach dem VG grundsätzlich verschuldensunabhängig ist,[1414] so liegt es nahe, dem Verschuldensbegriff eine eigenständige Bedeutung zuzumessen. Hinzu kommt, dass „Verschulden“ im Allgemeinen als Oberbegriff für „Vorsatz“[1415] und „Fahrlässigkeit“[1416] verstanden wird.[1417] Demgegenüber spricht für die h.M., dass der Absender nach allgemeinem Frachtvertragsrecht verschuldensunabhängig haftet: Der Haftungstatbestand für Verletzung der Deklarationspflicht findet sich in § 304 II VG, die Haftung für die übrigen Pflichtverletzungen ergibt sich aus §§ 305–307, 107ff. VG. Und diesen Vorschriften lässt sich ein Verschuldenserfordernis nicht entnehmen.[1418] Es ist kein Grund ersichtlich, warum dann der Absender bei multimodalen Frachtverträgen nur für verschuldete Schäden haften sollte. Die Tatsache, dass das Gut mit mehreren verschiedenartigen Beförderungsmitteln transportiert wird, rechtfertigt einen solchen Unterschied zum allgemeinen Frachtvertragsrecht nicht.

Die Generalklausel des § 320 VG erfasst alle Verletzungen der sich aus Vertrag oder Gesetz ergebenden Pflichten des Absenders.[1419] Diese sind im VG in den §§ 304–307 geregelt. Der Absender haftet demnach für Schäden, die dem Unternehmer des multimodalen Transports dadurch entstehen, dass der Absender das Gut nicht wahrheitsgemäß deklariert oder einen bedeutsamen Umstand ausgelassen hat (§§ 320, 304 II VG). Er muss auch für die Verletzung seiner Pflicht einstehen, dem Unternehmer des multimodalen Transports die Dokumente bezüglich der für den Gütertransport erforderlichen behördlichen Verfahren vorzulegen (§§ 320, 305 VG). Ferner haftet er für die Verletzung der Verpackungspflicht (§§ 320, 306 I, 156, 61 VG).

Im Hinblick auf gefährliche Güter sind zwei Tatbestände zu unterscheiden: Nach §§ 320, 307 I VG haftet der Absender zum einen für die Verletzung seiner Pflicht, das gefährliche Gut zweckmäßig zu verpacken, Kennzeichen und Etikette anzubringen sowie dem Unternehmer des multimodalen Transports die das gefährliche Gut betreffenden schriftlichen Materialien über Bezeichnung, Wesen und Vorsichtsmaßnahmen vorzulegen. Es fragt sich, welche Bedeutung der Begriff „zweck-

---

1412 *Zhang Dai'en*, S. 214: „Die Formulierung ‚Verschulden des Absenders bei Absendung des Guts‘ meint im Wesentlichen, dass der Absender seine Pflichten nicht oder nicht ordnungsgemäß erfüllt hat.“; *OVG-WK*, S. 1667; *Jiang Ping*, S. 259; *Tang Dehua*, S. 873; *Long Yifei*, S. 369; *Wei Yaorong et al.*, S. 410f.
1413 *Jiang Ping*, S. 259; *Tang Dehua*, S. 873; *Wei Yaorong et al.*, S. 410f.
1414 *Ling Bing*, Rn. 8.032.
1415 „故意“.
1416 „过失“.
1417 *Ling Bing*, Rn. 8.030; *Zhang Dai'en*, S. 90, 95.
1418 Zu dem Begriff „zweckmäßig“ („妥善“) in § 307 I VG sogleich im Text.
1419 *Zhang Dai'en*, S. 214.

mäßig"[1420] hier hat. Den Ausdruck verwendet das VG noch in einigen anderen Bestimmungen des Besonderen Teils.[1421] Dort geht es meist um die Nutzung oder Verwahrung fremden Vermögens. Nach Meinung einiger Kommentatoren legt der Begriff in diesen Bestimmungen einen im Vergleich zu §§ 107ff. VG niedrigeren Sorgfaltsmaßstab fest und führt damit zu einer Haftungserleichterung.[1422] Dieselben Autoren scheinen ihre Ansicht für den Fall des § 307 I VG jedoch nicht aufrechtzuerhalten.[1423] Sie legen das Wort „zweckmäßig" vielmehr dahin aus, dass die Verpackung geeignet[1424] bzw. vernünftig[1425] sein muss. Das leuchtet ein, denn eine Haftungserleichterung für die Verletzung der Verpackungspflicht bei Gefahrgut erscheint nicht gerechtfertigt.

Zum anderen trägt der Absender nach §§ 320, 307 II VG die Kosten, die dem Unternehmer des multimodalen Transports dadurch entstehen, dass dieser oder einer der Teilstreckenbeförderer die Beförderung ablehnt oder angemessene Maßnahmen ergreift, um die Entstehung von Schäden zu vermeiden, weil der Absender eine der ihm nach § 307 I VG obliegenden Pflichten verletzt hat.

Ein ersatzfähiger Schaden i.S. des § 320 VG liegt vor, wenn Transportmittel oder Verladeeinrichtungen des Unternehmers des multimodalen Transports beschädigt oder zerstört wurden oder wenn Teilstreckenbeförderer oder andere Absender ihn in Anspruch nehmen, weil ihnen durch eine Pflichtverletzung des Absenders ein Schaden – etwa in Form der Beschädigung des Transportmittels bzw. des Guts – entstanden ist; darüber hinaus soll der Absender gegenüber dem Unternehmer nach Meinung der chinesischen Literatur gemäß § 320 VG für Verletzung und Tod des Personals haften.[1426]

Ist der Schaden zugleich durch ein Verschulden – sprich: Mitverantwortlichkeit[1427] – des Unternehmers des multimodalen Transports verursacht worden, so hängt der Umfang der Haftung des Absenders von den Umständen des Einzelfalls ab.[1428]

§ 320 VG betont, dass die Haftung des Absenders auch dann noch besteht, wenn er das Dokument des multimodalen Transports bereits übertragen hat. Diese Formulierung ist international üblich[1429] und aus chinesischer Sicht notwendig, denn die Bedeutung der Übertragung des Dokuments für das Rechtsverhältnis zwischen

---

1420 „妥善". Der Ausdruck lässt sich auch mit „sorgsam und angemessen" übersetzen (*Scheil et al.*, S. 95).
1421 §§ 222, 247 I, 265, 369 I, 394 I, 399, 416 VG.
1422 *Ling Bing*, Rn. 8.041; *OVG-WK*, S. 1070 (zu § 222 VG), S. 1801f. (zu § 369 VG), S. 1923 (zu § 416 VG).
1423 In der Aufzählung bei *Ling Bing*, Rn. 8.041, Fn. 178 fehlt einzig § 307 I VG. Bei *OVG-WK*, S. 1511–1513 fehlt der sonst übliche Hinweis auf die Achtsamkeit eines guten Sachwalters.
1424 适当 (*OVG-WK*, S. 1511).
1425 合理 (*Long Yifei*, S. 361).
1426 *Zhang Dai'en*, S. 214; *Jiang Ping*, S. 259; *Tang Dehua*, S. 874.
1427 Oben S. 126f.
1428 *Jiang Ping*, S. 259; *Tang Dehua*, S. 873.
1429 Art. 17 I S. 3 HambR, Art. 12 II S. 2 MT-Konvention, Regel 8.3. UNCTAD/ICC Rules for Multimodal Transport Documents, Klausel 5.1. III FBL.

Absender und Unternehmer des multimodalen Transports wäre sonst weitgehend ungeklärt.[1430]

Auf den ersten Blick könnten §§ 317 Hs. 2; 308 VG einen zusätzlichen Haftungstatbestand darstellen. Danach muss der Absender dem Unternehmer des multimodalen Transports die „Schäden“[1431] ersetzen, die dem Unternehmer daraus entstehen, dass der Absender sein Weisungsrecht ausgeübt hat. Da der Absender jedoch keine Pflicht verletzt, sondern von einem Recht Gebrauch macht, geht es hier nicht um einen Tatbestand der Haftung für Vertragsverletzung i.S. von §§ 107ff. VG. Aus demselben Grund handelt es sich nach deutscher Terminologie bei § 308 VG nicht um Schäden, sondern um Aufwendungen.[1432] Die Vorschrift ist folglich kein Haftungstatbestand im hier verstandenen Sinn des Haftungsbegriffs.

Die Haftung für andere bestimmt sich nach allgemeinen Regeln.[1433]

Haftungsansprüche gegen den Absender verjähren nach allgemeinen Regeln (§§ 129 S. 2 VG, 135, 137 S. 1 AGZR) in zwei Jahren ab Kenntnis oder Kennenmüssen der Rechtsverletzung. Nach einer Antwort des *OVG* beträgt die Verjährungsfrist für Schadensersatzansprüche gegen den Absender bei Güterbeförderungen entlang der Küste und auf Binnenwasserstraßen ein Jahr, gerechnet von dem Tag, an dem der Beförderer das Gut abgeliefert hat oder hätte abliefern müssen.[1434] Da diese justizielle Auslegung sich ausdrücklich auf bestimmte unimodale Beförderungen bezieht, gilt sie jedoch nicht für die Haftung des Absenders eines multimodalen Frachtvertrags.

D. Zusammenfassung

Soweit Staatsverträge nichts anderes bestimmen und der multimodale Frachtvertrag dem festlandschinesischen Recht unterliegt, richtet sich die Haftung des Absenders – in dieser Rangfolge – nach dem ZLG, SHG bzw. VG.

1430 *Yang Lixin*, Bd. 3, S. 936 und *Fang Shaokun/Guo Mingrui*, S. 420 sowie *Li Zhiwen/Wang Darong*, ICML IV, 578 (591) (zum SHG; unter Berufung auf § 71 SHG) meinen, dass mit Übertragung des Dokuments auch der Vertrag übertragen werde; durch die Übertragung trete der Erwerber (受让人) an die Stelle des Absenders als Vertragspartei. Das sei im Hinblick auf die Absenderhaftung für den Erwerber aber ungerecht und unangemessen, und daher bestimme das VG, dass der Absender haften müsse. Die *OVG-WK*, S. 1667 ist dagegen der Auffassung, dass die Übertragung des Dokuments nur eine Übertragung von Rechten unter dem Dokument sei und nicht etwa eine Übertragung oder Auflösung des Vertrags bedeute. Sie wirke sich nicht auf die Pflichten und die Haftung des Absenders nach dem Vertrag aus. *Jiang Ping*, S. 259 beurteilt die Übertragung aus sachenrechtlicher Perspektive: Das Dokument für den multimodalen Transport sei ein sachenrechtliches Wertpapier, bei dessen Übertragung das Eigentum an dem Gut übergehe. Die Haftung für Schäden, die dem Beförderer durch das Gut entständen, trage grundsätzlich der Eigentümer. Diese Regel sei aber unangemessen, wenn der Grund für den Schaden beim Absender liege. Daher gebe es § 320 VG.

1431 „损失“.

1432 Oben S. 92.

1433 Dazu oben S. 135f.

1434 Antwort des *OVG* vom 24. 5. 2001 auf die Frage, wie die Verjährungsfrist für Ersatzansprüche bei Gütertransporten entlang der Küste und auf Binnenwasserstraßen zu bestimmen ist.

Im Anwendungsbereich des ZLG haftet der Absender zum einen für Schäden, die durch nicht ordnungsgemäße Eintragungen im Luftfrachtbrief oder in einem anderen Dokument mit Frachtbriefcharakter verursacht wurden. Zum anderen muss der Absender für Schäden einstehen, die dadurch entstehen, dass Daten und Dokumente, die vor Ablieferung des Guts an den Empfänger zur Erledigung von Formalitäten erforderlich sind, fehlen oder unzulänglich sind. Die Haftung ist jeweils verschuldensunabhängig und unbegrenzt. Die Verjährung richtet sich nach ergänzend anwendbarem Recht. Das ist bei multimodalen Frachtverträgen unter Einschluss einer Seestrecke i.S. des § 2 SHG das SHG, andernfalls das VG.

Man kann davon ausgehen, dass sich die Haftung des Absenders bei multimodalen Frachtverträgen im Anwendungsbereich des SHG nicht nach § 320 VG, sondern nach §§ 66–70 SHG bestimmt. Der Absender haftet demnach für schlechte Verpackung und unrichtige Angaben über die Güter. Er muss auch für Schäden einstehen, die auf nicht ordnungsgemäßen, für den Gütertransport vorgeschriebenen Dokumenten beruhen. Überdies haftet er für Fehler bei der Absendung von Gefahrgut. Die Haftung des Absenders ist unbegrenzt. Grundsätzlich ist wohl ein Verschulden erforderlich; ungeklärt ist, ob dies auch bei Beförderung gefährlicher Güter gilt. Das Verschulden hat der Anspruchsteller zu beweisen. Der Absender muss nicht nur für sein eigenes Verhalten, sondern auch für das seiner Bediensteten und Vertreter einstehen. Ersatzansprüche des Beförderers verjähren grundsätzlich in einem Jahr ab Kenntnis oder Kennenmüssen der Rechtsverletzung.

Im Anwendungsbereich des VG macht sich der Absender ersatzpflichtig, wenn durch sein Verschulden bei Absendung des Guts dem Unternehmer des multimodalen Transports ein Schaden entsteht. Es ist anzunehmen, dass der Begriff „Verschulden“ hier lediglich „Pflichtverletzung“ meint und ein Verschulden i.S. des deutschen Rechts daher nicht vorliegen muss. Der Absender haftet für Verletzung der Deklarationspflicht, der Verpackungspflicht und der Pflicht, dem Unternehmer des multimodalen Transports die Dokumente bezüglich der für den Gütertransport erforderlichen behördlichen Verfahren vorzulegen. Überdies haftet er auch für Fehler bei der Absendung gefährlicher Güter. Haftungsansprüche gegen den Absender verjähren in zwei Jahren ab Kenntnis oder Kennenmüssen der Rechtsverletzung.

7. Kapitel
Konkurrierende Ansprüche

Absender oder Empfänger können gegen den Unternehmer des multimodalen Transports auch andere als frachtrechtliche Haftungsansprüche geltend machen und überdies gegen dessen Hilfspersonen vorgehen. Solche Ansprüche können kollisionsrechtliche Fragen aufwerfen (dazu A.). Zu unterscheiden sind im Einzelnen konkurrierende Ansprüche aus allgemeiner Vertragshaftung (dazu B.) und aus außervertraglicher Haftung (dazu C.) sowie Ansprüche gegen die vom Unternehmer des multimodalen Transports eingeschalteten Hilfspersonen (dazu D.). Letztere sind – jedenfalls im Ausgangspunkt – ebenfalls außervertraglicher Natur, da der Absender den Multimodalvertrag mit dem Unternehmer des multimodalen Transports schließt, nicht jedoch mit dessen Hilfspersonen.[1435]

A. Anknüpfung konkurrierender Ansprüche (Kollisionsrecht)

Viele Frachtrechtsordnungen einschließlich internationaler Übereinkommen sehen einen Gleichlauf der Ansprüche der drei genannten Gruppen mit den frachtrechtlichen Ansprüchen vor. Auch das chinesische Recht kennt solche Regelungen. Damit will man vermeiden, dass die differenzierte und vor allem stark begrenzte frachtrechtliche Haftung durch andere Ansprüche umgangen wird.[1436]

Soweit eine Regelung für andere Ansprüche in internationalen Übereinkommen fehlt, ist das anwendbare Recht nach den Regeln des IPR und des interlokalen Privatrechts zu ermitteln. Die Anknüpfung dieser Ansprüche kann dazu führen, dass sie einem anderen Statut unterliegen als die frachtrechtlichen Ersatzforderungen. Um den Sinn und Zweck dieser sachrechtlichen Bestimmungen auch auf kollisionsrechtlicher Ebene zu verwirklichen, bietet sich eine frachtvertragsakzessorische Anknüpfung an.[1437]

Wenn man dem folgt und festlandschinesisches Frachtrecht anzuwenden ist, bergen die Kollisionsnormen der §§ 105 SHG bzw. 321 S. 1 VG dann erneut die Gefahr, dass frachtrechtliche und andere Ansprüche am Ende unterschiedlichen

1435 Oben S. 63.
1436 Dazu in den folgenden Abschnitten dieses Kapitels, passim.
1437 § 115 IPR-MusterG VI, der die Anwendung des Vertragsstatuts allerdings davon abhängig macht, dass es dem Geschädigten günstiger ist als das Deliktsstatut. Genau umgekehrt verhält es sich in den hier behandelten Fällen. Vgl. zum deutschen Recht Art. 41 II Nr. 1 EGBGB und dazu Palandt-*Heldrich*, Art. 41 EGBGB, Rn. 4; Art. 40 EGBGB, Rn. 6.

Rechtsordnungen unterliegen. Ansprüche wegen Güterschäden bei bekanntem Schadensort dürften daher stets nach §§ 105 SHG bzw. 321 S. 1 VG anzuknüpfen sein, unabhängig davon, ob es sich um frachtrechtliche, um sonstige vertragliche oder um außervertragliche Ersatzforderungen handelt und ob sie gegen den Unternehmer des multimodalen Transports selbst oder gegen seine Hilfspersonen gerichtet sind.

Im Folgenden wird unterstellt, dass die hier behandelten Ansprüche demselben Statut unterliegen wie die frachtrechtlichen Ansprüche.

B. Konkurrierende Ansprüche gegen den Unternehmer des multimodalen Transports aus allgemeiner Vertragshaftung

Haftet der Unternehmer des multimodalen Transports für Verlust, Beschädigung oder Verspätung, so besteht gegen ihn regelmäßig auch ein konkurrierender Anspruch aus Haftung für Vertragsverletzung gemäß §§ 107ff. VG, wenn das Recht der Volksrepublik China (Festland) auf den multimodalen Frachtvertrag anzuwenden ist. Zu einer solchen Konkurrenz zwischen frachtrechtlicher und allgemeiner Vertragshaftung kann es etwa dann kommen, wenn das Gut infolge eines Weisungsverstoßes beschädigt wird und dem Geschädigten dadurch ein allgemeiner Vermögensschaden in Form eines Produktionsausfalls entsteht.[1438] Nicht denkbar ist eine Konkurrenz dagegen, wenn sich der frachtvertragliche Anspruch mangels frachtrechtlicher Sondervorschriften ohnehin nach §§ 107ff. VG richtet. Dies ist der Fall, wenn ein Anspruch wegen Verspätung geltend gemacht wird, der dem VG unterliegt.

Haftet der Unternehmer des multimodalen Transports nach dem SHG, so löst § 58 I SHG das Konkurrenzproblem: Danach sind auf alle Klagen, die gegen den Unternehmer des multimodalen Transports wegen Güter- oder Verspätungsschäden im Zusammenhang mit dem multimodalen Frachtvertrag erhoben werden, die Bestimmungen des 4. Kapitels des SHG über Gründe für Einwendungen[1439] und über Haftungsbegrenzung anzuwenden, und dabei ist unerheblich, ob derjenige, der den Anspruch geltend macht, Vertragspartei ist oder nicht, oder ob die Klage aufgrund Vertrags oder unerlaubter Handlung erhoben wird. Die Vorschrift entspricht Art. 7 I HambR. Da sie nur vom „4. Kapitel“ spricht, ist die im 13. Kapitel geregelte Verjährung an sich nicht erfasst. Die Verjährungsvorschrift des § 257 I SHG ist aber nach ihrem Wortlaut auf alle Ersatzansprüche gegen den Unternehmer des multimodalen Transports „im Zusammenhang mit der Beförderung von Gütern zur See“ anwendbar. Mit dieser weiten Formulierung hat der Gesetzgeber deutlich gemacht, dass die seehandelsgesetzlichen Verjährungsvorschriften nicht nur für frachtrechtliche, sondern auch für andere Ansprüche gegen den Unternehmer des multimoda-

1438 *Mast*, S. 279.
1439 抗辩理由.

len Transports gelten. Dies entspricht auch dem Sinn und Zweck des § 58 I SHG. Die Vorschrift schützt die frachtrechtliche Haftung vor Umgehung durch andere Ansprüche. *Ling Bing* spricht insoweit von einem „single liability regime“.[1440] Fielen die mit der frachtrechtlichen Haftung konkurrierenden Ansprüche nicht unter § 257 I SHG, könnten Absender oder Empfänger von den Verjährungsregeln der allgemeinen Vertragshaftung profitieren: Während etwa die Ansprüche nach § 257 I Hs. 1 SHG in einem Jahr von dem Tag, an dem der Unternehmer des multimodalen Transports die Güter abgeliefert hat oder hätte abliefern müssen, verjähren, beträgt die Verjährungsfrist nach §§ 129 S. 2 VG, 135, 137 S. 1 AGZR zwei Jahre ab Kenntnis oder Kennenmüssen der Rechtsverletzung. Die Ansprüche aus seehandelsgesetzlicher und allgemeiner Vertragshaftung folgen damit im Hinblick auf die Haftungsausfüllung in weitem Umfang denselben Regeln.

Besteht eine Haftung des Beförderers nach dem ZLG, so ist die Rechtslage ähnlich: Nach § 131 ZLG können Klagen auf Ersatz von Schäden, die sich während der Luftbeförderung ereignet haben, unabhängig von ihrem Rechtsgrund nur gemäß der im ZLG bestimmten Voraussetzungen und Haftungsbegrenzungen[1441] erhoben werden. Die Vorschrift beruht auf Art. 24 WA 1955 und sichert wie § 58 I SHG den Gleichlauf aller vertraglichen Ansprüche wegen Güter- oder Verspätungsschäden.[1442]

Enthält das frachtrechtliche Haftungsstatut – wie etwa VG und EBG – hinsichtlich des Konkurrenzverhältnisses keine Regelung, so erscheint es zum Schutz des Frachtrechts vor Aushöhlung durch das allgemeine Vertragsrecht zweckmäßig, der frachtrechtlichen Haftung gegenüber der allgemeinen Vertragshaftung Vorrang einzuräumen, soweit das schadensursächliche Ereignis innerhalb des frachtrechtlichen Haftungszeitraums eingetreten ist.[1443]

C. Konkurrierende Ansprüche gegen den Unternehmer des multimodalen Transports aus außervertraglicher Haftung

Gegen den Unternehmer des multimodalen Transports können darüber hinaus konkurrierende außervertragliche Ansprüche bestehen. Haftet der Unternehmer des multimodalen Transports nach dem SHG oder nach dem ZLG, so unterliegen konkurrierende außervertragliche Ansprüche gemäß §§ 58 I SHG bzw. 131 ZLG denselben Regeln wie die seehandelsgesetzliche bzw. die zivilluftfahrtgesetzliche Haftung.[1444]

1440 *Ling Bing*, Rn. 8.158.
1441 赔偿责任限额 (wörtlich: Ersatzhaftungsgrenzbeträge).
1442 *Koller*, Art. 24 WA 1955, Rn. 1 mit Nachweisen zur abweichenden h.M., die annimmt, dass das WA die dem nationalen Recht entspringenden Ansprüche *verdränge*.
1443 *Mast*, S. 280 f.
1444 Zu §§ 58 I SHG, 131 ZLG oben S. 188 f.

Lässt sich dem frachtrechtlichen Haftungsstatut hinsichtlich des Konkurrenzverhältnisses keine Regel entnehmen, so entspricht es dem Sinn und Zweck der frachtrechtlichen Bestimmungen, ihnen gegenüber außervertraglichen Ansprüchen Vorrang einzuräumen, damit sie nicht umgangen werden können.[1445] Dies betrifft im chinesischen Recht das Frachtrecht des VG und des EBG.

Die Anspruchskonkurrenz[1446] zwischen vertraglichen und außervertraglichen Haftungsansprüchen ist darüber hinaus Gegenstand des § 122 VG. Danach kann der Geschädigte, wenn aufgrund der Vertragsverletzung in seine Rechte auf Leib oder Leben[1447] oder in seine Vermögensrechte eingegriffen wird, wählen, ob er nach dem VG Haftung für Vertragsverletzung verlangt oder nach anderen Gesetzen deliktische Haftung[1448]. *Pißler* bemerkt zu der für den deutschen Juristen ungewohnten Bestimmung:

> „Hier deutet sich an, dass das chinesische Zivilrecht den prozessualen Anspruch nicht als unabhängig vom materiell-rechtlichen Anspruch ansieht, sondern im aktionenrechtlichen Denken verhaftet bleibt, dessen Überwindung im deutschen Recht Savigny zu verdanken ist. Denn nach § 122 Vertragsgesetz hat der chinesische Richter den vorgetragenen Sachverhalt anders als im heutigen deutschen Recht nicht unter allen in Betracht kommenden rechtlichen Aspekten zu prüfen. Er ist nicht frei, unter mehreren in Frage kommenden materiellen Ansprüchen auszuwählen und die Stattgabe der Klage mit dem einen, mit dem anderen oder mit mehreren der materiellen Ansprüche zu rechtfertigen."[1449]

Grundsätzlich muss die Vorschrift des § 122 VG über ihren Wortlaut („nach *diesem* Gesetz Haftung für Vertragsverletzung verlangen") hinaus immer dann gelten, wenn der frachtrechtliche Anspruch dem chinesischen festländischen Recht unterliegt, also auch, wenn Schadensersatz nach dem SHG, ZLG oder EBG verlangt wird.[1450] Von dem Wahlrecht des § 122 VG bleibt jedoch in den Anwendungsbereichen des SHG und des ZLG wegen des in §§ 58 I SHG bzw. 131 ZLG angeordneten umfassenden Gleichlaufs zwischen frachtrechtlicher und außervertraglicher Haftung im Ergebnis nichts übrig.[1451] Dies gilt auch für Ansprüche, die dem VG und

---

1445 Zu demselben Gedanken beim Konkurrenzverhältnis zwischen Ansprüchen aus frachtrechtlicher und allgemeiner Vertragshaftung oben S. 188 f.; vgl. Palandt-*Sprau*, Einf. v. § 823, Rn. 5.

1446 请求权竞合 (Überschrift vor § 30 OVG-VG-Erläut).

1447 人身权益. *Ling Bing*, Rn. 8.151 übersetzt mit „personal rights"; ähnlich *Scheil et al.*, S. 66: „Rechte und Interessen an der Person".

1448 侵权责任. Übersetzung wie hier *Pißler*, NDCJV 2003, 182 (193): „deliktische Haftung"; *Ling Bing*, Rn. 8.151: „liability for tort". *Münzel*, Chinas Recht, 15.3.99/1 übersetzt mit „Haftung für Verletzung von Rechten". § 122 VG ist laut *Ling Bing*, Rn. 8.155 auch auf konkurrierende Ansprüche aus ungerechtfertigter Bereicherung und aus Geschäftsführung ohne Auftrag anwendbar.

1449 *Pißler*, NDCJV 2003, 182 (193).

1450 *Ling Bing*, Rn. 8.158, der § 122 VG implizit auch im Rahmen des SHG und des ZLG grundsätzlich für anwendbar hält.

1451 *Ling Bing*, Rn. 8.158.

dem EBG unterliegen, wenn man dem oben erwähnten Ansatz des Vorrangs der frachtrechtlichen Haftung folgt.[1452]

D. Exkurs: Ansprüche gegen Bedienstete, Vertreter und tatsächliche Beförderer

Ob und wie die vom Unternehmer des multimodalen Transports zur Ausführung des Frachtvertrags eingeschalteten Bediensteten, Vertreter und tatsächlichen Beförderer gegenüber dem Absender oder Empfänger haften, ist in den einzelnen Haftungsordnungen des chinesischen Rechts unterschiedlich geregelt. Diese werden zunächst aus der Perspektive des unimodalen Beförderers beleuchtet, bevor dann auf Besonderheiten bei multimodalen Frachtverträgen eingegangen wird.

I. Seehandelsgesetz

1. Haftung der Bediensteten und Vertreter

Die Haftung der Bediensteten[1453] und Vertreter[1454] des Beförderers nach dem SHG ist Gegenstand der §§ 58 II, 59 II SHG. Demnach sind auf alle Klagen, die gegen einen Bediensteten oder einen Vertreter des Beförderers wegen Güter- oder Verspätungsschäden im Zusammenhang mit dem Frachtvertrag erhoben werden, die Bestimmungen des 4. Kapitels des SHG über Gründe für Einwendungen[1455] und über Haftungsbegrenzung anzuwenden, und dabei ist unerheblich, ob derjenige, der den Anspruch geltend macht, Vertragspartei ist oder nicht, oder ob die Klage aufgrund Vertrags oder unerlaubter Handlung erhoben wird (§ 58 II, I SHG). Die Vorschrift entspricht Art. 7 II HambR und ist, wenn sie vertraglich vereinbart wird, unter der Bezeichnung „Himalaya-Klausel" bekannt.[1456] Sie dient nicht nur dem Schutz der Bediensteten und Vertreter selbst, sondern soll vor allem verhindern, dass der Beförderer mittelbar über einen Anspruch gegen seine Hilfspersonen und deren arbeitsrechtlichen Freistellungsanspruch doch ohne die frachtrechtlichen Erleichterungen zur Haftung herangezogen wird.[1457]

Der Wortlaut des § 58 II SHG mit seiner Verweisung auf Absatz 1 bedarf zweier Korrekturen: Zum einen müssen aus dem soeben genannten Grund auch hier[1458] die im 13. Kapitel festgelegten Verjährungsvorschriften erfasst sein. Zum anderen

---

1452 A. A. möglicherweise *Zhang Dai'en*, S. 92 f., der den § 122 VG auf frachtrechtliche Ansprüche gegen den Beförderer überträgt, ohne das Problem der Umgehung der beförderungsvertraglichen Haftung anzusprechen.
1453 Zum Begriff des Bediensteten oben S. 137.
1454 Zum Begriff des Vertreters oben S. 137.
1455 抗辩理由.
1456 *Mo*, Rn. 4.54.
1457 Vgl. *Herber*, S. 335, 206 f.
1458 Zur korrigierenden Auslegung des § 58 I SHG oben S. 188 f.

kommen hier keine vertraglichen, sondern nur außervertragliche Ansprüche in Betracht, weil der Absender oder Empfänger nur mit dem Beförderer selbst, nicht jedoch mit dessen Bediensteten oder Vertretern in einer Vertragsbeziehung steht.

Der in Anspruch genommene Bedienstete oder Vertreter kann sich auf die seehandelsgesetzlichen Haftungsregeln nur berufen, wenn er beweist, dass er im Bereich seines Dienstes bzw. Auftrags gehandelt hat (§ 58 II SHG). Weist der Anspruchsteller dem Bediensteten oder Vertreter ein besonders schweres Verschulden nach, so kann dieser sich nicht auf die Haftungsbegrenzungen der §§ 56f. SHG stützen (§ 59 II SHG).

2. Haftung des tatsächlichen Beförderers

Die Haftung des tatsächlichen Beförderers[1459] ist im SHG in den §§ 61–64 geregelt. Die Vorschriften entsprechen Art. 10 II–V HambR. Nach § 61 S. 1 SHG gelten die Bestimmungen des 4. Kapitels des SHG über die Befördererhaftung auch für den tatsächlichen Beförderer. Da der tatsächliche Beförderer nicht Partei des Vertrags zwischen Beförderer und Absender ist,[1460] findet man in der chinesischen Literatur häufig die Aussage, die Natur der Haftung des tatsächlichen Beförderers sei gesetzlich, nicht vertraglich;[1461] folglich kämen nur deliktische Anspruchsgrundlagen in Betracht[1462]. Dies erscheint indes zweifelhaft, weil sich aus dem Wortlaut der §§ 61 S. 1; 46ff. SHG ergibt, dass diese Vorschriften unmittelbar selbst die Anspruchsgrundlage für die Haftung des tatsächlichen Beförderers darstellen. Anders als bei der Haftung der Bediensteten und Vertreter dürfte es sich hier also um quasivertragliche Haftung handeln.[1463] Daneben können deliktische Ansprüche gegeben sein. Diese folgen allerdings im Wesentlichen den Regeln über die quasivertragliche Haftung (§§ 61 S. 1; 58 I SHG).

Nach § 61 S. 1 SHG besteht ein Gleichlauf zwischen der Haftung des Beförderers und der Haftung des tatsächlichen Beförderers. Zu diesem Grundsatz gibt es jedoch eine wichtige Ausnahme: Wenn der Beförderer mit dem Absender eine zu seinem Nachteil von den Bestimmungen des 4. Kapitels abweichende Vereinbarung trifft, so gilt die Vereinbarung nur dann auch für den tatsächlichen Beförderer, wenn dieser der Vereinbarung schriftlich klar[1464] zugestimmt hat (§ 62 Hs. 1 SHG). Dies hat insbesondere Bedeutung für die Verspätungshaftung des tatsächlichen Beförderers. Denn nach der wohl überwiegend vertretenen Ansicht kommt eine Verspätungshaftung des Beförderers nur dann in Betracht, wenn er mit dem Absender einen Ablieferungszeitpunkt vereinbart hat.[1465] Eine solche Abrede ist als

---

1459 实际承运人; zur Auslegung dieses Begriffs oben S. 138.
1460 *Yao Hongxiu/Wang Xiaofang*, ICML IV, 466 (470); *Han Lixin*, ICML III, 91 (93); *Si Yuzhuo/Li Zhiwen*, ICML IV, 403 (405).
1461 *Guo Yu*, ICML IV, 319 (327).
1462 *Han Lixin*, ICML III, 91 (99); *Si Yuzhuo/Li Zhiwen*, ICML IV, 403 (406).
1463 Vgl. *Herber*, S. 336.
1464 明确.
1465 Dazu oben S. 158ff.

„besondere Vereinbarung über in diesem Kapitel nicht vorgesehene Pflichten" i. S. des § 62 Hs. 1 SHG anzusehen. Demnach setzt eine Verspätungshaftung des tatsächlichen Beförderers voraus, dass er der im Hauptfrachtvertrag zwischen Beförderer und Absender getroffenen Vereinbarung über den Ablieferungszeitpunkt zugestimmt hat.[1466] *Yao Hongxiu/Wang Xiaofang* gehen im Anschluss an diese Feststellung auf die Rechtslage nach den HambR ein und kommen zu dem Ergebnis, dass es sinnvoll sei, den tatsächlichen Beförderer für verspätete Ablieferung auch ohne dessen Zustimmung haften zu lassen, wenn er das Gut nicht innerhalb eines angemessenen Zeitraums abgeliefert hat. Dabei bleibt unklar, ob sie diesen Grundsatz auf das chinesische Recht übertragen oder nur eine rechtsvergleichende Anmerkung machen wollen.

Das SHG lässt offen, wann Ansprüche gegen den tatsächlichen Beförderer verjähren. Denn § 61 S. 1 SHG verweist nur auf die Bestimmungen des 4. Kapitels, nicht auch auf die im 13. Kapitel geregelte Verjährung; die einschlägige Norm des § 257 I SHG spricht wiederum nur von Ansprüchen gegen den Beförderer. *Yao Hongxiu/Wang Xiaofang* behaupten ohne Beleg, aus einer justiziellen Auslegung ergebe sich, dass § 257 SHG auch für den tatsächlichen Beförderer gelte.[1467] Ein solcher Rechtsakt ist dem Verfasser nicht bekannt. Auch *Si Yuzhuo/Li Zhiwen* erwähnen keine Stellungnahme des *OVG*.[1468] Im Ergebnis ist man sich jedoch einig, dass Ansprüche gegen den tatsächlichen Beförderer in einem Jahr ab dem Tag verjähren, an dem der Beförderer das Gut abliefert oder abliefern musste.[1469] Denn zum einen bleibt dadurch das Gesamtschuldverhältnis zwischen Beförderer und tatsächlichem Beförderer (§ 63 SHG) unbeeinträchtigt.[1470] Und zum anderen entspricht diese Rechtslage den HVR und den HambR, die dem SHG insoweit zugrundeliegen.[1471]

Soweit Beförderer und tatsächlicher Beförderer beide auf Ersatz haften, sind sie Gesamtschuldner (§ 63 SHG). Die Voraussetzungen dieser Vorschrift liegen nicht vor, wenn – wie laut *Yao Hongxiu/Wang Xiaofang u.a.* bei multimodalen Frachtverträgen üblich[1472] – der Beförderer sich im (Haupt-)Seefrachtvertrag mit dem Absender nach § 60 II SHG von Schäden freigezeichnet hat, die während des Obhutszeitraums[1473] des tatsächlichen Beförderers eintreten.[1474]

1466 *Yao Hongxiu/Wang Xiaofang*, ICML IV, 466 (470).
1467 *Yao Hongxiu/Wang Xiaofang*, ICML IV, 466 (470).
1468 *Si Yuzhuo/Li Zhiwen*, ICML IV, 403 (414 f.).
1469 *Yao Hongxiu/Wang Xiaofang*, ICML IV, 466 (470 f.); *Si Yuzhuo/Li Zhiwen*, ICML IV, 403 (415).
1470 *Yao Hongxiu/Wang Xiaofang*, ICML IV, 466 (470); denselben Konflikt sprechen *Si Yuzhuo/Li Zhiwen*, ICML IV, 403 (415) an, jedoch ohne die Gesamtschuld zu erwähnen.
1471 *Yao Hongxiu/Wang Xiaofang*, ICML IV, 466 (470 f.); *Si Yuzhuo/Li Zhiwen*, ICML IV, 403 (414 f.); vgl. Art. 3 § 6 IV S. 1 HVR: „... le transporteur et le navire ..."; Art. 3 § 6bis HVR; Art. 20 I HambR: „Any action relating to carriage of goods ..."
1472 *Yao Hongxiu/Wang Xiaofang*, ICML IV, 466 (471).
1473 掌管期间.
1474 *Mo*, Rn. 4.58.

Werden wegen eines Güterschadens sowohl Beförderer als auch tatsächlicher Beförderer in Anspruch genommen, so darf gemäß § 64 SHG der Gesamtbetrag des Ersatzes nicht den in § 56 SHG festgelegten Grenzbetrag überschreiten.

II. Zivilluftfahrtgesetz

Im ZLG finden sich Bestimmungen über die Haftung der Bediensteten und Vertreter des Beförderers in § 133 ZLG, der Art. 25A WA 1955 entspricht. Danach können sich die Bediensteten und Vertreter des Beförderers hinsichtlich eines während der Luftbeförderung entstandenen Schadens auf die in §§ 128f. ZLG bestimmten Haftungsbegrenzungen berufen, wenn sie nachweisen, dass sie in ihrem Dienst- bzw. Vertretungsbereich gehandelt haben (§ 133 I ZLG). Wird neben dem Beförderer auch sein Bediensteter oder Vertreter in Anspruch genommen, so darf der Gesamtbetrag des Ersatzes nicht den gesetzlichen Ersatzhaftungsgrenzbetrag überschreiten (§ 133 II ZLG). Die in § 133 I, II ZLG festgelegten Haftungsgrenzen gelten nicht, wenn dem Bediensteten oder Vertreter nachgewiesen wird, dass der Schaden auf seinem besonders schweren Verschulden beruht (§ 133 III ZLG).

Nach § 138 S. 1, 3 ZLG unterliegt die Haftung des tatsächlichen Beförderers[1475] hinsichtlich der von ihm übernommenen Beförderung dem 9. Kapitel des ZLG, soweit im 4. Abschnitt („Besondere Bestimmungen über die Ausführung der Luftbeförderung durch den tatsächlichen Beförderer") nichts anderes bestimmt ist. Zwar sagt die Vorschrift nicht ausdrücklich, dass damit Ansprüche des Absenders oder Empfängers gemeint sind. Die Norm kann aber nicht anders zu verstehen sein,[1476] da die Begriffe des vertragschließenden und des tatsächlichen Beförderers nur im Außenverhältnis zu den Ladungsbeteiligten eine Rolle spielen. Im Innenverhältnis zwischen den Beförderern hingegen ist der vertragschließende Beförderer Absender, und der tatsächliche Beförderer nimmt die Rechtsstellung des Beförderers ein. Die Befördererhaftung im Innenverhältnis richtet sich also nach den allgemeinen Regeln des 3. Abschnitts („Haftung des Beförderers"). Die Bestimmung des § 138 S. 1, 3 ZLG ist damit Grundlage für einen direkten quasivertraglichen Schadensersatzanspruch des Absenders oder Empfängers gegen den tatsächlichen Beförderer.[1477]

Im Rahmen der Haftung gegenüber dem Absender oder Empfänger wird das Verhalten des vertragschließenden Beförderers dem tatsächlichen Beförderer zugerechnet, allerdings nur bis zur Höhe des gesetzlichen Ersatzhaftungsgrenzbetrags (§ 139 II ZLG). Damit sind die §§ 128f. ZLG gemeint.[1478] Vereinbarungen zwischen Absender und vertragschließendem Beförderer, die zum Nachteil des vertragschließenden Beförderers von den Bestimmungen des 9. Kapitels abweichen, sowie Wertdeklarationen gemäß §§ 128f. ZLG gelten für den tatsächlichen Beförderer

1475 Der Begriff des tatsächlichen Beförderers ist in § 137 II ZLG legaldefiniert, dazu oben S. 111.
1476 Vgl. *Koller*, Art. II ZAG, Rn. 10.
1477 Vgl. zur entsprechenden Rechtslage nach dem SHG oben S. 192ff.
1478 Vgl. Art. III Abs. 2 S. 2 ZAG, der auf die Höchstbeträge nach Art. 22 WA verweist. Dem entsprechen im ZLG die Bestimmungen der §§ 128f.

nur mit dessen Zustimmung (§ 139 III ZLG). Tatsächlicher und vertragschließender Beförderer haften als Gesamtschuldner (§ 142 ZLG).[1479]

III. Eisenbahn- und Vertragsgesetz

Weder das EBG noch die frachtrechtlichen Vorschriften des VG enthalten Bestimmungen über die Haftung der zur Durchführung des Transports eingeschalteten Hilfspersonen gegenüber dem Absender oder Empfänger.

Damit stellt sich die Frage, ob sich aus dem Allgemeinen Teil des VG diesbezügliche Regeln gewinnen lassen. Die chinesische Literatur zu §§ 65, 121 VG[1480] hebt unter Berufung auf den Grundsatz der Relativität des Vertrags[1481] hervor, dass ein direkter Anspruch aus Haftung für Vertragsverletzung gegen einen Dritten, der nicht Vertragspartei ist, ausgeschlossen sei.[1482] Demnach kommen zwischen Absender oder Empfänger (Haftungsgläubiger) und den beim Transport eingeschalteten Hilfspersonen (Dritte) nur außervertragliche Ansprüche in Betracht.[1483]

Zum Schutz der in Anspruch genommenen Hilfspersonen und zur Vermeidung einer mittelbaren unbegrenzten Inanspruchnahme des Beförderers erscheint es geboten, einen möglichst weitgehenden Gleichlauf dieser – außervertraglichen – Ansprüche mit der eisenbahn- bzw. vertragsgesetzlichen Haftung des Beförderers herzustellen.

IV. Anwendung der Regeln bei multimodalen Frachtverträgen

Bei multimodalen Frachtverträgen ist ein Anspruch gegen einen tatsächlichen Beförderer nur denkbar, wenn feststeht, dass der Schaden während des Zeitraums der Haftung eines bestimmten tatsächlichen Beförderers entstanden ist. Diese Voraussetzung ist nicht nur dann erfüllt, wenn das schädigende Ereignis bekanntermaßen auf einer bestimmten Teilstrecke eingetreten ist (Fall des bekannten Schadensortes). Auch im Falle des unbekannten Schadensortes kann die Person des verantwortlichen tatsächlichen Beförderers eindeutig sein, etwa wenn der Unternehmer des multimodalen Transports einen anderen mit der Durchführung der gesamten multimodalen Beförderung beauftragt hat.[1484]

In der chinesischen Literatur wird gelegentlich die Auffassung vertreten, der Unternehmer des multimodalen Transports und der Teilstreckenbeförderer hafteten als Gesamtschuldner. Während *Liu Jianwen/Wang Zhenhua* und *Lu Yongzhen* dies dem

---

1479 Vgl. dazu im Einzelnen *Koller*, Art. VI ZAG.
1480 Zu diesen Vorschriften oben S. 135 f.
1481 Zu diesem Grundsatz oben S. 98 f.
1482 *Wang Liming*, Vertragsgesetz AT, S. 24 (zu § 65 VG), S. 249 (zu § 65 VG); *Jiang Ping*, S. 55 (zu § 65 VG), S. 100 (zu § 121 VG); *OVG-WK*, S. 501 (zu § 121 VG).
1483 *Jiang Ping*, S. 100; *Wang Liming*, Vertragsgesetz AT, S. 250 zu einem offenbar fiktiven frachtrechtlichen Fall.
1484 Ähnlich *Mast*, S. 291, Fn. 42.

§ 318 VG entnehmen wollen,[1485] kommen *Wu Zaiyang/Ni Xuewei* gänzlich ohne Begründung und Angabe von Vorschriften aus[1486]. Die Untersuchung des § 318 VG hat gezeigt, dass diese Vorschrift zur Begründung der Gesamtschuld schwerlich herangezogen werden kann.[1487] Es erscheint zweckmäßig, die Frage des Bestehens einer Gesamtschuld entsprechend den oben aufgestellten Anknüpfungsgrundsätzen[1488] nach dem Statut der Haftung des Unternehmers des multimodalen Transports zu bestimmen. Folgt man dem, so ergibt sich im Anwendungsbereich des SHG die Gesamtschuld aus § 63 SHG. Soweit der Unternehmer des multimodalen Transports nach dem ZLG haftet, gilt § 142 ZLG.[1489] Im VG lässt sich § 313 S. 2 VG analog anwenden, der bei gleichartigen verbundenen Transporten eine gesamtschuldnerische Haftung anordnet.[1490] Da eine entsprechende Vorschrift im EBG fehlt, gilt subsidiär das VG, d.h. ebenfalls § 313 S. 2 VG analog. Damit haften der Unternehmer des multimodalen Transports und der Teilstreckenbeförderer, wenn chinesisches Frachtrecht zur Anwendung kommt, stets als Gesamtschuldner. Alle drei Bestimmungen über die Gesamtschuld erfassen sowohl Güter- als auch Verspätungsschäden.

E. Zusammenfassung

Neben den frachtrechtlichen Ansprüchen können Absender oder Empfänger gegen den Unternehmer des multimodalen Transports konkurrierende Ansprüche aus allgemeiner Vertragshaftung und aus außervertraglicher Haftung geltend machen. Außerdem können Ansprüche gegen die vom Unternehmer des multimodalen Transports eingeschalteten Hilfspersonen bestehen. Solche Ansprüche können zu einer Umgehung der differenzierten und vor allem stark begrenzten frachtrechtlichen Haftung führen. Deshalb bietet sich eine frachtvertragsakzessorische Anknüpfung an, und zwar auch im Rahmen der §§ 105 SHG bzw. 321 S. 1 VG.

Aus demselben Grund sehen SHG und ZLG im Einklang mit internationalen Übereinkommen einen weitreichenden Gleichlauf mit den transportrechtlichen Haftungsregeln vor. Dies geschieht rechtstechnisch entweder durch eine Modifikation der übrigen Ansprüche oder – bei Ansprüchen gegen den tatsächlichen Beförderer – durch die Schaffung einer quasivertraglichen Anspruchsgrundlage, die auf die Haftung des Beförderers verweist. Diese Normen sind möglichst weit auszulegen. Daher dürfte im SHG auch die im 13. Kapitel geregelte Verjährung von dem Gleichlauf erfasst sein, obwohl die einschlägigen Vorschriften nur die Anwendung des 4. Kapitels anordnen.

1485 *Liu Jianwen/Wang Zhenhua*, S. 495; *Lu Yongzhen*, S. 190.
1486 *Wu Zaiyang/Ni Xuewei*, ZGHSSPNK 2001, 341 (343).
1487 Oben S. 101.
1488 Oben S. 187 f.
1489 Vgl. § 136 III S. 2 ZLG (Gesamtschuld bei aufeinanderfolgenden Beförderern); zu diesem Vertragstyp oben S. 65 f.
1490 Zu § 313 VG oben S. 65.

EBG und VG enthalten keine vergleichbaren Bestimmungen über außervertragliche und konkurrierende vertragliche Ansprüche. Um die Aushöhlung des Frachtrechts zu vermeiden, dürfte der frachtrechtlichen Haftung gegenüber konkurrierenden Ansprüchen Vorrang einzuräumen sein, soweit das schadensursächliche Ereignis innerhalb des frachtrechtlichen Haftungszeitraums eingetreten ist. Bei Ansprüchen gegen Hilfspersonen erscheint es zweckmäßig, einen weitgehenden Gleichlauf herzustellen.

Im Anwendungsbereich des SHG haftet der tatsächliche Beförderer gegenüber den Ladungsbeteiligten nach der wohl überwiegend vertretenen Ansicht nur dann für Verspätungsschäden, wenn der Absender und der Unternehmer des multimodalen Transports eine Ablieferungsfrist vereinbart haben und der tatsächliche Beförderer dieser Vereinbarung schriftlich klar zugestimmt hat. Unterliegt die Haftung des Unternehmers des multimodalen Transports dem autonomen chinesischen Recht, so haften er und der tatsächliche Beförderer als Gesamtschuldner.

8. Kapitel
Abdingbarkeit gesetzlicher Regelungen

In diesem Kapitel wird erörtert, ob und in welchem Umfang die Parteien eines multimodalen Frachtvertrags von den gesetzlichen Vorschriften abweichen können. Nach einer Einführung (dazu A.) werden Beschränkungen der Vertragsgestaltung im Frachtrecht (dazu B.) und im allgemeinen Vertragsrecht (dazu C.) vorgestellt.

A. Einführung

Ob und in welchem Umfang die Parteien eines multimodalen Frachtvertrags von den Bestimmungen des chinesischen Sachrechts abweichen können, ist eine Frage der Vertragsfreiheit. Der Grundsatz der Vertragsfreiheit[1491] kommt insbesondere in § 4 VG zum Ausdruck:[1492]

> „Die Parteien sind berechtigt, rechtmäßig nach eigenem Willen Verträge zu schließen. Keine Einheit und keine Einzelperson darf widerrechtlich eingreifen."

Die Vertragsfreiheit besteht aus den Elementen der Abschlussfreiheit[1493], der Partnerfreiheit[1494], der Inhaltsfreiheit[1495] und der Formfreiheit[1496].[1497] Demnach kann man frei entscheiden, ob, mit wem, unter welchen Bedingungen und in welcher Form man einen Vertrag schließt.[1498] Die Vertragsfreiheit umfasst auch die Möglichkeit, den Vertrag später einvernehmlich zu ändern oder aufzulösen.[1499]

1491 合同自由原则.
1492 *OVG-WK*, S. 21; *Ling Bing*, Rn. 2.025; *Scheil et al.*, S. 13. In der chinesischen Literatur wird teilweise betont, § 4 VG sei nicht Ausdruck des Grundsatzes der Vertragsfreiheit, sondern des Grundsatzes der Freiwilligkeit (自愿原则) (*Jiang Ping*, S. 5 f.; *Xiao Xun et al.*, S. 81 ff.; *Ling Bing*, Rn. 2.025). *Ling Bing*, Rn. 2.025 ff. leitet daher den Grundsatz der Vertragsfreiheit (engl. principle of freedom of contract) aus den folgenden drei Elementen ab: *principle of equality* (§ 3 VG), *principle of voluntariness* (§ 4 VG) und *principle of pacta sunt servanda* (§ 8 VG). Wesentliche inhaltliche Unterschiede scheint diese abweichende Terminologie aber nicht zu begründen (*Ling Bing*, Rn. 2.028: „Although the principle of voluntariness is regarded as a watered-down version of freedom of contract, the substantive rights recognised under the principle of voluntariness are almost identical to those under the conventional notion of freedom of contract.").
1493 缔约自由.
1494 相对人自由.
1495 内容自由.
1496 方式自由.
1497 *OVG-WK*, S. 23 f.
1498 *Ling Bing*, Rn. 2.028; *OVG-WK*, S. 23 f.; *Jiang Ping*, S. 5; *Xiao Xun et al.*, S. 83.
1499 *OVG-WK*, S. 24; *Ling Bing*, Rn. 2.028.

Die Vertragsfreiheit gilt allerdings nicht unbeschränkt. Sie steht u.a. unter dem Vorbehalt zwingender[1500] gesetzlicher Bestimmungen.[1501] Dies klingt in § 7 VG an. Danach müssen die Parteien beim Abschluss und bei der Erfüllung von Verträgen u.a. Gesetze und Verwaltungsrechtsnormen befolgen. Die Norm ist einschränkend dahin auszulegen, dass die Parteien sich nur an die zwingenden Bestimmungen halten müssen, nicht auch an die dispositiven[1502] Vorschriften.[1503] Diese einschränkende Auslegung lässt sich wiederum auf § 52 Nr. 5 VG stützen,[1504] wonach ein Vertrag (nur dann) unwirksam ist, wenn zwingende Bestimmungen von Gesetzen oder Verwaltungsrechtsnormen verletzt werden. Wann eine zwingende Bestimmung vorliegt, ist durch Auslegung zu ermitteln.[1505] Zwingend sind insbesondere die Vorschriften über die Wirksamkeit des Vertrags.[1506]

B. Frachtrecht

Viele Bestimmungen des chinesischen Frachtrechts geben der Parteivereinbarung Vorrang und sind demnach eindeutig dispositiv.[1507] Andere Vorschriften schränken die Abdingbarkeit ausdrücklich ein oder können nur als zwingend auszulegen sein. Solche Normen werden im Folgenden erörtert.

I. Zivilluftfahrtgesetz

Eine wichtige Grenze der vertraglichen Gestaltung enthält § 130 ZLG, der Art. 23 I Hs. 1, 2 WA 1955 entspricht. Für multimodale Beförderungen gilt demnach: Jede Bestimmung des multimodalen Frachtvertrags, die für den Fall gelten soll, dass ein Güter- oder Verspätungsschaden bekanntermaßen auf einer dem ZLG unterliegenden Teilstrecke eintritt, ist nichtig, soweit sie die im ZLG festgelegte Haftung des Beförderers ganz oder teilweise ausschließt oder den im ZLG bestimmten Haftungsgrenzbetrag herabsetzt (§§ 106 III, 130 Hs. 1 ZLG). Der Haftungsbegriff ist weit auszulegen; er umfasst insbesondere auch die Beweislastverteilung[1508] und damit auch den Fall des unbekannten Schadensorts i.S. des § 125 VI ZLG[1509]. Eine Haftungsverschärfung zu Lasten des Beförderers ist hingegen zulässig.[1510] § 130 ZLG ist nur auf Abreden anzuwenden, die vor Schadenseintritt getroffen wer-

1500 强制性.
1501 *Ling Bing*, Rn. 2.028, 2.042; *OVG-WK*, S. 24.
1502 任意性 (*Jiang Ping*, S. 43; *OVG-WK*, S. 224; *Liu Wenhua*, S. 55).
1503 *Ling Bing*, Rn. 2.042, 2.028.
1504 *Ling Bing*, Rn. 2.042, Fn. 229.
1505 *Ling Bing*, Rn. 2.042.
1506 *Ling Bing*, Rn. 2.042.
1507 Z.B. §§ 290, 291, 306 I, 310, 312 S. 1; 315 VG, §§ 49 I, 53 I, 56 I S. 2 Var. 2; 69 II (im Verhältnis zu I), 89 S. 2 Hs. 1; 90 S. 2 Hs. 1; 91 I SHG, § 120 II ZLG, § 16 I Hs. 1 EBG.
1508 Vgl. *Koller*, Art. 23 WA 1955, Rn. 1.
1509 Zu dieser Vorschrift oben S. 58.
1510 Vgl. *Koller*, Art. 23 WA 1955, Rn. 1, 3 mit Nachweisen zu abweichenden Ansichten.

den.[1511] Die Nichtigkeit einer Klausel wirkt sich auf die Wirksamkeit des gesamten Vertrags nicht aus (§§ 106 III, 130 Hs. 2 ZLG).

Art. 23 II WA 1955 hat der chinesische Gesetzgeber nicht übernommen, weil der Beförderer gemäß § 125 IV Nr. 1 ZLG ohnehin von der Haftung für Güterschäden befreit ist, die auf der natürlichen Eigenschaft, der Qualität oder einem Mangel des Guts selbst beruhen.

Die Haftung des Absenders nach §§ 117, 123 ZLG ist mangels entgegenstehender Bestimmungen zu seinen Gunsten abdingbar.[1512]

II. Seehandelsgesetz

Die Parteien eines dem SHG unterliegenden multimodalen Frachtvertrags sind insbesondere an die §§ 44f. SHG gebunden. Die beiden Bestimmungen sind aus Art. 23 I, II HambR übernommen worden.[1513] Nach § 44 S. 1 SHG sind Vertragsklauseln unwirksam, die mit den Vorschriften des 4. Kapitels („Seefrachtvertrag") des SHG unvereinbar sind. Die Bestimmungen des 4. Kapitels sind demnach zwingend, sofern sie nicht ausdrücklich eine andere vertragliche Abrede zulassen.[1514] Jedoch können die Parteien nach § 45 SHG Vereinbarungen treffen, die die Haftung oder die Pflichten des Beförderers gegenüber den Vorschriften des 4. Kapitels erweitern. Damit ergibt sich aus §§ 44 S. 1; 45 SHG, dass die Vertragspartner hinsichtlich der Pflichten und der Haftung des Beförderers nur zu Gunsten der Ladungsbeteiligten, hinsichtlich der Verantwortlichkeit der Ladungsbeteiligten hingegen überhaupt nicht von den Bestimmungen des 4. Kapitels abweichen können. Unwirksam sind demnach Klauseln, die die Grundpflichten[1515] oder die Haftung des Beförderers ausschließen oder beschränken, sowie Klauseln, die seine Rechte erweitern.[1516] Grundpflichten sind nach einer Ansicht nur die in §§ 47–49 SHG ausdrücklich genannten Pflichten, nach anderer Auffassung auch die *reasonable despatch duty*.[1517] Zu den Rechten des Beförderers zählen nach *Fu Tingzhong* nicht nur die Haftungsbefreiungsgründe des § 51 I SHG und die Haftungshöchstgrenzen der §§ 56f. SHG, sondern auch die Verjährungsfrist des § 257 I Hs. 1 SHG.[1518] Zwar erfassen die §§ 44 S. 1; 45 SHG nach ihrem Wortlaut („dieses Kapitel") nur Vorschriften des 4. Kapitels. Es entspricht jedoch dem Sinn und Zweck der beiden Bestimmungen, die – im 13. Kapitel geregelte – Verjährungsfrist in den vom SHG

1511 Vgl. *Koller*, Art. 23 WA 1955, Rn. 1.
1512 Vgl. *Koller*, Art. 5–11 WA 1955, Rn. 36 bzw. Art. 16 WA 1955, Rn. 1. Die Gegenansicht (dazu *Koller*, Art. 33 WA 1955, Rn. 1) ist im Anwendungsbereich des ZLG wohl nicht vertretbar, da eine dem Art. 33 WA 1955 entsprechende Vorschrift im ZLG fehlt.
1513 Ähnlich bereits Art. 3 § 8 HVR.
1514 Missverständlich *Fu Tingzhong*, SJHY 1/1999, 54 (55), der schreibt, § 44 S. 1 SHG erfasse nur die zwingenden, nicht auch die dispositiven Vorschriften des 4. Kapitels.
1515 基本义务.
1516 *Fu Tingzhong*, SJHY 1/1999, 54 (55).
1517 So ausdrücklich im Zusammenhang mit §§ 44f. SHG *Fu Tingzhong*, SJHY 1/1999, 54 (54).
1518 *Fu Tingzhong*, SJHY 1/1999, 54 (55).

gewährten Mindeststandard einzubeziehen. Denn die Verjährung gehört zu den wesentlichen Bestandteilen der Beförderhaftung.[1519]

Ebenfalls unwirksam sind sog. Benefit-of-Insurance-Klauseln[1520], also Abreden, durch die dem Beförderer unmittelbar oder mittelbar die Vorteile[1521] aus einer Güterversicherung zufließen (§ 44 S. 3 SHG). Die Bestimmung erfasst nicht nur Fälle, in denen dem Beförderer der Anspruch auf die Versicherungsleistung abgetreten wird,[1522] sondern gilt auch für Klauseln, nach denen die Haftung des Beförderers ausgeschlossen ist, soweit der Schaden durch eine Versicherung des Absenders gedeckt ist.[1523]

Die Unwirksamkeit einer Vertragsklausel wirkt sich nicht auf die übrigen Vertragsteile aus (§ 44 S. 2 SHG). Diese Regel gilt allerdings nach ihrem Wortlaut („solche Klauseln“[1524]) und ihrer Stellung innerhalb des § 44 SHG nur für Fälle des § 44 S. 1 SHG, nicht auch für die Benefit-of-Insurance-Klauseln i. S. des § 44 S. 3 SHG.

Zu den von §§ 44 S. 1; 45 SHG erfassten Bestimmungen des 4. Kapitels gehören auch die besonderen Vorschriften über multimodale Frachtverträge (§§ 102–106 SHG). Eine vertragliche Verkürzung des Haftungszeitraums (§ 103 SHG) ist damit unwirksam. Auch die Verspätungshaftung des Unternehmers des multimodalen Transports (§ 50 SHG) unterliegt dem soeben beschriebenen Mindeststandard. Hinsichtlich der Güterschadenshaftung ist zu differenzieren. Der weit auszulegende Begriff der Ersatzhaftung[1525] in §§ 105 f. SHG dürfte auch die Frage der Abdingbarkeit erfassen. Demnach sind, da § 106 SHG auf das SHG verweist, Vereinbarungen über die Haftung für Güterschäden bei unbekanntem Schadensort ebenfalls an den §§ 44 f. SHG zu messen. Die Abdingbarkeit der Güterschadenshaftung bei bekanntem Schadensort richtet sich hingegen allein nach dem gemäß § 105 SHG zu bestimmenden Teilstreckenstatut. §§ 44 f. SHG sind insoweit nicht anwendbar.

Es fragt sich, inwiefern die Parteien sich durch Vereinbarung über die Verweisungsnormen der §§ 105 f. SHG als solche hinwegsetzen können, indem sie etwa bestimmte Haftungsregeln vereinbaren, die unabhängig davon gelten sollen, ob der Schadensort bekannt oder unbekannt ist. Solche Klauseln dürften unwirksam sein, soweit sie gegen zwingende Bestimmungen des im konkreten Fall an sich gemäß §§ 105 f. SHG anwendbaren Haftungsregimes verstoßen. Denn die Nichtabdingbarkeit des Teilstreckenrechts bei bekanntem Schadensort (§ 105 SHG) bzw. des SHG bei unbekanntem Schadensort (§ 106 SHG) muss auf die jeweils anwend-

---

1519 Zum Begriff der Ersatzhaftung i. S. der §§ 105 f. bzw. 321 VG oben S. 116 ff.
1520 Begriff: *Herber*, S. 344.
1521 利益. *Münzel*, Chinas Recht, 7.11.92/1 übersetzt den Begriff mit „Interesse“ (s. dazu seine Anm. 36).
1522 So aber *Münzel*, Chinas Recht, 7.11.92/1, Anm. 12.
1523 *Fu Tingzhong*, SJHY 1/1999, 54 (55); vgl. *Herber*, S. 344.
1524 „此类条款“.
1525 Zum Umfang der Verweisungen in §§ 105 f. SHG oben S. 116 ff.

bare Verweisungsnorm selbst durchschlagen. Handelt es sich jedoch bei der fraglichen Vereinbarung um eine Rechtswahl, so müssten die Parteien an sich wegen der kollisionsrechtlichen Wirkung der Rechtswahl einen größeren Gestaltungsspielraum haben. Ob die Rechtswahl zu Gunsten eines ausländischen Rechts aus chinesischer Sicht diese Wirkung hat, erscheint allerdings zweifelhaft.[1526]

Ein Beispiel für eine nicht differenzierende, sachrechtliche Haftungsvereinbarung ist Klausel 4 II S. 3 COSCON B/L. Danach müssen alle Schadensforderungen, die sich aus dem kombinierten Transport ergeben, bei COSCO Container Lines innerhalb von neun Monaten nach Ablieferung der Güter oder nach dem Tag, an dem die Güter hätten abgeliefert werden müssen, eingereicht werden; andernfalls ist die Gesellschaft von jeglicher Haftung hinsichtlich der Güter befreit. Das COSCON B/L enthält zwar in Klausel 6 III S. 1, 2 ein den §§ 105 f. SHG vergleichbares Haftungssystem. Doch soll Klausel 4 II S. 3 COSCON B/L ersichtlich unabhängig davon gelten, ob der Schadensort bekannt oder unbekannt ist. Demnach dürfte Klausel 4 II S. 3 COSCON B/L unwirksam sein, soweit den Ladungsbeteiligten ein Anspruch auf Ersatz eines Güterschadens zusteht, der dem SHG unterliegt. Das SHG knüpft bei Güterschäden an die nicht rechtzeitige Schadensanzeige keine haftungsausschließende Wirkung.[1527] Die Verjährungsfrist beträgt ein Jahr ab Ablieferung oder dem Tag, an dem die Güter hätten abgeliefert werden müssen.[1528] Dieser Haftungsstandard darf durch Parteivereinbarung nur verschärft werden.[1529] Die Regelung in Klausel 4 II S. 3 COSCON B/L ist hingegen eine Milderung der Haftung, da diese bereits nach neun Monaten ausgeschlossen ist, falls bis dahin keine Schadensanzeige eingegangen ist.

III. Vertragsgesetz

Eine ausdrückliche Regel über die Unwirksamkeit bestimmter frachtvertraglicher Vereinbarungen kennt das VG nicht. Die frachtrechtlichen Bestimmungen des VG sind damit grundsätzlich dispositiv.[1530] Die mit dem Transport von Gefahrgut verbundenen Pflichten des Absenders und Rechte des Beförderers nach § 307 VG sind allerdings zwingend.[1531] Denn die dort in Bezug genommenen staatlichen Vorschriften über Gefahrgutbeförderungen sind zwingende Bestimmungen i.S. des § 52 Nr. 5 VG. Eine weitere Beschränkung der Vertragsfreiheit enthält der in § 289 VG geregelte Kontrahierungszwang.[1532] Auch die Güterschadenshaftung des Unternehmers des multimodalen Transports ist nur bedingt dispositiv. Wie nach dem

---

1526 Zur Wirkung der Rechtswahl nach festlandschinesischem Recht oben S. 45 f.
1527 § 81 SHG.
1528 § 257 I Hs. 1 SHG.
1529 §§ 44 S. 1; 45 SHG.
1530 *Guo Yu*, in: Gebhardt et al., 361 (362); *Münzel*, Chinas Recht, 15.3.99/1, Anm. 1 sowie *Münzel/Zheng Xiaoqing*, RIW 1999, 641 (645): „Der besondere Teil des Gesetzes enthält neben den wenigen Formvorschriften fast nur noch dispositives Recht."
1531 *Hu Kangsheng*, S. 469; *Jiang Ping*, S. 244.
1532 Zu § 289 VG oben S. 70 f.

SHG dürften auch hier Vereinbarungen unwirksam sein, soweit sie gegen zwingende Bestimmungen der im konkreten Fall an sich gemäß § 321 VG anwendbaren Haftungsordnung verstoßen. Ob bei einer Rechtswahl ein größerer Gestaltungsspielraum besteht, erscheint zweifelhaft.[1533]

IV. Teilstreckenstatut

Die Zulässigkeit von Abreden über die Güterschadenshaftung des Unternehmers des multimodalen Transports für Fälle des bekannten Schadensorts richtet sich nach dem gemäß §§ 105 SHG bzw. 321 S. 1 VG anwendbaren Teilstreckenrecht.[1534] Unterliegt die Haftung bezüglich der Teilstrecke dem chinesischen Recht, so kommen je nach Transportart in erster Linie SHG, VG oder EBG in Betracht. Die Abdingbarkeit der Bestimmungen des SHG und des VG wurde soeben erörtert. Die Vorschriften des EBG sind grundsätzlich dispositiv.

C. Allgemeines Vertragsrecht

Vereinbarungen in multimodalen Frachtverträgen sind nicht nur an den zwingenden Bestimmungen des anwendbaren Frachtrechts zu messen, sondern müssen auch den unabdingbaren Regeln des allgemeinen Vertragsrechts entsprechen. Soweit festlandschinesisches Recht Vertragsstatut ist, sind insbesondere die folgenden Regeln zu berücksichtigen.

I. Haftungsausschluss für vorsätzlich oder grob fahrlässig verursachten Vermögensschaden

Eine ausdrückliche Grenze zieht § 53 Nr. 2 VG. Danach ist eine vertragliche Klausel unwirksam, nach der die Haftung für den Fall ausgeschlossen ist, dass der anderen Seite vorsätzlich oder grob fahrlässig ein Vermögensschaden zugefügt wird. Der Begriff der Haftungsausschlussklausel[1535] ist weit auszulegen. Zum einen erfasst er nicht nur den Ausschluss, sondern auch die Beschränkung der Haftung.[1536] Zum anderen fallen unter § 53 Nr. 2 VG auch solche Klauseln, die dem Vertragspartner die Geltendmachung seiner Haftungsansprüche – z.B. durch eine Beweislastregel – erschweren.[1537] Eine Haftungsausschlussklausel i.S. des § 53 Nr. 2 VG ist nur unwirksam, soweit sie zum Nachteil des Vertragspartners vom Gesetz ab-

1533 Zur Wirkung der Rechtswahl nach festlandschinesischem Recht unten S. 45f.
1534 Oben S. 202f.
1535 免责条款.
1536 *OVG-WK*, S. 228; *Ling Bing*, Rn. 4.056; *Hu Kangsheng*, S. 93f.; *Jiang Ping*, S. 43f.; *Liu Wenhua*, S. 55; *Liu Jianwen/Wang Zhenhua*, S. 137.
1537 *Ling Bing*, Rn. 4.056.

weicht; vertragliche Abreden, die lediglich den Inhalt einer gesetzlichen Bestimmung wiedergeben, sind folglich zulässig.[1538]

Für die Begriffe des Vorsatzes und der groben Fahrlässigkeit existieren bislang keine einheitlichen Definitionen. Nach *Jiang Ping* ist Vorsatz gegeben, wenn der Handelnde die Folgen seines Handelns vorhersieht und ihr Eintreten wünscht oder dem Zufall überlässt.[1539] Fahrlässigkeit liege hingegen vor, wenn der Handelnde die Folgen seines Handelns vorhersehen musste oder wenn er sie vorhersehen konnte, aber aus Nachlässigkeit nicht vorhersah oder wenn er sie zwar vorhersah, aber darauf vertraute, dass sie nicht einträten.[1540] Die Beurteilung der Fahrlässigkeit hänge vom Maßstab der gehörigen Sorgfalt[1541] ab: Wenn der Handelnde die gehörige Sorgfalt anwenden könne, es aber tatsächlich nicht tue, liege Fahrlässigkeit vor; seien die Umstände schwerwiegend[1542], handele es sich um grobe Fahrlässigkeit.[1543] Laut *OVG-WK* kommt es bei der groben Fahrlässigkeit auf eine Abwägung zwischen den rechtlichen Anforderungen an den Handelnden und dem Grad der subjektiven Kenntnis des Handelnden einerseits und den hervorgerufenen objektiven Folgen andererseits an.[1544]

Der Rechtsgedanke des § 53 Nr. 2 VG kommt übrigens auch in §§ 59 I SHG, 132 Hs. 1 ZLG, 17 I Nr. 2 Hs. 2 EBG zum Ausdruck.[1545] Nach diesen Vorschriften kann sich der Beförderer nicht auf die Begrenzung seiner Haftung berufen, wenn ihn ein besonders schweres Verschulden trifft. Das besonders schwere Verschulden wird zwar unterschiedlich umschrieben: Während das EBG wie das VG von „grober Fahrlässigkeit“[1546] spricht, verwenden SHG und ZLG die auf Art. 25 WA 1955 zurückgehende und inzwischen international übliche[1547] Formulierung „durch … im Bewusstsein, dass ein Schaden entstehen konnte, rücksichtslos unternommenes Tun oder Unterlassen herbeigeführt“[1548]. Nach chinesischer Auffassung ergibt sich daraus jedoch kein inhaltlicher Unterschied; sowohl das *OVG* als auch *Ling Bing* sehen die beiden Formulierungen als Synonyme an.[1549]

Ist eine Klausel des Vertrags unwirksam, so bleiben nach § 56 S. 2 VG die übrigen Teile des Vertrags wirksam, wenn die Unwirksamkeit der einen Klausel nicht die Wirksamkeit der anderen Klauseln beeinträchtigt.

1538 *Ling Bing*, Rn. 4.059.
1539 *Jiang Ping*, S. 44; ähnlich *OVG-WK*, S. 228.
1540 *Jiang Ping*, S. 44.
1541 应有注意.
1542 严重.
1543 *Jiang Ping*, S. 44.
1544 *OVG-WK*, S. 228.
1545 *Ling Bing*, Rn. 4.059, Fn. 388.
1546 „重大过失“.
1547 *Herber*, S. 332.
1548 „由于 … 明知可能造成损失而轻率地作为或者不作为造成的“.
1549 Pkt. 2 OVG-EisenbTranspSE-Erläut; *Ling Bing*, Rn. 4.059, Fn. 391.

II. Höhere Gewalt

Höhere Gewalt[1550] spielt im chinesischen Zivil- und Frachtrecht eine bedeutende Rolle: Sie ist Rücktrittsgrund[1551] und führt zur Hemmung der Verjährung[1552]. Vor allem aber begründet höhere Gewalt sowohl im allgemeinen Vertragsrecht als auch nach den frachtrechtlichen Vorschriften des EBG und des VG den Ausschluss der Haftung.[1553] Der Tatbestand der höheren Gewalt dient hier als Ausgleich dafür, dass die Haftung verschuldensunabhängig ist.[1554]

Es fragt sich, inwieweit die Parteien hinsichtlich höherer Gewalt von den gesetzlichen Vorgaben abweichen können. Den unscharfen Angaben in der chinesischen Literatur[1555] lässt sich entnehmen, dass die Vertragsparteien nur innerhalb der Grenzen des § 117 II VG festlegen können, welche Ereignisse im Einzelnen als höhere Gewalt gelten sollen.[1556] Das Problem lässt sich jedoch umgehen. Denn es steht den Parteien grundsätzlich frei, Umstände zu bestimmen, unter denen ein Vertragspartner von seiner Haftung befreit ist.[1557] Die Vereinbarung eines von § 117 II VG abweichenden Haftungsausschlussgrundes ist in den Anwendungsbereichen des EBG und des VG nur wirksam, wenn die Kataloge der §§ 18 EBG, 311 Hs. 2 VG nicht abschließend sind. Für die Annahme einer solchen erschöpfenden Regelung ist indessen kein Grund ersichtlich. Allerdings sind die Grenzen der §§ 53 Nr. 2; 39 f. VG zu beachten.

III. Allgemeine Geschäftsbedingungen

Frachtverträge beinhalten meist AGB.[1558] Sie werden in der chinesischen Literatur sehr unterschiedlich bezeichnet.[1559] Das VG spricht in seinen §§ 39–41 von „Formularklauseln“[1560]. Regelungen über AGB finden sich darüber hinaus in § 24 des Verbraucherschutzgesetzes der Volksrepublik China (VerbrSchutzG), in der Verordnung der Stadt Shanghai zur Überwachung von Formularklauseln in Verträgen

---

1550 不可抗力.
1551 §§ 94 Nr. 1 VG, 90 S. 1 SHG; s. auch § 91 I SHG.
1552 §§ 139 S. 1 AGZR, 266 S. 1 SHG.
1553 § 117 I S. 1 VG (allgemeines Vertragsrecht); §§ 18 Nr. 1 EBG bzw. 311 Hs. 2 VG (Frachtrecht); s. auch § 314 VG.
1554 *Ling Bing*, Rn. 8.039, 8.045.
1555 *Jiang Ping*, S. 97 f.; *OVG-WK*, S. 491.
1556 Ebenso *Widmer/Ye Feng*, RIW 2001, 844 (849); *Scheil et al.*, S. 21.
1557 *Ling Bing*, Rn. 8.051, 8.039; *OVG-WK*, S. 491.
1558 *Long Yifei*, S. 350 f.; *Zhang Dai'en*, S. 5 f.; *Lu Yongzhen*, S. 3; *Fang Shaokun/Guo Mingrui*, S. 345 f.; *Drews*, TranspR 2003, 12 (15).
1559 So findet man u.a. die Begriffe „Standardklauseln“ („标准条款“) (*Jiang Ping*, S. 30; *Xiao Xun et al.*, S. 153; §§ 37–39 VG in der Fassung des letzten Entwurfs, abgedruckt in: *Wang Shengming et al.*, S. 176), „Standardvertrag“ („标准合同“) (*OVG-WK*, S. 169), „Klauseln mit festgelegter Form“ („定式条款“) (*Xiao Xun et al.*, S. 153), „Vertrag mit festgelegter Form“ („定式合同“) (*OVG-WK*, S. 169) und – entsprechend den von §§ 39–41 VG sog. Formularklauseln (格式条款) – „Formularvertrag“ („格式合同“) (*Jiang Ping*, S. 14; *OVG-WK*, S. 169).
1560 “格式条款“.

(ShanghaiAGB-VO) und in der Verordnung der Wirtschaftssonderregion Shenzhen über Formularverträge (ShenzhenAGB-VO). Die folgende Darstellung beschränkt sich jedoch auf die einschlägigen Vorschriften des VG.[1561]

Danach handelt es sich bei AGB um Klauseln, die eine Partei zum wiederholten Gebrauch im Voraus entworfen und bei der Vertragserrichtung nicht mit der anderen Seite ausgehandelt hat (§ 39 II VG). Die typischerweise auf der Rückseite eines Transportdokuments abgedruckten Klauseln dürften damit nahezu ausnahmslos als AGB zu qualifizieren sein. AGB werden auch in der Volksrepublik China insbesondere zur Haftungsfreizeichnung verwendet.[1562] Das VG schränkt die Vertragsgestaltung insoweit allerdings stark ein: Nach § 40 VG ist eine AGB-Klausel unwirksam, bei der einer der in §§ 52 f. VG bestimmten Umstände vorliegt (Var. 1, 2)[1563] oder in der der Verwender sich von seiner Haftung befreit (Var. 3), die Haftung der anderen Partei erweitert (Var. 4) oder wesentliche Rechte der anderen Partei ausschließt (Var. 5).

1. Haftungsausschließende Klauseln

Die Bestimmung des § 40 Var. 3 VG über die Unwirksamkeit von haftungsausschließenden Klauseln ist unvereinbar mit § 39 I VG, wonach der Verwender die Gegenseite auf Klauseln hinweisen muss, die ihn von seiner Haftung befreien. Denn es wäre widersinnig, dem Verwender eine Hinweispflicht bezüglich haftungsausschließender Klauseln aufzuerlegen und gleichzeitig die Unwirksamkeit solcher Klauseln anzuordnen. Die Auflösung dieses Widerspruchs ist umstritten.

Ling Bing meint, dass haftungsausschließende Klauseln nur dann unwirksam seien, wenn der Verwender die Gegenseite nicht gemäß § 39 I VG auf die jeweilige Klausel hingewiesen hat; anderenfalls wäre § 39 I VG bezüglich haftungsausschließender Klauseln bedeutungslos.[1564]

1561 Das VerbrSchutzG, das gemäß § 123 VG Vorrang gegenüber dem VG hat, und die ShanghaiAGB-VO sind nur auf Verbraucher anwendbar (§ 2 VerbrSchG bzw. § 3 ShanghaiAGB-VO). Diese verschicken in aller Regel nur kleine Sendungen mit der Post. Solche Beförderungen unterliegen dem PostG und fallen damit nicht in den Anwendungsbereich des Frachtrechts im hier verstandenen Sinne (zum Posttransport oben S. 34). Die ShenzhenAGB-VO ist dagegen nicht auf Verbraucher beschränkt. Sie ist jedoch gegenüber dem VG nachrangig. Denn nach § 79 S. 1 Var. 2 GGG gehen Gesetze territorialen Rechtsnormen vor. Dies gilt gemäß § 81 II GGG ausnahmsweise nicht bei sog. adjustierenden Bestimmungen (变通规定; so die Übersetzung von *Pißler*, Chinas Recht, 15.3.00/2). Bei der ShenzhenAGB-VO dürfte es sich allerdings nicht um adjustierende Bestimmungen handeln (*Pißler*, Chinas Recht, 15.3.00/2, Anm. 36). Nichtsdestotrotz kann die ShenzhenAGB-VO als Auslegungshilfe für die allgemein gehaltenen Bestimmungen des VG dienen (*Tetz*, RIW 1999, 647 [648]). Zum Rangverhältnis zwischen zentraler und regionaler Gesetzgebung vor Erlass des GGG s. *Widmer*, S. 63 ff.

1562 *Tetz*, S. 149.

1563 Zu § 53 Nr. 2 VG oben S. 204 f.

1564 *Ling Bing*, Rn. 3.081, der dazu die „rule of effectiveness *(ut res magis valeat quam pereat)*" heranzieht.

Zhu Yan und *Tetz* hingegen vertreten die Auffassung, dass alle haftungsausschließenden Klauseln unabhängig davon, ob der Verwender seiner Hinweispflicht entsprochen hat oder nicht, unwirksam seien.[1565] *Tetz* verweist auf die Änderungen, die der Gesetzgeber kurz vor Verabschiedung des VG vorgenommen hat. Der letzte Entwurf des VG enthielt im Anschluss an die Pflicht, die Gegenseite auf haftungsausschließende und -beschränkende Klauseln hinzuweisen, noch die Regel, dass solche Klauseln unwirksam sind, wenn der Verwender seiner Hinweispflicht nicht nachkommt.[1566] Der Gesetzgeber hat diese Regel gestrichen und die haftungsausschließenden Klauseln in die Vorschrift über die in jedem Fall unwirksamen Klauseln[1567] aufgenommen. Er habe, so *Tetz*, dabei übersehen, dass Hinweispflicht und Unwirksamkeitsfolge nicht mehr zueinander passten. Folglich müsse man davon ausgehen, dass alle haftungsausschließenden AGB unwirksam seien.

2. Haftungsbeschränkende Klauseln

Haftungsbeschränkende Klauseln werden im Gegensatz zu haftungsausschließenden Klauseln in § 40 VG nicht erwähnt. Sie sind also nicht ohne weiteres unwirksam. Nach § 39 I VG besteht jedoch eine Hinweispflicht des Verwenders. Fraglich ist, welche Rechtsfolge die Nichterfüllung dieser Pflicht nach sich zieht. Nach dem letzten Entwurf des VG war eine haftungsbeschränkende Klausel, auf die der Verwender seinen Vertragspartner nicht hingewiesen hat, unwirksam.[1568] Diese Regel wurde dann kurz vor Verabschiedung zwar gestrichen. Nach verbreiteter Ansicht sind solche Klauseln jedoch auch weiterhin im Ergebnis unbeachtlich.[1569]

Bei der Argumentation geht man indessen verschiedene Wege:[1570] *Tetz* begründet die Unwirksamkeit über §§ 40 Var. 1; 52 Nr. 5 VG, hält die Hinweispflicht des § 39 I VG folglich wie *Ling Bing*[1571] für eine zwingende Bestimmung i.S. des § 52 Nr. 5 VG.[1572] *Wang Liming* hingegen meint, dass eine haftungsbeschränkende Klausel ohne entsprechenden Hinweis bereits nicht wirksam in den Vertrag einbezogen werde.[1573] Für die letztere Ansicht spricht, dass es hier nicht wie in § 40 VG um die

1565 *Zhu Yan*, S. 108; *Tetz*, RIW 1999, 647 (647).
1566 § 37 I S. 2 VG in der Fassung des letzten Entwurfs, abgedruckt in: *Wang Shengming et al.*, S. 176.
1567 § 38 VG in der Fassung des letzten Entwurfs, abgedruckt in: *Wang Shengming et al.*, S. 176; jetzt § 40 VG.
1568 § 37 I S. 2 VG in der Fassung des letzten Entwurfs, abgedruckt in: *Wang Shengming et al.*, S. 176.
1569 *Wang Liming*, Vertragsgesetz AT, S. 98; *Ling Bing*, Rn. 3.079; *Xiao Xun et al.*, S. 157; *Zhu Yan*, S. 108; *Tetz*, RIW 1999, 647 (647).
1570 Zweideutig *Zhu Yan*, S. 108: „Nach teleologischer Auslegung sollen die Formularklauseln, welche Haftungsbeschränkungen vorsehen, bei fehlender Erfüllung der Hinweispflicht *unwirksam* sein. Das bedeutet, haftungsbeschränkende Klauseln können nur durch Erfüllung der Hinweispflicht in Verträge *einbezogen* werden, sonst sind sie wegen fehlender Erfüllung dieser Hinweispflicht *unwirksam*." (Hervorhebungen durch den Verfasser).
1571 *Ling Bing*, Rn. 2.042, Fn. 235.
1572 *Tetz*, RIW 1999, 647 (647).
1573 *Wang Liming*, Vertragsgesetz AT, S. 98; *Wang Liming*, Untersuchung neuer Fragen des Vertragsrechts, S. 163f.

negative Bewertung des Klauselinhalts (Klauselverbot) geht, sondern darum, ob der Vertragspartner des Verwenders bei Vertragsabschluss die für ihn nachteilige Bestimmung in seinen Willen aufgenommen hat. Dabei handelt es sich um eine Frage der Einbeziehung von AGB.

3. Klauseln, die die Haftung der anderen Partei erweitern

Klauseln, die die Haftung der anderen Partei erweitern, sind nach § 40 Var. 4 VG unwirksam. Eine Erweiterung liegt vor, wenn die Haftung zum Nachteil der anderen Partei von den gesetzlichen Bestimmungen abweicht.[1574]

4. Klauseln, die wesentliche Rechte der anderen Partei ausschließen

Ebenso unwirksam sind Klauseln, die wesentliche Rechte der anderen Partei ausschließen (§ 40 Var. 5 VG), sog. Rechtsverlustklauseln[1575]. Eine Definition der wesentlichen Rechte ist bislang nicht entwickelt worden. Bei der Feststellung, ob ein wesentliches Recht betroffen ist oder nicht, kommt es auf die Natur des Vertrags[1576] an.[1577] Die Gerichte sollen dabei die Geschäftsgepflogenheiten[1578] und den Normzweck der AGB-Vorschriften berücksichtigen.[1579] Unter § 40 Var. 5 VG fallen jedenfalls all die Rechte, die denjenigen Pflichten gegenüberstehen, die zur Bestimmung des Vertragstyps herangezogen werden – beim Kaufvertrag das Recht des Käufers auf Übergabe und Übereignung sowie der Anspruch des Verkäufers auf den Kaufpreis.[1580] Autoren und lokale Gesetzgebung geben im Übrigen eine Vielzahl von Beispielen für wesentliche Rechte, etwa das Recht, den Vertrag zu ändern oder von ihm zurückzutreten[1581],[1582] den Preis zu mindern,[1583] Vertragsverletzungsgeld[1584] oder Schadensersatz zu verlangen,[1585] Sachmängelgewährleistung[1586] oder überhaupt vertragliche Einwendungen *(contractual defences)*[1587] geltend zu machen oder den Vertrag auszulegen[1588]. Unwirksam sind darüber hinaus Klauseln, die die

---

1574 *Ling Bing*, Rn. 3.082; ähnlich *Wang Liming*, Untersuchung neuer Fragen des Vertragsrechts, S. 173: „… wenn die Formularklauseln Pflichten enthalten, die die Gegenseite unter normalen Umständen nicht übernehmen muss."
1575 失权条款 (*Liu Wenhua*, S. 40; *Liu Jianwen/Wang Zhenhua*, S. 114).
1576 合同本身的性质.
1577 *Wang Liming*, Untersuchung neuer Fragen des Vertragsrechts, S. 174.
1578 交易的习惯.
1579 *OVG-WK*, S. 176.
1580 *Liu Wenhua*, S. 40.
1581 解除.
1582 § 8 Nr. 1 ShanghaiAGB-VO; § 17 Nr. 4 ShenzhenAGB-VO; *Wang Liming*, Untersuchung neuer Fragen des Vertragsrechts, S. 174.
1583 *Wang Liming*, Untersuchung neuer Fragen des Vertragsrechts, S. 174.
1584 违约金 (§ 114 VG).
1585 § 8 Nr. 2 ShanghaiAGB-VO; § 17 Nr. 2, 8 ShenzhenAGB-VO.
1586 *Xiao Xun et al.*, S. 157; *Jiang Ping*, S. 31.
1587 *Ling Bing*, Rn. 3.083.
1588 § 17 Nr. 10 ShenzhenAGB-VO.

Einziehung des Vermögens der anderen Partei vorsehen,[1589] die Gegenseite in ihrer Freiheit einschränken, mit anderen Personen Verträge zu schließen,[1590] oder der anderen Partei die Möglichkeiten, Klage zu erheben oder ein Schiedsgericht anzurufen, nehmen oder beschränken.[1591] Die hier genannten Beispiele erfüllen häufig gleichzeitig den Tatbestand der haftungsausschließenden Klausel i.S. des § 40 Var. 3 VG. Eine Abgrenzung zwischen beiden Tatbestandsvarianten ist jedoch nur erforderlich, wenn man im Hinblick auf diese Bestimmung der Auffassung von *Ling Bing* folgt. Andernfalls sind beide Arten von Klauseln ohnehin stets unwirksam. Festzuhalten bleibt, dass der Gesetzgeber den Gerichten bei der Ausfüllung des Begriffs „wesentliche Rechte“ einen sehr weiten Spielraum gelassen hat. Die Entscheidung über die Unwirksamkeit einer Klausel hängt hier sehr stark vom Einzelfall ab.

5. Rechtsfolgen der Unwirksamkeit einer Klausel

Die Unwirksamkeit einer AGB-Klausel wirkt sich auf die anderen AGB-Klauseln nicht aus.[1592] Dies ergibt sich zum einen aus dem Wortlaut des § 40 VG („… so ist die betreffende Klausel unwirksam.“[1593]), zum anderen aus § 56 S. 2 VG.[1594] Danach bleibt der Vertrag, wenn er teilweise unwirksam ist und dies nicht die Wirksamkeit der anderen Teile beeinträchtigt, im Übrigen wirksam. Diese Bestimmung gilt nicht nur für mit dem Vertragspartner ausgehandelte Vertragsklauseln, sondern auch für AGB.[1595] Man kann ihr das Ziel des Gesetzgebers entnehmen, Verträgen zu weitest möglicher Wirksamkeit zu verhelfen.[1596]

Eine geltungserhaltende Reduktion einer unwirksamen Klausel auf das rechtlich gerade noch zulässige Maß findet prinzipiell nicht statt.[1597] An die Stelle der unwirksamen Klausel treten vielmehr grundsätzlich die gesetzlichen Bestimmungen.[1598]

1589 *Ling Bing*, Rn. 3.083.
1590 *Ling Bing*, Rn. 3.083.
1591 § 17 Nr. 13 ShenzhenAGB-VO; § 8 Nr. 4 ShanghaiAGB-VO; *Ling Bing*, Rn. 3.083; *Wang Liming*, Untersuchung neuer Fragen des Vertragsrechts, S. 174.
1592 *Zhu Yan*, S. 186; im Ergebnis wohl ebenso *Wang Liming*, Untersuchung neuer Fragen des Vertragsrechts, S. 175; a.A. *Liu Wenhua*, S. 40: Er meint, dass die Unwirksamkeit der sog. Rechtsverlustklauseln i.S. des § 40 Var. 5 VG – im Gegensatz zu den Haftungsbefreiungsklauseln i.S. des § 40 Var. 3 VG – häufig zur Unwirksamkeit des gesamten Vertrags führe.
1593 „… 该条款无效.“
1594 *Zhu Yan*, S. 186.
1595 *Zhu Yan*, S. 186.
1596 *Zhu Yan*, S. 186.
1597 *Zhu Yan*, S. 188; s. auch *Tetz*, S. 150, die vor Inkrafttreten des VG zwar noch eine geltungserhaltende Reduktion gemäß § 59 AGZR befürwortete. Dies sei „notwendig, weil sonst die Unwirksamkeit einer Bestimmung zum gegenwärtigen Zeitpunkt mangels umfassender zivilrechtlicher Normierung nur das Fehlen einer vertraglichen Bestimmung zur Folge haben könnte“. Mit dem VG liegt aber nunmehr ein umfassendes Regelwerk zum chinesischen Vertragsrecht vor, so dass die Notwendigkeit der geltungserhaltenden Reduktion jetzt nicht mehr besteht.
1598 *Zhu Yan*, S. 191.

D. Zusammenfassung

Der Grundsatz der Vertragsfreiheit überlässt den Rechtssubjekten die freie Entscheidung darüber, ob, mit wem, unter welchen Bedingungen und in welcher Form sie einen Vertrag schließen. Die Vertragsfreiheit steht jedoch unter dem Vorbehalt zwingender gesetzlicher Bestimmungen.

Nach dem ZLG sind vertragliche Vereinbarungen unwirksam, soweit sie von der in diesem Gesetz festgelegten Haftung des Beförderers zu Lasten des Absenders oder Empfängers abweichen. Dagegen ist die Haftung des Absenders zu seinen Gunsten abdingbar.

Im Anwendungsbereich des SHG können die Parteien hinsichtlich der Pflichten und der Haftung des Beförderers ebenfalls nur zu Gunsten der Ladungsbeteiligten abweichen. Vertragliche Abreden über die Änderung der vom SHG vorgesehenen Verantwortlichkeit der Ladungsbeteiligten sind hingegen stets unwirksam. Zur Haftung des Beförderers gehört auch die Verjährung. Unzulässig sind insbesondere Vereinbarungen, durch die dem Beförderer unmittelbar oder mittelbar die Vorteile aus einer Güterversicherung zufließen (Benefit-of-Insurance-Klauseln). Bei multimodalen Frachtverträgen unterliegen sowohl die Verspätungshaftung als auch die Güterschadenshaftung in Fällen des unbekannten Schadensorts dem Mindeststandard des SHG. Die Abdingbarkeit der Güterschadenshaftung bei bekanntem Schadensort richtet sich hingegen allein nach dem gemäß § 105 SHG zu bestimmenden Teilstreckenstatut. Haftungsklauseln, die unabhängig davon gelten sollen, ob der Schadensort bekannt oder unbekannt ist, sind unwirksam, soweit sie gegen zwingende Bestimmungen des im konkreten Fall an sich gemäß §§ 105f. SHG anwendbaren Haftungsregimes verstoßen.

Die frachtrechtlichen Bestimmungen des VG sind grundsätzlich dispositiv. Die Vorschriften über den Transport gefährlicher Güter sind hingegen zwingend. Wie nach dem SHG sind überdies Vereinbarungen über die Güterschadenshaftung des Unternehmers des multimodalen Transports unwirksam, soweit sie gegen zwingende Bestimmungen der im konkreten Fall an sich gemäß § 321 VG anwendbaren Haftungsordnung verstoßen. Die Vorschriften des EBG sind grundsätzlich dispositiv.

Neben den zwingenden frachtrechtlichen Bestimmungen sind auch die durch das allgemeine Vertragsrecht gezogenen Grenzen zu beachten. Ist chinesisches Recht Haftungsstatut, sind vertragliche Vereinbarungen unwirksam, soweit sie bei Vermögensschäden die Haftung für Vorsatz oder grobe Fahrlässigkeit gegenüber den gesetzlichen Standards erleichtern. Wollen die Parteien wirksam festlegen, welche Ereignisse im Einzelnen als höhere Gewalt gelten sollen, so müssen sie stets solche Umstände benennen oder beschreiben, die unvorhersehbar, unvermeidbar und unüberwindbar sind. Im Übrigen steht es ihnen grundsätzlich frei, Umstände zu bestimmen, unter denen ein Vertragspartner von seiner Haftung befreit ist.

Frachtverträge beinhalten meist AGB. Diese sind, soweit chinesisches Recht Vertrags- oder Haftungsstatut ist, an § 40 VG zu messen. Haftungsausschließende

Klauseln sind nach einer Ansicht stets unwirksam, nach anderer Auffassung nur dann, wenn der Verwender die Gegenseite nicht auf die betreffende Klausel hingewiesen hat. Haftungsbeschränkende AGB sind nur beachtlich, wenn der Verwender seiner Hinweispflicht genügt hat. Klauseln, die die Haftung der anderen Partei gegenüber den gesetzlichen Bestimmungen erweitern, sind ebenfalls unwirksam. Dies gilt schließlich auch für solche AGB, die wesentliche Rechte der anderen Partei ausschließen.

Ergebnisse

1. **Anwendbarkeit von Rechtsakten auf multimodale Frachtverträge.** Ob und inwiefern nach chinesischer Rechtsauffassung ein Übereinkommen, ein Gesetz oder ein sonstiger Rechtsakt mit Regelungen über unimodale Beförderungen auch auf einen multimodalen Frachtvertrag anzuwenden ist, lässt sich nicht mit Sicherheit beantworten. Eine Anwendung auf Multimodalverträge erscheint grundsätzlich nur geboten, wenn und soweit sich dem betreffenden Rechtsakt über unimodale Transporte ausdrücklich entnehmen lässt, dass er auch für multimodale Beförderungen gelten soll. Schweigen hingegen die einschlägigen Vorschriften, so dürfte der Rechtsakt auf multimodale Transporte (insoweit) nicht anzuwenden sein. Abhandlungen der chinesischen Literatur lassen aber immer wieder erkennen, dass insbesondere die Anwendbarkeit untergesetzlicher Rechtsakte im Allgemeinen nicht allzu genau geprüft wird. Daher ist im Zweifel davon auszugehen, dass der betreffende Rechtsakt auch auf multimodale Frachtverträge angewandt wird. Dies gilt insbesondere für das EBG.
2. **Vorrang internationaler Übereinkommen.** Bei der Prüfung von Ansprüchen aus einem multimodalen Frachtvertrag ist zunächst zu untersuchen, ob der Sachverhalt in den Anwendungsbereich eines internationalen Übereinkommens fällt. Ein Staatsvertrag zur Regelung multimodaler Transporte ist bislang nicht in Kraft getreten. In Betracht kommen also nur Übereinkommen zur Regelung unimodaler Beförderungen, die nach ihren eigenen Vorschriften auch auf multimodale Beförderungen anzuwenden sind. Dies sind aus festlandschinesischer Sicht derzeit lediglich – in dieser Rangfolge – das MÜ, das WA 1955 und das WA 1929.
3. **Rechtswahl.** Bei der Ermittlung des auf den Multimodalvertrag – ggf. ergänzend zu einem Übereinkommen – anwendbaren Rechts ist nach dem IPR der Volksrepublik China (Festland) vorrangig eine Rechtswahl der Parteien zu beachten. Chinesische Gerichte setzen sich allerdings häufig über die Wahl einer ausländischen Rechtsordnung hinweg. Die Grenzen der Rechtswahlfreiheit lassen sich nicht deutlich bestimmen. Unklar ist insbesondere, ob der Rechtswahl kollisionsrechtliche Wirkung zukommt. Es ist davon auszugehen, dass die „Abwahl" der zwingenden Vorschriften des chinesischen Sachrechts restriktiv gehandhabt wird.
4. **Objektive Anknüpfung.** Soweit eine wirksame Rechtswahl fehlt, ist das Recht des Staats anzuwenden, mit dem der Vertrag die engste Verbindung hat. Spezielle Vorschriften über die objektive Anknüpfung von Frachtverträgen existieren nicht. Bei der Bestimmung der engsten Verbindung kommt es insbe-

sondere darauf an, welche Partei die charakteristische Leistung zu erbringen hat. Beim Frachtvertrag besteht nach einhelliger Meinung in der Literatur grundsätzlich die engste Verbindung mit dem Recht des Staats, in dem sich der Sitz oder die Niederlassung des Beförderers befindet. Einige Autoren fordern, dass sich in demselben Staat auch der Verladeort oder der Entladeort oder die Hauptniederlassung des Absenders befinden müsse. Die Anknüpfung ist überdies umstritten, falls der Beförderer mehrere Niederlassungen hat. Eine einheitliche Linie in der Rechtsprechung ist bislang nicht erkennbar – allenfalls die Neigung zur Anwendung des chinesischen Rechts.

5. **Interlokales Privatrecht. Taiwan.** Auf der Ebene des festlandschinesischen interlokalen Privatrechts (Festland, Hongkong und Macao) gelten im Wesentlichen die gleichen Regeln wie im IPR. Dies gilt auch für Verträge mit Bezug zu Taiwan.

6. **Verhältnis zwischen ZLG, SHG und VG.** Unterliegt der multimodale Frachtvertrag dem festlandschinesischen Recht, so ist bei Beförderungen unter Einschluss eines Lufttransports zunächst die Anwendbarkeit des ZLG zu prüfen. Dessen frachtrechtliche Vorschriften entsprechen im Wesentlichen dem MÜ. Soweit die Sonderregelungen des ZLG über multimodale Beförderungen nicht eingreifen, richtet sich ein Multimodalvertrag unter Einschluss einer Seebeförderung i.S. des § 2 SHG – ggf. ergänzend – vorrangig nach dem SHG. Die Regelungen über den Seefrachtvertrag beruhen im Kern auf den H(V)R; jedoch wurden auch Bestimmungen der HambR übernommen. Multimodale Frachtverträge, die eine Seestrecke der genannten Art nicht vorsehen, unterliegen in erster Linie dem VG.

7. **Voraussetzungen des multimodalen Frachtvertrags**

   a) **Mehrere Transportarten.** Ein multimodaler Frachtvertrag, der dem chinesischen Recht unterliegt, setzt voraus, dass die Güter mit mindestens zwei verschiedenen Transportarten befördert werden sollen. Unter welchen Umständen verschiedene Transportarten vorliegen, ist bislang ungeklärt. Dem Wortlaut sowie dem Sinn und Zweck der Regelungen über den Multimodalvertrag scheint es zu entsprechen, verschiedene Transportarten anzunehmen, wenn das Gut nach dem Vertrag über mindestens zwei der Transportmedien Straße, Schiene, Luft und Wasser befördert werden soll, und darüber hinaus Seetransporte i.S. des § 2 SHG und andere Transporte zu Wasser als verschiedene Transportarten zu behandeln.

   b) **Einheitlicher Frachtvertrag.** Ein Multimodalvertrag ist ferner dadurch gekennzeichnet, dass sich eine einzige Person (der Unternehmer des multimodalen Transports) in einem einzigen, einheitlichen Vertrag zur Ausführung der gesamten Beförderung verpflichtet.

   c) **Mehrere tatsächliche Beförderer.** Nach ganz h. M. müssen überdies mindestens zwei tatsächliche Beförderer beteiligt sein. Eine stichhaltige Begründung für diese Auffassung ist nicht ersichtlich. Insbesondere eine Auslegung nach dem Sinn und Zweck der Regelungen über multimodale Frachtverträge spricht vielmehr dafür, dass es ausreicht, wenn der Unternehmer des multimodalen Transports oder ein von ihm eingeschalteter tatsächlicher Beförderer den Transport auf der gesamten Strecke allein durchführt.

8. **Abgrenzung zu Spedition und Frachtagentur.** Bei Spedition und Frachtagentur ist nicht die Beförderung, sondern nur deren Besorgung geschuldet. Allerdings haben sowohl der Spediteur als auch der Frachtagent ein Selbsteintrittsrecht, durch dessen Ausübung sie zum Beförderungs- und entsprechenden Haftungsschuldner werden. Liegen in solchen Fällen auch die übrigen Voraussetzungen eines multimodalen Frachtvertrags vor, so sind Spediteur und Frachtagent zugleich Unternehmer des multimodalen Transports.

9. **Wesentliche Pflichten des Unternehmers des multimodalen Transports.** Nach dem SHG ist der Unternehmer des multimodalen Transports zur Stellung eines see- und ladungstüchtigen Schiffs und zur Ladungsfürsorge verpflichtet. Die gesetzlichen Bestimmungen dürften dabei analog auf andere Transportmittel auszulegen sein, so dass nicht nur das Schiff, sondern jedes verwendete Transportmittel hinsichtlich Konstruktion, Eigenschaften, Zustand usw. in der Lage sein muss, die während der Beförderung üblicherweise bestehenden und bei Anlegung eines vernünftigen Maßstabes vorhersehbaren Risiken aufzufangen. Nach dem VG ist das Gut sicher zu befördern. Darüber hinaus besteht im Anwendungsbereich beider Gesetze die Pflicht, nicht unberechtigt vom vereinbarten oder üblichen Reiseweg abzuweichen (Deviation).

10. **Rechtsfolgen der unberechtigten Deviation.** Die unberechtigte Deviation ist nach dem SHG ein Verstoß gegen eine elementare Pflicht und löst eine entsprechende Haftung aus. Sie soll indes nach Auffassung einiger Autoren sowohl im SHG als auch im VG noch zusätzliche, auf dem traditionellen englischen Seefrachtrecht beruhende Rechtsfolgen haben, und zwar u.a. ein Rücktrittsrecht der Ladungsbeteiligten, die Durchbrechung der Haftungsbegrenzung und die Unwirksamkeit von Klauseln, die die Befördererhaftung ausschließen. Diese Rechtsfolgen sind jedoch mit den vielen geschriebenen Regeln und den daraus resultierenden Strukturen des SHG und des VG schwerlich vereinbar, soweit sie nicht ohnehin im Gesetz allgemein, d.h. unabhängig von einer Deviation, vorgesehen sind.

11. **System der Haftung des Unternehmers des multimodalen Transports.** Die Haftung des Unternehmers des multimodalen Transports für Güterschäden bei unbekanntem Schadensort sowie für Verspätungsschäden unterliegt außerhalb des ZLG den allgemeinen – d.h. den für unimodale Frachtverträge geltenden – Vorschriften des SHG bzw. des VG. Die Haftung für Güterschäden bei bekanntem Schadensort richtet sich hingegen nach dem Recht der schadensträchtigen Teilstrecke.

12. **Einordnung der Güterschäden, die auf verspäteter Ablieferung beruhen.** Güterschäden, die auf verspäteter Ablieferung beruhen, zählen nach dem VG zu den Güterschäden, nach dem SHG hingegen zu den Verspätungsschäden.

13. **Umfang der Verweisungen der §§ 105f. SHG bzw. 321 VG.** Die Verweisungen der §§ 105f. SHG bzw. 321 VG umfassen alle mit der Ersatzhaftung des Unternehmers des multimodalen Transports für Güterschäden zusammenhängenden Fragen. Dazu gehören neben den Haftungsgrundtatbeständen u.a. die Vorschriften über Haftungsausschluss, Haftungsbegrenzung, deren Durchbrechung, Haftung für andere, Beweislast, Schadensanzeige und Verjährung. Dies dürfte auch für die Abdingbarkeit der Haftung gelten. Darüber hinaus erscheint es sachgerecht, konkurrierende Ansprüche aus allgemeiner Vertragshaftung und aus außervertraglicher Haftung sowie Ansprüche gegen die vom Unternehmer des multimodalen Transports eingesetzten Hilfspersonen nach diesen Kollisionsnormen anzuknüpfen. Es ist jedoch davon auszugehen, dass die §§ 105 SHG bzw. 321 S. 1 VG nicht auf solche Vorschriften des Teilstreckenrechts verweisen, die das Zusammentreffen von Güterschäden mit verspäteter Ablieferung regeln.

14. **Ermittlung des Teilstreckenrechts.** Im Hinblick auf die Ermittlung des Teilstreckenrechts liegen nur vereinzelte Stellungnahmen der chinesischen Literatur vor. Internationale Übereinkommen sind an dieser Stelle wohl nicht mehr zu prüfen, insbesondere nicht solche, die – wie das SMGS – nach ihren eigenen Vorschriften auf multimodale Beförderungen nicht anwendbar sind. Ungeklärt ist, ob eine Rechtswahl, die sich auf den multimodalen Frachtvertrag insgesamt bezieht, auch für die Teilstrecken gelten soll. Auch die Frage, ob die Parteien eines multimodalen Frachtvertrags in ausdrücklicher Form das auf einzelne Teilstrecken anwendbare Recht wählen können, wird nicht diskutiert. Bei der objektiven Anknüpfung des Teilstreckenstatuts stellt die chinesische Literatur offenbar in erster Linie auf den Belegenheitsort der Teilstrecke ab. Versagt diese Regel, weil es sich um eine grenzüberschreitende Teilstrecke handelt, so greifen einige Autoren auf chinesisches Recht zurück.

15. **Festlandschinesische Teilstreckenhaftungsordnungen.** Unterliegt die Teilstrecke dem festlandschinesischen Recht, so ergibt sich die Haftung für Güterschäden bei Eisenbahntransporten aus dem EBG, bei Seebeförderungen aus dem SHG und bei Binnenschiffs- sowie Straßentransporten aus dem allgemeinen Frachtrecht des VG. Luftbeförderungen spielen an dieser Stelle praktisch keine Rolle mehr, da das ZLG wegen seines Vorrangs bereits vorher zu prüfen war und damit die Verweisungsnormen des SHG bzw. VG verdrängt.

16. **Bedeutung des § 46 I S. 3 SHG.** Grundlage der Haftung für Güterschäden im Anwendungsbereich des SHG ist § 46 I S. 3. Die Vorschrift ist kein zusätzlicher subsidiärer Tatbestand einer verschuldensunabhängigen Haftung.

17. **Gesetzestechnik und Verschulden bei der Haftung des Beförderers nach dem SHG und dem VG.** Die im SHG festgelegten elementaren Pflichten (oben Nr. 9) sind zugleich ein grundsätzlich abschließender Katalog von Haftungstatbeständen. Es handelt sich um Verschuldenshaftung. Demgegenüber kommt es bei der Haftung nach dem VG auf ein Verschulden nicht an. Im Hinblick auf die Güterschadenshaftung hat sich der Gesetzgeber dort für einen umfassen-

den Haftungsgrund entschieden, der unabhängig von einer Pflichtverletzung eingreift. Ausgangspunkt der vertragsgesetzlichen Verspätungshaftung ist die Verletzung der Pflicht, das Gut innerhalb der vereinbarten oder einer vernünftigen Frist zum vereinbarten Ort zu befördern.

18. **Zu den Voraussetzungen der Verspätungshaftung nach dem SHG.** Zu den umstrittensten Problemen des chinesischen Seehandelsrechts gehört die Frage, ob eine Verspätungshaftung auch dann in Betracht kommt, wenn die Vertragsparteien keine Ablieferungsfrist vereinbart haben. Ferner ist streitig, ob die Ladungsbeteiligten ihre Ansprüche auch auf die Verletzung einer aus §§ 48f. SHG fließenden *reasonable despatch duty* stützen können. Beide Diskussionen sind für die Praxis durchaus bedeutsam. Chinesische Gerichte legen die Regeln über die Verspätungshaftung vermutlich im Zweifel zu Gunsten des Beförderers aus.

19. **Haftung für nicht-physische Verspätungsschäden.** Neben den physischen Verspätungsschäden werden auch reine Vermögensschäden ersetzt, die auf verspäteter Ablieferung beruhen. Die Haftung für diese nicht-physischen Verspätungsschäden ist im SHG allerdings auf den – ggf. anteiligen – Betrag der Fracht für die verspätet abgelieferten Güter begrenzt. Außerdem sind Haftungsansprüche hier präkludiert, wenn der Schaden nicht innerhalb von 60 Tagen ab dem der Ablieferung folgenden Tag angezeigt wird.

20. **Haftung für andere.** Nach dem VG haftet der Unternehmer des multimodalen Transports grundsätzlich für das Verhalten jedes Dritten und damit erst recht für die zur Vertragserfüllung eingeschalteten Hilfspersonen. Im Anwendungsbereich des SHG muss der Unternehmer des multimodalen Transports für das Verhalten von Bediensteten, Vertretern und tatsächlichen Beförderern einstehen. Er hat jedoch nautisches Verschulden seiner eigenen Bediensteten und der Bediensteten des tatsächlichen Beförderers nicht zu vertreten. Ebenso braucht er für fremdverschuldete Feuerschäden keinen Ersatz zu leisten. Außerdem kann er sich auf Begrenzungen seiner Haftung auch dann berufen, wenn der Schaden durch ein besonders schweres Verschulden anderer verursacht wurde.

21. **Haftung des Absenders.** Die Haftung des Absenders nach dem SHG ist unbegrenzt, jedoch – außer im Falle der Beförderung gefährlicher Güter – wohl von einem Verschulden abhängig. Im Anwendungsbereich des VG haftet der Absender stets auch ohne Verschulden.

22. **Änderungen der gesetzlichen Verjährungsregeln durch das *OVG*.** Das *OVG* hat in Teilbereichen des Frachtrechts im Wege justizieller Auslegungen die an sich gemäß § 135 AGZR geltende zweijährige Verjährungsfrist verkürzt. Darüber hinaus hat es teilweise den Beginn der Verjährungsfrist entgegen § 137 S. 1 AGZR nicht an die Kenntnis der Rechtsverletzung, sondern an die Ablieferung des Guts an den Empfänger geknüpft. Es erscheint daher vorstellbar, dass das Gericht in Zukunft auch in den übrigen Bereichen des Frachtrechts die Anwendung der §§ 135, 137 S. 1 AGZR zurückdrängt.

Stichwortverzeichnis

Bei Fragen zur Produktsicherheit wenden Sie sich bitte an:
If you have any questions regarding product safety,
please contact:

Walter de Gruyter GmbH
Genthiner Straße 13
10785 Berlin
productsafety@degruyterbrill.com